U0920321

D.盖尔·约翰逊　教授

经济发展中的
农业、农村、农民问题

〔美〕D. 盖尔·约翰逊 著

林毅夫 赵耀辉 编译

图书在版编目(CIP)数据

经济发展中的农业、农村、农民问题/(美)约翰逊著;林毅夫等编译. —北京:商务印书馆,2004(2022.9重印)

ISBN 978-7-100-04252-9

Ⅰ.①经… Ⅱ.①约…②林… Ⅲ.①发展中国家—农业经济—文集②发展中国家—农村经济—文集③发展中国家—农民—问题—文集 Ⅳ.①F312.1—53②D421.7—53

中国版本图书馆CIP数据核字(2004)第087187号

经济发展中的农业、农村、农民问题
〔美〕D.盖尔·约翰逊 著
林毅夫 赵耀辉 编译

商 务 印 书 馆 出 版
(北京王府井大街36号 邮政编码100710)
商 务 印 书 馆 发 行
北京虎彩文化传播有限公司印刷
ISBN 978-7-100-04252-9

2004年9月第1版 开本 710×1000 1/16
2022年9月北京第6次印刷 印张 26½ 插页 1

定价:120.00元

中译本序言(一)

本书是从我在美国芝加哥大学学习时的导师,国际著名经济学家 D.盖尔·约翰逊(D. Gale Johnson)教授过去发表过的英文论文中挑选出的 23 篇文章翻译而成。这 23 篇论文主要包括三个方面的内容:一是农业经济学,特别是对农业在经济发展中的作用问题的探讨;二是中国经济问题,特别是对人口增长、中国农业和农村问题的分析;三是前社会主义国家经济转轨问题的研究。

约翰逊教授是国际著名的经济学家,美国文学和科学院院士、美国国家科学院院士、北京大学名誉教授、北京大学中国经济研究中心学术顾问,曾经担任芝加哥大学经济系主任、社会科学学院院长、教务长、副校长和美国农业经济学会会长、美国经济学会会长等行政和学术职务。十分难能可贵的是,作为国际学术界顶尖的经济学家,他长期以来十分关心中国的改革和发展事业,对中国经济问题,特别是中国农村经济问题做了许多开创性研究,这在国际经济学界是少有的。因此,译介这样一位有崇高学术地位的恩师、同时又对中国充满友好感情的经济学家的研究成果,是一件十分荣幸的事情。

一、约翰逊教授生平和学术观点介绍

约翰逊教授出生于美国中西部艾奥瓦州(Iowa)云顿镇(Vinton)附近的一个小农场,自幼聪颖善辩。读高中时为参加一场全州的农业政策辩论,因所在云顿小镇的图书馆资料缺乏而写信求助于当时担任艾奥瓦州立学院(后改名为艾奥瓦州立大学)社会和经济系系主任的西奥多·W.舒尔茨教授。舒尔茨教授寄给了他两本书,并出席了他的辩论会,从此开始了他们两人长达 60 年的师生、同事、事业伙伴的情谊,成为美国经济学界的一段佳话。约翰逊教授 1938 年在艾奥瓦州立学院获得本科学位,1945 年获得博士学位,1941 年起受聘为艾奥瓦州立学院的助理教授。后来舒尔茨教授为了一件关于学术自由的问题离开艾奥瓦州立学院转到芝加哥大学任教,他随后也转到了芝加哥大学经济系,1946 年起任助理教授、副教授、教授。

约翰逊教授的主要研究领域包括农业政策、农产品的国内和国际贸易、人口和经济发展理论等。他的研究提出了许多现在已经为农经学界普遍接受的理论观点,例如:提高农产品价格对农民收入的增长贡献甚微;增加农业补贴的结果是提高地租,增加农业产量,强化政府对农业的干预,对增加农民收入的作用其实很有限;要素市场的调整是使农民收入随国民经济增长的主要渠道。1947 年他出版的《农产品期货价格》是期货理论的奠基之作。1950 年发表于《政治经济学杂志》的"分成地租和资源配置",提出存在土地市场并且地主可以自由选择佃农时,"分成地租"是一种和固定地租或雇佣劳动同等有效的制度安排。他的研究比张五常教授在 1968 年用科斯定理来解释这一现象早了 18 年。他也是国际经济学界研究苏联和中国农业经济问题的权威。总共出版和编辑了 22 本专著和论文集,并发表了 300 多篇学术论文。由于他在学术上的杰出成就,而被选为美国科学和文学院院士和美国科学院通讯院士。

二、我和约翰逊教授

我和约翰逊教授的师生之情始于 1980 年的一次巧遇。那年秋天,他陪同 1979 年的诺贝尔奖获得者舒尔茨教授前来中国访问,当时我正在北大经济系攻读硕士学位,有幸在他们短暂的北大之行中认识了他和舒尔茨教授,并在他们的热心安排之下于 1982 年到芝加哥大学攻读博士学位,成为舒尔茨教授指导的最后一位弟子和约翰逊教授指导的第一位中国学生。从 1982 年到芝加哥大学读书以来,约翰逊教授一直对我关怀备至,从他身上我学到的不仅是为学之道,还有他执著事业、关心学生的品格。

约翰逊教授和舒尔茨教授一样治学强调经验事实,并以解决现实的贫困和发展问题为出发点来研究经济理论。芝加哥大学发的讣闻中引用他的长期同事、诺贝尔奖获得者贾里 · 贝克尔的话说:"他研究的是农业经济学和发展经济学中的重要政策问题,他的研究结合了对数据的关注和细致的经济理论分析来获得对真实世界问题的重要洞见。"从1980年第一次到中国访问以来,他一直以这种治学方式来研究中国的农村发展问题。2002年他写了5篇论文,对怎样提高中国农民收入、缩小城乡差距、应对WTO的挑战,提出了建言。我在芝加哥大学读书时,也在他的鼓励下,选择了现实的中国农村改革作为博士论文的题目,而且,在他的指导下,开始了以经验实证来研究经济理论和政策问题的尝试。回国工作以来,我在农村发展、国有企业改革、金融改革、发展战略等问题上,一直没有忘记"理论研究以解决现实问题为目的,理论研究以现实经验为出发点"作为选题和研究的导向。

约翰逊教授是一位杰出的经济学家,同时也是一位出色的科研行政者。他担任了10年的芝加哥大学的社会科学学院的院长(1960-1970),两度担任系主任(1971-1975,1980-1984),副校长(1975),教务长(1976-1980),经济系本科生主任(1985-2002),东亚研究中心主任(1993-1998)。他把这些为人做嫁衣裳的事作为自己事业的一部分,任劳而且任怨。芝加哥大学是世界顶尖的研究型大学,著名教授云集,尤其是经济系,教授人数虽然不多,但各有个性,在他担任经济系主任期间,居中协调,聘请、留住了多位后来的诺贝尔奖获得者。2000年诺贝尔经济学奖获得者詹姆斯·赫克曼后来回忆,就是因为被约翰逊教授月下追韩信的真情感动而没有离开芝大到耶鲁大学去。1985年开始,直到他于2003年4月13日去世,约翰逊教授一直担任著名的发展经济学杂志《经济发展与文化变迁》的主编。他患的肌肉萎缩症从2002年开始恶化,2003年4月6日他过世前一星期我去美国探望。当时他说话和行动已经非常困难,但他还在处理这本杂志的来稿,看到他虚弱地坐在计算机前,一个字母、一个字母地敲键,发信邀请专家审稿、给作者写编辑意见的一举一动,真是"春蚕到死丝方尽,蜡炬成灰泪始干",这种鞠躬尽瘁的精神是他留给我的最后的遗产。

最让我感动的还是约翰逊教授对学生的关怀。在中国经济研究中心,除了我之外,赵耀辉、宋国青老师也都是他的学生,在国内和国外也还有许多中国同学得到他的帮助而完成在芝大的学业。他对学生可用中国人所说的"一日为师、终身为父"来描述,所不同的是,在中国强调学生的责任,而他强调为师的责任。我在芝大读书时，他是系主任，工作非常繁忙，可是从来不计较自己的时间，有问题向他请教时，总是耐心的帮助，毕业以后他仍然一如既往地关心、帮助我和其他学生，给我们创造表现的机会。2001年芝加哥大学经济系设立D.盖尔·约翰逊年度演讲系列，每年邀请一位经济学家前去作报告，在他的建议下，我荣幸地做了这个讲座的第一讲，使我有机会将自己这几年的研究心得面对面地和多位诺贝尔经济学奖获得者直接交流。高山仰止、景行行止，我自己现在也由学生变为老师了，他对学生的这种关心、支持永远是我效法的榜样。

三、结语

这本论文集得以出版，赵耀辉教授作了最多的贡献，从最早的构思、文章的挑选、翻译的把关以及和出版社的联系等等，都是由她一手负责。没有她的恒心和毅力，这本论文集将不可能面世。参加翻译的有郭建宏、李利明、李志赟、刘培林、夏业良、熊鹏、袁嘉和章奇。参加校对的有葛玉好、何英华、胡书东和王格玮。商务印书馆的刘学军博士在本书的计划和编辑过程中做了大量细致的工作。没有他们的辛勤劳动，本书就不可能摆在读者面前。

这本书的整理、翻译开始于约翰逊教授还在世时。他去世前的几年，每年都要到北京大学中国经济研究中心来好几趟，我们在翻译、研究或工作上有问题时可以及时地向他当面求教。不幸的是约翰逊教授已经于2003年4月13日撒手人寰，永远离我们而去，未能让他在临终前看到这本书的出版是我们最大的遗憾！

约翰逊教授的去世，使我们失去了一位关心鼓励我们的好老师，中国经济研究中心失去了一位关心爱护的长者，中国农经学界失去了一位热心支持的朋友。沉痛哀悼之余，约翰逊教授的风范长存我心，作为他的学生，他将永远激励着我为中国的发展、经济学研究和教育事业的前进不断努力！

林毅夫

2004年8月3日于北京大学中国经济研究中心

中译本序言(二)

有人对我过去若干年撰写的文章感兴趣,并且愿意把它们翻译成中文结集出版,我感到很高兴。我在芝加哥大学已经工作了50多年,在这样一所世界著名的研究型大学任教是我的荣幸,更让我感觉荣幸的是与世界上几位出类拔萃的经济学家共事,同样荣幸的是我的许多学生已经成为出色的经济学家,能够对他们的职业生涯产生一些影响,我对此感到十分自豪。我还感到荣幸的是,在过去的一些年当中,我有过许多能干的中国学生,他们中的两位是这本书的编者,而我主要负责这本书中文章的挑选工作。

本书收录的文章包括三类。大约有一半是关于中国发展中某一方面问题的,主要涉及农业、农村生活和人口增长。在我对中国产生兴趣之前,我花了许多年去尝试理解苏联和中欧的发展。1955年我曾作为一个农业代表团的成员首次访问苏联,我们到了苏联农村的许多地方,参观访问了30多个集体和国营农场。本书有三篇文章是关于苏联、中欧农业的,包括一篇论述苏联解体以来艰难的转轨问题。中国农业改革的成功与苏联解体后形成的绝大多数国家改革的失败,形成了鲜明的对比。本书的第三组文章讨论的是更为一般的问题,主要讨论的是政府在农业和农村生活中应该起什么作用,以及在发达国家过去两个世纪中、在发展中国家过去半个世纪或更长的时间里,农业对实现人类福利的巨大改进所起的重要作用。我试图论证,在过去两个世纪里,知识创新使我们极大地提高了农业生产率,改善了世界食物供应状况,并且取得了工业产品和服务供应的巨大增长和进步,这些使我们的生活条件发生了很大的变化。而在过去两个多世纪,特别是最近一个世纪以来知识的巨大增长,是人口增长和人均收入增长的结果:由于人口增长,我们才有了更多有能力创造知识的人;由于收入增长,才能有更多的人在大学和研究机构专门从事知识创新活动。

在讨论一般问题的文章中,我特别强调政府的政策对农业和国民经济其他部门的重要性。政策不仅重要,而且十分重要。如果政策是鼓励人们通过努力工作、储蓄、投资和有效利用他们的资源来改善自身条件的,那么社会就能够取得伟大的成就。1978 年以来中国农村的发展就是一个典型的例证。农村改革通过政策的改变,给予人们生产的积极性,使人们能够最充分地利用他们的人力和物质资源,从而取得了巨大的成功。改革使农业生产力得到空前的提高,使乡镇企业得到蓬勃的发展,由此带来的中国农村的变化速度,是世界历史上前所未有的。正如邓小平所言,连改革的推动者们当初也没有预料到会变化得那么快。我在"人口增长与经济财富"一文中引用了邓对此变化速度表示惊叹的一段原话。

出于对苏联农业的组织及其绩效的研究,我曾经尝试理解中国的发展。但是,我对中国产生兴趣,主要得归功于我的女儿凯伊·安·约翰逊(Kay Ann Johnson)。她的博士学位论文研究了中国农村生活中的一个重要问题,后来以《中国的妇女、家庭和农民革命》为书名出版。在大多数社会,包括我自己所在的社会,在女儿选择自己的兴趣爱好时,人们往往指责父亲把自己的意愿强加给女儿,但是我们的情况恰恰相反:我选择了女儿感兴趣的东西。

1980 年我第一次访问中国,当时 T.W.舒尔茨教授和我应谢希德博士的邀请到复旦大学讲学。谢希德博士当时是复旦大学负责学术的副校长,后来成为复旦大学校长,最近担任复旦大学美国研究中心主任。在此之前,我作为芝加哥大学负责学术工作的副校长,在她访问芝加哥大学时接待过她。我和舒尔茨教授一行是 1980 年 12 月到中国的,我们在复旦大学讲学两周,随后访问了河北省的武功村,最后到了北京。在北京期间我和舒尔茨教授在北京大学讲了一些课。当时为舒尔茨教授担任翻译的是一个叫林毅夫的学生,他后来在芝加哥大学获得了经济学博士学位,然后返回中国。他起初在政府机构任职,后来到北京大学任教,并且创立了中国经济研究中心。在那次旅途中,女儿凯伊和妻子海伦同行(海伦现已过世)。那是我到中国的第一次旅行,至今我已经到中国 30 多次了。我为自己有这么多次机会以令人愉快的方式去了解中国而感到幸运,其中有无数次的访问(包括访问农村),有与来自中国与东亚的许多学生的交往,以及我在中国期间朋友和许多莫不相识的人对我的殷勤招待和帮助。自 1980 年以来,我还有幸在中国做了许多次演讲,并参加了许多次研讨会。

毫无疑问,一个可爱的女孩使我对中国更加感兴趣,她的全名叫唐丽·海伦·约翰逊(Tang Li Helen Johnson),1991 年我的女儿收养了她。过去的日子里,看着她成长是一件令人十分愉快的事情。她原是一个弃婴,被拾到后送到武汉一家著名的福利院。来到这个福利院是她的福气,因为那时她还是个婴儿,一而再地患了肺炎,而福利院为她提供了必要的救护。唐丽是她在孤儿院时的名字,她的养父母保留了这个名字。

在 1980 年开始研究中国是再幸运不过的事了。那时中国刚刚开始改革,因此我有幸相当直接地见证了高度成功的初期农村改革。正如我在一篇文章中所说的那样,世界上任何地方、任何时候发生的改革,都不能与中国农村改革的成功相媲美。能够观察和研究这一剧烈变化并尝试理解其巨大成功背后的原因,是十分有意义的体验。但是,在取得巨大成功的同时,农村改革也存在许多明显的缺陷,在一些文章中我详细讨论了这些缺陷及其影响,以及怎样纠正这些缺陷。任何一个熟悉我的研究工作的人都知道,我是一个喜欢批评的人。一些人说我特别喜欢批评,不仅仅对我自己国家的农业政策如此,对其他大多数国家的农业政策也都如此。我的一本书的标题《失序的世界农业》(*World Agriculture in Disarray*)就表明了我对各国农业政策造成的后果所持有的态度。混乱的根源并不在农民,而在于他们的政府和政府所采取的政策。中国农村改革取得成功的原因之一,就是人们认识到了改革前政策的某些方面对农业生产和农民收入有负面影响。认识到这一点是中国改革的过人之处,与此同等了不起的是,认识到了要想把中国农业和农民的潜力充分发掘出来,农业政策需要做出多大的调整。虽然如此,但是找到合适的政策框架仍是一个不断进行的过程,并且需要不断检讨,对需要修正的地方及时加以调整。幸运的是,中国的政策制订者认识到了这一点,并且认识得很深刻,很到位。然而,中国目前的政策仍然存在大量需要调整之处。中国面临繁重的农村和农业劳动力调整任务。如果让农民分享到经济增长和快速的人均收入上升的好处,在未来的30年里农业劳动力的队伍就必须减少大约2/3。到2030年,中国的劳动力应该只有10%从事农业生产。要使这一调整能够成功实现,农村和城市的非农产业就业就必须保持较高的年增长率。

中国在未来一段时间内必须完成的变革,比已经完成的更为困难。过去的改革在提高农村和城市居民的人均收入方面是非常成功的。然而,改革初期业已存在的城市和农村居民收入之间的巨大差距缩小很少,甚至完全没有缩小。缩小该差距需要持续而稳定地减少从事农业生产的劳动力。要实现这一调整,同时维持农业产出的增长,使之大致等于需求的增长,就必须加大对农业的投资,尤其是对农业科研的投资和替代劳动力的投资。如果中国农业想在世界市场上有竞争力,并且想让农民充分分享经济增长的成果,那么在未来30年内,农业中的劳动生产率必须提高许多倍。我最后再强调一点。在我整个的职业生涯中,我一直试图说明一点:农民的福利不仅取决于他们拥有多少资源(包括人力的、物质的和金融的),还取决于要素市场的运作状况(包括劳动、土地和资本市场)。操纵产品价格是各国政府通行的做法,这种做法在短期内对农民收入的影响很有限,而在长期则根本没有什么影响。产出价格水平的高低只会影响投入到农业中的生产资源的数量,但是对那些资源的报酬并没有什么影响,只有土地除外。确保农民充分分享经济增长成果的途径只有一个,那就是改善要素市场的运作。这点在中国尤其重要,因为每一种主要的生产要素的市场(劳动、土地和资本或信贷)在中国都依然受到很大的约束,存在很多缺陷。中国未来要素市场表现如何,将在很大程度上影响农业生产绩效和农民收入的提高。

D.盖尔·约翰逊

2000年9月20日于芝加哥大学经济系

目　　录

中国的经济改革*

一、引言

本文着重分析中国的农村经济改革，对工业改革则着墨不多。之所以这么做，主要是因为与工业改革相比，农业改革更加彻底，而且效果也更加显著。当然，另一个原因是中国还依旧是一个农业国，80%的人口居住在农村地区。最后一个原因是在城市和工业改革中，中国虽然进行了无数次试验，但所有这些试验取得的成果都无法和农业改革取得的成果相提并论。这并不是说在城市里没有发生什么变化，实际上，对普通市民而言，已经发生了不少重要的变化，不过，这些变化还仅仅表明在现有体制框架内进行了必要的调整，例如增加商店营业时间，向农户开放市场，使农户可以直接向城市居民销售农产品，从而使城市居民也能享受到由农村改革所带来的好处。

在人类历史上，政治体制和经济制度同时发生剧烈变动的事例并不多见。即使发生了这样的变动，一般也多是武装冲突或革命的结果，例如1917年的俄国革命，1949年的中国革命，以及18世纪的法国革命。美国的革命尽管带来了重要的政治影响，但是对改变我们的经济制度几乎没有任何影响。然而，在中国农村发生的和平革命，其激烈程度丝毫不亚于1952年在中国推行的土地改革制度和1957年建立的农村公社制度。

现状总是难以改变，只要看看我们自己周围的政策或制度，就会对此深

---

* 原文题为"Economic Reforms in the People's Republic of China"，载于《经济发展与文化变迁》(*Economic Development and Cultural Change*)，1988年4月，增补版，第225-246页。

信不疑。从美国看,我们在错误的能源政策上冥顽不化了多长时间。因此,可以说,中国农村和平地实现了经济与政治制度的过渡是一个极为罕见的成就,在现代历史上只有少数事件,如果有的话,才能与之相媲美。中国的农村不仅在很短的时间内发生了极大的变化,而且改革的进程丝毫没有停止的迹象。

自 1949 年共产党革命结束以来,几乎年年都有不寻常的事件发生。1949 年到 1952 年是恢复期,这段时期取得的成绩很大。内战后期的高通货膨胀率——它是造成国民党政权垮台的因素之一——成功地得到了控制,农村完成了土地改革。1949 年前,约 1/3 的农村人口在解放区内,即在日本人和国民党的控制区外进行了土地改革,余下的 2/3 的农村人口在 1949 年之后不久也进行了土地改革。[①] 结果,到 50 年代初,绝大多数中国农村家庭都拥有了属于自己的土地,尽管这一权利很快就在随后的农业改革中被剥夺。

由于年均国民收入增长率大约为 9%,所以人们普遍认为中国第一个"五年计划"(1952-1957 年)在经济上取得了成功。在这段时期,农业的组织形式也发生了变化。到土地改革结束时,有将近 1 亿个自主经营的个体农户。但是,正如大多数共产主义经济那样,家庭农场很快就受到了压力,被迫向社会化的耕作单位转变。最初的形式是互助组,在互助组中,畜力和机械可以互相借用;接着又成立了合作社,土地被并入合作社,实行集体耕作;到 1957 年,绝大多数农户都加入了合作社。接着所有的合作社突然间就过渡到了农村公社。

就和平时代对人民的影响而言,"大跃进"(1958-1960 年)算得上是最大的事件之一。个体农场和互助组于 1958 年被并入农村公社,同年也开始提倡土法炼钢,许多农村家庭用具被熔化掉,用来制造毫无用处的物品。中国经济学家许涤新是这样描述那段时期的:

---

① 许涤新等:《中国经济增长研究:1949 年以来的中国经济》,北京:新世界出版社,1982 年,第 4 页。

“然而,从1958年开始,片面强调高速度的‘左’的错误,没有被制止,开始向全国蔓延。周恩来的合理建议被否定。‘大跃进’运动发动起来,号召一年之内产量翻番。诸如号召大炼钢铁、亩产超过75吨、‘人有多大胆,地有多大产’等口号,以及‘吃饭不要钱’的公共食堂等做法,都普遍得到了拥护。”

“在工业方面,中央决策者盲目指挥,给生产建设下达了不切实际的高指标,而且当这些指标下达到地方后,又被层层加码,以致国民经济严重失调。”

“在农业方面,高级农业合作社被轻率地合并为农村人民公社。这些公社的规模迅速扩张,许多公社甚至囊括了一个县的全部人口。人民公社实行公社、生产大队和生产队三级所有的管理体制。虽然实际的生产工作是由生产队完成的,但是从一开始,人民公社的分配与核算工作就与生产队脱离,由人民公社或生产大队承担。在严重的‘共产风’影响下,平均主义盛行,农村各单位人力和物质资源被随意调拨,而无视其隶属于哪个集体单位。所有这些都打击了农民和基层干部的积极性。”

“这些错误的政策带来了严重的后果。农业产量不仅没有翻番,增长率实际上还下降了。从1958年末到1959年7月‘庐山会议’的前期阶段,中央对‘左’的错误有所认识,并试图加以纠正。然而,在会议后期却发动了一场完全没有必要的所谓反击‘右倾机会主义’的斗争。平均主义的分配政策再度在全国范围内盛行,工农业生产状况更加恶化。”①

我在1983年遇见过一个从中国来的年轻人,他谈起了在农村公社成立后的几个月里所发生的情况。在一个较短暂的时期内,生产队的所有成员都在一起吃饭,公社食堂免费为他们提供食物。曾有几个月的时间,这个年轻小伙子认为这种制度是一种好制度,因为可以和他的好朋友们共同进餐,而且食物质量较好,分量充足。说到这里,他停顿了一会儿,当他继续往下

① 许涤新等:《中国经济增长研究:1949年以来的中国经济》,北京:新世界出版社,1982年,第9-10页。

说时,他突然脱口说道:“后来我们就挨饿了。”他指的是影响了中国大部分农村的大饥荒的来临。这次饥荒导致了大量人口死亡。[①] 多种原因共同导致了大饥荒的发生,不过,恶劣天气只起着有限的作用。一个重要的因素是,许多中国官员相信了这样的荒谬宣传——1958 年的粮食产量是 1957 年产量的两倍。1958 年丰收后的那几个月里,人们吃掉了过多的粮食,结果在那年的头几个月里,粮食就基本消耗殆尽。在“大锅饭”的情况下,没有合理的市场信号显示粮食消耗过快,等到发现时已为时太晚。正如那个年轻人所说的,尽管 1958 年的粮食产量是很不错的,比 1957 年的情况还要好,但是在前几个月中吃了过多的粮食,而在另外几个月里却没有粮食吃,结果导致数千万人饿死。

国民经济从 1961 年开始恢复正常,“大跃进”时代提出的荒谬的产量指标被调低,建设项目被压缩,大多数压抑农户积极性的措施都进行了调整。平均主义的分配制度遭到了反对,生产队而不是公社或生产大队成为基本的生产和分配单位。公社成员重新开始从事家庭副业——几个世纪以来,大多数中国农民都从许多家庭副业中赚取收入,并利用这些收入获得自己所需要的物品——农村市场也获准重新开放。

这些措施以及其他措施实施的结果就是国民经济迅速恢复了活力——从 1963 年到 1965 年,国民收入年均增长 14.5%,农业产量年均增长 11%。

但是,1966 年爆发了“文化大革命”。许涤新写道:“正当国民经济开始恢复时,‘文化大革命’的爆发又造成了很大的破坏。由于林彪和‘四人帮’占据了一部分党和国家的领导位置,……他们通过所谓的‘文化革命领导小组’给国民经济带来了极大的灾难。这一浩劫持续了整个‘第三个五年计划’(1966-1970)和‘第四个五年计划’(1971-1975)时期。”[②]在指出

① 饥荒导致的死亡人数缺乏准确的统计。据估计,大饥荒导致了 3 000 万人的死亡(见参考文献:B. Ashton, K. Hill, A. Piazza and R. Zeitz, “Famine in China”, *Population and Development* Review 10, No. 4 (December 1984): 619)。

② 许涤新等:《中国经济增长研究:1949 年以来的中国经济》,北京:新世界出版社,1982 年,第 11-12 页。

1967年和1968年工业产量急剧下降之后(分别下降了13.8%和5%),许涤新接着写道:“尽管产量数字在1969年和1970年有所上升,但这是通货膨胀的结果。”①现在,许多中国经济学家都认识到对“文化大革命”期间的经济数据需要谨慎对待。

“文化大革命”是什么时候结束的呢?一般认为以1976年“四人帮”被逮捕的那一天为标志,不过正常状态直到1978年才恢复。在“四人帮”被逮捕至1978年12月中国共产党中央委员会召开会议,在此期间,早期的许多错误仍然被重复。许涤新描述了这一段时期的政策:“确立了过高的目标,基本建设规模虽然已经超过了现有资源的承载能力,但是战线却被进一步拉长。所有这些都加剧了国民经济失衡和财政困难。”②

1977年、1978年犯了一些政策上的错误。由于急于纠正过去权力过于集中的错误,在城市部门中采取了一些措施进行分权。但分权并没有经过周密考虑,前一时期的许多重要特征,如产品价格、工资、向企业任意安插工人、“铁饭碗”等制度,依然没有什么变化。投资占国民收入的份额继续大幅度上升——几近“大跃进”时期的水平。1978年投资占国民收入的比重为36.5%,现在人们基本上都承认这一比例确实是太高了。

二、1978年的中国农业

1978年是农村改革开始被认真考虑的一年,那时有2.94亿人在农业部门工作,他们被组织在52 780个公社之中;每一个公社平均由13个生产大队组成,每一个生产大队又由7-10个生产队组成。公社的总人口略多于8亿,或者说,每个公社平均拥有1.5万余人。每个生产队平均拥有60名劳动力和35户家庭。一个公社占地面积大约相当于一个美国中西部城镇的规模。

---

① 许涤新等:《中国经济增长研究:1949年以来的中国经济》,北京:新世界出版社,1982年,第12页。

② 同上,第13页。

公社既是一个经济组织也是一个政治组织。它行使绝大多数地方政府的职能,包括公安、司法、福利、计划生育管理、学校和医院管理等等。公社还垄断了一些经济职能,包括向生产大队和生产队分配生产计划、分配采购定额,保留对生产大队和生产队的领导支配权。公社及其下属单位决定人们应获得多少报酬(以粮食或货币形式),会被分配到什么样的工作,甚至具体到每天应该干的工作。由于“文化大革命”期间对个体活动的限制急剧增多,例如自留地的使用,手工艺品的生产,各种个体副业及农村集市的发展等方面,都存在着大量的限制,因此,集体组织对农村人口的生活拥有很大的权力。

自从1958年以后的20年里,实行人民公社体制的经济后果是什么呢?粮食在中国卡路里的总消费中所占比重超过了80%。正如中国著名经济学家薛暮桥所说的:“在十年‘文革’期间,工农业生产增长十分缓慢。1977年人均粮食产量与1957年的水平大致相同,棉花总产量停留在1965年的水平上。”[①] 1978年的大豆产量与50年代中期相比减少了大约25%。尽管70年代后期棉花产量的绝对水平与1965年相同,但人均产量却下降了1/4。

中国官员宣称,尽管人均收入增长缓慢,但收入分配不平等的程度却大大降低了,大多数在1960年至1977年到过中国的西方人士也有同感。一个与之相关的看法认为,在中国饥荒已被消灭,没有人处于饥饿之中。与中国相比,印度在这方面的情况都不令人满意。无论如何,任何一个去过印度的人都会发现穷人,包括无家可归者无所不在。但在中国的城市里,看不到乞丐,看不到明显饿肚子或赤贫的人。因此,这些表面现象看来与中国官员的宣称是一致的。

在城镇地区和农村生产队内部,收入不平等程度的确大大降低,但是现在已经看得很清楚,早在革命前就存在的城镇与农村之间的收入差距并没有缩小,在缩小不同的村庄或不同的地区之间的收入差距方面,也没有取得多少成绩。这里我再引用薛暮桥的原话:“在20年的时间里,工人和农民

---

① 薛暮桥:《中国社会主义经济》,北京:外文出版社,1981年。

之间生活标准的比率基本停留在2：1的水平上。当农业发展得比较快时，这一比率略有降低；当农业进步缓慢时，这一比率就会上升。在大多数地区，这一比率超过了2：1，有些地区甚至高达3：1或4：1。”①

关于农村地区内部的收入差距问题，薛暮桥写道：“农民之间的生活水平的差距甚至比工人之间或者是工人和农民之间的差距更为明显。自从农业生产者之间建立合作社运动以后，20多年里，公社、生产大队和生产队之间的差距不仅没有缩小，反而在持续扩大。”②

就消除饥饿和饥荒而言，事实也是很清楚的：它们并没有被根除。正如前文所引述的那样，中国在1959－1961年间经历了一次大规模的饥荒，造成大量人口死亡。坏天气虽是导致饥荒的重要原因，但错误的政策才是真正的罪魁祸首。强调自给自足，可能是也可能不是一个值得称道的政策，但是无论如何，政策或政治理想的实施不应该牺牲人们的基本生存需求，或阻碍经济发展。

这里还有另外一些关于饥饿和贫穷的评论。1979年一位中国官员汇报说：近10%的中国人民没有足够的食物，这一数字大约为1亿人。据报道，在安徽省，“农村还有不少人吃不饱穿不暖”。③《人民日报》报道说，“全国有一部分地区，估计可能有一亿人口，有的从合作化以来基本上没有吃到多少甜头，有的三年困难时期垮下来以后，生产一直上不去。这些地方，人口增加了，粮食没有增产，国家每年要调给很多粮食，是一个很大的负担。究竟是什么问题呢？当然，自然灾害有，但不是年年有，根本问题是那套‘左’的政策挫伤了农民的积极性，农民对集体经济失去信心。”④

不过，70年代末中国农村地区的生活画面也不应该被描绘得过于黯淡。虽然从1957年至1977年农民可供支配的实际收入确实只增长了很小的几个百分点，但有证据表明农村居民的生活条件有了较大的提高，例如预

① 薛暮桥：《中国社会主义经济》，北京：外文出版社，1981年，第99页。

② 同上，第101页。

③ 《人民日报》（海外版），1979年1月20日。

④ 同上，1980年5月14日。

期寿命有了很大的增长,婴儿死亡率下降很多,入学率和识字率上升。在1950-1954年人们的预期寿命为34岁,1975-1980年则上升为64岁。[①] 同期婴儿死亡率从236人/每千人下降为65人/每千人。1950年进入小学念书的孩子数量比重大约为27%,1960年上升为67%,1980年则达到了90%。1960年相关年龄组的中学入学率为20%,到1980年则上升为40%。[②]

三、农业和农村改革

简单地讲,农村改革开始于1978年12月中国共产党中央委员会上所做出的决定。1979年开始进行的改革可以说是既保守又适当的。这些改革措施能在现有体制框架内发挥作用,而且其设计也是为了使现有体制运行得更好。中央当时没有取消公社的意图,只是想对公社进行一些改革。在1978-1981年,中央主要致力于国民经济的"调整、巩固、改革和提高"。在改革中,农业被放在了优先发展的位置,如大幅度地提高农业品收购价格;降低农业税;农业投资占总投资比重的计划由1979年的10.7%很快就提高到不久之后的18%;更加强调农业的机械化和农业要素投入的供应。大多数农产品收购价格提高了25%,而且,如果供应量超过了订购量,超过部分的价格可以提高30%-50%。每个公社、生产大队和生产队都有自己的订购额,它们必须完成这一收购定额。

改革以前,粮食生产实行地区自给自足的政策,给地理环境和农业生产力带来了灾难性的影响。这一政策在改革中废除了,并且提出了要按照各地区的条件进行生产分工。在"以粮为纲"的政策下,棉花和大豆生产遭到了忽视,但在这次改革中情况有所改变。另外,这次改革还允许开放乡村集市,自留地重新分配到个人,各种形式的个体生产也受到鼓励。粮食产量已经满足甚至超过了当地的消费需求,必须出售给国家的粮食产量的比例也

---

① World Bank, *World Development Report 1984* (Washington, D. C.: World Bank, 1985).

② World Bank, *World Development Report 1985* (Washington, D. C.: World Bank, 1985).

从90%减少到了70%。

改革的最彻底之处在于它引进了各种责任制,以及随后取消了人民公社。大量的证据表明,大多数激动人心的改革措施并不是事先计划好的,或者说是没有被事先预计到的。责任制的产生是"由下而上"而不是"由上而下"的结果,后者是在中央计划经济里经常发生的事情。在许多情况下,政策仅仅是承认地方所进行的试点的合法性,这些试点证明了它们对生产和收入有积极的影响。

有些地方关于责任制的试点事先并没有得到中央政府的许可,但事实证明这些不同形式的责任制能极大地提高贫困地区的生产和收入之后,中央便允许实行这些制度,但其范围明显地仅限于最穷的五类农业地区。可是,一旦中央政府同意部分地实行这些制度,责任制就在1982年之前推广到几乎所有农村地区。

改革刚开始的时候,有各种各样的责任制形式。前面提过,在人民公社里,一个人工作的努力程度和质量好坏与他的收入并没有联系,而责任制则试图将生产率和报酬直接挂钩。这可以通过各种方式:对特定的耕作活动实行计件报酬制;向生产小组分配土地和生产任务,如果产量超过了某个特定的数量,则超过部分的收益全部归生产小组所有;将土地分配给那些能够承担起订购任务的家庭或个人;家庭支付土地税并向生产队上缴少量提留等等。责任制有其他许多形式,但在目前,中国绝大多数土地都是在家庭联产承包责任制下耕作的。

中国所出现的这些改革只不过是家庭农场的翻版。家庭并不拥有属于自己的土地,但他们拥有长期使用权,一开始是3年,后来又延长到15年。公社已经被取消,它的政治职能由乡镇一级的政府机构所接管。① 在1980

① 我不敢肯定人民公社在全国所有地方都废除了。人民公社或其翻版可能在北京、天津和上海这三个最大的城市郊区继续存在。1984年农民家庭收入全国平均只有10%来自集体。然而,北京有66%来自集体,上海有52%来自集体,天津有39%来自集体(《中国农业年鉴1985》,北京:中国农业出版社,1985年)。这三个直辖市的农村人口占中国农村人口总数的1.4%,而来自集体的农户家庭总收入占全国农户来自集体的家庭总收入的13.5%。农村地区存在非农业集体组织,可能有相当一部分集体收入来自这些非农组织。

年的时候,我并没有发现任何家庭联产承包责任制的推行会导致取消人民公社制度的预兆。

解散公社,实行各种责任制之后,人们发现,在目前的条件下,农村劳动力人数大大超过了农业生产实际所需的人数。1985 年对一些农村的调查表明,在农业活动中,至少有 1/3 的农业劳动力是多余的。因此,在农村地区增加非农就业机会,不仅是必要的,而且是可能的。乡镇企业有些是由村集体经营,有些则是由个人或是几个人合伙经营。这两种做法的效果都十分显著。农村副业产出的增长率迅速超过了农业产出的增长率。1978-1984 年农业产出的年增长率为 7.2%,而个体和家庭副业的年增长率为 11.8%,乡镇企业产出的年增长率大约为 30%。如果仍然维持过去那种禁止人口从乡村向城镇流动的政策,那么增加农村地区非农就业机会还会遇到不少问题,我将在下文会继续讨论这些问题。

农村改革还有其他一些重要特征,①包括允许集市贸易,允许在城市里开设自由市场,允许农村家庭专门从事一些特殊的经济活动而不是必须从事粮食作物生产,鼓励各种非农活动,例如开饭店、开修理铺、办制造业工厂以及提供各种运输业务(这是农村里最赚钱的方式之一)等等。

正如上文所指出的,1979 年提高了公粮的订购价,超过订购部分的议购价格也大幅度提高(提高了 50%)。订购数量处于一个较合理的水平上,而且很大一部分粮食的平均收购价格高于订购价格。但是,当时农业改革的成功也带来了一些新问题。农业生产的增长速度比预期快得多,过快的农业增长使得政府收购了过多的粮食和棉花,但政府并不知道该如何处理这些多余的粮食和棉花。在农产品订购制度下,要求农民必须供应一定数量的农产品,而收购机构同时承诺,农民供应多少,它们就收购多少。其结果是,政府发现其所收购的粮食数量超过了其所希望的水平,而且其收购的平均成本也在不断上升。好在中国政府的想象力比较丰富,处理突发性变

① U. S. Department of Agriculture, Economic Research Service, *China*: *Outlook and Situation Report*, No. RS-85-8 (Washington, D. C.: Government Printing Office, July 1985).

化的能力也较强,很快对这种情况做出了反应。

政府的反应是增强市场在农业部门中的作用,并且通过签订购销合同,取消收购定额来达到这一目的。1984 年停止了对棉花的强制性订购,1985 年改用签订合同的方式收购粮食。[①] 粮食价格的多轨制也被单轨制代替,并按照以前各年的平均收购价定价。农村家庭不再承担向政府出售粮食和大多数农产品的义务,同样重要的是,政府也不再承担购买特定数量农产品的义务,无论是总量还是单个品种都是如此。1984 年政府超额收购了 1 亿吨粮食;而 1985 年通过合同收购的数量还不到 8 000 万吨。1979 年的棉花产量为 220 万吨,1984 年上升到 610 万吨。1985 年政府提前宣布了仅收购 425 万吨棉花的合同,即订购量将只有 1984 年棉花产量的 70%,1985 年的棉花产量因为这个信息而减少到 415 万吨。

对油菜籽也实行了价格单轨制和合同制。有些不太重要的作物价格已完全放开,一些家畜的价格也开始放开。可以说,在中国,自由市场发挥作用所涉及的农产品品种甚至超过了美国、加拿大或欧盟。

四、改革对农村居民的影响

对成千上万的农村家庭而言,改革的一个非常重要的内容就是即便没有解除,也是放松了对他们使用资源的限制。农村家庭现在可以自由地从事范围广泛的各种非农活动;许多农村家庭(超过 2 500 万户)已经成为农村专业户,并且无需再按照国家计划进行生产,或者向国家出售其产品。农民现在也被允许拥有自己的拖拉机、卡车和农用机械;的确,绝大多数的拖拉机被用于运输而不是用于农业生产,但是这只能说明,现有的体制在提供足够量的卡车方面做得不成功,而不能说明农民资源配置不当。农民可以向城市和农村地区的消费者直接销售产品,包括手工艺品、家具、布料、衣服

① U. S. Department of Agriculture, Economic Research Service, *China: Outlook and Situation Report*, No. RS-85-8 (Washington, D. C.: Government Printing Office, July 1985).

以及农产品。

农村居民的收入自 1978 年以来有了很大增长,尽管具体增长多少还没有弄清楚。按当期价格计算,农民人均收入 1978 年为 134 元,1986 年为 425 元(见表 1)。由于这段时期农民所需物品的价格也增加了,同时对农民收入的估计方法也有所变动,因此对农民真实收入的估计存在着很大的不确定性。不过,一个合理的猜测是,1978-1986 年间农民的实际收入增加了一倍。

表 1　农民和职工家庭人均收入与支出(元)

年份	1957	1978	1979	1980	1981	1982	1983	1984	1985	1986
收入										
职工	235	316			500	495	527	608	752	890
农民	73	134	160	191	223	270	310	355	398	425
支出										
职工	222	311			457	471	506	559	690	828
农民	71	116	134	162	191	220	248	274	317	368

资料来源:国家统计局:《中国统计年鉴》,英文版,1984、1986 年(香港:Economics Information and Agency);U.S.Department of Agriculture, Economic Research Service:*China: Outlook and Situation Report*, RS-84-8, June 1984。

我们再来看城乡收入差距的问题。1978-1984 年职工家庭人均收入从 316 元上升到 608 元。1978 年职工收入是农民收入的 2.35 倍,1984 年为 1.7 倍,这些粗略的数据说明城乡收入差距在缩小。但是到了 1986 年,该比例又重新上升到了 2.1。可是我们需要记住的一点是,任何一种收入差异的计算方法都不足以充分地衡量城乡之间的差距,因为城市职工可以获得各种补贴,但农村居民却无法享受。城市职工享受补贴的范围很广,包括住房、交通、医疗、退休金、假期、探亲费用、能源以及食物等各个方面。中国一位非常有影响的经济学家马洪的研究表明:对于国有企业的职工而言,这些补贴相当于 1978 年所领到的工资的 82%。[①] 拉迪(Lardy)估计, 1978-1982

① 马洪:《中国经济新战略》,北京:新世界出版社,1983 年,第 46 页。

年城市补贴有了显著增长，并且在1982年，城市工人的人均补贴实际上已经超过了平均工资。① 城市补贴增长的一个原因是为了消除1979年粮食和菜油的价格上涨对消费者的影响。另外，为了抵消猪肉零售价格上涨的影响，人均每月大约发放额外补贴7元。

在一个宣称实行平等主义的经济制度中，大量的补贴给予了生活状况最好而不是最差的阶层，这很有讽刺意味。补贴的对象主要是国有企业的职工，包括政府部门的工作人员。但在私营企业中工作的工人不被包括在补贴的对象之内，即使在城镇地区也是如此。1982年为国有企业工作的城镇家庭获得的人均补贴约为300元，农民获得的补贴仅为10元。无论从公平还是从效率方面，我们都无法解释为什么补贴会有如此巨大的差距。

1978－1984年间，农产品产量增加的52%可以归功于生产率的提高以及投入要素的增加(见表2)。如果我们承认官方的统计结果，那么产量的增加就可以大致归因于投入(主要是劳动力和化肥)的增加和生产率的提高。目前生产率的提高与公社时期实际上下降的生产率形成了鲜明的对比，是公社时期所无法比拟的，也是对公社时期农业政策的一大谴责。正如所预期的那样，1985年和1986年农业产出增长率放慢了，分别只增加了3%和3.5%。有理由认为，生产率每年3%的迅速提高时期已经结束，未来的产出增长将更多地依赖于投入的增加。

表2 1952年、1977－1984年农业产出、投入和全要素生产率指数

(1978＝100)

年份	农业产出	农业投入	全要素生产率
1952*	(43)	(40)	(109)
1977	92	95	97
1978	100	100	100
1979	108	103	105

① Nicholas Lardy, "Runaway Subsidies", *China Business Review* 10, No.6 (November/December 1983): 21-24.

续表

年份	农业产出	农业投入	全要素生产率
1980	109	107	102
1981	115	111	104
1982	128	116	110
1983	138	121	114
1984	152	125	122

资料来源:Anthony M. Tang, An Analytical and Empirical Investigation of Agriculture in Mainland China, 1952-1980(Taipei:Chung-hua Institution for Economic Research, 1984), table 3, pp.73-83; table 4, pp.84-86; table 5, pp.87-91.

注:中国官方对农业总产出的统计包括了由生产大队和村管理的企业的产值,但本表里所给出的农业产出没有包括这些企业的产值,因为我们没有足够的投入统计资料。如果把这些企业的产值也包括进去,1984年农业产出指数就应为167。应该指出的是,本表对产出的统计包括了家庭手工业品和工业产出。农业投入指数对Tang文中表4和表5的内容作了扩充。投入品和资本的价值以1952年相应的价格作为权数,劳动力权数为50%,土地权数为25%,农业资本品权数为10%,当前投入权数为15%。除1952年外,所有年份的农业产出指数均以1970年价格计算。1952年和1978年之间的联系建立在以1952年价格计算的产出基础上。与其他数据方面的困难相比,对农业投入和产出使用不同的价格权数所导致的误差可能很小。

* 不能将1952年的数据与其他年份的数据进行直接比较。指数直接来源于Tang文中的表7,Tang利用的是中国新发布的数据,在他的书即将完成之际他获得了这些数据。利用这些数据可以看出1952年和1978年之间的联系。Tang对产出的统计中包括了由生产大队和乡所管理的企业的产值。在1952年,这些企业并不重要,但到了1978年,这些企业的产值却占农业总产值的11.6%。如果把这些企业的产值从1978年的总产值中排除出去,1952年总产出指数就为49,全要素生产率指数为122。

五、未竟之事业

农业改革虽然获得了令人瞩目的成功,但是不应该认为万事大吉了。遗憾的是,农村居民并不这么认为。在没有解决的问题中,有些是历史遗留下来的,例如很不完善的农村道路系统,但也有其他一些问题是由改革本身所造成的。

在农村,中国政府已经丢下了许多应该履行的职责,这么说并不夸张。在人民公社体制下,政府似乎无所不在,对人们生活的几乎每一个方面都进行干预。但随着公社的取消,新的县级和乡级政府似乎既没有权力又没有意愿去提供哪怕是最基本、最必要的某些政府职能。看来政府从一个极端走向了另一个极端,从过多地运用政府权力变为过少地运用政府权力。为把政治管理与经济管理分开,中国进行了一系列配套的、合理的改革。取消公社就是其中的一项举措,但后果却是在农村地区留下了政府的真空。因此,许多只有靠政府和那些有权威来征税的单位才能有效行使的职能,不是没有被行使,就是被严重地忽略了。

随着公社的取消,公共物品的一个重要资金来源已经不复存在了。这些公共物品包括:医疗和医院设施、学校、维护灌溉和防洪系统,农产品加工设施和市场营销设施等等。有证据表明,农村社区的保健护理数量、可获得性和质量都下降了。这一点可以从1980年以来婴儿死亡率的上升反映出来,尽管断定婴儿死亡率上升的证据并不是非常有力。很多人抱怨灌溉渠道和设施没有得到充分的维护,仅拥有不到两英亩耕地的单个农村家庭是无法承担维护责任的,这需要政府及相关部门出面集资并进行必要的支出。原先的公社或生产队能够行使这些职能;可是现在,有些农村地区显然没有能够承担起维护必要的灌溉设施责任的机构。

早在开始宣布进行改革的时候,有人就指出,国家对农业的投资占国家总投资的比重应从11%增加到18%以上。[1] 即使这18%的投资比例也反映了中国政策对城市的巨大倾向性。但事实是,农业投资所占的比重不升反降,到1984年该比例下降了一半,仅占国家总投资的5%。1976年以前,国家对农业投资的很大一部分投入了水资源保护和灌溉投资,政府职能发挥得比较恰当。1976-1979年到1982年,这类投资的数量下降了45%,虽然在1983年投资量有所上升,却仍然比改革前的水平低1/3。即使是现在,我们也不能明显地看出国家计划者可以采取什么有效的措施来补偿这些投资的下降。

① Nicholas Lardy, "Prospects and Some Policy Problems of Agricultural Development in China", *American Journal of Agricultural Economics* 68, No. 2 (May 1986): 452.

除了刚才提到的问题外,现在让我们来探讨一些改革尚未完成的细节性问题。由于篇幅的原因,我们只讨论有限的几个例子。

当经济增长时,农业提供的就业机会在国民经济中所占的比例就会下降,这是一个持续存在的长期问题。除此之外,由于公社被取消,在现有技术条件下进行农业活动所必需的农业劳动力会大大减少,在其他国家,当农业就业机会减少时,农民可以通过向城镇迁移或在保留其农村住所的同时从事非农活动等方式找到新的就业途径。但在中国,向城市特别是向大城市的迁移受到了严格的限制,甚至可以说是被禁止的。中国官员曾经谈到过,要在农村地区发展适度规模的城市,或者迅速增加小城镇的人口以接纳农村转移出来的劳动力中国政府已经认识到在今后 20 年里为 1 亿农村居民寻找就业机会的必要性。可是,创造这些工作岗位所需的资本从何而来?我所看到的是,这些资本主要来自于农村地区的自力更生,而不是来自于国家的计划投资。这与人们在北京和其他大城市所看到的大规模的建设规划形成了鲜明的对比。

忽视农村投资的后果将是严重的。对非农活动的大部分投资几乎完全来自于当地储蓄。对于那些居住在大城市附近,有相对较高收入的农村居民而言,对非农活动进行投资还比较现实。但是,大多数的农民居住位置并不理想,无法轻易地进入城市市场,其收入也相对较低,对他们而言,这样的想法是很不现实的。地方财政也无法充分地提供必要的投资,由此造成的结果是,本来已经相当大的地区收入差距将随着时间的推移而进一步扩大。

根据《北京评论》(*Beijing Review*)公布的对收入差距的衡量结果,从 1978 年开始,农村地区内部的收入差距就一直在扩大。① 与此相反,城市地区内部的收入差距一直在下降。这些差异可以很好地解释为什么农村改革在提高产量方面如此成功,而城市改革却收效甚微。但是,农村地区收入差距的扩大并不意味着大多数低收入农民没有能够提高自己的实际收入。农村中收入最低的农民大约占 1/3,这些农民 1984 年的生活要比他们在 1978

① *Beijing Review* 28, No. 29 (July 22, 1985): 22.

年的生活富裕得多，尽管没有数据显示究竟富裕了多少。1978年，35%的农民的人均收入不足80元，而在1984年，只有16%的农民的人均收入低于150元。因此即使价格上涨1倍——这很有可能过高估计了价格上涨的程度——许多农民的实际收入也有了很大的提高。实际情况是，数千万的农民虽然仍然很穷，但比过去几年要富裕得多。

农村地区收入差距的不断扩大包含着很多危险的因素。在中国，平等主义仍然是一个很强烈的思想观念。收入差距扩大可能会被用来作为否定改革，或者是暂停进一步试验的论据。农村收入差距的扩大，特别是由地区收入差距扩大引起的时候，即使是由其他部门中的市场失败和扭曲造成的，而不是由农村自身的改革造成的，上述情况仍有可能发生，这里的扭曲主要指严格限制农民从农村地区向城市迁移。还有一些因素导致了在距离城市较近的乡村和距离城市较远的乡村之间收入差距的扩大，它们包括：不完善的农产品运输系统；阻碍农产品从一个地区向另一个地区流动的垄断性壁垒；相对地理位置不利的农村地区扩大非农就业机会的失败；对农产品进行加工和储藏设施建设的长期忽视等等。

目前，中国政府正努力采取一些措施来缓解上述问题。中国的农村道路系统大约为60万公里，而美国为520万公里。[①] 中国的农村公路仅有1/5是柏油路面。中国计划在1985－1987年间新建96 000公里的农村公路。修建农村公路的计划在1985年1月1日的中国共产党中央委员会发布的文件中有所表述：修建公路继续实行民工建勤、民办公助的办法。同时也提出："在经济比较发达地区，提倡社会集资修建公路，谁投资，谁收益。在山区和困难地区，由地方集资、农民出劳力修建公路，国家发放一部分粮、棉、布，作为修筑公路的投资，并支援一部分钢钎、炸药等物资。"[②]

在中国，修筑公路所实施的政策和那些在北京以及其他大城市修建办公楼和公寓所实施的政策大相径庭。尽管中国政府承认在农村修筑公路是

---

① U.S. Department of Agriculture, Economic Research Service, *China: Outlook and Situation Report*, No. RS-85-8(Washington, D.C.: Government Printing Office, July 1985).

② 中国国务院：《1985年一号文件》，1985年1月1日，第4页。

一件好事,但在农村公路和城市建设之间的融资差异明显反映了官方政策中强烈的城市倾向。值得一提的是,1930 年以前,美国中西部和南部的农村公路建设利用的大部分是"半自愿性"的劳动力,即那些可以通过修建公路来支付人头税的农民。

六、改革仍未结束

中国的农村改革在其进程中表现出了很强的灵活性、试错性和实用主义。70 年代有一句举世震惊的名言:"不管黑猫白猫,抓住老鼠就是好猫。"在改革的过程中,进行过许多试点,这些试点既包括官方批准的,也包括官方没有批准的。但只要试点是成功的,它就可以为官方所承认,并作为一项新的政策而加以实施。

有证据表明,农村改革仍未结束。在此,我以位于中国东北沈阳市附近的一个村子为例(我在 1985 年访问过该村)来说明这个问题。按当时官方的规定,私人家庭雇佣的工人数不能超过 7 人,但是那里的很多工厂违反了这个规定,在实际运作中雇佣了多于 7 人的劳动力,纺织类工厂的情况更是如此。在这些工厂,通常的做法是,厂房和机械为集体所有,使用这些设施的人则为此付出一定费用,因此,这些企业通常被看作是集体企业而非私人企业。尽管这些企业在向工人支付工资的方式上与私人企业完全一样,但对这些企业却并不存在雇工人数上的限制。1983 年我访问过一个村子,村里有三个家庭共同经营着一个小纺织厂,雇工人数超过了 100 人,但没有人认为这是件值得大惊小怪的事。

我在 1985 年中国之行的一个新发现是,有一个乡镇,只有 27 个家庭承包土地,但是雇佣了 650 个农业工人。27 个家庭中,有 10 个家庭全部使用自己的劳动力,剩下的 17 个家庭——被称之为"种田大户"——雇佣余下的 625 个工人。种田大户向村里缴纳土地使用费和农业税,两项费用合计为每 1/6 英亩 102 元,按 1985 年的汇率,这相当于每英亩 230 美元。

我提出同其中的一个种田大户进行谈话的请求,并立即得到了同意。

包括与我会面的男子,这个家庭有3个成年劳动力。他的家庭经营着7.5英亩的土地,在其中略微超过5英亩的土地上使用了塑料大棚来种植蔬菜,并雇佣了52个工人。塑料的寿命仅能维持1年,每英亩塑料的费用约3 600元,也就是说该家庭使用塑料的总费用为20 000元(约7 400美元)。种田大户承诺向工人支付至少不低于他们在前两年所获得的平均收入水平的工资。无论收成好坏,该家庭都必须向工人支付工资,即使在塑料大棚下种植蔬菜的风险并不太大。各个家庭间达成了一个协议,如果运营是有利润的,那么80%的净利润支付给工人,种田大户只获得20%的利润。这份协议对种田大户而言是否是强制性的并不清楚。

上面所讲的并不是故事的全部。1984年10月,接受我访谈的同一个家庭接管了一家生产自动锁的工厂。这家工厂是1983年4月建立的,目的是为了给在生产责任制建立后不再需要从事农业的劳动力提供工作岗位。这个家庭雇佣了56个人。该镇一共有778个家庭,1 600个工人。因此我所提到的这个家庭就雇佣了108个工人,或者说,它的雇工人数几乎占该镇全部雇工人数的7%。我们所访问的这个家庭所雇佣的农业工人数并不是最多的,有一个家庭雇佣了80个农业工人。

这种农业组织形式并未得到官方认可,但北京的官员却清楚地知道它的存在。它之所以没有获得正式认可,是因为它在政治上可能会引起所谓偏离社会主义的争议。但如果它真的提高了生产率,提高了收入,那么它很快就可能在未来的某一天得到承认。由于土地和各种生产工具(厂房和机械)都归集体所有,这一制度仍可被看作是社会主义的。

七、城市改革和工业改革

我相信中国的农村改革无论从哪一个方面来看,都是非常成功的。现在看来,至少对下一个十年而言,中国的粮食供应是有保障的。中国从80年代初的一个农业净进口国,转变为80年代中期的净出口国,这是非常了不起的。大量的证据显示棉花和粮食储备有了很大增加,因此这一转变是可信的。令人羡慕的是，中国棉花的非正常库存量甚至已经超过了美国。绝大多数农村居民的收入都有所增加，而且有些人收入增加的幅度还很大。的确，收入不平等程度也增加了，但如果你相信现有的官方数据的话，你得到的结论是，最贫穷的1/3农村居民的实际收入也得到了显著的增加。

如上所述，自1978年以来，城乡收入差距可能并没有显著缩小。我之所以提到这一点，是因为这关系到城市和工业改革的前景。在过去的40年里，城市职工被赋予了相对优势的特权地位，任何改变这种地位的变化都会招致极大的反对。这就是为什么城市和工业改革相对于农村改革而言进展较慢的一个重要原因。但我将指出这并不是唯一的原因。

对中国的城市改革和工业改革，我能说的并不多。一个原因是目前在城市和工业方面还没有采取多少改革措施，或者是虽然采取了一些措施，但是由于改革不彻底，大多数改革措施非但没有奏效，反而产生了很多的负面效果。另一个原因是，与农村改革相比，城市和工业改革的透明度较低，因而对城市和工业改革的评价，无论是瞻望性质的还是回顾性质的都很困难。

但是，我也不应该对城市和工业改革方面过多挑剔。毕竟，大多数改革措施的失败并没有导致人们在试验新的改革方案上畏手畏脚。中国目前正在试验许多改革方案，要估计它们的效果显然为时过早。我必须承认，在对价格体系进行根本改革之前，我对将决策权和财务责任转移给企业的改革前景较为悲观。如果企业无论多么有效率地使用它们的资源，它们所面对的投入和产出品的价格都不能使它们获取利润，那么允许企业破产又能带来多少好处呢？或者，如果企业所面对的价格使得利润与企业有效地使用资源之间根本没有什么联系的话，那么允许企业提留大部分利润又有多大用处呢？很多年来，许多相对价格和绝对价格根本就没有什么变化。在那些技术进步明显的领域，如电子产品领域，利润与生产率根本没有多少联系。中国的经济学家也了解这些情况，但和大多数国家一样，中国不愿意调整价格，价格永远是受国家利益和政治因素的控制。结果，即使决策权下放到企业，目前的价格结构也不利于资源的合理使用。当价格结构不合理时，由中央对投入和产出进行计划控制是比把决策权下放到企业更为可取的解决方案。

但也不应忘记,即使最微不足道的改革也能对生活质量的改善有所裨益。特别是有些政策已经开始允许,有时实际上是在鼓励城市地区发展私营企业,这使得城市里的生活更加方便。私人经营的修理店、餐馆、小商店,出售各种各样由国有、集体企业和私人提供的产品和服务的公开市场,在城市里开办的由农村居民出售农产品和手工艺品的集贸市场,所有这些都给城市居民的生活带来了极大的变化。在大多数城市,大的百货商店在夜间也营业,有些营业至晚上 10 点,而在以前,下午 5 点商店就把所有的顾客都拒之门外了。由于 1949 - 1980 年之间对零售商店投资不足,对普通人来说,零售商店营业时间的变化就有了十分重要的、积极的意义。类似的改革只需要很少甚至根本不需要新的投资,也不需要进行涉及整个体制的变动,但这样的改革值得称道。

城市地区私营经济活动和它所雇佣的工人数继续增长。1978 年,城市私营企业雇工人数仅为微不足道的 15 万人,1981 年上升为 113 万人,1983 年上升为 231 万人,1985 年底为 450 万人。① 虽然 1985 年由私营和个体户雇佣的工人数只占城市工人总数的 3.5%,但从较低的起点出发,很容易获得较高的增长率(年增长率为 62%)。一些非正式的证据表明,不同城市对在私人企业里工作的工人人数的增加持有不同的态度。在这个问题上和在其他问题上一样,当地政府对许多改革发展的速度保持着非常强的控制能力。

城市收入政策的改革尤其值得注意。无论是农村改革还是城市改革,其共同目的之一就是使报酬和努力程度挂钩。但城市地区自 1978 年以来在这方面并没有取得显著的进展。正如上文所指出的,对城市国有企业职工的补贴,从 1978 年占工人平均工资的 78%,增加到 1982 年的多于 100%。因此城市工人至少一半的收入与他们的工作成绩完全无关。在强调激励机制改革的时期里,与努力和效率无关的收入所占的份额反而上升了,这不能

① 《中国统计年鉴 1986》;*Beijing Review* 29, No. 19 (July 22, 1986): 19.

不引起我们的反思。

城市收入政策改革首要的内容就是要取消粮食补贴，以使市场价格能更有效地引导农业资源的配置。除了政治上的影响外，实在没有理由可以解释为什么是城市居民，而不是更穷的农民可以获得廉价粮食。其他大多数补贴，包括对城市居民的住房补贴，即使不是彻底取消，也应该逐渐减少。农民被迫承担其全部住房成本，而城市居民却只承担其住房成本的很小一部分，这种情形是非常不合理的。

与城市收入政策密切相关的一个问题是：企业是否有能力惩罚工作表现差的工人（包括装病、缺勤以及低劣的工作质量）；是否有能力对工作成绩突出的工人进行奖励。尽管许多年来，政府一直宣称企业可以解雇工作表现差的工人，但没有多少证据表明，已经通过这种方式将"铁饭碗"和终身雇佣制的消极影响减低到最小的程度。将调整工资的权力交给企业以向不同生产率的工人支付不同的工资，是一项很好的制度，但该制度并没有被有效地利用，工资奖金制度也是如此。由于奖金一般为基本工资或薪水的一个固定百分比，因此无法对更高的生产率和绩效进行奖励。

实现最有效地利用中国的人力资源，需要做很多事情，价格和城市收入政策的改革仅仅是开始。时至今日，中国对人口迁移和流动仍有非常严格的限制，这一点与封建制度下的欧洲非常相似。从一个城市移往另一个城市，从一个乡村移往另一个乡村，特别是从农村移往城市，都要面临巨大的困难。即使是在同一个城市，要想从一个企业转到另一个企业也是非常困难的。企业对这样的变动有着严格的控制，在许多情况下，这种做法导致了专断和滥用权力。

在对城市和工业改革的简短讨论中，我忽略了两项重要的改革——货币信贷和"对外开放"。这两项改革都不彻底，特别是在控制国内货币信贷和外汇之间缺乏协调，这一点在 1984 年和 1985 年外汇储备的大量减少中表现得很明显。但是，根据计划过程的变化随时调整货币信贷体制，以及在农村地区引进市场因素是一项艰巨的工作，没有达到完美状态是可以理解的。当前对外汇进行管理也是非常困难的，因为有效的货币机制和信贷机制只是刚刚起步。不过,允许地方当局在外汇和国内信贷的使用方面具有相当大的决策权,至少说明了中央在这方面改革的认真态度。

八、结论

农业改革是相当成功的。对中央政府而言,这一成功只付出了很小的成本。农业产出增加了一半,农业所必需的劳动力数也大大下降,这些多余的劳动力又为农村地区中的非农就业渠道所吸收。但是,对农村改革的一个合理的批评是:政府在放弃公社的政治和管理职能的同时,几乎没有建立起相应的机构来代行这些职能,以致在医疗保健、教育以及其他许多应由当地政府承担的职能方面,情况都有所恶化。也有人抱怨某些与集体生产相关的职能,例如灌溉水渠和设施等,都没有得到很好的维护。中国农村生活的一个重要缺陷是道路网络非常有限。中央政府希望地方承担起修路的绝大部分费用,自己却斥巨资改善大城市中的办公和生活条件。我要再一次指出,政府在支出方面的安排带有强烈的城市倾向。

市场经济在农业中的进一步深化需要城市地区也发生重大的变化——解除对粮食和菜油价格的控制,取消食物价格补贴,取消对农产品跨省流动的障碍。

我已经强调过,改革极大地增加了市场在农业中的作用。城市和工业改革也在进行尝试,但与农村改革相比,其成就要逊色得多。许多城市改革在试点之后又被停止,这是因为给予企业的激励往往会导致不良的结果。只有对工资和价格制度进行重大改革之后,使决策权分散和增加市场作用的改革才有可能实施。目前官方已经承认了这一点,但它同时也承认进行价格改革阻力很大。或许当我们回忆一下,当初美国放弃对市场价格的干预是多么的困难,花费了多长的时间,我们就会理解为什么中国不愿进行价格改革了。当时的价格干预包括对能源、空运、汽运等的价格管制,对农业方面的价格支持等等。我们本来就已经很难应付粮食过多的问题,而对农业的价格支持却仍在鼓励农业不断地为我们增添麻烦。

中国是否存在粮食问题?*

摘要:中国不存在粮食问题,只是在粮食定价和粮食征购上存在一系列政策问题。政府官员们纷纷抱怨这几年粮食产量不足,但是粮食储备从1986年到1990年一直都在快速增长,现在的储备量已经超过了一年的产量。但政府粮食储备已是如此之多,以至于由于缺乏额外的储存空间而使粮食征购受到了限制。同时,官方公布的产量数字的准确性也引起人们的怀疑。由于牲畜和家禽产量快速增长而带来的所消费的饲料的增长量,看起来已经超过了人类直接消费以外的粮食增加量。另外,社会化的服务体系的推行,是对未来农业生产的一个潜在威胁。社会化服务体系(耕地、种植、施肥、收获等方面)的发展增加了地方干部的权力和影响,降低了农户的自主权。

一、引言

在1988年11月的农村工作会议上,邓小平的一段话在报告中被引用——“农业的主要问题是粮食问题。”李鹏也说:“农业,特别是粮食生产的稳定发展,是国民经济长期稳定发展的基础。”同时,赵紫阳指出,“我们必须牢牢地抓住粮食问题。”(FBIS-CHI-89-003,1989年1月5日)中国的领导人强调农业生产和粮食生产的重要性,特别是政府要采取措施提高农业

---

* 原文题为“Does China Have a Grain Problem?”,载于《中国经济评论》(*China Economic Review*)第4卷第1号,1994年,第1-14页。

生产力、降低生产成本，这固然是正确的。然而，这些言论却被某些人曲解为农业改革失败了，他们认为改革前农业生产组织的一些做法应得到恢复。

对于文章题目提出的问题，如果回答说中国存在与粮食问题，那是不恰当的。更准确地讲，中国存在与粮食问题相关的一系列政策问题。就这点而言，中国与世界上其他国家并无二致。随便找两个例子，美国和欧共体国家与它们相比，中国农业所面临的政策问题可能更容易解决。至少从过去15年的记录看，与美国和欧共体相比，中国更有效地找到了解决自身农业政策问题的方法，而且在粮食问题上更好地实现了自己的目标。本文中，我将讨论与中国粮食生产有关的六个重要问题。首先从一个已经得以很好解决的问题入手。

二、粮食零售价格和补贴

粮食零售价格和补贴问题，已经以积极的和富有建设性的方式得以解决，接近最终的解决方案是在1993年5月份做出的。自从20世纪50年代中期以来，城镇居民的粮食都是定量配给的。从1957年到1991年春，配给粮食的名义价格几乎保持不变。1979年，作为伟大的农村政策改革的起始步骤之一，粮食的收购价格大幅度提高了，但是，城镇粮食配给价格并没有相应提高。人们担心提高价格会引起城镇居民的反对，因为当时人们消费支出中约有15%的份额是花在食物上的。未提高食物配给价格引起了食物价格补贴的快速增加。这一补贴不断增加，到了1984年政府支出中竟有14%是用于食物价格补贴（SSB，1990）。由此产生了一个严重的政策问题，要想理顺整个农业政策的话，就必须对现行政策做出重大调整。

粮食和其他食物价格补贴成了政府财政的一个巨大负担，这些负担制约了政府可以支付的收购价格。在很多年间，为了在固定的配给价格下食物补贴不至于使财政背上更大的包袱，粮食收购价格一致未能上涨，成为补贴政策的牺牲品。另外，大规模补贴也是宏观经济不稳定的一个潜在因素，这可能会重新引发1988到1989年之间发生的通货膨胀。1989年价格补贴的花费为 370 亿元,其中的绝大部分是粮食价格补贴。这相当于政府所有收入的 13.5%,超过了 1988 年政府在教育上的开支(SSB,1990,pp.217-218)。维持粮食名义配给价格不变的做法事实上降低了小麦的真实价格——从 1979 年的每千克 0.276 元下降到 1990 年的 0.116 元。[①] 城镇消费者日常支出中花在粮食方面的比例从 1978 年的 13% 下降到 1990 年大约 6% 左右。

1991 年 5 月政府采取了第一个重大决定,将配给粮食价格上调了 56%-70%(Crook,1991,p.15)。1 年以后,广东省和福建省的粮食配给制度被废除,同时最高限价也被取消。在全国的其他地方,粮食的配给价格上涨了 40%。最终,粮食配给和价格补贴制度于 1993 年 5 月在全国范围内几近寿终正寝。粮食配给和最高限价仅在西藏、甘肃和海南被保留下来,这三个省区占全国城镇人口的 3% 左右。

粮食配给和价格控制的改革是一项了不起的成就。你可以说在如此显然的问题所花费的时间太多了,不过,西欧和北美国家的政府在同样显然甚至更为过分的政策上延误了更长的时间。

三、粮食收购问题

因为中国共产党的官员们强调粮食问题的高度重要性,所以人们可能会以为,中国可以确保粮食收购体系的平稳运转。但是,诸多证据表明粮食收购制度运转得并不理想。在过去的几年里,粮食和其他农产品的收购搞得非常糟糕,以至于农民对政府产生了不信任。为了官僚体系的利益,常常会有政策的突然改变。在 1984 年大丰收后,1985 年收购机构试图减少粮食收购量,并且违背规定的收购价格。众所周知,1988 年和 1989 年许多地方发生了向农民征粮而不付钱的怪事(Johnson,1990,pp.96-100)。1988 年许多农民收到的只是“白条”——支付粮款的欠条。1989 年,政府明确宣布

---

① 碾磨后的籼米价格约是每千克 0.28 元。

不得向农民打白条;结果,在一些地方农民在出售自己的粮食时,既收不到现金也拿不到白条。1988 年和 1989 年的银根紧缩,导致了粮食收购机构没有足够资金向农民支付粮款和其他农产品收购款。然而信用紧缩,并没有妨碍国家向国有企业工人发工资。这充分体现在农业人口和非农业人口之间,政府优先考虑的是非农业人口的利益。农村"打白条"的情况十分盛行;1992 年底,中央政府宣布所有未付的白条都要在 1993 年中国农历新年到来之前付清,这当然是办不到的,这还因为省一级粮食收购部门并没有获得中央的财政拨款,他们需要向银行借款来支付粮食和其他农产品的收购款项,而中央银行虽然放开了信贷口子,不过它却不能防止省级支行把钱投到粮食收购之外的更有利可图的活动中去。当需要资金征购粮食时,可贷资金已经被耗空了。

就在农民"卖粮难"、"卖农产品难"的几年里,有证据表明在全国范围内自由市场被迫关闭,例如棉花市场;同时各级政府部门阻止本地粮食流出,直到完成自己的收购任务为止(Johnson,1990,p.99)。所以,问题并不在于一般消费者能否得到这些粮食,而在于政府愿意支付什么样的价格购买粮食并提供给城镇消费者。具有讽刺意味的是,田纪云副总理在 1992 年 4 月指出,政府收粮难的原因并不在于没有这么多粮食,而在于所有的粮仓都已装满了粮食(《中国日报》,1992 年 4 月 3 日,41 页)。文章说,"先前得到鼓励多种粮食的农民们现在抱怨卖粮难。同时,国有粮食供销部门说他们的粮仓已经爆满,无力购买更多的粮食。田指出,这个现象表明中国现在粮食过剩了。"如果政府真的是高度重视农业生产的话,那么可以预料在制订第八个五年计划时,应该考虑建议充足的粮食储备能力。八五计划宣称粮食年产量要达到 4.47 亿吨,后来把 1991 年的产量计划修改为 4.27 亿吨。1991 年的实际产量是 4.35 亿吨,这个数字本来不应该让负责粮食收购的干部感到惊讶,但是实际上,他们还是无法应付了。

四、粮食生产价格

中国有两个相关的粮食价格政策问题:一是自从 1978 年农村改革以来

的真实粮食价格走势;二是中国的粮食价格和国际市场粮食价格的关系。1979年农村改革的一个重要组成部分是提高收购定额内及定额以上的粮食收购价格。许多研究者注意到名义的粮食收购价格上升了20%,却很少有人注意到过去15年中农民从国家收购中得到的真实回报情况如何。

表1给出了名义的和剔除价格影响之后的加权平均粮食价格。真实粮价在1979年有了显著提高,上升了大约22%。名义平均收购价格在随后的年份略有上升,但是除了1989年外,粮价上涨都比物价上涨快不了多少。虽然1991年的真实粮价依然高于1979年,但1989年后的真实平均收购价格却呈显著下降趋势。

表1 名义的和真实的混合平均粮食收购价格

年份	名义价格(元/吨)	农村零售价格指数(1978=100)	真实价格(元/吨)
1978	263.4	100.0	263.4
1979	330.6	102.4	322.9
1980	360.6	108.5	332.4
1981	381.8	110.5	345.5
1982	392.2	112.3	349.2
1983	392.6	112.9	347.7
1984	395.0	114.1	346.2
1985	416.2	122.8	338.9
1986	465.8	130.3	357.5
1987	508.6	138.2	368.0
1988	563.7	162.2	347.5
1989	750.0	192.4	389.8
1990	716.0	197.6	362.3
1991	677.3	200.9	337.1

资料来源:国家统计局(SSB),1990年 和1991年。

如果考虑到政策目标，粮食价格的变化轨迹似乎是合理的。1978年以来，国际市场上的真实粮食价格也一直在下跌。但是，问题在于中国农民得到的价格是否相当于国际市场的相应粮价。如果国内价格低于国外价格，就意味着整个或者几乎整个20世纪80年代中国农民实际上由于粮食低价而变相地承担税赋。估计对农产品的隐性税赋或者补贴是相当困难的，这是因为粮食质量对价格的影响很大。在中国，由于人民币币值被高估，要估计20世纪80年代的农业隐性税赋情况就更加复杂了。1987至1989年的官方汇率是3.72元人民币兑换1美元，而均衡汇率要远远高出这一比率，大概是6元或者7元人民币兑换1美元。1992年和1993年初人民币贬值到5.6元兑换1美元，但1993年6月的黑市价格仍为9元或更多人民币换1美元。

韦伯（Webb，1991）估计了1978年到1989年间大多数农产品的生产者补贴等价（Producer Subsidy Equivalents，PSE），这其中包括了粮食和大豆。她使用了两套价格数据：香港进口价格和亚洲出口单位价值。两套价格数据估计的结果差异在大米上表现最为突出。以香港进口价格估计的PSE是-45，而按照亚洲出口单位价值的估计则是+5。PSE为负45意味着农民每单位产出的总收益，包括价格和补贴，比通行的国际市场粮价带来的收益要低45%。大致的讲，她的结果表明，如果采用官方的汇率，小麦、玉米和大豆的赋税程度是不高的。如果采用更为现实的汇率，并且利用亚洲出口单位价值这套价格数据的话，粮食和大豆在20世纪80年代后期的PSE是显著的负值，大约有负的1/3甚至更多。

五、中国的粮食生产潜力

对于中国未来的粮食生产，目前还没有人进行系统的模型化研究。不过，我们还是可以注意到一些情况，这有利于我们对这个问题更好的理解。首先，如果认为到2000年时中国的口粮、饲料和工业用粮需求的合理估计是5亿吨的话，那么，根据这几年的粮食产量来看，要达到这个目标是完全没有问题的。事实上,超过这个目标都是有可能的。如果我们把1991年的产量——4.35亿吨作为一个正常年份可实现的产量的话,那么年产量只需每年增长1.6%即可达到5亿吨这一目标。这个增长率远低于1952–1978年2.4%的增长率和1978–1991年2.8%的增长率。即使是最悲观和最狭隘的观察家,也不会认为在20世纪剩下的几年里,粮食产量增长率将下降1/3或者更多。就算正常产量是1990年的4亿吨,达到这个目标也只要求余下的几年里年增长率有2.25%,这也低于长期的增长水平。

这说明要实现2000年粮食生产目标是完全可能的,当然,这并不是为了淡化养活12.5亿人民的吃饭问题而故意提出来的。要想在这些年里继续为中国人提供数量更多和品种更全的粮食,那需要在多个层次上有良好的政策和管理,中国必须继续寻求有助于提高农业生产力的制度和政策组合。过去13年的历史表明,合适的制度安排和政策组合对提高食物供应的数量和质量有重大的作用;毕竟,生产充足的粮食是非常重要的,因为中国人的饮食结构中热量的主要来源还是粮食。

六、粮食产量估计的准确性

已公开的中国粮食生产的数据存在几个不确定的方面。其中之一是耕地面积和粮食实际播种面积。现在人们普遍同意,过去40年里,中国的耕地面积被严重低估了。英文版的1990年中国统计年鉴(SSB,1990,p.315)在耕地面积一栏下加了如下注释:"耕地面积被低估,有待"进一步核查。我们可以稍作计算,按照这本书的数据,用1989年的农户人均耕地面积2.11亩乘以按户籍登记的农村人口数8.77亿,可得出总的耕地面积是1.235亿公顷,而这本书(SSB,1990,p.314)给出的耕地面积是9 565万公顷。

Crook(1991,p.19)注意到实际的玉米种植面积可能比官方公布数字多出20%,他据此指出,这些年份的粮食产量水平的低估程度也可能与耕地面积的低估程度相当。国家统计局利用抽样调查的办法来估计单位产量,然后乘以官方公布的种植面积获得总产量数据。所以,现在的粮食产量有可能远远高于官方公布的数字,而且近几年产量被低估的程度要远甚于20世纪80年代初的那些年份。

不过,既然国家统计局已经知道了耕地面积被低估,那么就有理由认为产量并没有被错误估计。如果产量被准确估计,其估计误差不超过世界上其他任何地方的话,这就意味着,公布的单产数据,即单位播种面积或者单位耕地面积的产出,与普通读者的理解并不完全一致。粮食单产有可能被高估,以抵消粮食耕种面积的低估,这是因为计算粮食单产时,粮食耕种面积与官方公布的耕地总面积相一致。1989年公布的小麦的播种面积是4 476万公顷,而实际耕种面积大约比它高25%,即5 600万公顷;根据公布的耕种面积计算,小麦的单产为每公顷2.02吨;但如果用估计的实际面积来计算则为每公顷1.62吨。另一个关于粮食产量估计的不确定之处,来自于估计数据和粮食需求或粮食使用之间的关系。在本文第一稿写作时(1992年6月),有人建议,如果承认牲畜产量的数据是准确的话,那么就有了独立的基础可以质疑20世纪80年代粮食产量数据的准确程度。不过牲畜产量同样有可能是错误的,因为全国肉制品产量的估计数据和根据家计调查估计出的肉制品产量存在很大出入。如果我们接受肉类和家禽产量的估计数字,就难以回答如下问题,即粮食产量的增加怎么能够喂养增加的牲畜和家禽生产。与此同时,国家统计局公布了粮食储备总数量的估计(Crook,1991,p.18)。年末粮食储备包括1986-1990年由农户和政府持有的粮食储备的估计数量大得惊人:1986年末为3.36亿吨,1990年末4.91亿吨。根据政府购销粮食的记录,我们可以估计,1984年末粮食储备应该在3亿吨以上。这样,从1984年到1990年,年末粮食储备量大约增加了1.9亿吨;但只有1990年的估计产量超过1984年的产量。如果1984年私人手中持有的粮食更多的话,那么到1990年为止,总粮食储备增加应小于1.9亿吨,从任何标准来看,这依然是一个庞大的数字。具有讽刺意味的是,粮食储备前所未有地增长的这些年份,同时也正是官员们纷纷抱怨粮食生产停滞不前的时候。

表2给出了1980-1990年估计的中国粮食平衡表。在粮食储备数据

表 2 中国 1980-1990 年估计的粮食平衡表（百万吨）

年份	当年粮食总供给[1]	居民粮食消费量[2]	年末粮食储备[3]	粮食储备变化[4]	剩余粮食[5]	粮食副产品总供给[6]	可用于精细饲料制造的粮食供给量[7]	精细饲料总需求（折合成粮食数量）[8]
1980	335	253	265	0	69	25	94	55
1981	339	263	265	0	73	26	99	58
1982	369	274	265	0	82	27	109	60
1983	395	286	265	0	96	29	125	65
1984	407	312	303	38	44	31	75	76
1985	377	320	317	14	30	32	62	83
1986	397	328	336	19	37	33	70	90
1987	413	325	363	27	48	32	80	95
1988	402	326	380	17	46	33	79	106
1989	417	323	417	37	44	32	76	112
1990	454	325	491	74	47	32	79	122

注释：1. 当年国内生产量和净进口之和；
2. 人均粮食消费量和人口总数的乘积；
3. 假定 1980-1983 年的粮食储备不变；
5. 1-2-4；
6. 考虑到在碾磨过程中的损耗和 4% 的浪费，这里以粮食贸易数量乘以 1.2；
7. 5+6；
8. 假定 1 千克肉类和家禽生产需要 3 千克精细饲料，蛋类需要 2.34 千克，碾磨损耗为 0.39 千克，鱼类需要 0.87 千克，饲养每头动物需要 150 千克。

资料来源：1. SSB，1992 和 USDA，1993；2. 人口数据来自 SSB，1992；人均消费数据来自 SSB，1990；3. Crook，1993，p.186；6. 假定为居民新粮消费量的 10%，包括油粕粉；8. 肉类和家禽产出数据来自 SSB，1990，1992；奶类和蛋类产量来自官方估算数据，在缺乏官方数据的年份，则采用插值方法补充数据；牧养动物数量数据来自 SSB，1992；Piazza，1990。

公布之前，Crook（1988）和 Piazza（1990）曾估计过粮食平衡表。构造这张表时，存在很大的不确定性因素。其中一项是生产这些肉类、牛奶和禽蛋所需要的饲料数量。虽然我们清楚地知道，生产同样多的肉、蛋产品，在中国所需要的饲料量要比在美国多出很多，不过我们仍不清楚具体的饲料来源。因为现在绝大多数的动物产品都是由农户生产，所以农户可以使用各种

“非常规”饲料。粮食，碾磨时的副产品和含蛋白质的饲料仅仅是饲料中的一部分；剩下的部分包括剩饭菜、牧草、干草、杂草、人和动物的粪便，以及其他任何可以被猪、鸡、鱼食用的东西。

另一个不确定的方面是，这些“非常规”饲料所占份额是否与总的牲畜生产所需饲料同步增长；我怀疑不是，不过现在没有证据来支持这种判断。表2假设每单位牲畜产品所需消耗的精饲料（粮食，油粕粉，碾磨时的副产品）从1980年以来保持不变。由于存栏中的动物平均产肉量上升，这意味着有证据表明饲料的使用效率有了上升。不过，我们尚不清楚这种精饲料使用效率的上升，是否可以抵消那些“非常规”饲料减少所造成的影响。[①]我假定屠宰后每千克肉类和禽蛋消耗3千克精细饲料，这比Crook和Piazza使用的数字要小很多。

另一个不确定性来自于1986年末以前粮食储备的规模和变化。一般假定1980年到1983年的粮食储备稳定不变。表2中的1984和1985年末的粮食储备是我自己估计的。这些数字是从1986年国家统计局估计的政府购买和销售粮食数量中推导出来的。假设1980-1983年的粮食储备固定不变是很主观的；那几年农民的粮食主要是由生产队分配得到的。

表2中给出的精细饲料需求量和供应量在某种程度上证实了本文初稿得出的结论，即，给定1986到1989年粮食储备量大量增加，从1984年以来的粮食产量增长的官方数据显著低于牲畜产量提高所要求的水平。给定粮食储备的变化，1985年及其以后年份，对精细饲料的需求的估计量超过了可获取的供应数量。这和我们前面得出的结论一致。这些数据看来支持了如下假说：1984年前的粮食产出估计和1984年及其以后年份后的粮食产出估计不一致。现在尚不清楚为什么会有这种不一致。粮食产量也有可

① 有两种测量指标表明了每单位猪肉产量所需饲料下降。一是肉猪出栏头数和肉猪总头数的比例。1980年初这一指标为0.62，1989年上升到0.84。出栏肉猪的猪肉产量从1980年初的60.7千克上升到1989年的80.2千克（SSB，1990，p.360）。这意味着现在只需要较少的饲料就能够喂活这些猪，生产出更多的猪肉。

能在20世纪80年代早期被高估了，或者是那些年份包括收割损耗在内的浪费远比以后的年份大得多。估计粮食产量时采用的是统计员监督收割样本田的粮食的方式，实行家庭联产承包责任制以后收割损耗降低了，产量数字可能没有反映出这一情况。第三种可能的解释是，1984年前相当大一部分牲畜是集体饲养的；集体饲养的这些牲口绝大部分都是吃精细饲料，这比私人饲养牲口时使用的精细饲料要多得多。这几种说法都有一定道理。

七、粮食的国际贸易

八五计划中一个重要的但并非新提出的目标是，“继续扩大对外开放，发展国际贸易……”（Crook，1992，p.32）。事实上，如果充分有效地利用了国内和国外的粮食市场，那么前面提到的粮食征购和储存时遇到的问题就可以大大缓解。虽然从1978年起，中国就开始了市场化改革，实行对外开放政策，但中国政府一直没有有效利用国际粮食市场来帮助稳定国内的粮食市场。

当农村改革在20世纪70年代末和80年代初展开的时候，中国人与各出口商签订了长期粮食进口协议，这是可以理解的。当时的改革有相当大的风险，特别是生产可能会滑坡，从而减少粮食和其他食物供应。因此，能够获得千万甚至上亿吨的进口粮食的保障，这看起来是应对这种风险的一个合理反应。所幸的是，粮食产出非但没有减少反而在1978－1983年间增长了23%。除了“大跃进”过后的经济复苏时期，这一增长幅度是无可比拟的。

虽然中国政府可以强调说，几乎所有国家都会对粮食国际贸易进行干预，但并不能因此就放弃可以提高国内的粮食市场稳定性的措施。当然，也不能因此就减少对粮食仓储设施的投资，这些投资在中国看起来很大，但实际上是不足的。而出现这种投资不足，恰恰是因为中国没能很好的利用国际粮食市场提供的机会。中国的粮食储备政策非但没有为市场过热时提供吸纳支持,而且还花费巨大。对大多数国家而言,花费最小同时效率最高的粮食保障就是充分利用国际市场,辅之于适量的国内储备(Johnson,1991)。

在中国,粮食储备系统的运作是国家机密,具体操作如此巨大储备的决策过程也是很不透明的。1993年初,中央政府控制的粮食储备就超过了1.2亿吨(Crook,1993,p.18),省、地市政府和农民手中还持有超过了3.5亿吨的粮食。假定粮食价格是每吨750元,那么储备每吨粮食的平均成本至少要100元。这个估计所考虑的因素包括:5%的真实利率水平、粮食储备设施合理的运营成本、粮食储备设施投资应得的合理回报率、在储备中粮食数量和价值损失。所以,政府每年保有1.2亿吨粮食付出的代价是120亿元。这是一笔巨大的开销,比政府1991年度对农业资本设施投资还多1/2。如果利用国际粮食贸易结清国内多余的粮食供给,那么几乎所有这些成本都可以消除。政府只须持有1 000万到2 000万吨的粮食储备,即可保证充分的粮食安全。

我们必须注意到,如果中国要使粮食市场成为引导生产和消费的主要渠道,那么地方和省级政府对粮食流动的诸多限制就必须被废除。到目前为止,中国尚不存在一个全国性的粮食市场。粮食收购政策,包括在一个幅员辽阔的国度实行统一的收购价格,是阻碍了一个全国性市场的发展的部分原因。不过,统一市场不能建立的主要原因在于,任何政府单位都有权限制粮食和几乎所有其他农产品的贸易。如果中央政府不能有效防止下级政府部门干预国内粮食贸易,那么,利用国际粮食市场实现国内粮食安全的潜力将大打折扣。为保证粮食安全只好增加粮食储备,这是地方和省级政府限制粮食自由流通所付出的部分代价。

八、对粮食生产停滞不前的担忧

不管是中国的还是海外的许多观察家,都对1985-1988年粮食产出未能达到1984年的水平做出了很多评论。① 他们从假想的生产停滞中得出了各式各样的悲观结论。我印象中最具蛊惑性的说法是,粮食生产的停滞是因为家庭联产承包责任制带来的好处已经耗尽,所以需要一些新的激进改革来重新推动粮食生产。甚至在1985-1988年粮食年产保持4.1%持续增长时,这样悲观的观点都成了主流观点。在这些人眼里,非粮食类农产品产量的大量增长似乎不能说明任何问题。要知道,即使是最粗心的观察者,如果他于1984年和1988年参观过中国北方城市,他也会发现不仅主要食物供应大量增加,而且食物供给品种的大量增加,特别是在冬天。

另外还有一点,中国和其他国家的观察家们没有用历史的和比较的观点去看问题,如果他们这样做了,那么他们就不会对1984年大丰收之后的1985-1988年的情况感到惊讶了。这种情况在美国过去的30年中屡有发生,丰收之后跟随着几个低产年份:1973-1977年、1980-1983年和1986-1989年。例如,1973年全美平均产量为每公顷3.7吨,随后4年分别是3.0,3.4,3.5和3.7;丰收年后的平均单产要比丰收年低10%左右。在中国,1984年后的4年平均单产减少约为4%。在农业生产中,任何事情都不会总是朝着一个方向发展,这是很简单的道理,人类和自然都会影响这一过程。

从中国最近公布的1984年以来各个年份粮食储备的变化数据来看,对于1984年以后粮食生产表面上的停滞(见表2),政府官员们表现出来的担忧就更不适宜了。并且,除了政府有意减少粮食收购量的1985年外,1986到1989年的平均粮食收购量都至少超出1983年收购水平的11%。仅仅根据这些被认为粮食生产停滞年份里粮食的收购数量变化,就很难理解为什么会出现对“粮食问题”的担忧。至少对某些政府干部而言,其意图是对农

① Niu(1989)是极少数几个公开谈到1984年后产量下降是1984年难得的好天气和随后年份里不适当的政策共同作用的结果的人之一。他注意到1985年政府对农业的投资下降到很低的水平,国家的粮食收购价格不及自由市场的一半,几种农业投入要素价格迅猛上涨,一些投入要素供应减少,种田的相对利润下降(pp.153-154)。他还注意到由于1984年大丰收农民卖粮很难。

村改革的成功进行质疑。

九、家庭联产承包责任制并不是问题

家庭联产承包责任制不是诸多粮食问题中的一个,而快速普及农业社会化服务体系也许会成为一个问题。1990年底和1991年初,至少在一些省份,对农村和农业的政策有了一个显著的变化。这些变化也许是对《中国共产党中央委员会和国务院关于1991年农业和农村工作会议的通知》的一个反应(FBIS-IHI-91-05,p.54);或者是对八五计划的一个反应——在该计划中提到发展社会化服务体系、改进"个体经营和集体经营相结合"的双层经营机制(FBIS-CHI-91-1153,p.337)。1991年4月,河北省有人告诉我,中国正在努力建设社会主义物质文明和社会主义精神文明,由此我第一次了解到这些变化。精神文明包括在农民中建立一个正确的思想观念、行为举止和风俗礼仪。不过正是所谓的社会主义物质文明——其表面上是双层经营体制或者说是一个运用社会化服务体系进行的统一经营管理体制——才真正有可能使家庭联产承包责任制带来的生产上的收益毁于一旦。无论打着什么旗号,这些做法的实质都是地方和省级官员试图加强对农村家庭生产活动的控制。庆幸的是,社会化服务体系的发展又遇到一些限制;不过,地方干部扩大他们权力的热望实际上并没有衰退。所以,我们还不能认为这个问题已经不复存在了。

中华人民共和国的确有一些粮食问题。不过,历史经验已经告诉我们,把农业生产和购销决策更多地置于政府和党的控制下并不能有效地处理现存问题。改善化肥、杀虫剂、兽药、农用机械、水和农业技术的供应数量和渠道,可以对农业生产带来巨大的好处,不过我们还没有发现世界上有任何国家通过提供社会化的农业机械服务,或者通过中央指导的作物播种方式,可以降低成本,提高生产效率、提高产量或带来更加令人满意的产出组合。着重点应该置于消除垄断而不是建立新的垄断源泉。

十、土地使用权的不确定性

如果要充分发挥家庭联产承包责任制的所有潜力,那么必须保证土地使用权神圣不可侵犯,必须允许转让土地使用权并且确保这种权力不受地方政府官员干涉。除非农业生产单位的规模可以像市场力量所要求的那样扩张,否则,联产承包责任制对生产率产生负面影响的时间就会日益临近。真正急迫的是,需要提高农民人均土地(和其他农业生产资料)的拥有量。正如日本和中国台湾省的经验所显示的那样,发展到一定阶段,农业生产规模可以通过非专职的农作活动来进行调节:保持人均土地量不变,同时减少投入到农业中的时间。

日本和中国台湾省都曾采取禁止土地买卖和(或)租赁的政策。由于通过非专职的农作活动来改变要素投入比例的潜力几乎已经达到它的极限,所以当前日本和中国台湾省都面临着重大的政策调整问题。在中国台湾省和日本,即使几乎所有农民都是兼业农,农业经营单位规模过小也已经长时间地造成了效率低下。中国应该从这些经验(尤其是日本的经验)中吸取教训,允许在自愿的、市场导向的基础之上扩大农业经营单位规模。如果不这样做的话,21 世纪初就会出现粮食生产的成本问题,那么,届时要么粮食产出将会放慢,要么粮食价格将远高于国际市场的水平,这将迫使中国政府允许农业生产单位自由调整规模。

保护土地使用权不得侵犯,并允许农民出售或者出租自己的土地给那些愿意种田的人,家庭联产承包责任制为什么没有按照这样的方式来彻底地实行呢?原因非常重要,一个是意识形态方面的,这些做法将会刺激私人耕种,进一步背离社会主义原则。第二个原因是,如果土地使用权得到强化,以法律形式固定下来并不折不扣地付诸实施,那么,各级干部的决策权威将大大降低。法律规定将极大地减少政府官员的专权行为,并减少他们的权力。

特别地,如果确保土地使用权不受侵犯的话,那么 1991 年发生在河北和其他省份的将平均每户的地块数从8-9块合并减少到2-3块之类的事件就不会再发生了。这类事件的目的不是提高农业生产力，而是为了便利于提供一定的社会化服务，比方说农业机械服务。任何运动，只要其追求的目标是地方干部的利益而不是农民的利益的话，这类运动只会对农业生产产生负面影响。这样的运动必将使得农民怀疑家庭联产承包责任制的前景，而正是这个政策体制在提高和改善中国农产品的数量、质量和多样性方面做出了很大贡献。

中央政策研究室下属的中央政策研究组负责人张云千（音译）在1991年9月的一次讲话中已经完整地指出了上述问题（FBIS-CHI-91-214，p.42）："农民一直担心家庭联产承包责任制会被废除。这里固然有些客观原因，但是认识上的偏差也是一个基本因素。"许多农民误以为家庭联产承包责任制是为了减少社会主义因素和集体指导对农业生产的干预，进而允许个体生产。他继续说道："由于有了这种误解，所以当他们听说发展集体经济和改善双层经营体制时，他们就自然以为是要废止家庭承包合同了。"

十一、规模经济缺乏所引出的问题

中国有几个地方进行了的扩大生产规模的试点，我尚未看到任何证据表明它们的成本水平可以低到家庭生产的水平上。我个人参观过的少数几个大规模生产经营单位有些共同之处：它们单位土地、劳动和产出的机械化比例过高，而且都享有很高的补贴。在北京附近顺义地区进行的大规模生产经营试点中，据说用在每公顷土地上的农业机械投资至少是艾奥瓦州的两倍。考虑到劳动力价格的天壤之别，这样高的机械投资水平是不经济的。

显然大规模农场的补贴是由地方经济单位、而非省级或中央政府提供的，那为什么地方经济单位，主要是村和乡镇，要补贴农业生产呢？这些村和乡镇通常有一些成功的非农企业；这些企业的劳动生产率远高于农业，尤其是粮食种植业的劳动生产率。地方政府部门，通常是村，负有粮食生产的责任，不仅要完成国家征购任务，而且还要对本村村民的粮食消费负责。虽然粮食可以从市场上购买,但是这并非可行之道。当地方官员被问及为什么要以高昂的成本自己生产不划算的粮食而不从市场上购买时,答案是"每个人都不应该去买粮而不种粮",或者是"种粮食是我们的社会责任",不一而足。也许是因为较高层的党政官员对每个村都施加了很大的压力,要求他们生产粮食,以使得整个地区能够完成生产和上缴粮食的任务。

中国每户农民平均持有约一英亩土地,不到半公顷,这点土地又划分为几小块;每户的土地块数据说平均超过七块。四项用个体农户数据估计生产函数的研究都表明尚不存在显著的规模经济。Feder 等(1992)用 4 个县近 800 个农民生产数据中估计了粮食的生产函数。平均的农场规模从 0.31 公顷到 1.4 公顷不等。在农场平均规模为 0.75 和 1.4 公顷的两个县里,生产函数中投入要素的系数之和小于 1,但这个结果在统计上不显著。在农场平均规模为 0.31 和 0.46 公顷的两个县里,生产函数中各系数之和为 1.056和 1.15,两者都显著地不等于 1(指规模报酬不变)。当平均经营土地到达 1 公顷时,规模经济的好处就会被耗尽。

Mau 等(1989)从沭阳县农村 100 个农户样本中分别估计了小麦、稻谷和玉米的生产函数。每个农户平均土地面积是 7.6 亩(0.506 公顷),土地平均的分配情况是玉米占 0.94 亩,小麦占 5 亩。每一种作物生产函数的系数之和都是 1.05,这意味着非常微弱的规模报酬递增,但是作者却没有对系数之和是否显著等于 1 进行假设检验。在当地,1/4 的家庭拥有小型拖拉机。

Yang(1993)从 5 个县 500 个农场的样本中估计了生产函数。全部样本的三个方程中,每个系数之和都是 0.88,这意味着规模报酬递减。对不同的面积和地区变量组合的六个估计中,系数之和从 0.88 到 0.94 不等;唯一一个等于或者超过 1 的系数的估计为 1.02。第四项研究是 Fleisher 和 Liu (1992)进行的,其中包括了中国 6 个不同地区 1 200 个农户的数据。他们估计出的系数之和为 1.045,但并不显著异于 1.0。

要试图解释中国农业缺少规模经济对未来的农场规模变化产生的可能影响,我们必须格外小心。随着真实劳动收入提高,如果需要改变投入要素比例，户均土地的平均数量必须扩大。正如前文所述，农户兼业化能够暂时延缓户均经营规模扩大的紧迫性，但这种方法不可能永远奏效，不能长久维持一个低成本的农业生产。在那些市场左右资源配置的经济体中，随着劳动收入增长，单位土地使用的劳动力数量无一例外地呈下降趋势。农村家庭要想分享经济增长的成果，就必然朝着这个方向发展。再过一段时间，也许是再过10年左右，非农业就业人口增加就会减少每单位土地上的劳动投入。不过，到那时，留在农业中的劳动力会下降到一个无法再下降的最低点：任何进一步的下降都会引起劳动力、土地和资本的无效使用。日本现在几乎可以肯定已经超过这个临界点了，而台湾正在趋近于它。在过去的40年里美国的农场平均土地面积翻了一番，而每个农场使用的劳动力平均数量则大致保持不变。农场平均规模上升并不意味着存在规模收益递增。农场规模必须适应，劳动力真实工资上升而带来的人地比例的变化。必须承认，在不远的将来中国也必须进行这种调整。

十二、结论

中国并没有粮食问题，倒是有一系列与粮食收购、贮藏和购销有关的政策问题。除了注意到现行粮食收购系统的低效率以外，我还强调了降低成本和减少浪费在保证粮食安全方面的巨大潜力。这些问题都值得高度重视。只要更多地允许私人买卖粮食，只要粮食收购和零售价格放开，允许所有粮食价格季节浮动，只要国内的粮食贸易融入世界粮食市场，那么，绝大多数问题都可以得到解决。最近粮食配给价格的提高有助于降低政府补贴，这类做法值得称道。

粮食生产水平的数据不可靠的情况应尽快去除。如果现在的粮食产量水平被严重低估，或者如果因为已知耕地面积被低估，从而怀疑产出估计的可靠性的话，我们就很难制定适当的政策、采取合适的行动。

与那些对粮食生产、价格、买卖和国际贸易进行积极干预的国家相比，中国所遇到的粮食问题只是程度的不同，而没有本质上的差异。现行政策制定和执行过程中的缺陷,不应成为废除家庭联产承包责任制、采用更大的集体农场制度的理由,也不应成为压制单个家庭的积极性、创造性,强行提供各种社会化服务的理由。在家庭联产承包制度下生产力还可以继续得到发展。不过,生产力要想以成本最低的方式继续提高的话,政府就必须提供对土地使用权的保护,允许土地使用权自愿转让,通过有效、灵活的市场提供投入要素和服务;而不是回到业已失败的公社体系的某些做法。

政府决定粮食生产和购销政策的做法在相当大程度上是成功的。1978年以来粮食生产的发展,足以满足日益增加的口粮需求和增长了两倍的肉类和禽蛋生产对饲料的需求,这是一个非常伟大的成就。希望这些成就不要被不适当地推行强制社会化服务,或是向农民打白条之类的事情所破坏。

参考文献

Crook, F. W., 1988, June, "China's Grain Supply and Use Balance Sheets", in *China: Agriculture and Trade Report-Situation and Outlook Series* (Technical Report RS-88-4, pp. 22-29). Washington, DC: U.S. Department of Agriculture, Economic Research Service.

Crook, F. W. 1991, July, "Agricultural Production", in *China: Agriculture and Trade Report-Situation and Outlook Series* (Technical Report RS-91-3). Washington, D. C: U.S. Department of Agriculture.

Crook, F.W., 1992a, January/February, *China's Eighth Five Year Plan: Goals and Targets for the Agricultural Sector*, Part II (Economies in transition agriculture report, pp.30-48). Washington, DC: U.S. Department of Agriculture.

Crook, F. W., 1992b, March/April, *China's New Rural Socialist Order* (Economies in Transition Agriculture Report, pp. 42-59). Washington, D. C: U. S. Department of Agriculture.

Crook, F.W., 1993, July, *Slower Growth for the Agricultural Economy* 1993 (Technical Report RS-93-4; China: Situation and Outlook Series, pp.16-21). Washington, D.C.: U. S. Department of Agriculture.

Feder, G., Lau, L.J., Lin, J. Y., & Xiaopeng Luo, 1992, "The Determinants of Farm Investment and Residential Construction in Post-reform China", *Economic Development and*

Cultural Change, 41(1), 1-26.

Fleisher, B. M. and Yunhau Liu, 1992, "Economies of scale, plot size, human capital, and productivity in Chinese agriculture", *Quarterly Review of Economics and Finance*, 32(3), 112-123.

Foreign Broadcast Information Service (FBIS-CHI), 1989/1990, *China: Daily Report.* Springfield, VA: U.S. Department of Commerce.

Johnson, D. G., 1990, *The People's Republic of China*, 1978-1990. San Francisco, CA: ICS Press.

Johnson, D. G., 1991, *World Agriculture in Disarray.* London: Macmillan Press.

Mau, N. J., Calkins, P. J., & Johnson, S. R., 1989, "The Household Responsibility System: Technical and Allocative Efficiency vs. Equity", in John W. Longworth (Ed.), *China's Rural Development Miracle.* Queensland, Australia: University of Queensland Press.

Nui, R., 1989, "China's Agricultural Trade and Prospects in Foreign Competition", in P. Calkins, W. Chern, & F. Tuan (Eds.), *Rural Development in Taiwan and Mainland China.* Boulder, CO: Westview Press.

Piazza, A., 1990, *China: Managing an Agricultural Transformation.* Part I: Grain Sector Review, Working Papers. Annex 5 to World Bank. Vol.II. Washington, C: World Bank.

State Statistical Bureau of the People's Republic of China (SSB), 1990, *China Statistical Yearbook*, China Statistical Publishing House.

Webb, Shu-Eng H., 1991, July, *China's Agricultural Commodity Policies in the* 1980*s* (Technical Report RS-91-3: China Agriculture and Trade Report: Situation and Outlook series). Washington, D.C.: U.S. Department of Agriculture.

Yang, D.T., 1993, "Knowledge Spillovers and Labor Assignments of the Farm Household", Unpublished Paper. Chicago, IL: The University of Chicago.

中国未来的食物供给：中国会让世界挨饿吗？*

莱斯特·布朗（Lester Brown）在“谁来养活中国”这一篇题目颇具煽动性的文章中，提出了一个颇为惊人但却非常令人怀疑的结论：中国将会威胁到世界的食物供给（Brown，1994）。他声称，到2030年中国的粮食产量将会比现有水平下降至少1/5。单单人口增长这个因素就会使中国的粮食消费量增加1.44亿吨，如果再算上粮食产量下降0.6亿吨，中国到2030年就需要进口2.16亿吨粮食。如果进一步考虑到中国人均粮食消费量将由300千克增加到350千克，“……需要通过进口来弥补的粮食缺口将高达令人吃惊的3.05亿吨。”（p.17）①

布朗所使用的粮食概念不同于中国的定义，后者包括马铃薯、大豆、豆类以及包括没有脱粒的水稻在内的各种谷物。对于这里的口径差别布朗并没有向读者交代。布朗根据粮农组织（FAO）的信息估计中国1990年的粮食产量为3.29亿吨，其中的谷物所包括的水稻是以脱粒后的情形来统计的。在其他的地方，例如在13页的图中，他使用美国农业部的数据，给出了未脱粒的而不是已脱粒的水稻产量。然而，关于中国1990年粮食产量的官方数据是4.46亿吨。布朗至少应该在文中说明造成这两个产量之间显著差异的原因，这才会帮助大多数读者更好地去了解问题。

---

* 原文题为“China's Future Food Supply：Will China Starve the World?”，曾作为1995年6月7-11日在中国北京举行的“中国农业发展国际论坛”的背景文章。

① 在本文的引文中，凡是仅仅标出页码的，比如（p.17），都是指Lester Brown的“谁来养活中国?”（Who will Feed China?），该文刊载于《世界观察》（World Watch），1994年9/10月号上。其余的引文均会包含作者和日期。

布朗得出如此耸人听闻的结论，是通过类推、对非常短时期内的变化的草率推断以及经过刻意选择的参照年份和对比年份的做法。因此，布朗所做的工作不能被称为系统性的分析，他的结论是明显错误的。无论是现在还是可以预见的将来，中国都不会对世界食物的供给构成威胁。

一、布朗的推测及其证据

我们可以看看布朗是如何得到其最重要的结论的。布朗令人震惊的结论主要基于对粮食产量的推测。尽管布朗未使用中国的粮食概念口径，进而忽略了用作动物饲料的很大一部分，他对于粮食消费量的推测或多或少还可以认为是合理的。实际上，正是由于畜产品消费量的增加，才导致了中国人均粮食消费量的上升。而中国城镇对那些非饲料粮食的人均消费量是正在下降的，近年来农村的人均非饲料粮食消费量也几乎没有增加。(SSB，1994，p.262，p.285)。

布朗是何以得出中国2030年粮食产量将下降20%的推测呢？首先，观察到近年来农用地转作非农用途的现象，布朗推测农业和粮食用地量到2030年将大幅下降。多少有些令人感到奇怪的是，他并没有告诉我们耕地下降的数量会有多大。他给出了两个理由。其一，在过去的三年里，农用地的减少量平均每年都达到100万公顷的水平(p.13)。如果以此为据，推测今后40年的情形，那么就意味着将会减少4 000万公顷的农用地，这个数字要比中国官方估计的农用地总量的40%还多。或者说，如果这种下降趋势以每年1%的速度持续下去，到了40年后总的下降量大约将达到现在农田总面积的1/3，也就是3 000万公顷左右。日本、韩国和中国台湾省的粮食用地量由52%的高点下降到35%的低点(p.13)，布朗把这个事实类推到中国来支持他的预测。他认为这些变化属于“由粮食用地向非农用途的转化”，但是在括号里他写道，有一部分农地转作了种植水果和蔬菜之用。其二，布朗又说生产率或单产的提高，无法抵消农用土地量的减少对粮食产量的影响——因为生产率的增长速度在下降。他列举了几个导致生产率增长减速的原因。中国水稻的单产正在趋近日本的水平，而日本的水稻单产近年来一直没有什么增长(p.14)。布朗认为，还没有一个国家能使水稻的产量达到每公顷 5 吨(p.14)。他援引了一句没有交代时间和出处的话："自从 1966 年高产水稻品种问世以来，由基因决定的水稻单产潜力一直没有显著的提高。"(p.16)之后他又基于一个知名学者的未注明日期的引文，告诉读者生物技术的突破也没有什么指望。通过刻意选择进行比较时的起始期和终止期，他说小麦单产的增长前景也是有限的——1984 到 1993 年间"仅仅增长了 16%"，而在此前的 7 年里，小麦单产以每年 9% 的速度连续增长，共增长了 83%。1984 年是一个气候非常好的年份，这一点他却没有提到。退一步讲，即使不考虑 1984 年良好的气候条件，轻视小麦单产每年1.9% 的增长也是非常无理的。与中国一般所预测的 1990 至 2030 年期间低于 1% 的人口增长率相比，这个增长速度还是要高出许多。

布朗对粮食生产不利因素的冗长阐述并不只上面这些，他继而又讲到了环境恶化的影响。他描述了各种各样的环境问题——水土流失、盐碱化、沼泽化以及空气污染等；但却没有提供信息告诉读者环境变化的趋势、前景，或是环境变化对于农业生产率的影响。根据他所引用的一项未标明具体出处的据说是美国农业部的估计，空气污染致使美国的农业收成减少"至少 5%……"，之后布朗又接着写道，"……中国的空气污染较美国更为严重，这对农业收成会造成多少损失，这是可想而知的。"(p.16)再往后又有"……全球变暖对农业的影响，虽然无法计算，但潜在的不利影响是非常大的。"(p.16)然而，诸如二氧化碳增加之类的全球变暖现象的影响，并非全都是负面的。事实上，最近在全世界范围内进行的关于全球变暖影响的评估表明，尽管在一些地区会使粮食产量减少，但是在另外一些地区则会促进产量提高，这样就使得全球变暖对粮食生产总的效应在一定程度上被抵消，不可能是很大的(Rosenzweig，1994)。

正如前面所述，布朗始终没有告诉读者到 2030 年中国将有多少农用地或粮食用地将消失。或许就连他自己也不可能相信仅仅根据三年的历史，就能对往后近 40 年的情况进行推测！因而，我们无法判断他是否已经排除了任何可能促使粮食单产增加的情形,或者是否还存在新开垦的土地,以抵补现有土地的损失。假如未来四十年粮食种植面积将下降 33%(每年 1%),那么他对于粮食单产增加量的未加说明的推测,就应该是 20% 或者说每年 0.5%。其实,我们已经没必要再就此进行进一步的推测了。按照布朗的看法,粮食产量必将下降,至于下降的原因是耕地的流失,还是单产增加缓慢抑或根本没有增加,则已无关宏旨。无论是这两个原因中的哪一个造成了粮食产量下降,中国农民和中国政府一定要表现得十分无能才能使布朗预测的图景成为现实。

布朗在多处暗示,灾难已经降临到中国和全世界:"近年来产量水平已经达到顶峰,而 1994 年则下降了 1% 或更多,长期的下降可能开始了"(p. 17)。表 1 给出了 1983 到 1993 年粮食生产、播种面积以及单产的资料。该

表 1 1983–1993 年中国粮食播种面积、产量以及单产情况

年份	粮食播种面积(百万公顷)	粮食产量(百万吨)	粮食单产(千克/公顷)
1983	114.0	387.3	3 400
1984	112.9	407.3	3 600
1985	108.8	379.1	3 500
1986	110.9	391.5	3 500
1987	111.3	403.0	3 600
1988	110.1	394.1	3 600
1989	112.2	407.6	3 600
1990	113.5	446.2	3 900
1991	112.3	435.3	3 900
1992	110.6	442.7	4 000
1993	110.5	456.5	4 100

资料来源:国家统计局,《中国统计年鉴 1994》,北京:中国统计出版社,第 342 和 345 页。

表中揭示的信息是否表明中国的"产量已达到顶峰",我留给读者去判断。从美国的粮食产量和单产情况中,布朗应该能够知道美国曾经出现过若干

个四年左右长度的周期,每当产量在某一年达到峰值后,单产或产量会“停滞”几年而后再攀升到一个新的水平。这种情况在中国已经发生。1984 年粮食产量达到 4.07 亿吨后,产量在 3.79 亿吨至 4.08 亿吨之间徘徊,到了 1990 年则跃升至 4.46 亿吨(中国的口径),之后又停留在那个水平之上(SSB,1994,p.345)。1994 年中国粮食产量为 4.45 亿吨。

二、批判性评价

要对布朗“语不惊人誓不休”的推测进行回应,有些难以知道从何入手。在考虑布朗的推测是否正确时,我们不能不注意到其若干事实方面的错误。比如说,已转为非农用途的土地数量;关于没有任何一个国家的水稻单产超过每公顷 5 吨的判断;以及一些故意避而不谈之处,如在讨论日本播种面积下降时,没有提到日本政府推行稻田休耕的政策。

我们首先来考虑布朗所宣称的农用土地减少的问题。他是以何为据推测出土地的大量减少呢? 他对于耕地减少的估计可能是根据中国国家统计局以“耕地面积的减少”为题出版的一系列资料而得出的。这个出版物系列给出了 1991 年至 1993 年中国耕地的减少量(单位:万公顷)依次为:48.8、73.9 和 73.2(SSB,1994,p.329)。这些数字的确很大,但是平均起来远没有“接近 100 万公顷”。而另一方面,他忽视了在同一出版物中就可以得到的关于耕地面积的年末数据。表 2 给出了 1983-1993 年间总的耕地面积、播种面积和粮食播种面积。总的耕地面积确实在下降,不过其下降速度却要比布朗所说的慢许多。1983 至 1993 年耕地面积的平均下降幅度仅为 325 000 公顷,而且下降还是主要发生在 1987 年之前,1987 年以来每年的下降幅度已经低于 80 000 公顷。布朗完全没有看到中国持续进行的土地开垦,这大量抵补了转作其他用途的农业用地。应该看到,布朗所关注的把农地转为建设用地而减少的土地量,只占到耕地总减少量的 1/3(p.17),耕地减少量中还有相当部分被转作果园和鱼塘之用。

1983 年到 1993 年之间总的播种面积实际上是增加的。这应该是推行复种,或休耕土地量减少的缘故。表 2 的确表明在该时期粮食播种面积是下降了,不过即便如此,1993 年的粮食播种面积还是超过了 1985 年的水平,而且只比 1984 年的水平少 2%。显而易见,如果我们接受中国官方公布的数据,那么用于预测的年份只要多于 3 年,数据便不会支持布朗所说的那么大的农地净减少量。

表 2 1983-1993 年中国总耕地面积、播种面积和粮食播种面积

年份	总耕地面积(百万公顷)	播种面积(百万公顷)	粮食播种面积(百万公顷)
1983	983.6	144.0	114.0
1984	978.5	144.2	112.9
1985	968.5	143.6	108.8
1986	962.3	144.2	110.9
1987	958.9	145.0	111.3
1988	957.2	144.9	110.1
1989	956.6	146.6	112.2
1990	956.7	148.4	113.5
1991	956.5	149.6	112.3
1992	954.3	149.0	110.6
1993	951.0	147.7	110.5

资料来源:国家统计局,《中国统计年鉴 1994》,北京:中国统计出版社,第 329 和 342 页。

然而,现在有可靠证据表明,国家统计局发布的农用土地面积的官方数字至少低估了实际水平的 1/4。耕地面积不是 0.95 亿公顷,而要显著高于这个水平。有人甚至还认为可能多达 1.39 亿公顷(Crook,1992),不过更接近实际的数字应该是 1.25 亿公顷左右。同时,粮食种植面积也被低估,低估的比例可能大致同耕地面积一样(Crook,1994b)。关于这个问题,我觉得很难相信布朗先生会不了解中国农业用地和粮食播种面积的数据存在着偏差,而这是时下所公认的。他似乎对美国农业部的数据和资料使用很多,所以我认为他和他的研究助理不可能没见过新近出版物中对官方低估数据的说明。多年来《中国统计年鉴》一直标加注释,注明中国的耕地面积数据偏低,需要进一步核查。

耕地面积之所以被低估,主要原因在于过去大部分新开垦的耕地从未上报;一旦向政府报告,就要交更多的税,并且增加订购任务。而布朗的文章对土地已经和正在被开垦的情况只字未提。目前中国可耕地的数量很可能要比 20 或 30 年前的时候多出许多。

他对日本、韩国和中国台湾省粮食产量变化有选择的引用,只能被认为是胆大妄为、严重误导读者的行为。如前所述,他将三个经济近年来的粮食产量与各自 1960 年以来的历史最高水平相比较。如果把日本水稻歉收的 1993 年去掉,或者把单产恢复或超过正常趋势水平后的 1994 年包括进来,那么,从他文章中关于这三个国家粮食产量的图上(p.18),看不出自 1960 年以来粮食生产发生了显著的下降。对于日本为将粮食生产限制在满足国内消费需求的水平,而将大量稻田休耕 20 年的事实,布朗也只字未提。近年来日本将近 1/4 的稻田休耕,布朗所强调的农地面积下降的很大一部分,可以从这一政策得到解释。他是否故意在引导读者相信,休耕的土地被永久转作了非农用途,这只有他自己才知道。

日本中央政府对于旨在提高水稻单产的技术研究兴趣不大,而且 20 多年来一直如此,这一点不可否认。日本中央政府这样做是道理的,因为,日本国内的水稻价格高达世界水平的 7 倍,加之还有政策限制粮食生产只能针对国内消费,如果将水稻单产提高一定的比例,比如说 10%,那么就意味着 10% 或更多的稻田需要休耕,这样做会迫使政府预算有相当大的增加。由于地方政府没有义务承担实行水稻政策的花费,所以它们一直在进行水稻的研究。但是尽管如此,由于水稻的价格政策,总体的研究活动还是减少了。因此,日本水稻单产未能增长的原因,不是布朗所认为的生产率增长潜力枯竭(p.14),而是另有原因。

粮食(和布朗完全没有进行分析的牲畜)生产率改进的潜力已经穷尽,

或接近穷尽了吗?布朗在中国粮食单产的高水平上大做文章,并得出结论说,中国粮食单产已经没有什么可以进一步增加的余地了。而现在可以明显地看出,公布的单产数字实际上是高估的。假如国家统计局合理而准确地估计了粮食总产量,而低估了粮食播种面积,那么,产量除以低估了的面积所得到的单产水平,就会高估实际的情况。我认为粮食总产量也被低估了 10%(Johnson,1993),如果这个判断成立,那么单产被高估的程度,就没有在准确估计总产量的条件下那样大。产量低估主要集中于玉米(Crook,1994b)。如果的确如此,那么单产的高估就主要集中于水稻和小麦。因而,至少就这两种主要的口粮而言,单产提高的空间比布朗所认为的要大得多。

值得一提的是,布朗认为粮食,至少是水稻,在未来单产增加的趋势要比在过去平缓得多。他引述了一句话:"自从 1966 年高产水稻品种问世以来,由基因所决定的水稻单产潜力一直没有显著的提高。"对于这一句引语,他并未注明出处和日期。而大约就在布朗发表中国将让世界挨饿这个惊人观点的同时,国际水稻研究所宣布,他们开发出了一个单产潜力高出现有水平 25% 的水稻品种。这个新品种还需要二至三年的测试,并且如果必要的话,还需要开发其抗病虫害的能力。所以,布朗宣布农业研究促进生产率提高的潜力已经走到尽头,这还为时过早。

布朗的文章通篇都存在着无视现有资料的问题,以下这句话就很有代表性:"日本和其他任何国家都未曾把水稻单产提高到每公顷 5 吨以上。"事实上,日本自从十多年前以来水稻的单产就已经超过了每公顷 5 吨。不仅如此,自从 1985 年以来美国的水稻单产就已经超过每公顷 6 吨,澳大利亚现在单产超过每公顷 8 吨,而韩国最近单产也已经超过 6 吨,并向 7 吨迈进(FAO,1992)。

布朗和其他食物供给的悲观主义者似乎假定提高单产和生产率的唯一途径只能是靠基因科学研究来提高作物单产潜力。实际上,生产率的许多改进,是通过许许多多细小的改进,使单产更靠近其潜力的。杂交玉米最开始引入美国时,其单产比天然授粉品种多 15%,相当于每公顷 310 千克

(Griliches,1957)。然而,通过一系列不起眼的改进如持续增加每公顷种植株数、改善肥料的田间管理、使用除草剂、控制虫害,以及对杂交玉米的进一步研究,包括使其适应小区域气候,美国玉米的平均单产由杂交品种最初在玉米带大面积种植时的每公顷2.5吨,提高到近年来的每公顷7.5吨。随着卫星和计算机技术的发展,人们将能够根据农地的土壤肥力、水分和其他环境特征更多因地制宜地决定种子、肥料和除草剂施用的最优量,这个重要的技术突破已经指日可待。

我为中国农民已经取得的成就鼓掌庆贺,不过,粮食生产率和单产还有很大的增长潜力,这一点在其他地方也是这样。我们不妨略举几例。一个可能的途径是增加塑料地膜的使用,以延长粮食在北方地区的生长季节,并保持水分。最近据估计,中国有400万公顷土地全年或在部分时间中都使用地膜覆盖。另外,肥料的质量和生产率还有改善的潜力。现在的氮肥产能中,有大约一半需要更替,因为它们制造的化肥(碳酸铵)在储存、运输和施用过程中会产生大量的损耗(Smil,1993,pp.166-168)。农作物养分的平衡状况远远没有达到最优,磷酸盐和钾盐的供给都不足,因此改善肥料施用比例的余地还很大(Smil,1993, pp.169-170)。

现有的土地所有权结构并不会鼓励农民为改良土地状况而投资。如果农民能够拥有他们所耕种的土地,那么用于提高土地质量和生产率的投资就会大幅度上升。而近年来,用于改良土地的公共和私人投资一直处于很低的水平上。还有,如果取消政府指令性的收购指标和所有的价格管制(包括比如禁止粮食在地区间流通之类的间接管制),农民是会生产更多的粮食的。这并不是说应该取消政府收购,而只是说即使政府收购也应该按照市场价格进行,并且应该完全坚持自愿的原则。中国目前正在进行全面的市场化改革,此时为什么仍需要政府收购粮食是费解的,同时也难以理解为什么还需要政府囤积大量的粮食,如政府正在做的那样。中国当前已经有巨量的存粮,根据农村家计调查的资料,1991年底农民家庭拥有将近3.5亿吨粮食(Crook,1994a,p.46)。政府的存粮估计也要超过1亿吨。

三、结论

“谁来养活中国?”当然是中国人自己。这并不意味着中国在食物生产上将完全自给自足。没有一个国家能够如此,阿根廷不能,澳大利亚不能,美国也不能。如果资源的利用是有效率的,没有一个国家应该或能够完全自给自足。中国以后也将进口相当数量的粮食,不过进口量不会像布朗所说的那么大。国际市场上的粮食是非常便宜的,几乎没有其他什么产品的每吨价格比粮食再低了。这并不是说中国将大量进口粮食,而只是说,如果中国真的大量进口粮食,并不会引发灾难。

正如布朗注意到的那样,在过去的15年中,世界粮食的出口量没有增加。这里的原因主要在于需求没有增长,而不在于生产能力的匮乏。这些年中,国际粮食的真实价格急剧下降。从1977-1979年到1990-1992年这段时期,小麦真实价格每年下降3.4%,水稻每年下降4.9%,玉米每年下降4%。因而在此期间粮食的出口供给没有增加并不足为怪。

即使国际粮价在以后真的大幅增加,这对世界来说也不是什么了不起的事情。在世界人口由1960年的30亿快速增长到今天56亿的这样一段时期里,粮食的真实价格下降了一半。而事实上,因为发展中国家的贫困人口主要集中在农村,更高的粮价或许还会有一些正面的效果。大幅提高的粮食价格将有助于缩小大部分发展中国家巨大的城乡收入差距。目前中国的城镇人均收入至少3倍于农村的人均收入,所以在中国这一点肯定是成立的。

参考文献

Crook, Frederick W., 1992, “Under-reporting of China's Cultivated Land”, *Asia & Pacific Rim Agriculture and Trade Notes*, December 15, pp. 27-32.

Crook, Frederick W., 1994a, “An Introduction to China's Rural Grain Supply and Use Tables”, in *China International Agriculture and Trade Report*, *Situation and Outlook Series*,

WRS-94-4, August 1994, pp. 45-51.

Crook, Frederick W., 1994b, "Long-Term Outlook for China's Corn Sector", in *Asia and Pacific Rim International Agriculture and Trade Report*, WRS-94-6, October 1994, pp. 66-71.

Food and Agriculture Organization (FAO), 1992, *Production Yearbook*. Rome: FAO.

Griliches, Z. 1957, "Hybrid Corn: An Exploration in the Economics of Technological Change", *Econometrica*, 26, No.4, pp. 501-523.

Rosenzweig, C. and Martin L. P. 1994, "Potential Impact of Climate Change on World Food Supply", *Nature*, 367, 13 January 1994. pp. 133-138.

Smil, V. 1993, *China's Environment Crisis: An Inquiry into the Limits of National Development*, Armonk, N. Y.: M. E. Sharpe.

State Statistics Bureau (SSB), 1994, *Statistical Yearbook of China 1994*. Beijing: China Statistical Publishing House.

农业会威胁中国的经济增长吗?*

一、引言

对本文题目的简短回答是:不会。不过,对快速增长的经济如果管理失误,农业不仅会对农民的福利构成主要的威胁,而且,它同时也会威胁整个中国的经济及其增长。当信用过度扩张并引发货币供给的增加,从而导致的通货膨胀超过了政治和社会的承受能力时,就表明对快速增长经济的管理出现了失误。在中国,对通货膨胀的预期会导致食物价格的剧烈变动,对粮食价格来说尤其如此。粮食价格的剧烈波动会促使政府干预市场,这种干预则又会对农业生产和农民福利造成损害。[①] 在 1993 至 1995 年的通货膨胀中,对农业市场尤其是粮食市场的几项改革都被取消,这对农民的激励造成了负面影响。粮食订购制度在 1993 年短暂的废除之后于 1994 年再度实行,很多消费市场规定了价格上限,有些还实行了物价补贴,这些都会刺激粮食收购价格和批发价格的上涨。

如果经济以相对稳定的速度增长,政府能够很好地对之进行管理,而且通货膨胀能够保持在一个适度的水平之上,农业就不会威胁中国的经济增长。实际上,农业不仅没有威胁经济增长,恰恰相反,在过去的 15 年间,农民对中国经济增长做出了巨大的贡献。如果经济增长能保持一个可持续

---

* 原文题为"Is Agriculture a Threat to China's Growth?",载于《中华人民共和国:1978 - 1990》(*The People's Republic of China*: 1978 - 1990)第 9 章,经济增长国际中心,国家研究第 8 号,圣弗朗西斯科:ICS 出版社。

① 食品价格高并不引发通货膨胀,而通货膨胀则会造成食品价格飞涨。

的、稳定的速度,农业和农村将从整个经济的增长中获得很大的好处。而如果劳动力能够在城乡之间自由流动,农村就将从经济增长中获得更大的好处。正如下面将会讨论到的那样,总有一天城镇会欢迎农村移民大量迁入。这是因为,从现在开始的30年后,城镇的老龄人口将达到一个很高的比例,总得有人为他们支付养老金。

中国从1978年以来,农业产出高速增长,城镇食物供给的效率也有了显著提高,所以我很难理解为什么还有人会担心中国的农业及其对经济增长的影响。过去15年的成就说明我们对中国农业应持乐观而不是悲观的态度。

下面我们来概略地考察一下中国农业的业绩,准确地说是中国农民所创造的业绩,这些业绩当然有农业生产方面的,但不限于农业。1978年以来,中国食物产量的增长速度不仅是人口增长率的好几倍,而且食物供给的质量和品种也有了大幅的改善。改革期间中国人均热量的供给有了非常显著的增加,上升幅度达到了30%,并在80年代末超过了2 600千卡。这是有史以来中国第一次有能力解决所有人的吃饭问题。虽然没有人宣称这是一项成就,但是必须承认,是充足的食物供给使得所有这一切成为可能。

表1列举了农业生产增长的四项指标:总产量、真实的农业国内生产总值、粮食总产量和肉类总产量。这些数据显示的成绩十分卓越,而这主要就是由2亿多个农村家庭的努力工作实现的。改革期间政府对农业和农村的投资,不论是真实数额还是投资所占政府支出的比重,都下降得很快。农业生产的增长速度是惊人的:农业总产值以年均约6%的速度增加,只是近来(1987-1993)稍有些减缓。粮食产量的增加稍慢一些,1978－1986年是3.2%,1987－1993年是2.2%。肉类生产的成就也很突出,从1979年到1986年以年均10.5%的速度增长,1987-1993年的年增长速度是8.9%,在1994年更是以少见的近12%的速度增长。虽然粮食产出增长比农业总产量的增长稍慢一些,不过它的增长足以跟上需求增长的步伐。在这段时间里,中国的粮食供给差不多完全能满足自身所需,而且,1993年的粮食贸易

总额与1978年大致持平。生产的粮食除去满足了食品消费、充当工业原料、为增长了近4倍的肉类生产提供饲料，另外还充实了巨大的国家粮食储备。粮食生产还有潜力，但是因为有许多比粮食利润更高的农产品，如果把更多的资源用于增加粮食产出，就得不偿失了。

表1 农业生产增长指数

年份	农业总产量[a]	真实农业国内生产总值[b]	粮食产量（百万吨）[a]	肉类产量（百万吨）[a,c]
1978	100	100	305	9.5
1980	109	104	321	13.0
1983	138	135	387	15.0
1984	155	153	407	17.0
1985	161	155	379	19.3
1986	166	161	392	21.1
1987	176	168	403	22.2
1988	183	172	394	24.8
1989	189	178	408	26.3
1990	203	191	446	28.6
1991	211	195	435	31.4
1992	224	…	443	34.3
1993	242	…	456	38.4
1994	263	…	445	45.0

资料来源：a.国家统计局（SSB,1995）；b. Wu（1994, p.64）；c.此项包括猪肉、牛肉、羊肉和家禽肉。1978、1980、1983和1984年的产量是作者自己估计的，其他数据来自国家统计局（SSB,1995,p.354）。

农业的国内生产总值数据在有些年份不全。不过，如果以国际上的标准来看，1979年到1986年农业的国内生产总值年均增长6.1%，1979年到1991年年均增长5.3%，这都是非常高的增长率。农业虽然取得了这些成就，但是在过去的这十几年里，农村人均收入却依然远低于城镇人均收入。1988年以来，这个差距不但没有缩小反而拉大了，而且是大幅度地拉大了。表2是从家计调查中整理出来的对农村和城镇人均收入的比较。每个数据都以名义值和剔除物价因素后的真实值两种形式给出（所使用的价格平减指数在附录的表 1 中给出)。表中最后一列是城镇人均收入对农村人均收入的比例。这一比例在 1981 年到 1984 年有所降低,但从那以后,这一比例就急剧上升,城镇人均收入在 1993 年达到了农村人均收入的 2.8 倍,如果再考虑城镇家庭得到的各种各样的补贴,这一比例实际上会超过3倍。[①]

表 2 城镇和农村家庭人均名义和真实收入,以及城镇收入对农村收入的比例

年份	城镇人均收入名义值(元)	城镇人均收入真实值(元)	农村人均收入名义值(元)	农村人均收入真实值(元)	城镇人均收入对农村的比例(名义值)
1978	—	—	134	134	—
1979	—	—	—	—	—
1980	—	—	191	179	—
1981	500	442	223	205	2.24
1982	535	464	270	244	1.98
1983	573	487	310	277	1.85
1984	660	547	355	308	1.86
1985	749	554	398	323	1.88
1986	910	628	424	324	2.15
1987	1 012	644	463	333	2.19
1988	1 192	626	545	334	2.19
1989	1 338	627	602	309	2.31
1990	1 523	680	686	337	2.22
1991	1 713	727	709	341	2.42
1992	2 023	794	784	360	2.59
1993	2 583	870	922	372	2.80
1994	3 502	943	1 221	399	2.87

资料来源:国家统计局(1995 年和以前年份;价格指数来自附录的表 1)。

---

① 城镇家庭只需很少的花费就可获得住房,而农户则需自行承担其全部的住房成本。一个表示城镇家庭住房补贴数量的指标是:所有的住房支出(包括房租加上燃料、电力和维护的费用)仅占城镇家庭总支出的不到 7%,而农村家庭则花费了他们收入中 14% 的份额用来建造住房,购买燃料和照明(SSB,1994,p.261,p.280)。城镇家庭还能得到许多农村家庭得不到的补贴,比如医疗和教育便是其中两项。

1994年收入差距又有微小的增大,城镇人均真实收入上升了8.5%,而同时农村人均收入只上升了7%。难道城乡收入差距的扩大没有尽头了吗?这显然不是有中国特色社会主义的宗旨所在。

二、农村的其他贡献

与农业对中国经济增长所做的直接贡献同样重要的是,农村地区日益发展壮大的乡镇、私人企业,正在挑战享有大量补贴且效率低下的国有制造业部门在生产中的主导地位。从1983年到1993年,农村人口创造了约8 000万个非农工作机会;与此形成对照的是,尽管同期国有企业总的和人均的资本存量大幅度提高,但其所吸收的就业人数仅增加了2 150万(Wu and Wu,1994,p.172)。

图1和图2形象地描绘了这一了不起的事实:1979年以来,国家经济增长的动力来自中国的农村而不是城镇。这一现象在世界的历史上绝无仅有。我不知道还有哪个国家在从发展中国家向中等收入水平国家转型时,农业对经济发展和创造就业机会起到了如此主导的作用。从1978年到1991年,城乡以国内生产总值衡量的经济增长速度的差异是相当大的,农村经济总共增长了231%,而城镇经济增长了165%,也就是说,城镇经济的增幅只是农村经济的71%(Wu,1994,p.64)。1991年,农村和城镇国内生产总值总量大致持平,分别为总量的48.1%和51.9%。考虑到1991年到1993年产值的变动情况,农村国内生产总值有可能在1993年就超过了城镇。用国内生产总值衡量的农村经济增长速度远高于城镇的水平,这一点已不能简单地归结为农村的经济规模较小,因为现在它的规模至少与城镇经济的规模一样大。[①]

① 1994年国家统计局的年度统计公报(Beijing Review,第38卷,第12期,1995年3月20-26日)揭示了如下工业生产增长率中的巨大差异:平均是18%;国有经济部门5.5%;集体经济部门21.4%,这包括乡镇企业的27.3%;合资企业和其他28%。

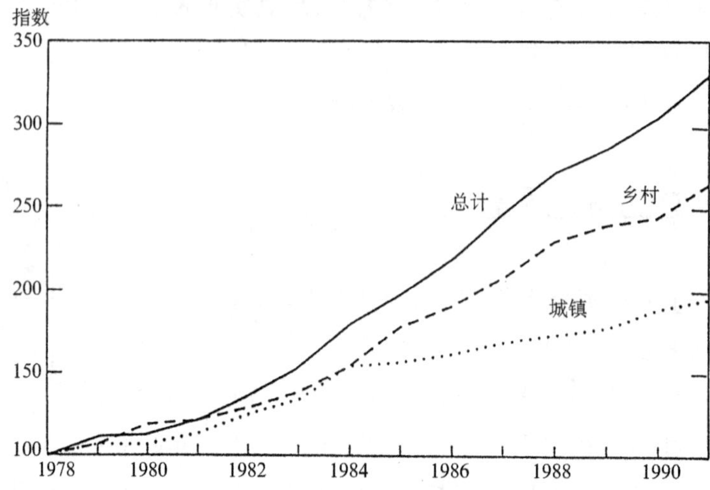

图 1　中国的 GDP 增长与构成(城镇、乡村及总计)
(以不变价格计算;1978=100)

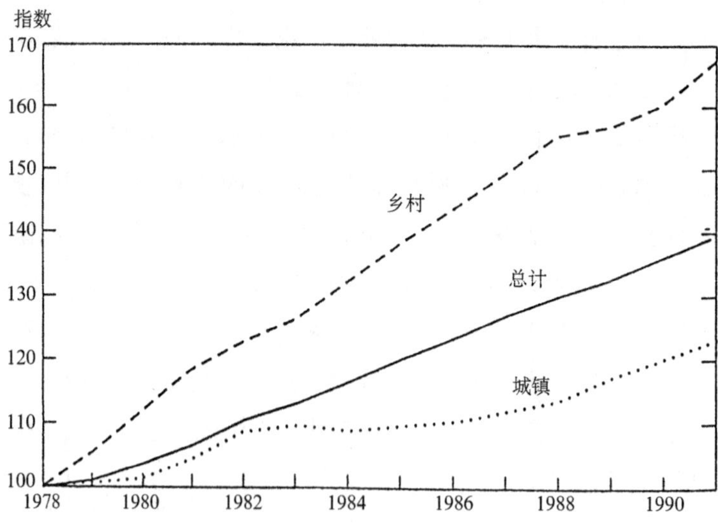

图 2　中国的就业增长与构成(城镇、乡村及总计)
(1978=100)

虽然城镇就业人口增长的百分率超过了农村,但就绝对数量的增长来说,是农村大得多。在1978年到1991年之间,农村经济吸纳的就业人口上升了1.25亿,而城镇就业人口只增长了5 800万,还不到农村的一半(Wu,1994,p.68)。按1980年的不变价格计算,1991年国有工业企业的资本总额是6 570亿元,农村工业企业的资本总额是1 530亿元,而国有工业企业和农村工业企业的真实国内生产总值(按1980年价格水平计算)分别是2 890亿元和1 760亿元。二者就业人数的差距则相当小:4 500万在国有企业,5 800万在农村工业企业。从某些方面看,图3比图1和图2更让人吃惊。图3显示了对农村工业企业和国有工业企业全要素生产率变化的估计,全要素生产率是指每单位的全部投入所提供的产出。虽然对国有工业企业全

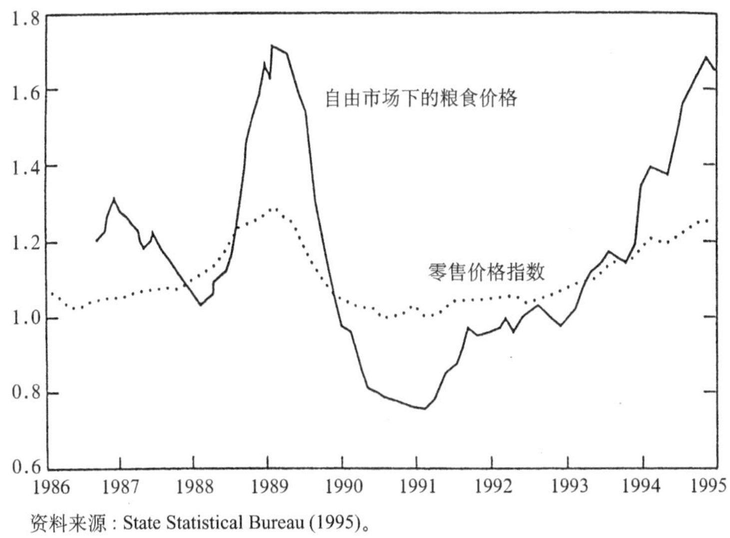

资料来源:State Statistical Bureau (1995)。

图3 与上一年同期相比的价格比率

要素生产率有三种不同的计算方法,但不管用哪种方法来比较,都明显地表明国有企业的全要素生产率提高得很少,从1978年到1991年只提高

了 20%。相反，农村工业企业的全要素生产率却翻了一番。[①] 农村工业企业生产率的提高与其总产出、每单位劳动和资本产出的快速增长是高度一致的。

无论从哪种指标来看，无论过去还是现在，农村企业在使用国家的资源方面，都比国有企业更有效率。因此，本文的题目其实应该是"城镇会威胁中国的经济增长吗？"才更恰当一点。

三、农业的增长应该有多快？

有一种错误的方法，就是直接去比较农业和非农产业的产出增长，然后就得出结论，认为如果前者的增长速度低于后者，那么农业就阻碍了整个国民经济的发展。实际上，不管总的年真实经济增长率有多高，只要农业产出的增长率能和国内农产品需求的增长率保持一致，农业就不会妨碍经济的增长。农产品供给的增长率比需求的增长率多一些或少一些都不会对总体经济的增长造成太大影响。在一个市场经济中，农产品供需之间的差额可以由国际贸易来消除从而使供需达到平衡。

农业生产的增长率长期高于 4% -5% 是不可能的。不过，在农产品价格保持稳定或者逐渐下降的条件下，这个水平的增长率足以支持每年 8%、10% 甚至 12% 的国民生产总值增长率，这是因为农产品需求的增长要远小于国民生产总值的增长速度。农产品需求的增长速度是由两个变量和一个参数决定的，两个变量分别是人口增长率，消费者人均真实收入增长率，一

① 1985 年以来，农村国内生产总值的增长远快于城镇，而城乡人口收入差距却在拉大，这两者明显地不一致。衡量产出（国内生产总值）用的是不变价格，而收入的相对变化则使用的是当前价格，这种不同似乎可以解释上述不一致的现象。不过事实并非如此。一种可能的解释是 1985 年以来城镇企业全要素生产率的增长和真实工资增长之间仅有极少甚至没有必然的联系。1985-1993 年国有企业真实工资水平上升了 34%（SSB，1994，p.121，p.241），但生产率至多上升了 5%，甚至可能没有增长。所以，城镇工业企业的真实工资的增长，并不是因为生产率的上升。城镇工人真实工资的提高显然消耗了农村全要素生产率增长相当大的一部分。

个参数是需求的收入弹性。[①] 国民生产总值的增长率与农产品需求的增长率并无直接联系,因为是人均真实收入的变动带来了食品和其他农产品需求的增加。近年来,国民生产总值的增长速度远高于由家计调查报告的城镇和农村加权平均家庭收入增长率(见表3)。举例来说,从1987年到1993年,人均国民生产总值增长估计为69%,然而城镇人均真实收入上升了38.5%,农村人均收入只上升了15%。加权后的平均增长率也仅约为27%。这段时期内,人均国民生产总值增长率是人均真实收入增长率的近2.5倍。是人均真实收入的增长决定了消费者对食物需求的增长,而不是国民生产总值的增长。很明显,使用这两种收入的变动来估计对农产品需求的增长,其结果将是天壤之别。

表3 中国的国民生产总值:总量和人均量的年度变化(上年=100)

年份	国民生产总值	人均国民生产总值	平均人均真实收入*
1983	10.4	9.0	10.2
1984	14.7	13.2	11.6
1985	12.8	11.1	3.5
1986	8.1	6.4	5.1
1987	10.9	9.1	2.6
1988	11.3	9.5	-1.0
1989	4.4	2.9	-4.6
1990	4.1	2.7	8.9
1991	8.2	6.9	3.5
1992	13.4	12.1	7.1
1993	13.2	12.0	6.0
1994	11.5	10.5	7.8

资料来源:国家统计局(SSB,1995,p.32)和表2。

*农村和城镇的真实收入估计来自表2。在计算平均收入时,农村人口被赋予了0.75的权重。

① 食物需求的收入弹性随着人均真实收入的提高而下降。当一个国家的人均收入水平达到西欧或者北美的水平时,农产品需求的收入弹性在农场层次接近于零。

家计调查表明,1985 年以来,人均真实国民生产总值的变化和人均家庭收入的变化之间几乎没有关系。在 1988 年和 1989 年,人均收入出现了负增长,而国民生产总值则在 1988 年大幅度增长,并在 1989 年也有适度的增长。与之相反,1990 年人均真实收入的增长却又明显地高于人均真实国民生产总值的增长。

只要农业产出的增长率不低于农产品需求的增长率,并且农产品的真实价格保持稳定或逐渐下降,农业就不会降低经济增长的潜力。另外,像中国这样,每年有大量的农业人口转移到非农经济中去,这是农村经济为经济增长做出的又一项重要贡献。

四、农村劳动力向城镇转移的潜在贡献

自 70 年代初以来,中国的人口出生率急剧下降,在未来的 30 年内中国老年人口的比重和劳动力的平均年龄将会快速上升。如果不改革城乡人口迁移的政策,城镇经济将很难养活那些退休工人,并保持劳动生产率的适度增长。数量众多的农村劳动力可以作为对城镇劳动力老龄化效应的一个缓冲机制。现在农村工人的劳动生产率,不管是在农业还是在非农产业,都不到城镇工人劳动生产率的一半。这不是因为农村和城镇工人天生就有差异,而在于城镇工人比农村工人的人力资本投资要大得多,城镇工人的人均物质资本更多,并且城镇比农村拥有更先进的技术水平。在未来的 20 多年内,农村的乡镇企业和其他非农产业(也包括农业)工人的劳动生产率有极大的上升潜力,数以千万计的农业人口将会转移到非农产业。

从农业中能够转移出的人口规模的大小取决于以下几个条件是否能得到满足:为扩大农作生产单位而对农业活动的重组;农业生产中资本对劳动的替代;以提高农业劳动生产率为出发点的科研;农村教育数量和质量上的显著提高;以及城乡人口迁移的政策。现在的问题并不在于有多少劳动力可以从农业中释放出来,而在于这些劳动力在农业和非农产业中的劳动生产率是怎样的。到目前为止,人们似乎并不关心那些从农业中转移出来的

暂时或永久进入城镇的人劳动生产率有多高，原因之一就是，这些工人的大部分都从事着城里人不愿做的苦、脏、累、险的工作。

然而，随着中国进入21世纪，非农业劳动力占全部城镇人口的比例逐渐下降，并趋于老龄化，中国的人均真实收入和经济增长率就不会再仅仅取决于从农业中转移出来的劳动力数量，而是更多地取决于这些工人的素质和生产率。如果想让城镇不仅成为老年人的一个安家之地，还能为他们提供其他的福利，那么中国的政策制订者现在就必须为2025年及其以后未雨绸缪了。

大量的劳动力持续从农业中转移出来是否会对中国农产品的供给造成不良影响，对此是否应当予以关注呢？其他国家的经验显示，如果政策措施得当的话，这种转移不足为虑。我们都知道该如何用其他的投入要素来替代劳动力并同时提高资源的使用效率，降低农产品的真实价格，使产出保持增长。但这并不意味着，在其他要素投入或生产方式保持不变的情况下，从农业中抽出劳动力不会影响农业生产。五六十年代的一些经济学家和政策制订者认为农业劳动力的边际产出为零，这个观点被他们广为散播，然而却是错误的。因此，认为从农业中抽出劳动力不会影响农业生产的观点是不对的。同样，认为现在中国有剩余农业劳动力，就能把他们从农业中抽出而不会影响到农业生产，这种看法也是错误的。[①]

中国有大量的农业劳动力，他们的生产率比城镇部门劳动力的生产率要低得多。正如上面所提到的，造成农业劳动力生产率低下的原因是不适当的生产要素组合和平均来说较低的人力资本水平。只有这些错误被纠正过来，农村劳动力的生产率才能得到提升，如果再结合合理的政策，农业劳

① 速水和拉坦（Hayami and Ruttan 1985，附录B）估计了1900年到1980年之间五个国家的农业产出变化和农业中男性劳动力数量之间的关系。每个比较都包含了从1900年到1980年的变化。日本农业产出上升了255%，而同时劳动力下降了69%；法国农业产出增长了255%，而农业劳动力则下降了74%；丹麦农业产出上升了312%，农业劳动力下降了57%；美国的情况大体类似，农业产出上升了217%，而农业劳动力下降了82%。1900年，每个国家农业工人的绝对数都达到了顶峰或者还略有增长。中国农业工人的绝对数现在达到了顶峰并且可能已经开始下降，这是经济增长的一个证据。

动力的生产率最终还是会赶上城镇工人的水平，尽管这至少也得在21世纪中期才能实现。因此，农村巨大的劳动力资源不是负担，而是中国的一项最大的资产。不过，这个判断要成为现实，从现在起对人力资本的投资就必须大幅度地提高。

五、通货膨胀、粮食价格和农业

因为有很多人相信是粮食价格上升引发了通货膨胀而非通货膨胀导致了较高的粮食名义价格，所以近些年来通货膨胀一直是困扰中国农业部门的一个难题。自以为对宏观经济学有深刻理解的《华尔街日报》(Wall Street Journal, April 7, 1995)在一个简短的评论中说，中国1994年粮食产量下降2.5%“造成了24%的通货膨胀率”。如果1994年粮食产量如此微小的下降就可以产生如此显著的通货膨胀效果，那么，1991年相对1990年粮食产量的下降比1994年来得还大，为什么对通货膨胀就没有造成相似的影响呢？事实上，1991年的粮食收购价格指数下降了6.2个百分点(SSB, 1994, p.244)。为什么同样的粮食产量变化会对价格水平产生如此大相径庭的影响？答案很明显，1990年的经济面临着通货紧缩的压力，1991年继1990年之后，相对价格就较为稳定。与之相反，1994年的前一年银行信用和货币供给快速扩张，因此就具备了一个较高的通货膨胀率所需要的所有必要条件。无论如何，1993年中国粮食产量创历史新高，以及1993年末和1994年初粮食价格的急剧上升，都是在可以确知1994年粮食产量之前发生的。粮食产量的微小变动不可能成为1978年以来价格宽幅波动的主要因素。居然还有人会提出粮食产量引起通货膨胀，这实在是让人吃惊的，把这种关联作为政策制定的依据就更荒唐了。

我提醒大家注意图3，自由市场上的粮食价格和零售物价指数逐年变化的比较图。从中可以看出，1988年2月到1989年2月和1993年1月到1994年10月粮食价格急剧上升，1993年粮食的名义价格上升了36%，这发生在人们得知1994年相对于1993年粮食产量下降了2.5%之前。然而，我们在逐年价格的比较中,还可以发现,1989 年 2 月到 1990 年中,粮食名义价格下降得十分厉害,而这则是农民为通货紧缩而付出的代价。

为什么粮食价格比总体价格水平变动得更为激烈呢?一个主要的原因是粮食是可储备性,而且粮食是农村家庭财产储备的一个重要组成部分,农村家庭持有的存粮约相当于中国一年的粮食供给量。[①] 储备粮食一直是农民应对通货膨胀最好的办法;存粮还可以抵消收入变动引起的冲击,例如遭遇了收成不好的年份或是失去了一份非农工作。在通货膨胀时期,银行存款的真实利息收入为负。所以,当农民普遍有价格上涨(通货膨胀)的预期时,反应就会是增加粮食储备,由此导致的结果是可供给市场的粮食减少,进而抬高了粮食的名义价格。当有价格下降(通货紧缩)的预期时,农户和其他粮食储备者就会降低储备从而增加市场上的粮食供给,并导致更低的粮食名义价格。因此,只强调粮食产量每年间微小的变化而不考虑粮食储备所发生的变化,是错误的。尽管农户持有大多数的粮食储备,各级政府部门粮食储备的数量也相当大,而且这个数字几乎可以肯定地说已经超过了 1 亿吨(Crook, 1994a)。如果这些储备管理得当的话,其数量足以大幅提高粮食价格的稳定性。显然,近年来这些储备并没能成功地用于平抑粮价的目的上。

六、中国能养活自己吗?

莱斯特·布朗 1994 年的文章(Brown, 1994)《谁来养活中国?》在美国和国际上广为流传而且尚未受到过批评。这位作者对世界粮食供给一贯持悲观的态度,而且事实一再证明他的预言是错误的。他经常散布一些悲观消息,即使屡屡犯错,也会上报纸头条,获取名声,并得到一些大基金的经济支持。在布朗所谓的分析中,他宣称到 2030 年中国每年将进口粮食 2.16

① 我从宋国青那里获益良多,他正在进行一项研究,主要是关于中国宏观经济的实际管理如何导致自由市场上粮食价格的巨大波动。这里提到的粮食价格变化,除了特别指出的以外,都是指自由市场上价格的变化。

亿吨到3.05亿吨,甚至可能高达3.78亿吨,而现在全球国际粮食贸易的水平只有约2.25亿吨。然而,1991年到1993年中国的粮食尚能实现自给,何以布朗会认为在未来的40年内中国的粮食状况会发生如此翻天覆地的变化呢?

首先,他宣称由于经济的发展中国的耕地有很大一部分将会流失,以用于修建工厂,城镇扩建和农村住房、道路建设。这样粮食产量到2030年就将会下降20%,从3.29亿吨下降到2.63亿吨。这个草率的预测是建立在两条"证据"之上的。一是拿日本、中国台湾省和韩国的情况来类推。这些国家和地区都曾出现过土地流失和粮食产量下降的现象。他计算了1960年以来粮食生产的最高历史记录和90年代初某一未指明的年份粮食的实际产出,通过这两个产量的比较,他发现粮食产出下降了19%-33%。"在过去的几十年里",粮食用地面积的下降在日本是52%,在韩国是42%,中国台湾省则是35%。然而,在这里这位作者忘了告诉读者,日本和中国台湾省粮食播种面积的下降有相当大一部分是由于政府出钱补贴农民,使总数超过1/4的水田被休耕,以此来限制粮食的产量,满足国民经济发展的需要。至于休耕的土地,当然还完整无缺地处于闲置状态,这些都仅仅是限制水稻产量的结果。

这位作者认为中国粮食用地会大量减少的另一个论据是,"在过去三年内,中国每年减少了100万公顷耕地,相当于全部耕地的1%。"(Brown,1994, p.13)如果这里的过去三年是指1991-1993年的话,中国国家统计局(State Statistical Bureau,SSB)公布的耕地面积减少分别为488 000,739 000和732 000公顷(SSB,p.331)。三年的平均数远小于100万公顷,准确地讲是653 000公顷。或许在某些人看来,50%左右的水分是可以接受的!这串耕地减少的数字并不是说耕地实际减少了这么多,而仅仅是指有这么多以前用于种植粮食的土地现在有了其他用途。实际上,这些减少的粮食用地除了划作非农用地以外,用途还包括其他的农业,比如果园、鱼塘、牧场等。由于每年都有土地被开垦和转作耕地,所以1991-1993年耕地实际上只减少了572 000公顷,即平均每年不到200 000公顷(SSB,1995,p.331)。

尽管这些数字不能被忽略,但与每年平均流失100万公顷的说法相比,实在是差距甚远。

国家统计局公布的数据实际上严重低估了中国的耕地面积。真实的耕地面积不是9 500万公顷,而可能是介于1.25亿到1.35亿公顷之间。每年对6万多个农户进行的家计调查表明,1986年以来中国耕地面积并没有下降,而且还略有上升,虽然这有可能是源于抽样误差(SSB,1988,1995)。从历年的调查可以推断出,中国现有的耕地面积应该在1.24亿到1.32亿公顷之间。

布朗并没能指出今后将有多少耕地会流失,他也显然不可能只根据三年的趋势来预测今后40年的情况。所以,他就不可能知道粮食单产必须变化多少,才足以造成他所说的总产出会下降20%这一事实。他总是强调着中国农业存在着"生产率增长减速",并提出现在中国每公顷的水稻产量已经开始徘徊在4吨左右。

不久以前,在专业的研究人员中,对水稻产量是否还能继续提高潜力还广泛存在着悲观主义情绪。当时,国际水稻研究所尚未开发出超过原有高产品种的水稻新品种。在中国取得成功的杂交水稻也有一些小问题,因为消费者发现杂交品种在质量上还比不上用传统方法培育的水稻,所以杂交水稻在价格上要更便宜些。然而,在1994年,国际水稻研究所宣布他们已经开发出一个新的水稻品种,可以在现有品种产量的基础上再提高25%的单产。不过,新的水稻品种将在大约5年后才能得到广泛的推广使用,现在还需要研究开发其在实际种植环境下所需要的抗病虫害能力。显然,投资科研还能够继续提高生产率,将来这种机会还会有更多。

由于中国的耕地面积被低估了,相应地用于种植粮食的耕地面积也就被低估了。如果粮食产量是准确的话,那么将意味着单产被高估了1/4甚至更多。有证据表明粮食产量还可能被低估了10%(Johnson,1994)。农村家计调查的数据表明,1991年和1992年中国粮食产量至少比官方公布的数据估计要高10%。不过这些高估的产量中大部分可能是玉米产量(Crook, 1994b),另外的则主要是小麦和水稻的产量。

再写下去，恐怕我的反驳比他那些不负责的言论都还要长了。总之，中国的耕地并没有按照他所讲的速度在流失，生产率提高的机会也并未穷尽，水稻产量能够而且必将继续增长。

七、中国农村需要新的政策体系

谁来养活中国？是中国的农民。如果能持续地对农业科研进行投资；如果能保证像化肥这样的投入要素供给充足，如果能开发生产出使得农业减员不减效的农用机械，中国农民就一定能养活中国。中国还要做很多事情，以建立一个竞争有效的农业要素市场和产品市场。中国农民要想满足未来中国对食物的需求就必须以合理的价格得到高品质的现代化投入要素。中国未来 25 年的农业生产要想进行得顺利，就必须设法避免再发生近几年困扰着农业的农产品投入要素供给的混乱。如果地方和省级政府随意干预农业生产，妨碍了一个全国统一的农业要素市场和产品市场的建立，或者当宏观经济管理失误时，政府便给农民强加价格和其他管制，那么中国的农业也不能顺利发展。更坦率地说，中国政府如果希望农民以合理的价格为国家提供充足的食物，那么首先得为农民提供一个比过去而言更有利的经济环境。

中国农业在过去十多年能有如此表现是十分幸运的。农业产量快速增长当中的主要部分，并不是从经济的其他部门获得的额外投入，而是劳动投入和生产管理及其效率的提高，而这些又是家庭联产承包责任制改革的结果(Lin,1988)。尽管对现有资源更有效的利用(比如政府给予农民永久可靠的土地使用权)可以进一步提高生产率，但未来的上升将小于过去。所以，政府必须认真对待未来的农业生产，而不仅是提高对农业设施投资的最低水平。政府应该做的事情是制订一个计划：大大拓宽农村人口的受教育面和提高农村教育质量；修建农村公路和通讯设施；保证对农业技术研究和推广提供足够的支持；打破农业要素生产和分配中的垄断；最终建立一个全国统一的农产品市场。

中国农业和农村需要一个新的政策体系。中国农村对国家的快速转型做出了巨大贡献,因此不应再被当作是二等或者三等公民的聚居地。我们应该积极和现实地考虑,必须实行什么样的政策才可以缩小城乡居民之间巨大的收入和消费差距。这将对中国未来的经济增长做出重要的贡献。

附　　录

表1　城镇和农村消费价格指数

年份	城镇	农村	年份	城镇	农村
1978	100.0	100.0	1987	157.6	138.9
1979	101.9	102.0	1988	190.3	163.2
1980	110.2	106.5	1989	221.3	194.8
1981	113.1	108.7	1990	224.1	203.5
1982	115.5	110.6	1991	235.6	208.2
1983	117.7	111.9	1992	255.8	218.0
1984	120.6	115.3	1993	297.0	247.8
1985	135.4	123.3	1994	371.2	305.8
1986	144.9	130.8			

资料来源:国家统计局(SSB,1995)。

注:1978年到1985年使用的是城乡综合零售物价指数,从1986年起使用的是城乡居民综合消费价格指数。后面的序列除商品外还包含了服务。

参考文献

Brown, Lester R., 1994, "Who Will Feed China?" *World Watch* (September/October).

Crook, Frederick, 1994a, "An Introduction to China's Rural Grain Supply and Use Tables", in *China International Agriculture and Trade Report, Situation and Outlook Series*, WRS-94-4 (Washington: United States Department of Agriculture, Economic Research Service).

Crook, Frederick, 1994b, "Logn-Term Outlook for China's Corn Sector", in *Asia and Pacific Rim International Agriculture and Trade Report*, WRS-94-6 (Washington: United States Department of Agriculture, Economic Research Service).

Hayami, Yujiro and Vernon Ruttan, *Agricultural Development: An International Perspective*,

1985 (Baltimore: Johns Hopkins University Press).

Johnson, D.Gale, 1994, "Does China Have a Grain Problem", *China Economic Review*, Vol. 5, pp.1-14.

Lin, Justin Yifu, 1988, "The Household Responsit Reform: A Theoretical and Empirical Study", *Economic Development and Cultural Change*, Vol.36 (April), pp.S 199-S224.

State Statistical Bureau (SSB), 1998, 1994, 1995, *China Statistical Yearbook*, China Statistical Publishing House.

Wu, Harry X., 1994, "Rural Enterprise in Contr Change", in *Rural Enterprise in China*, H. X.Wu (New York: St.Martin's Press).

Wu, Harry and Yanrui Wu, 1994, *Rural Enterprise in China*, ed. by C. Findlay, A St. Martin's Press.

中国农村与农业改革的成效和问题*

1979年开始的农村经济改革,其成功之处远多于失败之处。当然,对于改革进程中存在着的严重缺陷,我们也不应忽视,尤其是因为它们可能会影响到中国未来的食物供应。本文将论及改革的成败两方面,首先从改革的成功之处开始;毫无疑问,农村和城镇居民都已从改革中获益。

一、改革之前的农业

在讨论改革和改革效果之前,有必要对1979年之前的农业生产组织方式和农村生活作一个简要的介绍。依靠中国农民的支持,中国共产党取得了政权。政府承诺广大农民能够拥有自己的土地,并在很短的时间内实现了这一目标。但在苏联,私人拥有的土地很快就被收为公有。到1952年,全中国范围内的土地改革完成。在两个过渡步骤之后,中国农民于1958年几乎都加入了人民公社。在过渡的生产组织方式中,农民们保留着土地和其他财产的所有权,或者是可以按照他们土地和财产的贡献得到相应报酬;但是,在人民公社体制下,农民们所有的土地以及其他很多财产都被收为公有,并且没有得到任何补偿。

人民公社体制的建立作为"大跃进"的一个重要组成部分,是这场大运动的重要特征之一。"大跃进"的另几个方面有"大炼钢铁",其目的是要让

---

* 原文题为"China's Rural and Agricultural Reform: Successes and Failures",美国芝加哥大学农业经济研究室讨论稿,论文编号:96-03(Revised September 10, 1998)。

中国的钢铁产量超过英国。还有大规模地建造水利设施和平整土地的工程,这使得数以千万计、甚至数以亿计的劳动力投身于繁重的劳动之中,造成了对农业生产的忽视,粮食消费量随着增加的工作量而大量增加。"大跃进"给中国带来了严重的后果:1958 年至 1961 年的大饥荒造成大量人口死亡(Yang, 1996, pp.37 – 38)。

这场饥荒完全是可以避免的。它的原因并不在于粮食歉收,因为饥荒开始的年份——1958 年粮食产量是历史上最高的。饥荒的真正原因是严重的政策失误,而"大跃进"中巨大的工作负荷所导致的粮食过度消费和粮食供给的大量减少便是这些失误的开端。当时一些领导人认为社会主义已经,或者将会创造史无前例的成功,这与"大跃进"相结合,使得人们产生了盲目的狂热情绪,产生了欺上瞒下的浮夸之风,到处充斥着各种虚假信息,仿佛社会主义的巨大成就真的已在眼前。由于人们想要给领导人报告他们愿意听到的消息,因此,1958 年的粮食产量变成了 3.75 亿吨,是 1957 年的两倍。而实际的产量仅仅是 2 亿吨,稍多于报告产量的一半。[①] 人们在谎言的基础上进一步编织谎言,而那些知道真相的人并没有将真相告诉领导人(Becker, 1996, chapter 16)。

1958 年至 1960 年的粮食产量被严重夸大了,但一些领导人相信了这些虚假的产量数字,因此,国家的粮食收购指标也随之增加了。在一些省份,当地领导人征收了比收购指标更多的粮食,部分原因在于他们不想让粮食的虚假产量被戳穿(Becker, 1998, chapter 8)。在有些地方,尽管生产粮食的农民还在挨饿,政府还是征收了额外的粮食。如果生产出的粮食被公平地分配给大家,如果公共食堂中的粮食浪费可以消除,那么很多因饥饿而

① 1959 年原定的粮食产量目标是 5.25 亿吨(Liu, 1986, p.252),在 1959 年 8 月 26 日,当年的粮食产量目标减少为 2.75 亿吨(Liu, 1986, p.259)。在那个时候,对当年的粮食产量应该已经有一个合理的估计。据估计,1959 年粮食实际产量是 1.70 亿吨,比修正后产量目标少了近 40%。同年的棉花产量目标从 500 万吨减少到 231 万吨,而实际产量仅为 170 万吨。

死的生命可以挽回。[①] 这些在后文中还有讨论。

尽管一场饥荒已经开始或者临近了,但是,受虚假产量信息的误导,一些领导人却误以为中国的粮食问题已经得到解决,并且做出了两项重大的决定。1958 年 8 月,毛泽东在河北说:“那么多粮食你们怎么吃的完? 你们打算怎么处理这些剩余的粮食?”(Walker,1984,p.100)。各地方虚报的产量信息使他相信,社会主义可以使得粮食获得大丰收,中国的粮食问题已经解决了;因此,他号召,粮食种植面积的长期比例应该从 80% 减少到 1/3,腾出来的土地应该种植其他作物(Walker,1984,p.146)。因为这个指示,到 1959 年,粮食种植面积减少了 10%,而实际上,饥荒在当年春天已经开始。1959 年粮食产量比 1958 年少了 3 500 万吨,减少量中的一半是因为耕地面积的下降。

因为相信已经出现粮食过剩,中国粮食出口也急剧增加。1959 年,出口量为 420 万吨,而 1960 年的出口量比 1950 年至 1957 年中任何一年的出口量都大(SSB,1984,p.397)。尽管有数以百万计的人饿死了,粮食出口依然继续着。直到 1961 年,中国才进口了一些粮食,总量接近 600 万吨(SSB,1984,p.412)。中国重蹈了前苏联的覆辙:20 世纪 30 年代乌克兰发生饥荒,前苏联却仍然出口粮食。

“大跃进”期间开办公共食堂免费吃饭,造成了 1958 年夏季和秋季巨大的粮食浪费。原本用于维持一年生计的粮食在几个月中就被消耗完了。食物的消费没有得到价格的指引,并且不存在一种可以很好的食物分配机制,以保证粮食供给可以持续到下一年的收获季节。中国当时在农村地区推行公共食堂制度,其意显然在于降低家庭的重要性;这一制度与粮食的过量征收相结合,是大饥荒的主要原因。这场饥荒的前一年,粮食还获得了丰收,但在随后的三年多时间里,却造成了许许多多的人因饥饿而死亡。

1983 年,我遇到了一位年轻人,他所在的村推行公共食堂制度的时候,

---

① 国家征收粮食的比例在 1957 年是 24.6%,1958 年上升到 29.4%,1959 年则达到 35.7%。尽管 1959 年的粮食总产量比 1957 年少 2 500 万吨,但国家征收的粮食数量却多了 1 400 万吨(SSB,1984,p.370)。为了养活城镇居民,农村居民却只能忍饥挨饿。

他才 8 岁。我向他询问了他对公共食堂的感想,而他的回答令我永生难忘。他说,他很喜欢公共食堂,那里食物很好、很多,他经常和他的朋友们一起去吃。接着,他稍微停顿了一下,突然说道:“然后我们就开始挨饿了。”

当这场大饥荒被提及时,原因大都归结于自然灾害。① 这并非实际情况。的确,1959 年和 1960 年的粮食产量都低于 20 世纪 50 年代的平均水平,但这并不是因为自然灾害的影响,而是因为人民公社的效率低下,以及因为缺少食物而造成的人们生产能力下降。我们需要记住的是,1958 年粮食丰收主要是因为人民公社出现之前的制度环境,而 1959 年是实行人民公社体制的第一年。如果领导人没有被谎言误导,没有强迫农村居民参加公共食堂,那么这场人类历史上最大的悲剧就不会发生。

让我们简单了解一下人民公社体制。到 1978 年为止,中国的农村被划分为 5.3 万个公社,每个公社大约拥有 1.5 万人和 2 500 公顷耕地。虽然公社的组织结构在各地有所不同,但大体上都差不多——每个公社大约有 13 个大队,每个大队又有 7 至 10 个生产队,每个生产队大约有 35 户家庭和 60 个劳动力。公社将各种工作按照体力要求的不同而划分等级,社员从事该类劳动的时间决定了他们所能得到的工分;工分的多少决定了他们的报酬。将工分与劳动生产率联系起来,是不可能的事情。人们聚集在一起工作,很多时候是为了得到更多的工分,因为大队和公社的净产出是按照工分数量来分配的,生产队及其成员的收入由他们的工分占总工分的比例决定,所以生产队有激励使他们得到的工分数量最大。

人民公社制度实行的效果如何?很显然,效果极差。1978 年人均粮食产量为 195 千克,低于 1957 年的 203 千克。一个主要基于国家统计局数据的权威分析估计,1955 年至 1958 年中国人均热量消费是 2 256 卡,1975 年至 1978 年是 2 287 卡,两个时期没有显著变化(Piazza,1986,pp.85－86)。

---

① 类似的话主要出现在中国公开的资料中。有一些以英文出版的专著,对 1950 年至 1978 年间的历史作了客观的评价,其中也讨论了大饥荒和糟糕的经济状况。薛暮桥(Xue Muqiao,1981,1986),柳随年和吴群敢(Liu Suinian and Wu Qungan,1986)进行了深入的讨论。另外,Johnson(1990)也提供了一个简要的、权威性较低的介绍。

薛暮桥,中国经济学家中的一位资深政府官员,对于1957年至1977年的20年做了如下描述:"1957年至1977年,人们的生活水平几乎没有改变。人们的平均工资没有提高,农民的粮食产量没有提高,每三个农民中就有一个人生活在贫困中"(Xue,1981,p.176)。

人民公社不仅仅是一项经济制度,同时也是政治制度。人民公社构成了当地的政府,掌握着警察力量和司法权力。公社几乎拥有政府所具备的所有权力,对于其社员的生活有很大的控制力。

我们应该注意到,虽然在人民公社实行的20年中私人消费没有增长,但是公共消费却有所增长。在农村地区和城镇地区,教育和公共卫生方面投资的增长使得文盲率和婴儿死亡率大幅下降。1950年,中国人在出生时的期望寿命是36岁,到1979年上升到64岁(World Bank,1983,p.98)。同时,适龄人口小学入学率从1950年的27%上升到1980年的90%,初中入学率从1950年的20%上升到1980年的40%(World Bank,1983)。

二、农村改革的主要成功之处

中国通过一系列农业改革所取得的成就是世界历史上所有国家无法比拟的。1979年至1994年中国农业总产出年均增长6.3%,而且这一成就很大程度上并不是依靠投入更多的资源而取得的。表1中列出了农业生产的四个指标:农业总产量、真实农业GDP、粮食产量和肉类产量。

表1 农业产出的衡量

年份	农业总产出[a]	真实农业GDP[b]	粮食产出[a](百万吨)	肉类产出[b](百万吨)
1978	100	100	305	9.5
1980	109	104	321	13.0
1983	138	135	387	15.0
1984	155	153	407	17.0
1985	161	155	379	19.3

续表

年份	农业总产出[a]	真实农业 GDP[b]	粮食产出[a]（百万吨）	肉类产出[b]（百万吨）
1986	166	161	392	21.1
1987	176	168	403	22.2
1988	183	172	394	24.8
1989	189	178	408	26.3
1990	203	191	446	28.6
1991	211	195	435	31.4
1992	224	204	443	34.3
1993	242	214	456	38.4
1994	263	223	445	45.0
1995	293	234	465	52.6
1996	321	246	505	59.2

注释：a.数据来自于国家统计局（State Statistical Bureau（SSB），1997）；b.包括猪肉、牛肉、羊肉和家禽。1978、1980、1983 和 1984 年的产量是作者的估计数。其他年份的数据来自于国家统计局（State Statistical Bureau（SSB），1997）。

早期的改革极大地提高了农民的生产积极性。1979 年至 1984 年农村生产的增长中，有 50% 源于劳动生产率的提高，以及包括人力资本在内的各种要素投入的更合理利用。有些分析认为，在没有来自农村以外的任何额外资源投入的情况下，单纯由于采用家庭责任制，改善了激励机制，使农业产量增长了 20% 至 30%，（Lin，1988；McMillan，1989）。换句话说，农村以外的经济没有花费任何成本却取得了很大好处；唯一的“成本”是官僚体制的权力被削弱了。

由于农业产量的增加，20 世纪 90 年代人均热量消费量提高了，达到人均 2 600 卡，比 70 年代末的水平提高了 15%。不仅人均热量消费量增加了，而且食物的质量和品种也得到了极大改善。80 年代早期之前，国家仍垄断着食物生产及城镇的食物分配；每到秋季，北京城市里各家各户都会购买人均 100 千克的大白菜储备着，作为冬季唯一的绿色蔬菜。在 10 月和 11 月，几乎在每条街道的角落里都可以看到一堆一堆的大白菜。

而目前,绝大多数非主食类食物都由私人部门生产并销售到消费者手中,即使在北方城市,一年四季也都有多种多样的蔬菜水果供应。另一个主要变化反映在动物产品产量的大幅度提高上,特别是肉类。1995 年肉类产量是 1978 年的 5 倍多。这一增长是非常惊人的。实际上,如果产量达到5 000万吨,就意味着肉类人均消费量已达到韩国近年的水平。① 农业生产在 1984 年前增长很快,然后就慢了下来有人甚至说是停滞了,有关原因的讲法很多。的确,在效率极低的人民公社体制被取消后的六年中,劳动生产率大大提高了。1979 年至 1984 年,农业总产量年均增长 7.6%,而 1984 年至 1994 年则为 5.4%,也是很高的增长率。粮食产量增长速度在 1984 年之后确实有所下降,改革后的前 6 年年均增长 4.93%,而后 10 年每年仅增长 0.9%。

粮食产量增长速度下降是否危及到了中国的粮食供给? 1984 年至 1994 年中国的粮食消费是否受到了粮食生产的制约? 答案是否定的。中国在 1980 年至 1984 年每年净进口粮食 1 300 万吨,而 1992、1993 和 1994 年已是净出口国。虽然中国政府也许在 1994 年过多地出口了粮食(出口量为 420 万吨),但在 1992 年(出口 200 万吨)和 1993 年(出口 900 万吨)并没有迹象表明出口过多,因为那些年份的粮食市场价格下跌了。② 1979 年

① 肉类消费和生产的数据存在很明显的不一致。1994 年家计调查显示,农村和城镇地区居民人均肉类消费约为 16 千克,而肉类生产数据显示,当年肉类供应大概有人均 37 千克(SSB,1995,p.367,p.385,p.354)。家计调查的数据有可能没有包括在餐馆和小卖部消费的肉类食品;当然,仅仅这一点不能够解释肉类生产和消费数据的巨大差异。

② 也许有人会问:1994 年中国为何要出口粮食? 1993 年第四季度,粮食名义价格上涨了近 50%,1994 年年底比年初的价格又上涨了约一倍。政府采取了多种措施抑制粮食价格上涨,当然有些措施并不成功。另一方面,中国却在继续出口粮食。我曾经向中国的官员询问过粮食国际贸易的决策过程。这一过程是相当不灵活的——粮食贸易计划从每年九、十月开始,在日历年末最后确定,之后即便能够修改贸易计划,也很困难。因此,1994 年的出口计划可能是根据 1993 年丰收之后的粮食低价的情况做出的,当 1993 年底价格上升之后,这一计划并没有做出修正。

在 1995 年,粮食净进口量为 1 870 万吨,1996 年净进口量为 1 020 万吨。人们可能会问,在 1995 年和 1996 年这两个粮食丰收的年份为什么还要进口粮食? 很显然,答案是那个贸易计划决策程序仍然在实行,贸易计划在日历年年初之前就确定了,而那时还没有该年粮食收成的信息。1995 年和 1996 年进口的那些粮食很有可能增加了粮食储备,从而促使 1997 年和之后几年的粮食价格下跌。

到1994年,国内粮食生产不仅仅满足了需求,还使农民增加了粮食库存。[①]这样,从改革开始到1994年,中国已从一个重要的粮食净进口国变成了一个粮食净出口国,尽管净出口量不大。这一成绩的取得还伴随着大量消耗粮食的肉食品产量的大幅度提高,后者在中国是一个新的趋势。尽管在1984年之后,粮食生产的增长速度明显放慢,但中国粮食消费的增长速度仍然要低于生产的增长速度;生产没有成为消费的制约因素。

如前所述,在人民公社体制下的20多年中,人均收入几乎没有增加。表2中的数据描述了改革以来各年农村和城镇人均收入的变化。改革时期农村人均收入提高很快,1995年人均收入水平是1978年的3倍多。关于城镇地区人均收入的数据直到1981年才有。从表中的城乡收入之比来看,农村改革初期城乡收入差距有所缩小——这一比例1981年为2.24,而到1982年至1984年则低于1.9。但从1985年起,差距又开始扩大,目前城乡收入差距几乎肯定大于人民公社体制时期,甚至也大于1949年前。[②]

改革的一个主要成就是在农村创造了大量非农就业机会。从1973年到1993年,农村地区大约创造了8 000万个非农就业机会(SSB,1995)。这些新的非农就业机会对改革时期农村人均收入的提高起了决定性的作用。农村乡镇企业的迅速发展,是这一时期中国经济快速增长的重要因素。近年来,农村工业生产的增长率已4倍于那些靠大量补贴而生存的国有企业,甚至更多。1994年,农村工业总产值已超过国有工业近30%,其中乡镇企

---

① 中国农民存粮水平与世界其他国家相比是很高的。在中国,存量对农民而言有两大重要用途。一是通货膨胀时可以保值,二是对收入变化的一种保险,以稳定消费。粮食是重要的消费品,仍占热量供给量的3/4,而且随时可以售出变现。银行储蓄并非是对付通货膨胀的最好保值途径,因为在通货膨胀时期,利率低于物价上涨率,从而真实利率为负。

② 表2中的数据没有反映对城镇居民的大量补贴,而农村居民没有这些补贴。例如,城镇居民得到了数额巨大的住房补贴,而农村居民必须为自己的住房支付所有的成本。如果所有的补贴都考虑在内的话,城镇居民在1994年的收入是农村居民的3倍多。

国家统计局(SSB,1995,p.258)公布了农业居民和非农业居民消费支出的比较,两者差距大于城乡人均收入的差距,而且,改革初期消费支出之比(非农业居民比上农业居民)是下降的。1978年,这一比例为2.9,1985年为2.3,1988年为2.4,1990年为3.0,1994年为3.5,1996年为3.2。这一系列数据也表明,1994年之后城乡收入差距有所下降。但是,这些数字大大高于历史上的水平——1952年这一比例为2.4,人民公社建立前一年的1957年这一比例为2.6(SSB,1990,p.273)。

表 2　真实和名义的农村居民和城镇居民人均年收入以及两者收入之比

	城镇居民人均年收入(元)		农村居民人均年收入(元)		收入之比:城镇比农村
年份	名义	真实	名义	真实	名义
1978	na	na	134	134	na
1979	na	na	na	na	na
1980	na	na	191	179	na
1981	500	442	223	205	2.24
1982	535	464	270	244	1.98
1983	573	487	310	277	1.85
1984	660	547	355	308	1.86
1985	749	554	398	323	1.88
1986	910	628	424	324	2.15
1987	1 012	644	463	333	2.19
1988	1 192	626	545	334	2.19
1989	1 388	627	602	309	2.31
1990	1 523	680	686	337	2.22
1991	1 713	727	709	341	2.42
1992	2 032	794	784	360	2.59
1993	2 583	870	922	372	2.80
1994	3 502	943	1 221	399	2.87
1995	4 288	998	1 577	439	2.72
1996	4 845	1 036	1 926	498	2.52

注:表 2 中的数据没有反映对城镇居民的大量补贴,而农村居民没有这些补贴。例如,城镇居民得到了数额巨大的住房补贴,而农村居民必须为自己的住房支付所有的成本。如果所有的补贴都考虑在内的话,城镇居民在 1994 年的收入是农村居民的 3 倍多。

业产值约为国有企业的 90%(SSB,1995,p.375)。① 而在 1985 年,乡镇企业

① 除乡镇企业外,农村还存在合资和私营企业;城镇地区的私营企业尚不普及,私营企业产值中的 90% 出自农村(SSB,1995,p.375)。1994 年,农村私营工业企业产值约占全部工业产值的 10%,而在 1985 年则少于 0.5%。

世界银行最近对乡镇企业和国有企业做了个鲜明的对比:"中国集体企业的资本劳动比例仅为国有部分的 25%,而劳动生产率水平(人均产出)则相当于国有企业的 80%,并且年均增长 10% 以上。乡镇企业的全要素生产率高于国有企业,年均增长 5%,是国有企业全要素生产率增长率的两倍多。"(World Bank,1996,p.51)

总产出仅为国有企业总产出的22.5%(SSB,1990,p.393)。除了在最初三年有税收的优惠以外,乡镇企业没有任何补贴,必须自己承担债务和各种费用,而许多国有企业却不是。

三、农村改革的主要缺陷

改革的一个主要缺陷前面已提及,即城乡人均收入差距不断扩大。从1978年开始,中国经济增长的发动机是农村,而非城镇(Johnson,1996),这在世界历史上是很独特的。我们尚未看到另外一个国家在从低收入向中等收入过渡的经济发展过程中,是农村而非城镇对经济增长和创造就业起了主导性作用。早在1991年,农村GDP总额已相当于城镇的水平(Wu,1994),而到现在,肯定已经超过了城镇。

从1989年到1994年,城镇居民人均收入年均增长7.1%,而农村人均收入仅年增3.0%。国有企业年生产率的增长显然低于3%,可能接近于2%。那么收入增长的其余部分来自何处?其来源是贫穷得多的农民,因为农村居民人均收入的增长率低于其生产率的增长率。通过在城镇地区实行工资增长速度高于劳动生产率增长速度这一工资政策,政府把农村生产的部分收入转移给了城镇居民和城镇经济。

改革并未建立起全国性的劳动力市场,而这不是偶然的,因为政府并没有建立全国性劳动力市场的意愿。如果这样做,城镇居民将失去目前享有的很多农村居民所不能够享受的好处。由农村向城镇的迁移行为受到户籍制度的严格限制。人们的户口所在地通常是出生地;要想将农村户口转到大城市、并完全享有的城市居民资格及各项经济权利,是非常困难的。的确,上百万的农村移民在城市里找到了临时性的工作,那些是城里人不愿干的又脏、又累、又危险的工作。但是,他们的前途还需要取决于城镇官员们的容忍程度,他们随时可能以任何借口或毫无借口的情况下被遣送回农村。这些农民工的子女得不到城镇工人子女同样的医疗和教育待遇。从前在存在大量粮食价格补贴时,这些农民工不得不支付高得多的价钱从自由市场买粮食。

同样,改革也没有建立全国性的粮食市场,这样一个市场也不太可能在不远的将来出现。在1979年之前,农产品市场是高度分割的,中央要求每个省的大部分农产品都能自给自足,特别是粮食。改革在早期的一个成就是放弃了地区自给自足的政策,并且逐渐消除了地区间的贸易障碍。政府逐步放弃了绝大多数农产品定价和购销的控制,但对粮食和棉花的管制仍然存在。对于粮食购销,政府的控制也在逐渐放松。政府用了三年时间,把城镇居民的绝大多数消费补贴取消了;到1993年,我们可以说中国的粮食市场正在走向全国一体化。

但是,1993年和1994年,粮食价格急剧上扬,那些已经取消的城镇消费补贴和政府对粮食市场的干预政策又卷土重来。1993年宣布的很多改革措施在1994年被取消,价格控制和地区性消费者价格补贴再次出现。更严重的是,中央政府逃避了分配粮食的责任,而要求各省实现各自的粮食生产目标,这是对全国性粮食市场最大的打击。因为这就意味着粮食产量多的省份可以限制粮食输出,直到可以保证它们自己的粮食目标可以实现。这大大加剧了粮食价格的不稳定性,正如1993年和1994年所发生的情形那样。粮食储备的主要责任也在省级或更基层的单位,因此,全国性的粮食储备计划几乎没有可能出现。

"省长米袋子责任制"是一项严重的政策失误,但比这更严重的失误出现在1997年。当时,朱镕基总理宣布,政府可以收购农户愿意出售的任意数量的粮食,而且收购价格大大高于市场价格。这项政策出台的原因是农产品价格过低,注意在此之前两年的粮食净进口总量达到了290万吨。这项价格扶持政策在1997年并没有被有效实施,但在1998年这项政策被再次提起,而且1998年的政策比1997年更加违背市场原则。除了将收购价格限定在市场价格之上,政府还禁止私人粮商进入粮食市场。为什么会采取这样的额外措施?其原意在于希望这样的价格扶持政策不给政府带来很大的成本。按照要求,粮食局运用贷款按照既定的价格从农户手中收购粮食,然后将这些粮食卖出,出售价格需要足够高,以收回收购价格和其他成本,其中包括了贷款的利息。换句话说,为了能够给农户支付更高的价格,政府希望消费者能够承担所有成本。

为什么要禁止私人粮商收购农户的粮食?原因在于私人部门比公有部门更加有效率。即使他们向农户支付的价格与粮食局所支付的价格一样高,他们也能够以低于国有部门的价格向消费者出售粮食。这样的话,国有粮食系统收购、出售粮食的过程中会产生亏损,会给财政预算带来负担;因此,为了保护国有部门的低效率,私人部门被禁止参与粮食收购。

就算粮食部门可以售出它们收购的粮食、收回其所有成本,我们依然要问一个问题:如果粮食价格上升,粮食仓储的成本由谁来支付?如果粮价大幅上扬,市场上的相当多数量的粮食将不会被卖掉。除非将它们出口,这些粮食一定是储存在粮仓中,而粮食仓储的成本是相当高的,年均真实成本大约是粮食价值的 1/5。

很多人预测中国的粮食产量不足以养活中国人,但这并不是实际情况。相反,粮食产量似乎多于合理的价格水平上全国居民可以消费的数量。如果粮食收购价格保持在市场出清价格以上,粮食过剩情况可能会一年比一年严重。

四、必需的政策改革

收入差距的不断扩大对未来的社会和经济稳定造成了严重的威胁。收入差距越大,由农村向城镇移民的压力就越大。拖延不能解决任何问题;只要当前促进收入差距扩大的经济政策继续下去,不均衡的情况只会一年比一年严重。

首要的政策应强调抑制城乡收入差距的不断扩大的势头。如果城镇地区不愿吸纳大量的农村移民(这是显然的事实),那么就必须制订合理的政策,使得农村的工作和生活更具吸引力。这意味着要对道路、通讯、电力及农村基础设施进行大量投资,并以同样的成本给农村居民提供与城镇居民同等质量的教育服务。这必然要求大大削减城镇的特权,并让农村和城镇更平等地分享经济发展的成果。

现行的农业和农村政策还不足以解决将来25年中农业和农村生活面临的问题。在各国改革中,对于一个具体部门如何做出调整以适应变化着的实际情况,政府通常未能给予足够重视。以日本为例,日本农村土地改革在最初十年产生了积极的政治、社会和经济影响,但之后就变成了扩大农场规模、使日本农业更具竞争力的重要障碍。

如果想要农业生产继续保持足够的增长速度,以满足需求的增长,那么目前的政策体系已不足以给农民们提供足够的激励,使他们做出进一步的经济增长所要求他们做出的各种调整。在今后25年,为了使生产率继续提高,并使农民收入的实际增长与城镇工人相当,中国农业必须实现资本对劳动力的大量替代。农业生产单位的规模也必须不断扩大,因为这是经济发展过程中一个持续的过程。从长远而言,中国需要投入大量资金以实现农业生产过程的现代化。

目前土地的集体所有制已经不能适应今后发展所需的调整。此外,除非农民享有更多且更有保障的土地所有权,他们不会进行更多投资以改善耕地状况或生产设施条件(Wen,1989;Feder,1992)。

如果中国希望以合理价格依靠自身提供所需的大部分或全部食物,就必须改善目前不利于农业投资的政策,这些政策使得资源配置难以随变化着的实际情况而改变。中国的改革应注意避免类似于日本那样的失误。20世纪50年代早期开始,日本的农业结构便发生了僵化,结果导致食物价格居高不下。

必须建立新的激励机制,以激励农户扩大农业生产规模,并实现资本(机器)对劳动力的替代。如果农村劳动力的真实回报持续提高,粮食产量能够满足不断增加的社会需求、并保持粮食价格不变甚至降低,那么从事农业的劳动力的绝对数量及其占总全国就业的比例都必须下降。随着经济增长,劳动力在农业生产中的作用下降是不可避免的。

在不远的过去,美国从事农业生产的劳动力比重曾经相当于中国目前的水平;目前美国的粮食产量在满足自身需求的同时还能出口1/4,而实现这一成就的农业生产劳动力占美国总就业的比重只有2%强。依靠现代技术,生产全国所需的食物只需很少的直接劳动者。随着经济发展,更多的人将通过生产农业机械、其他各种投入以及改进技术的科研活动来为食物生产做出贡献。但即使所有这些人都加在一起,从事食物生产和流通的农业及非农就业量也是一直随时间推移而下降的,目前在美国其比重已不足1/10。

土地集体所有制是否能适应21世纪中国农业所要做出的调整?我认为不能。从表面看,一个村的所有土地都处于一个所有权之下,这样可能有利于农业生产规模的扩大,也有利于资本替代劳动。然而,人民公社体制未能实现农业生产的增长,这虽然不足以证明,但也在某种意义上说明了集体土地所有制也不可能完成这一使命。

目前已有一些证据表明集体所有制存在缺陷,例如,对农业各种资本投资的数量非常有限。中国农民拥有相当多的储蓄,但这些储蓄几乎没有投资于农业。储蓄主要用于建房,在改革期间,中国的农村居民建造了一亿座新房,除此以外是非农企业投资、银行存款及粮食储备,只有极少量的储蓄用于改良农田或购置农业生产设备。如果把农用土地所有权给予那些目前只有使用权的农民,农民就会更多地投资于改良农田和购置农业生产资料。但在目前,即使土地使用权也并未得到充分保障。在多数村庄,土地会根据人口变动作周期性的再分配。如果一个家庭人口增多,就会得到更多土地,反之土地会被收走一些。即使家庭人口数不变,也不能保证在下一承包期仍然能得到目前的耕种的土地。因此,投资于改良农田(甚至于使用有机肥)的动机被大大削弱了。

虽然有可能建立一个活跃的土地使用权转让市场,但是目前只有少数地方建立了这一市场的事实值得人们反思。目前,这种使用权的转让通常还需要地方政府的批准,从而使交易增添了不确定性。农业生产规模的扩大要求有一个活跃的土地市场,以利于土地出售或出租。

扩大农业生产规模还需要创建活跃的农村信贷市场。就农业而言,这一市场尚未出现。农村信用合作社的贷款主要流向了非农企业,相对很少用于支农。1994年,其贷款中仅有1/4贷给了农村家庭,而且很多可能并非用于农业用途(SSB,1995,p.575)。在全世界大多数地区,土地所有权都是创立活跃的农业信贷市场的基础。土地是贷款的抵押物,尤其当贷款用于购置土地或购置机器设备时。

当然,有人会争辩说土地集体所有制能够满足经济增长所需的农业调整的需要。当年曾经也有人认为人民公社体制能够成为高效率农业的基础,也许理论上可以,但是事实上并没有出现这样的情况。集体所有制创造了垄断:谁掌握了村子的政治权力,谁就拥有了这种垄断权。① 多年以来,各国的社会主义经济经验已向我们证明,这种体制不仅易垄断盛行,而且垄断权被滥用,这是造成社会主义经济效率低下的重要因素。中国改革的经验也表明了减少这种垄断的重要性。改革前,国有企业在工业各行业和服务业均拥有大量垄断权力,生产的产品低质量,品种有限,而所提供的服务则很少考虑消费者的需求。改革所取得的一个重要成绩就是在工业和服务业中极大地削减了垄断。来自乡镇企业和外资企业的竞争,促成了国有企业的重要变革;服务业则因私营企业的竞争而面貌一新。这一点在食物供应上表现十分明显,在零售业也非常显而易见。

20世纪90代初期,中国曾开展过农村社会化服务运动——许多村庄建立了机械服务队,拟承担大多数犁地、播种、栽培、施肥、收割等作业。在河北,与这一运动并行的是强制推行土地合并工作,因为当时一个农户拥有的半公顷左右的农地可能包含七块左右分布在不同地方的小片耕地。不论农民是否愿意,这些小块地被强制合并起来,以便于提供社会化服务。当地

① 写完这些后我收到了一份报告(Prosterman,Hanstad and Li,1996),其中介绍了江苏和浙江的村干部创建大规模农场时所使用的手段。在所研究的三个县中,村干部的实施过程普遍存在不公平和独断专行的现象。那些农户在各种各样的劝说和强迫之下,放弃了自己的土地。在所研究的地区,很多农村居民拥有非农工作,因此,剥夺他们土地的一个冠冕堂皇的理由就是他们没有时间照料庄稼和土地。研究中至少有两个村子中的种粮大户是外村人(p.21,p.24)。在另外一个村子中,所有的责任地(大约10公顷)都被村干部承包了,而在招标过程中存在着黑箱操作(p.25)。在大多数地方实行的是家庭农场制,但是也有一些村子建立了集体农场。还有一些村子建立了农技服务站,提供耕地、种植、灌溉和施肥方面的指导,同时也提供种子和化肥。没有迹象表明那些种粮大户得到了土地长期承包权,也看不出他们为维持和改善土地肥力做了很多投资。

的机械服务队拥有垄断权力，因为其他人被禁止从事这个行当，或者它们本身接受了补贴，以使他人无法与之竞争。这一运动很快就停止了。这里之所以引以为例是为了说明政治权力对农业资源（不论是土地或机械）的控制，很难承担未来发展所需的调整任务。然而，最近的事例表明，社会化服务的想法并未被彻底抛弃（Prosterman et al.，1996）。反对将土地移交给农民的阻力可能来源于两方面，一是意识形态方面，二是当地干部特权因此会被极大地削弱。所幸的是，随着越来越多的工业企业被改造为股份公司，以建立适当的公司激励机制，意识形态的阻力将会逐步减弱。随着农民在选举基层干部时变得更有经验，基层干部们将更多地关心集体利益，而非只顾维持至今很大程度上不受制约的自身特权地位；但是，克服基层干部阻力仍然面临极大的困难。

五、结论

农村改革在许多非常重要的方面取得了显著成就——提高了农业产量，增加了食物种类，提高了食物质量，提高了农民人均收入水平；乡镇企业和其他类型非农企业的迅速发展，更超出了人们当初最乐观的预期。

但改革未能减少长期存在于中国的城乡之间及地区之间收入不平等的问题。事实上，当前这两类收入不平等都大于人民公社时期，甚至大于1949 年前。地区间不平等主要源于经济机遇的差别，而城乡之间的不平等则更多的是主观政策的结果。中国的政策极大地偏向城镇，更为严重的是，没有迹象表明这种偏向目前或将来会减弱。

参考文献

Becker, Jasper, 1996, *Hungry Gosts: China's Secret Famine*. London: John Murry Ltd.

Feder, G., Lau, L.J., Lin, J. Y., and Xiaopeng Luo, 1992, "The Determinants of Farm Investment and Residential Construction in Post-reform China", *Economic Development and Cultural Change*, 41(1), 1-26.

Johnson, D. G., 1990, *The People's Republic of China*, 1978–1990. San Francisco, CA: ICS

Press.

Johnson, D.G., 1996, "Is Agriculture a Threat to China's Growth", in Manuel Guitian and Robert Mundell, ed., *Inflation and Growth in China*. Washington, DC: International Monetary Fund.

Lin, Justin Yifu, 1988, "The Household Responsibility System in China's Agricultural Reform: A Theoretical and Empirical Study", *Economic Development and Cultural Change*, Vol.36 (April), pp. S199-S224.

Liu Suinian and Wu Qungan, 1986, *China's Socialist Economy: An Outline History* (1949-1984), Beijing: Beijing Review Press.

McMillan, J. J. Walley and L. Zhu, 1989, "The Impact of China's Economic Reform on Agricultural Productivity", *Journal of Political Economy*, 97: 781-807.

Piazza, Alan, 1986, *Food Consumption and Nutritional Status in the PRC*. Boulder: Westview Press.

Prosterman, Roy L., Tim Hanstad and Li Ping, 1996, *Large-Scale Farming in China: An Appropriate Policy*? Seattle: Rural Development Institute, Report #90, July.

State Statistical Bureau(SSB), China, 1984, 1990, 1995, *Statistical Yearbook of China*. Beijing: China Statistical Publishing House.

Walker, Kenneth R., 1984, *Food Grain Procurement and Consumption in China*. London: Cambridge University Press.

Wen Guanzhong James, 1989, "The Current Tenure System and its Impact on Long-term Performance of the Farming System: The Case of Modern China", Ph. D dissertation, Department of Economics, University of Chicago.

World Bank, 1983, *World Development Report*. New York: Oxford University Press.

Wu, Harry X., 1994, "Rural Enterprise Contribution to Growth and Structural Change," in C. Findlay, A. Watson and H. X. Wu (ed.) *Rural Enterprise in China*, New York: St. Martin's Press.

Xue Muqiao, 1981, *China's Socialist Economy*, Beijing: Foreign Language Press.

Xue Muqiao, 1986, *China's Socialist Economy*, 2 nd edition, Beijing: Foreign Language Press.

Yang, Dali, 1996, *Calamity and Reform in China: State, Rural Society, and Institutional Change Since the Great Leap Forward Famine*. Stanford: Stanford University Press.

中国的粮食贸易：若干政策思考*

本文对中国近期在粮食定价、购销以及有关粮食的国际贸易决策程序等方面所做的政策性调整做一个批评性的回顾。我对中国始于1979年的农业和农村改革给予积极的评价，这是本篇回顾的背景。我在多处称赞过，中国的农业和农村改革取得了巨大的成功，农村居民的真实收入有了显著增加，农业产出二十多年来持续、高速、稳步增长，中国人可获得的食物的数量和种类也得到了巨大的改善(Johnson，1990，1996)。

毫无疑问，中国的改革是半个世纪以来在世界各地所进行的农业改革中最为成功的。因而令人感到相当遗憾的是，我发现近期影响粮食生产、定价和购销的政策变动呈现出倒退的迹象，这些政策变动对粮食的生产、销售和农民的福利会产生负面的影响。事实上，我们当前所看到的是，中国的官员们并没有从美国和欧共体所犯的严重且代价高昂的政策错误中吸取教训。旨在提高农民得到的粮食价格的政策，即使是成功的，它对投入到农业中的劳动和资本所获得的报酬也仅有非常有限的影响(Johnson，1973，chapter 9；1991，chapter 9)。如果把这种干预的成本直接支付给农村家庭，而不是浪费在昂贵的仓储成本、支付政府雇员工资和对拥有较高收入的城镇居民进行补贴等方面上，那么农村人口的收入将会有更大幅度的提高。

---

* 原文题为“China's Grain Trade：Some Policy Considerations”，曾在国际贸易和研究协会(International Trade and Research Consortium)于1999年6月25-26日在圣地亚哥主办的主题为“中国的农业贸易和政策：问题、分析和全球影响(China's Agricultural Trade and Policy：Issues，Analysis and Global Consequences)”的会议上报告。

一、本文之目的

在1992年,不知是因为我运运气好还是脑子好,是哪个无关紧要,不过在当时人们对于中国粮食生产的增长存在着极度悲观情绪的时候,我撰文指出,到2000年中国将会实现粮食产量5亿吨的目标(Johnson 1992, p. 11)。这一目标在1996年就实现了,并且从那时起一直接近于这一产量水平(SSB 1998, p.403)。在当时,我并没有过多考虑粮食的需求和消费,而只是假定,如果在1991年粮食产量为4.35亿吨并允许粮食出口(事实也是如此)的情况下,那么到2000年粮食需求距5亿吨的目标不会偏离太远。① 不管怎样,现在的情况是需求和消费已经降至5亿吨以下,而且在有一些出口并且产量略低于5亿吨的情况下,粮食储备仍然在继续增加。这说明,至少在短期内,中国的粮食生产超过了在现行价格下对粮食的需求。

在下文中,我将要讨论三个政策问题。第一是严重的政策失误,造成了1992-1993年已经消除了粮食市场中的大多数政府干预粮食市场化改革进程的遭到遗弃。这些政策失误应对1993到1995年粮食名义价格和真实价格的迅速上涨负首要责任。第二是粮食的国际贸易决策过程,它造成了在1995年和1996年两个大丰收的年份却进口了大量的粮食;而如果按照市场环境决策的话,这两年应是出口粮食。第三是现行的粮食价格扶持政策对中国粮食贸易的影响。

二、中国粮食市场改革的夭折

1993年中国的粮食产量达到了创纪录的4.364亿吨(SSB, 1998)。然

① 应当指出,当我使用"粮食(grain)"这一词汇时,这一概念包括大豆和土豆的产出,而后者占了实际重量的20%。近几年来,这两种作物产量达到4 000-5 000万吨,约占粮食总供给的10%(SSB, 1998, p.403)。本文使用"谷物(cereal)"来表示大米、小麦、玉米以及其他诸如黍类等粮食作物的生产。1996年当粮食生产突破5亿吨的目标时——政府部门的估计是5.05亿吨——土豆和大豆的产量达到5 300万吨,亦即谷物的产量是4.51亿吨。

而,大米的价格在当年的年初开始上涨,而且仅在第四季度就有 30% 的升幅。林毅夫描述了当时发生的情况:"价格的飞涨首先开始于南方,然后迅速蔓延到整个中国。不仅是大米的价格受到影响,其他粮食产品的价格也受到了影响。剧烈的价格上涨迫使中央政府在年末对刚刚自由化的粮食市场重新实施直接控制。在 1992-1993 年已经被取消的粮食配给制和票证制,在某些地区又重新出现。为了稳定城镇地区的粮食供给,中央政府试图把强制性收购量由 5 000 万吨提高到 9 000 万吨;而且,在政府完成收购目标前,禁止私人商贩进行粮食买卖。政府对于粮食市场的政策,是中国农村改革中政策逆转的最显著的例子"(Lin, 1994, p.1)。

林毅夫指出,由于地方政府的反对,中央政府最终放弃了增加 4 000 万吨强制性收购的计划。但是由于早先宣布要增加收购,尽管后来被取消了,它仍然是造成农民和其他人们预期粮食价格会上涨的一个原因。在 1993 年末和 1994 年初,政府发言人发表讲话,表示在某些地区将重新实行粮食价格限价,并对城镇消费者进行补贴,而且 1994 年在政府完成粮食收购目标以前严禁私人购买粮食,这些因素明显刺激了农民对将来粮食价格上涨的预期(Johnson and Song, 1995)。事实上,我们无法否认,政府的举措实际上是在传播这样一种观点:中国的粮食价格继 1993 年末出现大幅上涨之后,在 1994 年仍将持续上升。

农民对此做何反应呢?在 1992 年末到 1994 末年之间,农民的粮食储备大幅度增加。根据《中国农村家计调查年鉴》(SSB, 1993, 1994)的数据,农村人均粮食储备从 1992 年 12 月的 458 千克增加到两年后的人均 543 千克,其中的大部分是在 1993 年中增加的。[①] 这也就是说人均增加了 85 千克,总量增加了 7 500 万吨。每年全部的非农业用粮大约为 8 000 万吨——约 5 000 万吨用于城镇居民的直接消费(为 3.3 亿人口,人均 100 千

① 这个估计结果是根据 1993 年和 1994 年的《中国农村家计调查年鉴》中全国农户人均存粮储备水平得出的。Fred Crook 估计农用存粮增加了 5 740 万吨(Crook, 无日期)。但是无论接受哪一个估计,这一水平与非农业用粮相比都是十分巨大的。存粮数据是指 12 月 15 日的数据,而不是通常意义上的结存数据。

克的加工粮),约1 000万吨用于酿酒生产(Wu, 1995)。再加上浪费(至少占10%)和1 000万吨用于其他用途,总和非农业用粮共约 8 000 万吨或许少一些。从这来看,两年来7 500万吨的存粮增加量与这两年中的非农业用粮相比,是非常巨大的。[①] 政府的行动和政府官员的讲话至少部分地使农户产生了通货膨胀预期。假如农户没有因为通货膨胀的预期而增加存粮,那么市场上粮食的供给就会显著增加,粮食的价格也会更低。

可悲的是,政府官员对于实际粮食价格的回升表现得过度紧张。实际上,中国真实的粮食价格在 1992 年处于 1980 年以来的最低水平,比中国前一个经济周期高峰点的 1989 年的真实价格下降了 35% 以上。如果真实粮食价格维持在 1992 年的水平,则会对中国以后年份的粮食生产产生负面影响。因此,粮食价格某种程度的回升应当看作是正常的,而不应被看成是恐慌的原因。到 1994 年,真实粮食价格仅比 1983 年高出不到 10%。

显然,政策制订者并没有明白粮食支出已经不再像 20 年前那样是城镇居民生活支出的主要部分了。1992 年,粮食支出只占全部城镇生活支出的 6%;在真实粮食价格上涨了 25% 以上的 1994 年,城镇消费者在食物支出上只花费了全部支出的 7%。[②] 因此,真实粮食成本的上涨对城镇消费者的支出分配的影响是非常微小的,所以不会引起太大的恐慌。如果政府官员更好地理解了粮食的真实价格为什么在上涨,如果他们没有通过言论和行动来制造恐慌气氛,那么曾经出现的不安状态就不会发生。

---

① 《中国农村家计调查年鉴》(SSB, 1993,1994)显示,人均粮食销售量从 1992 年的 166.6 千克下降到 1993 年的 159.3 千克,到 1994 年又增加到 188.5 千克。然而,1994 年的销售量仅仅稍高于 1991 年的 180.9 千克。因此,农民的总销售量在 1992 年是 1.41 亿吨,1993 年是 1.36 亿吨,1994 年是 1.61 亿吨。1993 年销售量的下降与存粮的增加是一致的,尽管数量上并不完全吻合。

② 真实的粮食消费价格上涨 25% 对城镇消费者的影响不大是正常的,至少部分如此。这是因为普通职工的平均真实工资在 1993 年增长了 7.1%,1994 年增长了 7.7%(SSB, 1996, p.117)。1994 年收入最低的 5% 的城镇居民的粮食支出仅占其总支出的 12%(SSB, 1995, p.260)。城镇职工在 1993-1995 年通货膨胀时期并没有像 1988 年和 1989 年那样蒙受真实收入下降的损失。

三、粮食的国际贸易

中国的粮食贸易有一个异常之处,即贸易决策程序与中央计划控制整个经济的时代没有太大的变化。市场改革看起来并没有带来决策过程的任何改变,至少直到 1996 年还是如此。我的讨论是以与几个熟悉这一过程的人士所进行的讨论为依据的。如果实际程序并不是我描述的这样,那么要解释为什么会出现 1994、1995 和 1996 年那样的结果将是非常困难的。

我们首先从图 1 开始。图 1 显示了从 1990 年到 1997 年各年的粮食生产和净贸易的水平和趋势。图中显示了一个明显的异常之处,即 1994 年的粮食出口以及 1995 年与 1996 年的粮食进口,这两年是中国的粮食生产连创记录的时期。1995 年和 1996 年大量的粮食进口显示了明显的、成本高昂的政策失误,而 1994 年的粮食出口则具有更为严重的后果,即导致中国政府或多或少永久地放弃了前面提及的粮食政策改革。在 1993 年第四季度粮食价格暴涨之后,如果中国在 1994 年没有 200 万吨的粮食净出口,而是进口,1 100 万吨,那么从 1993 年到 1994 年粮食产量的小幅下降将会被完全抵消。如果考虑到通货膨胀因素,更大数量的进口,比如说 2 000 万吨,并将此消息公之于众,将这些进口完全投放市场,这样就可以显著地修正价格预期和平抑市场价格。在 1994 年年初,政府很可能已经拥有足够多的储备,可以向市场大量投放。事实上,政府也确实向市场销售了粮食,但是有证据表明,国家的粮食储备数量在当年实际上有所增加,因此丝毫没有发挥抛售粮食所应起到的平抑价格的作用。[①]

---

① 据报道有 1 500 万吨的储备粮投放到了市场,但是这批粮食的去向并不清楚;而且有一些证据显示在 1994 年粮食储备实际上是增加了。根据家计调查的结果,粮食的直接消费在 1993 和 1994 年间并没有增加(SSB, 1998)。公布的数据表明,肉类和家禽产量在 1993 年到 1994 年间增加了 17%(SSB, 1998);但是家计调查显示肉类和家禽的消费并没有增加。农村家计调查数据中,关于在农村屠宰和销售到其他地区屠宰的畜禽的数据表明,1993 年肉类和家禽的产量与 1993 年相比没有增加。因此,这个数据来源表明 1994 年的粮食消费没有任何增加,从而引出了一个问题:1 500 万吨粮食的投放是代表着国家储备的减少,还是被后来储备的增加抵消了?

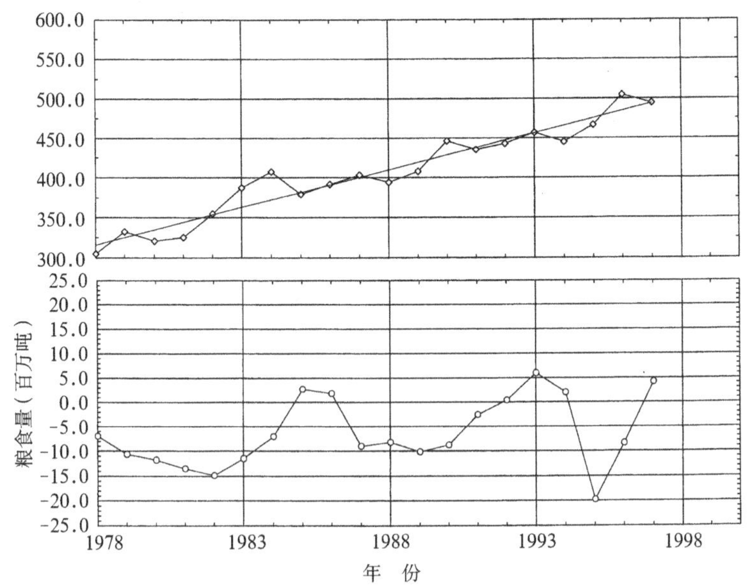

图1 粮食生产与国际净贸易额(1978-1997)

在粮食贸易过程中,是什么因素导致在需要进口粮食的年份却出口粮食,而在应该出口粮食的两年中却进口粮食呢?无论这些过程的真实细节如何,问题的关键在于涉及到粮食贸易进口和出口的数量和组成的基本决策都是在要进行贸易的日历年年初之前就已经制定好了。准备这些计划的委员会或工作组从夏季开始运作,并且在下一日历年的年初之前提出下一年的计划。这些计划显然要经过不同级别的检查,但是最终决策在进行贸易的日历年份开始之前就已经决定了。

显然,这样的决策过程中不存在随着信息的积累而对贸易决策进行修改的程序。这也许是由于北京相信,无论进口还是出口,订立全年的贸易合同能够获得最优惠的价格。但是我很难相信这种方法能够得到最优惠的价格,不管是进口还是出口。比如说,一旦国际市场的商人从中国官员和进口供应商签订的合同中获悉大概的粮食数量,而且数量相对较大,那么国际价格就会上升。与之相反,如果合同提供的信息表明将要出口的粮食数量巨大,则要价将会下降。中国的官员试图通过这个过程把价格风险转移给其他人;但是我认为,显而易见,风险的转移不是没有成本的。如果中国在一年内多次定期地购买粮食,那么在买卖交易进行很大比例之后才会暴露出计划的贸易量。对于以这种方法管理粮食贸易,中国官方似乎缺乏自信。

由于国际贸易量的决策在上一个日历年份结束之前就已经作出,决策者几乎没有关于贸易发生年粮食收成的任何信息。事实表明,当为下一个日历年份制定计划的过程开始时,决策者甚至没有关于当年秋季庄稼收获的确切信息。玉米和春季播种的小麦在北方的收割期相当晚。令人奇怪的是,贸易计划年度是日历年份,而不是从四月到次年三月这样的农事年(crop year)。估计之所以发生这种情况,是因为秉承了改革前的传统,所有的计划都是按日历年份制定的。

这样的决策结构可以解释 1994、1995 和 1996 年粮食贸易中出现的错误。如果在获得新的信息后再做出贸易决策,这些错误是可以避免的。1994 年新的信息更多地反映在价格的变化上,而不是产量的实际变化。1993 年农民的粮食储备有所增加,在下一年新粮收获之前影响了市场的有效供给;如果政府在 1994 年第一季度进口适量的粮食,有可能大部分甚至全部抵消这种影响。

对于 1995 年和 1996 年两年来说,各年中可以得到的新信息是粮食收获的可能产量;因为秋季播种作物的长势在二、三月份已很明显,到五月份中国大部分地区的春季播种作物的耕种情况也已知道,根据这些信息,就可以预测当年的粮食产量。根据预测的产量,这两年中每年的粮食进口量都可以作出调整。世界粮食市场现在已经足够庞大,尤其是小麦和玉米,可以允许任何国家反复地进入市场购买粮食,而且偿付后交货期不超过 60 天,通常会更短。无论如何,这两年到三、四月份时,情况已经非常明显,中国不需要大量进口粮食。如果不得不进口的话,也应该在当年的年初订立合同,并以及时取得交货。

中国 1995 年和 1996 年的粮食进口不仅影响了中国,也影响到了世界各地的粮食生产者。1995 年和 1996 年的巨额进口,导致了世界粮食价格的上升,这虽然使粮食出口国获利;但价格上涨的一个后果是刺激了粮食的生产,1996、1997 和 1998 年世界粮食产量的增加使得世界粮食价格重新回到 90 年代初的低点;而这是 20 世纪的最低水平。

四、粮食的价格支持

1998 年年中,中国正式执行了一项粮食的价格支持计划。这项计划在 1997 年就提出,但当时没有真正实行。这项价格支持政策包含两个价格,一个是有数量限额的较高的保护价,一个是较低的保留价格,农民可以在此价格出售任何数量的粮食。负责收购的粮食部门把粮食转卖给市场销售系统时,其价格要求能够收回其成本;并且所有后续分销商也都按照这一规则定价。这项计划的意图是使价格支持计划不造成财政负担,消费者将支付把粮食运送到零售粮店所需的全部成本。当然,这是无可厚非的,因为城镇消费者比粮食的生产者拥有高得多的收入,而且也没有理由对他们的粮食消费进行补贴。但同样没有理由的是,消费者支付的价格为什么要比在有效的市场机制下的价格更高。

如果这项政策的实行确实如计划的那样,那么消费者将会支付更高的价格。为了允许粮食部门和下游的分销商能够收回成本,私人商贩被禁止直接从农民手中购买粮食。这种做法的理由只能是,私人部门把粮食从农民手中转卖给消费者所耗费的成本,比那些再次被赋予粮食市场垄断地位的国有企业要低得多。如果情况并非如此,那么没有理由赋予粮食部门向农民收购粮食的垄断地位(准确地说,是买方垄断)。如果粮食局按照政策规定的那样,立即向农民支付规定的价格,并且接受农民出售的全部粮食,那么私人商贩将要支付的价格需要与粮食局对超出限额的粮食所支付的价格相同。

近几年,政府在粮食购销中的损失急剧增加。1995 年 4 月到 1996 年 3 月,政府花费的成本是 197 元亿人民币;1996 年 4 月到 1997 年 3 月,已经达到 400 亿元人民币,到了 1997－1998 年度则超过了 1 000 亿元人民币

(Crook, 1998,p.9)。1997-1998 年度的损失超过了城镇消费者 1997 年购买粮食的全部支出。根据城镇家计调查数据,城镇消费者的人均粮食支出是 238 元人民币(SSB, 1998,p.333),城镇人口为 3.7 亿(SSB, 1998,p.105),因此 1 000 亿元人民币的总支出相当于城镇人口人均成本 270 元,高于 1997 年城镇人均粮食支出。

粮食在国有系统转移的成本如此高昂的一个原因是,粮食部门拥有 410 万职工(Crook, 1998,p.10)。如果通过粮食局销售的粮食总量是 1 亿吨,就意味着每个职工每年经手的粮食是 25 吨。如果支付给每个职工 4 000 元(相当于农业部门国有职工的年均工资)那么每吨粮食的劳动力成本就是 160 元人民币。这个估算尚不包括粮食局的其他成本,比如折旧、投资利息、燃料和电力,以及国有零售粮店引致的成本。

五、结论

如果对粮食的流通没有地区限制,并且中央政府只进行最低程度的干预,那么一个全国性的粮食市场的运行会给国民经济带来巨大的利益。它将使地区间的价格差异达到最小,允许能够分散风险的粮食期货市场的发展,降低粮食的运输和购销成本,而且可以使农民确信他们可以随心所欲、随时随地出售粮食,并且立即得到偿付。它还意味着中国的粮食价格会和国际市场价格趋于一致,中国的农业将在更大程度上按照比较优势运行。而我也相信,如果在教育、科研和农村基础设施上进行适当的投资,中国的农业能够满足国内人口的大部分粮食需求;即使粮食的净进口达到消费的 5% 至 10% 也不会是什么灾难,因为不再用于生产食物的资源将会投入到那些边际产出高于食物生产的其他部门。

农业价格支持对于减轻农村人口今后几十年将要面临的调整负担几乎起不到任何作用。正像我在别处曾提出过的那样,今后的三十年中国的农业和农村人口将进行巨大的资源调整,劳动力投入将大幅度减少,资本投资将大幅度增加(Johnson, 1999)。到 2030 年农业的劳动力投入降至经济中全部就业的10%以下是个十分合理的假设。如果这种情况没有发生,那么农村人口的收入将更加滞后于城镇居民。把用于价格支持的资源投入于帮助农村人口完成这个巨大的资源调整,会使农村人口得到更多的利益。如果农民要充分分享经济增长的好处,这个调整必须进行。这一类的帮助应该以下列形式进行:提高农村的教育水平,使其在质量和普及率上达到城镇地区的水平;显著改善农村的基础设施(公路、供电和其他公共服务);为农村非农企业提供易得的信贷;放松对从农村向城镇迁移的限制。如果中国的城镇居民不希望来自农村的大规模迁移,就需要使农村地区有更好的生活和工作条件。更高的产出价格对于增加农村人口的收入来说,并没有显著的长期利益,特别是当农民没有土地所有权的时候。只有当劳动力进行调整并且农业的劳动生产率接近城镇工人时,城乡之间巨大的收入差距才会显著缩小。

参考文献

Crook, Frederic W., 1996,"An Examination of China's Grain Reserve System", Unpublished paper.

Crook, Frederic W., 1998, "Agricultural Policies in 1998: Stability and Change," U.S. Department of Agriculture, *China: Situation and Outlook Series*, International Agriculture and Trade Reports, Economic Research Service, WRS-98-3.

Johnson, D. Gale, 1971, 1991, *World Agriculture in Disarray*. London: Macmillan Press. First and Second Editions.

Johnson, D. Gale, 1990, *The People's Republic of China*: 1978-1990. Country Studies, No. 4. San Francisco: I.C.S. Press.

Johnson, D. Gale, 1992, "Does China Have a Grain Problem", Office of Agricultural Economics, The University of Chicago, Paper No. 92:8, June 5, 1992. Subsequently published in *China Economic Review*, Vol. 4, No. 1, 1994, page 1-14.

Johnson, D. Gale, 1996, "China's Rural and Agricultural Reform: Successes and Failures", Office of Agricultural Economics Research, University of Chicago, Paper No. 96:03, August 10,1996.

Johnson, D. Gale, 1999, "Agricultural Adjustment in China: Problems and Prospects", Office of Agricultural Economics Research, The University of Chicago, Paper No. 99:01, April 9, 1999.

Johnson, D. Gale and Guoqing Song, 1995, "Inflation and the Real Price of Grain", unpublished paper, presented at conference on Grain Market Reform in China, East-West Center, Honolulu, Sept. 16-19, 1995.

Lin, Justin Yifu, 1994, "The 1993 Grain Price Fluctuations and Grain Market Reforms in China", unpublished paper, presented at meeting of American Agricultural Economics Association, August 7-8.

State Statistical Bureau (SSB), 1993 and 1994, *China Rural Houshold Survey Yearbook.* Beijing: China Statistical Publishing House.

State Statistical Bureau (SSB), 1995, 1996, 1998, *China Statistical Yearbook.* Beijing: China Statistical Publishing House.

Wu, Harry X. and Christopher Findlay, 1995, "Grain Demand", unpublished paper, presented at conference on Grain Market Reform in China, East-West Center, Honolulu, Sept. 16-19, 1995.

中国农业调整：问题和前景*

今后几十年，农业部门和农村地区的就业调整将会成为中国所面临的主要困难。调整问题来自于大幅降低农业就业水平的需要，同时，我们还要找到劳动力的有效替代品，使得农业产出以和农产品需求大致相同的比率增长。而且，与其他大多数同等人均收入水平的发展中国家相比，中国农业面临的调整问题要更大。这是因为比起像印度和泰国这样的国家，中国农村劳动力比城镇劳动力的收入还要低得多。

正如我在其他地方(Johnson, 1997)阐述过的，农业生产率的进步对于经济增长和城市发展是一个必要条件。只有当农民生产的食物超过自己家庭的需要时，城市的出现才成为可能，城市的才能不断发展。城市要靠农村来提供食物，城市所制造，而自己的居民又消费不掉的产品也需要以农村为市场。在人类历史上，直到近代还有80%－90%的世界人口以农业为生：在欧洲，这种情况大约于200年前才开始转变；在中国和其他发展中国家则只是不到半个世纪的事情。

俗话说，“好人没好报”，这对农民来说确实如此。当农民提高生产率以后，便面临一个后果，即劳动生产率提高得越快，他们越需要作出调整和变化。如果农民要分享经济增长的成果，他们及其子女必须离开农业，寻找其他工作。在发达国家和发展中国家，多数情形是很大比例的农民不得不迁移到一个新的地方去生活和工作。在大多数国家，所谓的迁移就是流向城市地区。然而，随着交通的改善，农村的非农就业机会也逐渐增多。在中

* 原文题为“Agricultural Adjustment in China：Problems and Prospects”，载于《人口与发展评论》(*Population and Development Review*)，2000年6月，第26卷，第2期，第319－334页。

国,正如我在后面将会详细地讲到的,限制从农村向城镇移民的政策起到了推动农村中非农经济发展的作用。

一、农业必须变革

当经济增长发生时,农业必然要变革。变革的一部分与农业对经济增长的贡献有关。由于总体生产率的提高直接导致经济的增长,以及粮食和其他产品的产量的增加,以满足更多的更富裕的人口的需要。变革的另一部分内容是,如果农民要分享经济增长成果的话,农业就必须调整或变革。不幸的是,农业生产率增长的幅度越大,农业所需作出的调整也就越大。为了经济的增长,农民所需作出的最主要也是最困难的改变就是减少从事农业生产的劳动力。这首先表现为全部劳动力比例的下降,接下来是农业就业人口在绝对量上的减少。

下面我们来思考一下当经济增长发生时农业为什么必须变革,必须怎样变革。我首先分析当农业生产率提高并且农业要致力于满足对食物增长的需求时,农业所发生变革的性质,接下来讨论为什么经济增长的事实会迫使农业发生变革。

1. 变革的性质

农民不可能独自提高农业生产率,即在既定数量的土地、劳动力、资本和其他要素投入下生产更多产出的能力。实际上,纵观人类历史的大部分时期,农业生产中的主要资源——土地和劳动力的生产率增长得极少。在过去的几千年里,土地和劳动力的生产率只有小幅度的提高。这反映在土地休耕期的缩短,以及用简单的农具和役畜来替代劳动力。

得益于艾斯特·玻瑟拉普(Ester Boserup, 1965)的研究,我们能够对18世纪以前农民怎样来扩大生产有更多的理解。直到最近,农业生产中的稀缺要素还一直是劳动力而非土地,土地在欧洲直到最近仍然是相对来说比较充裕的。粮食产量的计算,不是以土地单产为标准,而是以产量与所消耗的种子数量之间的比率为标准。在17世纪末的欧洲,产量与种子数量的比率,一般而言大约为3:1或4:1,同13世纪末14世纪初的比率一样(Gimpel,1977)。从这个比率中我们就不难理解为什么直到近代,欧洲仍然面临着饥荒的威胁。在产量与种子数量比率为4:1的情况下,如果粮食产量下降1/4,这就意味着与正常年份相比,粮食消费会减少1/3,因为有相当于正常产出1/4的粮食必须被用作下一年的种子储备起来。而实际上食物的摄入减少1/10都会令人痛苦难忍。

17、18世纪的农民,尤其是英格兰和荷兰的农民已经发现,通过使用动物肥料和种植豆类植物来为农作物提供养分,可以提高土地生产率。但是,直到19世纪30年代后,随着收割机的发明,以及接下来打捆机的出现,第一次农业革命(机械革命)才开始对劳动力的节约产生较大的影响。尽管在此之前引入役畜拉载的犁和其他简单农业工具节约了一定的劳动力,但直到收割机和打捆机发明之前,收割仍然是一个重要的"瓶颈"。收割必须在有限的时间内完成,在17世纪末使用的工具仍同14世纪甚至更早的时候一样,如镰刀、长柄大镰刀和禾架。而19世纪打捆机的出现使美国小麦收割对劳动力的需求下降了80%(Cooper, Barton and Brodell,1947,p.3)。

19世纪欧洲农业劳动生产率的提高使大规模的城市化成为可能。19世纪初英国城市人口比例为19%,19世纪末增长到68%。欧洲大陆1800年这一比例是11%,1900年为33%(Bairoch,1988)。欧洲城市化水平的提高也不能全部归因于自身劳动生产率的提高,其中部分得益于北美劳动生产率的提高,因为这使得该地区可以将粮食和其他食品出口到欧洲。

在亚洲,农业在国民经济中占统治地位的时间比在欧洲和北美要长得多。1891年印度的城市化水平不到10%,日本仅为13%。1949年,中国人口的89%生活在农村(SSB,1984)。在亚洲,除日本外,1940年和一千年以前相比,以婴儿死亡率、预期寿命或人均食物消耗量衡量,人民生活福利水平没有多大差别。但当农业劳动生产率得到提高时,人民生活福利水平就有了大幅度改善。

在农业的现代机械革命出现约100年之后,发生了第二次革命——生物化学革命。拖拉机等节约劳动力的设备实际上并没有增加土地单产。除了英国和日本,其他各国在 1940 年以前每公顷粮食产量也并没有显著增长,北美没有,欧洲也没有,在发展中国家更没有。20 世纪 30 年代末期,世界上粮食的平均产量为每公顷 1.15 吨,发达国家和发展中国家都一样。生物革命的第一个成果是杂交玉米的研制成功,这是在 30 年代中期由美国完成的。在此之前,粮食产量对化肥的施用只有很小的反应。然而随着杂交玉米的开发和后来 50 年代杂交高粱、60 年代高产水稻和高产小麦的出现,化肥的运用对粮食产量产生了巨大作用。接下来,化学的发展还使得控制害虫和杂草的方法得到了改进。在粮食产量徘徊了那么多个世纪以后,从 1940 年到 20 世纪末,粮食产量增长了 150%。在此期间,无论是发展中国家还是发达国家,粮食产量都有所增长,但这种增长首先是出现于发达国家。

以生产率的全面提高,尤其是土地与劳动生产率的大幅度提高为标志的农业变革所依赖的是新知识的运用(例如,种子的改善和生产技能的提高)以及对土地与劳动力的替代品的发现。表 1 提供了 1980 年在美国、日本和丹麦劳动力和土地生产率变化的数据。在 1940 - 1980 年这 40 年间美国和日本农业工人人均产出增长了 5 倍多,丹麦则增长了大约 4 倍,每公顷产量都翻了一番左右。农业人均产出的巨大增长是其他投入增长和生产率变化的结果。在 1960 年,日本和丹麦两国全部就业人口中仍有相当比例从事农业,分别为 26% 和 24%(Hayami and Ruttan, 1985,p.462)。

表 1　1980 年美国、日本和丹麦的农业总产出、男性工人数、农地数量、男性工人人均农业产出和每公顷农业产出(指数:1950 = 100)

	美国	日本	丹麦
产出	174	221	168
男性工人	28	35	35
土地(公顷)	93	94	92
产出/人	623	642	476
产出/公顷	184	235	184

资料来源:Hayami and Ruttan, 1985:pp.467-469.

2. 为什么变革必然发生

当经济增长时,按人均增长率测算,农业在总产出中的份额会下降。这是因为根据恩格尔定律,随着人们真实收入的增加,他们在食物上所花费的收入比重将越来越小。换句话说,食物的收入需求弹性小于1,而且在人均收入水平非常低时也是如此(Johnson,1991,p.81)。由于一个经济中所有产品的总收入需求弹性为1,所以除食物外的其他产品的收入需求弹性要大于1。这个关系虽然简单明了,但它对于农业和农村人口的影响可决不是简单和无足轻重的。由于农产品的价格需求弹性也小于1,使农业的调整过程进一步受到影响。这是因为,如果农产品的供给增长快于缓慢上升的需求,农产品的价格下降将不只是一点点,而会相当大。关于这一点,如果需要证据的话,我们只需注意一下中国最近两年农产品价格的下降即可明白。

食物具有较低的收入需求弹性,这种效应可以从下面的事实中看到。在低收入水平上(例如两个世纪前的欧洲和20世纪中期绝大多数的发展中国家),食物要占到总消费支出的70%－80%。而如今在高收入国家,食物花费(包括加工、运输、批发和零售中的费用)在总支出的比例在西欧约为15%,在美国约为10%;在高收入国家,农业占国内生产总值的比重下降到了5%甚至更低,在英、美两国已接近2%。如今工业化国家的人民生活比以前要好得多,他们收入中的小部分用于购买食物就足以满足他们的需要。

如果说单纯由于农产品需求的增长比其他部门产品需求的增长慢而需要安全的调整,对农民来说还可以承受的话,那么经济增长时,农业生产率的高速增长将使调整过程变得更加困难。来自OECD中高收入国家的证据非常清晰地表明了这一点。在过去几十年中,这些国家农业部门的生产率增长高于非农部门生产率的增长,对全要素生产率(每单位全部投入的产出增长)和劳动生产率来说都是如此。从1967－1968年度到1983－1984年度,这些国家的农业劳动生产率年均增长4.3%,而其他部门仅为2.6%

(Johnson,1991)。从1960年到1990年,OECD国家农业的全要素生产率增长了2.7%,而制造业仅为1.5%(Martin and Mitra,1993)。劳动生产率年均增长4.3%就意味着16年即可翻一番,也就是说16年后同样多的农业总产出就只需要一半的工人。

随着经济增长,农业所需做出的主要调整是改变它所使用的资源数量和结构。假如农业所使用资源的回报率与国民经济其他部门相近,那么如果要使农业产出在国民总产出中所占的比重下降,农业生产中所使用的劳动力和资本占国民经济全部劳动力和资本的比重也必须下降。

大多数国家的农业政策着眼点是影响农产品的价格,但从长期看,并不是农产品的价格决定农民家庭的收入(Johnson,1991, chapter 11,chapter 12)。农民只有通过要素或资源市场才能分享到经济增长的成果。现实中政府总是倾向于去干涉农产品的价格,即便有,也很少会利用政策去改进要素市场,尤其是劳动力市场的运作。政府对要素市场的干预,总是习惯于通过在信贷市场上降低农民的信贷成本来实现。这种做法是错误的,因为农业资本的成本如果由于得到补贴而降低,那么与农民按经济的真实成本获得资本相比,就会有更多的劳动力必须离开农业。对农民来说,获得低成本的信贷并没有好处。

农业劳动力的收益主要取决于农民能否进入经济的其余部门和他们对人力资本的投入。现实中即便有,政府也很少会去协助劳动力从农业转向非农部门,特别是当这种流动需要从农村向城镇移民的时候。众所周知,中国长期以来奉行严格的政策限制这种迁移,直到今天农村到城镇迁移仍受到很多的限制。在中国,这种政策导致了劳动力收益在城镇与农村之间的差异,与不实行这种移民限制的情况相比,城乡收入差距要大出许多。

然而,即使没有政策限制劳动力流动或迁移,在劳动力大量转移出农业的时期,也有着城镇和农村劳动力的收入存在显著差别的特点。原因非常简单,只有存在显著的收入差距时,才会使劳动力从农村走出来。当农业就业人数在总就业人数中仍占较大比例(1/5或更多)时,随着经济增长,所发生的劳动力转移规模十分大。例如,从1961年到1970年美国农业就业人数年均下降 4.4%,欧共体下降 4.6%,日本下降 4.5%(Johnson,1991, p. 273)。按这一速度农业就业人数在 10 年中下降了 1/3 还多,这种变化无论是以农业就业人数变动的比例还是以农业外创造新工作岗位的数量来衡量都是相当大的。

农业与非农业劳动力收入之间的差异必须足够大才能使得农业劳动力向非农产业迅速转移。试想,每年要使现有农业劳动力中的每 22 人转移中 1 人,以及每年所有农村新增劳动力转向另外的工作,而这又往往要求发生迁移,这需要有多大的动机才行。而且这还不能是偶然一次发生的事情,需要数十年都是如此。虽然必须离开农业的工人的绝对数量会随着时间推移而下降,但各国的经验已经表明,要消除大部分的农业工人和城镇工人的收入差距,需要几十年里每年都要有差不多相同比例的农业工人离开农业。消除劳动力收入差距所需的时间长短取决于收入差距的大小,农产品的收入需求弹性、农业和其他部门生产率的变化速度,以及农村劳动力的自然增长速度。就中国而言,在 2030 年以前这种差距是不会被消除的。

对中国问题的分析比较复杂,因为如今农村地区在非农部门中就业的比重,相对于它目前的收入水平而言,是比较高的。数据显示,在排除了性别、教育和年龄因素后,农村中的个人在农业和非农业工作所得报酬之间的差距并不是很大。[①] 这表明调整将不仅仅涉及到农业,而且还涉及到整个农村。以国家统计局 1998 年发布的数据计算,在 1997 年,有 57% 的农村劳动力从事农业,这个估计是建立在假设农业就业人数为 2.835 亿和农村就业人数为 4.94 亿的基础之上的。

二、关于农业和其他就业数据的说明

中国国家统计局提供就业数据时,将农、林、牧、渔业合为一组,因此当

---

① 根据赵耀辉对四川省数据的分析,如果一个工人从农业转向当地非农业工作将会使家庭收入增长 13%,而一个工人在外地打工将会使家庭收入增加 49%(Zhao,1999)。本地非农业工人比农业工人受到过更好的教育(受教育年限为 8.2 比 6),男性比例更大(74% 比 47%)。这些差异可以解释农业与非农业工作对家庭收入影响的大部分或全部。

我提到国家统计局所定义的农业时，指的是这四类。而我一般所说的中国农业，仅指农、牧业，我按农、牧业产出占四个门类总产出的比重来推算农业的就业情况。这种方法假设四个门类的每单位总产出所需的劳动量都一样。[①] 1997 年农、牧业占农、林、牧、渔业总产出的 87.5%。因此，将包括农、林、牧、渔业在内的 1997 年 3.243 亿的农业就业人数（SSB，1998，p.385）减去 12.5% 即可得到 2.835 亿这一农业就业人数的估计数。[②]

还有三个 1997 年的就业数据与此有关。一个是第一产业的就业人数 3.473 亿，一个是农村就业人数 4.939 亿，第三个是总就业人数 6.96 亿（SSB，1998，p.127）。1997 年中国总人口数为 12.363 亿，农村人口为8.664 亿，占人口总数的 70.1%（SSB，1998，p.105）。这与农业就业人数占总就业人数的比例（70.9%）基本相同。

如果有 1 亿农村外出打工者整年或部分时间居住在城镇，按照 0.5 的系数把他们折算为全职农民，农业就业人数可能会比较接近于 2.35 亿，而不是 2.835 亿，这样农村总就业人数就大约为 4.4 亿。显然，无论哪一个数字更接近于事实，为缩小农村和城镇收入差距所需要的调整力度都是很大的。非常重要的一点是，农村中的农业劳动力与非农劳动力都处于一种相当大的收入劣势。只有在农村和城镇劳动力之间做了全面调整之后，才能消除农村中非农业劳动力与城镇劳动力相比在收入上的不利地位。只要农业劳动力的收入比城镇劳动力低，在剔除了人力资本差异的影响后，农村非农劳动力收入与主要从事农业的劳动力收入也不会相差太大。也就是说，要在较大程度上消除农村和城镇劳动力之间巨大的收入差距，经济增长所要求的劳动力调整必须包括所有的农村劳动力，而不仅仅是农业劳动力。

---

① 牧业的总产值包括动物食用的粮食和其他作物。1990 年的《中国农业年鉴》分门别类地提供了总产值和净产值的数据。1997 年，粮食种植业和牧业产值占总产值的83.7%，占净产值的 82.6%（SSB，1998，p.215）。1998 年的《中国统计年鉴》表明，1997 年农、牧业产出占总产出（包括林、渔业）的 87.5%，这是我用以得出农业就业人数为 2.835 亿的数据来源。由于 1990 年各产业的总产出和净产出的分类差异较小，我认可了以总产出分类为基础的 1997 年数据。

② 在 1998 年《中国统计年鉴》的第 132 页，农、林、牧、渔业的就业人数为 3.3095 亿。当我计算我所定义的农业就业人数时，我以该书第 385 页 3.343 亿的数字为准。

三、中国农业面临的调整

在过去半个世纪,特别是过去 20 年间,中国已经完成了重大的农业调整。在 1952 年,农、林、牧、渔业容纳了 83.5% 的劳动力。到 1978 年,这个就业比例降到了 73.8%,从事这些行业的就业人数从 1.731 亿上升到 2.943 亿。到了 1997 年,这一比例为 47.5%,与 1978 年的 73.8% 相比有不小的下降。① 国家统计局定义的农业就业总人口从 1978 年的 2.846 亿上升到 1997 年的 3.243 亿。根据我手头上的统计数据(SSB,1998,p.388),农业就业人数在 1991 年达到 3.419 亿的高峰后开始下降,到 1997 年下降了 1800 万。因此,中国现在已进入了农业就业人数绝对量和相对量都开始下降的阶段。

现在的农业就业人数还可能大大低于我估计的 2.835 亿。正如前面所提到的,有成百万的农村劳动力整年或部分时间在城镇工作,一些分析家认为这个数字高达 1 亿。因为过去十年左右的时间里城镇就业人口统计并没有增加那么多,甚至连农民工的一小部分都没有算进来,如此看来,他们即使不是大多数也有许多仍被当作农业就业人口来计算。如果有 1 亿农业人口迁移到城镇且在城镇住上半年,这就意味着农业就业人数现在大约是

① 1989 年和 1990 年的总就业人数的统计存在明显的不连续性,从而影响了农、林、牧、渔业就业人数在总就业人数中的份额的计算。总就业人数(连同从事经济活动的人口)在 1989-1990 年间增长了 15.5%,这在 1997 年《中国统计年鉴》中竟然未作出任何解释(SSB,1997,p.94)。而在 1996 年《中国统计年鉴》里,1989-1990 年间总就业人数增加了 2.6%(SSB,1996,p.90)。国家统计局所定义的农业就业人数在 1989-1990 年仅增长了 2.7%,这似乎是一个合理的年度变化(SSB,1998,p.388)。然而,第一产业的就业人数在 1989 年到 1990 年增长了 15.7%(SSB,1998,p.128)。在 1989 年,第一产业的就业人数是同农、林、牧、渔业就业人数一样,在这一年仅增长了 2.7%。从 1989 年到 1990 年,整个国民经济中增加就业人数为 8 580 万,其中农村就占了 6 350 万(SSB,1998,pp.130-131)。农村就业的增长都发生在农、林、牧、渔业之外。城镇就业人数增加了 2 230 万。1989 年到 1990 年的数据修正并未影响对第一、二、三产业的分类,对于城镇和农村就业的分布也影响较小。这令人极其费解。

2.335 亿,而不是官方统计的 2.835 亿。①

如果接受统计年鉴的数据,我们可以看到,1978 年有 92.4% 的农村劳动力从事农业劳动,到 1997 年这个比例下降到 57%,这反映了非农就业大幅的增长,当然其中也包含了 1990 年以后数据修订的因素。这些数据表明,非农经济在农村的重要性大大提高了。农业就业人数 2.835 亿或2.335 亿这两个数字,不论接受哪个,农村人口所面临的劳动力调整都是巨大的。中国 8.66 亿农村人口每年以略大于 1% 的速度增长,这就意味着如果不从农村向城镇迁移,农村每年要净增 900 万人。由于农村地区 80 年代初的出生率比现在还稍微高些,农村劳动力在未来若干年内会比总人口增长得更快,也许每年要新增 600 万人。如果要使得农业就业人数每年下降 3%,在未来几年内,每年就要有大约 700 万劳动力离开农业。② 如果农村就业人口大约为 5 亿,农业就业人口每年要下降 3%,那么转移到城市或是新进入农村非农工作的人数就必须大致达到 1 500 万。假定在农村的非农工作能创造一半的新工作岗位,那么每年还有大约 750 万劳动力需要转移到城镇;如果许多工人带家属孩子的话,由农村进入城镇的人口总数还将大得多,也许每年总共会有 1 500 万。

从 1997 年到 2030 年如果农业就业人数每年下降 3%,那么就业人数就会从2.835亿降到 1.04 亿,下降 63%。这样中国农业就业人口将要占到那时候预计的全国总就业人口(10.06 亿)的 10%。农业就业人数每年减少 3% 将会缩小城乡的收入差距,尽管无法全部消除它。农业就业人数如果能够按照这种方式下降,农民就能够分享到经济增长的成果。

---

① 处理农村数据的另一个困难在于乡镇企业的就业人数也作了修正,从 1996 年的 1.351 亿下降到 1997 年的 9 160 万(SSB,1998,p.131)。对此变化《中国统计年鉴》未作任何说明,只是标明这个数字是由农业部乡镇企业局修正,以及 1997 年的数据与其他年份无可比性(SSB,1998,p.127)。然而,在 1999 年《中国统计年鉴》里,给出 1997 年乡镇企业的就业人数为 1.305 亿,1998 年为 1.234 亿(SSB,1999,p.133)。

② 农业就业人数每年 3% 的下降并不是任意选定的,这样的下降也不是一个特别高的比率。从 1950 年到 1980 年间,美国农业就业人数年均减少 4.2%,日本为 3.4%,丹麦为 3.4%(Hayami and Ruttan,1985, pp.467-469)。韩国 1975 年农业就业人数占总就业人数的46%,到 1997 年,仅为 12%(FAO),农业就业人数的年均下降率为 3.5%。

四、农业劳动力的减少

减少农业劳动力的目的是缩小城乡收入差距,并且不造成粮食生产的萎缩。农业和农村劳动力相对收入的增加,取决于农村各业劳动生产率的改变,以及农产品供给与需求的增长之间能在多大程度上保持平衡。

根据已公布的数据,农业的劳动生产率从 1985 年到 1997 年年均增长约 4.5%。[①] 之所以选用 1985 年而不是 1978 年作为起点是想排除掉改革初期由于制度和激励机制的改变所引起的劳动生产率的巨大增长(Lin,1992)。我们还必须知道农业劳动力调整的目标也是在不断升高的,因为其他部门劳动生产率也会提高,尽管不像在农业中提高得那样快。

表 2 列出了基于我所构建的人口变化模型所预测出的就业数据。它首先基于 1997 年 2.835 亿的农业就业人数,并假定每年减少 3%。其次假定总的劳动力年增长率和与 20 年前真实或预测的人口年增长率相同。除了总人口、农业和总的就业人数的变化,表 2 中还给出了需要的新增非农就业岗位数量。这项预测从 1997 年开始,从 2000 年起每 5 年给出一个预测,直到 2030 年为止。

表 2 最后一行 33 年的年均变化可以看作是一个预测结果的简略概括。就业总人数平均每年以 1.12% 的速度增长,同时人口以每年平均 0.63% 的速度增长。如果在预测的劳动力的增长速度下,要达到农业就业每年 3% 的下降速度,那么非农就业平均年增长率就要达到2.4%。这就是说从

---

① 我无法获得相关数据对长期农业劳动生产率的变动作一个直接估计。我使用了两种粗略的测算方法,一种是第一产业的就业人数和国内生产总值,包括农、林、渔和采矿业,但农业占最大比重;另一种是农、林、牧、渔业的就业人数变化和粮食生产总值。农、林、牧、采矿业的总产值包括了相当多的重复计算,如动物饲料被包括在农业生产之内。农业总产出从 1985 年到 1997 年增加了 70%,再加上林、牧、采矿业则总产出增加了 107%。而第一产业的国内生产总值增长了 64%。林、渔业(疑为农、牧业——译者注)在农、林、牧、渔业的总产值中所占比例在 1985 年为 87%,1997 年为 88%。根据官方就业资料,农业产出数据仅表明了劳动生产率年均增长 4.5%。考虑到农村劳动力的巨大数量,以及每年部分时间在城镇打工的农村劳动力数量的增长,1985-1997 年间农业劳动生产率每年仅增长 4.5% 的数据极有可能低估了实际的农业劳动生产率增长速度。

表 2　1997－2030 年中国的就业情况预测(假设农业就业每年下降 3%)

年份	总人口[a](百万)	就业				
		总计[b](百万)	农业[c]		非农业	
			(百万)	(%)	(百万)	(%)
1997	1 221	696.0	283.5	41	412.5	59
2000	1 255	725.6	258.7	36	466.9	64
2005	1 302	779.4	222.2	28	557.2	72
2010	1 348	844.2	190.8	23	653.4	77
2015	1 392	894.3	163.8	18	730.5	82
2020	1 435	936.7	140.7	15	796.0	85
2025	1 471	971.9	120.8	12	851.1	88
2030	1 501	1 005.7	103.7	10	902.0	90
年均变化(%)(1997-2030)	0.63	1.12	-3.0	-	2.4	-

注:a.人口估计数来自 Bos 等人(1994);b.以人口增长后推 20 年为基础,并以劳动力占人口 57%为起点。因为人口增长率逐渐下降,2030 年参加工作的劳动力估计占 67%;c.农业就业人数在 1997 年估计为 2.835 亿,假定以 3%的年率下降。如果在 1997 年农业就业人数为 2.335 亿,并且每年下降 3%的话,2030 年农业就业人数将会是 8 550 万,占总就业人数的 8.5%。

1997 年到 2030 年这 33 年间,平均每年要增加 1 480 万个非农工作岗位。与 1979 年到 1995 年改革期间每年新增加非农工作岗位 1 100 万个相比,这个数字显得很大。但是如果考虑到改革期间每年新增非农工作岗位的比例是 5.5%,那么这一任务的困难程度就会大不一样了(SSB,1996)。这个已实现的非农就业年增长率,比将来所需要的年增长率要高出两倍多,这么来看,目标应该是可以实现的。

五、中国的食物生产会出现问题吗?

如此大量的劳动力从农业中退出会严重地限制粮食生产的增长吗?许多其他国家的证据(见表 1)明白无误地表明这种担忧没有根据。表 1 中列出的这三个国家和其他国家农业产出的增长率,几乎没有受到劳动力大规模退出农业的影响,主要的原因在于上两个世纪的机械革命、生物革命和化学革命使得用其他要素投入来替代农业劳动力和土地变得更加容易。由于农业劳动力的减少,增加了劳动力相对于资本和当前投入的真实回报,这种要素替代对农民来说是有利的。

给定中国当前的农业组织方式,劳动力退出农业将带来农场经营单位数量的减少,这是否会导致农作单位的平均规模将显著增大?如果这种情况发生的话,当前农户平均约0.5公顷土地的小规模将会扩大,从而能够取得更多的规模报酬。然而,即使农业劳动力像预计的那样在2030年比1997年减少大约63%,农户数量的减小却可能会少得多,或者说,农户平均土地面积只会有少许增加。

东亚地区农业就业下降的事实表明,农业就业大幅下降并没有伴随着农场数量同比例的下降。日本1950－1985年间农业就业下降了70%,但农场的数量只下降了29%(Hayami and Yamada,1991,p.66,pp.251-252)。韩国1975－1997年间农业就业下降了53%,而农场数量减少了不到18%。在中国台湾省,1966－1997年间农场数量只减少了8%,而农业就业则下降了49%。整个东亚,与欧洲和北美一样,从事农业的大多数家庭都是兼职农民,他们从非农工作获得比农业劳动更多的收入。我相信中国将经历同一模式。根据中国的农村家庭调查,1997年农业家庭基本收入的41%来自非农工作(SSB,1998,p.345)。

尽管如此,农场数量比农业工人数量下降得更慢并没有阻碍农业总产出以及劳动力和土地生产率的大幅提高。让我们再看一下东亚的数据(表1)。在日本,1950－1980年间农业产出增加了121%,而劳动力投入减少了65%,人均产出增加了500%以上。在韩国,1975－1997年间,农业产出增加了42%,人均产出在20多年中增加了两倍。在中国台湾省,1968－1997年农业产出翻了一番,劳动力下降了49%,劳动生产率翻了两番。

如果实现了东亚国家已经取得的农业产出增长率,就足以满足中国将来对农产品需求的可能增长吗?在刚才提到的那些时期,日本农业产出每年增长 2.1%，中国台湾省是 2.0%，韩国是 1.6%。因为日本和韩国已变成重要的食品进口国，中国可能很关注今后是否也会这样。但到 1995 年为止，中国台湾省食品和鲜活牲畜的出口量几乎刚好等于这些产品的进口量，动植物油料的少量净进口占出口总值的不到 0.2%（DBAS，1998，pp.216-217）。自从 1978 年中国开始农村改革以来，食物生产的增长略微超过了需求的增长。中国现在是农产品的净出口国。90 年代后期，它已成为一个粮食的少量净出口国（SSB，1999，p.586，p.589）。截至 2000 年初，中国已经拥有了大量的粮食储备，这些储备相当于中国一年的粮食消费量（Chen，2000，p.23）。

中国将来对食物需求的增长比 20 世纪后半叶要慢得多，主要原因是人口增长的急剧下降。人口增长率将从 1965－1997 年的每年 1.68% 降到 1997－2030 年间预计的每年 0.63%（Bos et al，1994，pp.182-183）。未来人均真实收入的增长率可能会低于最近几十年的增长率。因此，中国食物生产的增长率虽然会明显低于 1978 年以来已经取得的增长率，但是仍然能够满足需求的增长。

六、需要采取哪些措施才能协助农业调整？

要帮助农村劳动力做出相应调整，所需要的主要政策改变就是使农村居民与城镇居民享有同等受教育的机会。在过去和现在，城镇居民比农村居民有更多和更好的受教育机会，这种现象不仅仅存在于中国，所有的发达国家在农村人口比例成为总人口的一个相对较小部分之前，都有过在受教育机会上歧视农民的历史，但中国没有理由重犯其他国家的错误。

这种错误的代价是很高的，对中国来说也是如此。这是因为农村人口大规模迁入城镇是不可避免的。如果大多数迁入城镇的农村居民能像城镇居民一样受到过良好的教育，城镇地区就会从中得到很大的好处。城镇居民一般都反对农村人口迁入城镇，这种观点在中国很流行。这种反对态度的一个原因就在于，许多农村移民的受教育水平低，不能很好地调整以适应城镇的生活方式。① 但这不是农村移民的错,而是那些制定农村教育政策的城镇官员的问题。1995 年,中国的教育支出占国民生产总值的比重是 2.3%,印度是 3.5%,而低收入国家平均为 5.5%(World Bank,1999, pp.200-201)。中国如果能把更多的国民生产总值投资于人力资本,现在再面对这些困难调整的挑战时就不会那么被动了。过去中国在包括基础设施在内的物质资本上所进行的许多投资效果并不是很好,并且也没有足够的理由认为这种状况在未来会有根本性的改观。近年来中国在物质资本上的投资已达到或超过国内生产总值的 40%(SSB,1998,p.67),把其中一小部分转移到对人力资本的投资上来十分有必要,这也符合城镇居民的长远利益。

除了增加在农村的教育机会,中国的政策应该力求使农村地区成为在生活与工作上更具吸引力的场所。这个工作涉及到对农村基础设施包括道路、电力、通讯以及社会与文化活动设施追加大量的投资。显然,大批受到农业调整影响的人口是不可能由现有的大中型城市所吸纳的,新的城镇要从现有的乡镇中建立发展起来。如果农村本身能提供大量的非农就业岗位,那么中国农业调整就变得容易些。如果下个十年内中国农村能为 2 亿居民提供非农就业机会,比之于将这些工人和他们的家庭迁移到新的地区,农业调整就会顺利得多。

另外,有一些直接影响中国的农业生产的政策也需要改变。农业就业的下降要求大量增加在机器、设备和厂房方面的投资。当前农业没有得到银行系统的良好支持,一个原因就在于土地是集体所有,农民只有土地使用权。纵观世界上大多数国家,土地都被用作向农民贷款的主要抵押物,而这个信贷基础在中国却并不存在。农民把他们的土地使用权租给其他人虽然是合法的,可是土地出租市场却没有成功发展起来,这其中的一个原因在于如果一户人家把自己的土地全部或大部分租出去一段时间,村干部就可能

① 中国城镇居民所持的反对态度在世界历史上可以找到其根源。我在土耳其安卡拉的考古博物馆发现了下面一段话:"我们发现各个省的人口日渐稀疏,而我们的大城市却被大量的各种各样的人搅得不得安宁,特别是那些从农村来的人,他们离开自己的家乡和农业生计来这儿寻求庇护"。这句话中的城市指君士坦丁堡。

认为这家不再需要土地,而把土地使用权分配给其他人。这样一来,农户就不愿意出租他们的土地使用权了。

农业调整过程将要求扩大农场的规模,现有的制度安排不利于农场向更大的面积规模平稳过渡。允许农民拥有他们耕种的土地,并允许土地的自由买卖,将会促进农场规模的扩大,一个功能健全的土地租赁市场也有助于农场规模的调整。

最重要的是,满足日益增长的食物需求要求中国继续对农业科研给予高度优先的投资。中国过去在农业科研上的投资对近些年来粮食生产的迅速增长起到了一定的作用。

九、结论

从某种意义上说,中国似乎正面临着在未来 30 年要将农业劳动力降到总就业人口的 10% 甚至更少这样一个艰巨的任务,为此所需要新创造的非农就业岗位的数量,粗看起来也是难以实现的。但是,从历史看,这个目标无疑是可以实现的。其他国家特别是经济快速发展的东亚国家,已经在相近长度的时间内实现了同样的农业调整。中国改革时期实现的非农就业增长率也比未来所需要的增长率要高得多。事实上,从 1978 年到 1995 年,非农就业增长率是未来所需要的增长率的两倍多。只要有决心,农业的调整目标就可以实现。

参考文献

Bairoch, Paul, 1988, *Cities and Economic Development: From the Dawn of History to the Present*. Chicago: University of Chicago Press.

Bos, Edard, My T. Vu, Ernest Massiah, and Rodolfo A. Bulatao, 1994, *World Population Projections*, 1994-1995 Edition. Baltimore: Johns Hopkins University Press.

Boserup, Ester, 1965, *The Conditions of Agricultural Change: The Economics of Agrarian Change Under Population Pressure*. Chicago: Aline.

Chen Xiwen, 2000, " A Turning Point in Grain Supply-Demand and Agricultural

Restructuring", *China Development Review* 2(2).

Cooper, Martin R.; Barton, Glen T. and Brodell, Albert P. Progress of Farm Mechanization. U.S. Department of Agriculture, Miscellaneous Publication No.630. Washington, D.C: U. S. Department of Agriculture, 1947.

Directorate-General of Budget, Accounting and Statistics (DBAS), 1998, *Statistical Yearbook of the Republic of China*. Taipei: Executive Yuan.

Food and Agriculture Organization (FAO), various years, *Production Yearbook*. Rome: FAO.

Gimpel, Jean, 1977, *The Medieval Machine: The Industrial Revolution of the Middle Ages*. New York: Penguin Books.

Hayami, Yujiro and Vernon W. Ruttan, 1985, *Agricultural Development: An International Perspective*, Rev. Ed. Baltimore: Johns Hopkins University Press.

Hayami, Yujiro and Saburo Yamada, 1991, *The Agricultural Development of Japan: A Century's Perspective*. Tokyo: University of Tokyo Press.

Johnson, D. Gale, 1991, *World Agriculture in Disarray*. 2nd ed. London: Macmillan.

Johnson, D. Gale, 1997, "Agriculture and the Wealth of Nations," *American Economic Review* 87(2): 1-12.

Lin, Justin Yifu. 1992, "Rural Reforms and Agricultural Growth in China", *American Economic Review* 82(1): 34-51.

Martin, Will and Devashish Mitra, 1993, "Technical Progress in Agriculture and Manufacturing", Mimeo. World Bank.

State Statistical Bureau (SSB), various years, *China Statistical Yearbook*. Beijing: China Statistical Publishing House.

World Bank, 1999, *World Development Report: Knowledge for Development*. New York: Oxford University Press.

Zhao, Yaohui, 1999, "Labor Migration and Earnings Differences: The Case of China", *Economic Development and Cultural Change*, 47(4): 767-782.

中国的农业与加入 WTO*

一、引言

如果中国加入 WTO,农业将会发生怎样的变化? 对这个问题没有一个简单的答案,因为中国加入 WTO 这一事件会以几种不同的方式影响农业。如果加入 WTO 能使农业投入品(化肥、农药、种子和农机)市场更具有竞争性,并能增加农民获得农业贷款的机会,那么农民就会直接从中获益。然而,加入 WTO 不大可能会带来劳动力和土地市场的显著改善;对劳动力从农村向城镇迁移的限制也可能继续存在;而且,只要土地归集体所有,就很难出现有效率的竞争性市场来租赁或出售土地使用权。中国农业在今后的几十年中必须进行调整,而这些要素市场长期的不完善将极大地限制农业调整的能力。

中国农业面临的主要调整并不是由加入 WTO 所造成的。与经济增长所要求的农业调整相比,加入 WTO 所需的农业调整只是次要的。经济增长首先要求农业就业人数在全国总就业人数中所占的比重要下降;其次则要求农业就业的绝对数量要下降。如果农民要分享经济增长所带来的利益,农业就业就一定要下降。实际上,中国劳动力已经有过了重大的调整。如果将农业定义为农(农作物生产)、牧(畜牧业),那么在 50 年代初,全国大约有 85% 的劳动力从事农业,而在今年,农业就业比重不会超过 45%(Johnson, 1999)。

---

* 原文题为"China's Agriculture and WTO Accession",芝加哥大学农业经济学研究室工作论文,论文编号:00-02,2000 年 3 月 10 日。

我曾预测过，到 2030 年，中国的农业就业比重将下降到大约 10%（Johnson, 1999）。过去劳动力的大幅调整是通过农村中非农就业的迅速增长实现的。这种增长的原因是农村向城镇的迁移受到限制以及城镇企业效率低下，为农村小规模劳动密集型企业提供了获利的机会。今后的劳动力转移，是通过增加农村的就业机会还是向城镇移民，这在很大程度上要取决于国家的政策。

农村过去那种非农就业的快速增长还能继续吗？城市的存在有一个原因，就是它为生产的集聚和专业化提供了有利条件。如果中国的经济变得更加开放和更具竞争力，农村的非农就业再继续以 1985 年以来每年 14.5% 的速度快速增长就不太可能（SSB，1995，1999）。因此，中国农村的劳动力调整问题并不只限于农业，它还包括了整个农村。如果把中国农村中实际和潜在的劳动力，以及城镇劳动力的增长都考虑在内，那么，从现在到 2030 年为止，每年需要创造 1 500 万个新的非农工作岗位，这样才能适应农村劳动力的调整。这个调整包含了农村劳动力的增长和农业工人向非农行业的转移。

二、减少贸易壁垒

在与美国和其他国家的谈判中，中国同意大幅度降低关税，并通过允许私人企业进口某些农产品来降低国营贸易的作用。大部分农产品的关税税率将从高达 100% 减少到 3% 到 20% 的范围之内，而在国营贸易体制下，官方的关税税率并没有多大的意义。但中国同意不使用出口补贴，而现在包括美国在内已经是 WTO 成员的许多国家还保留了这项权利，尽管美国目前并不提供出口补贴。

中国采用了乌拉圭回合的一个创新，叫做关税配额。关税配额适用于豆油、小麦、玉米和水稻。对配额内的进口，其关税将非常低。粮食不超过 3%，豆油不超过 9%。而超过配额的进口，关税将达到 65% −77%。这听起来也许很高，但是同加拿大、欧盟和美国在相同的情况下所采用的大部分关税相比,税率还是适中的。[①] 加入 WTO 第一年的粮食关税配额总量是 1 440 万吨,到了第五年是 2 180 万吨,每一种主要的粮食(小麦、玉米、水稻)分别有具体的配额限制。大麦没有关税配额,其关税将降低到 9%。

豆油有关税配额,而大豆没有,大豆的关税率定为 3%。豆油的配额从 1 700 万吨开始,逐步增加到 3 200 万吨,在配额内的关税为 9%。

如果这些关税率、关税配额和减少国营贸易的程序确实得到实施的话,中国将把农产品的贸易壁垒降得比美国和欧盟还要低很多。

三、短期评估

如果以上所述代表了中国对农产品贸易的承诺,那么可能会出现什么样的短期后果呢?关税配额制度将在今后 5 年甚至更长时间内限制中国进口大量小麦或者玉米,因此中国将不会被进口粮食所淹没。人们普遍预期(我本人也同意),中国将继续出口水稻。既然中国已经承诺不使用出口补贴,如果保留了农产品支持价格,也不能超过进口粮食的价格,否则就会带来十分恶劣的后果。如果中国生产的粮食超过了国内的需求,要么就要出口这些粮食,要么就得增加本来已经不堪重负的库存。而由于中国不能使用出口补贴,因此,国内粮价必须降低到世界市场的水平。如果中国生产的粮食足够满足国内需求,既不需进口,也不需出口,国内粮价就不能超过进口价格的 3%,否则进口就要达到关税配额的水平。进口粮食如果能用于国内的粮食供给,就将给农产品价格带来下降的压力。

现在看来,1999 年小麦的收购议价和 1999 年中国最后几个月的进口价格大致持平,而支持价格要稍高一些。1999 年中国的玉米价格高于进口

① 在中美农业谈判的一份摘要里,美国贸易代表署厚脸皮地提出:超过关税配额,"……进口高于那个水平,关税就会很高。"但是,美国超过关税配额的进口关税,例如糖是 197%,奶制品是 144%(Ingco, 1996)。如果说中国的关税税率高的话,那么美国贸易代表署该用什么形容词来形容美国的关税税率呢?欧盟的税率更高,糖是 297%,奶制品是 288%。加拿大也不低,家禽是 226%,奶制品是 288%(Ingco, 1996)。

价格大约 15%。如果继续实施当前农产品支持的价格制度,中国的玉米进口将达到关税配额的上限。小麦的情况也可能如此,自 1997 年以来,世界玉米和小麦的市场价格大幅度下滑,现仍处于一个多世纪以来的最低水平。

政府应该认真考虑废除现行的价格支持制度,而把省下来的政府支出直接发放给农民。如果价格支持的年度开支包括库存成本等于 500 亿元的话,那么就有可能按粮食种植面积(比如说 1995-1999 年的平均种植面积)每亩 30 元直接发放给农民。这就将提供给每个农户平均约 200 元的补贴,而这种补贴是在 WTO 的补贴条款可接受范围之内的。这种补贴甚至还可以更高而不违反 WTO 的规则。

依靠关税配额,中国的农民在加入 WTO 后的前 5 年将不会面临进口农产品像潮水般涌入的局面。由于对超过配额进口的农产品征收 65% -77% 的关税,一旦小麦和玉米的进口量达到适度的水平,进口粮食的国内价格将大大高出国际价格。①

价格支持政策之外,加入 WTO 将对大豆生产产生负面影响。对大豆的唯一保护是 3% 的关税,对大豆没有关税配额,而豆油则有配额的保护。这样,以后任何对大豆的保护都是针对大豆加工者的,而不是大豆的生产者。这就出现了问题,因为和大豆争夺资源的主要农作物是玉米,而玉米是受到关税配额和超配额高关税保护的。如果玉米的进口量超过关税配额,大豆在竞争中的劣势会非常大,因为玉米价格将超过进口价格的 65% 甚至更高,而大豆价格将和进口价格持平。这样的价格将鼓励玉米的生产而明显会打击大豆的生产。我认为在协议中对大豆和玉米的区别对待是一个主要错误,我估计美国的谈判人员在这个问题上对中国施加了巨大的压力。

另外还有个问题,近期国内的大豆价格高出非常低的国际市场价格的 15% -25%。因此,大豆价格比粮食价格更加扭曲,这将进一步冲击国内的

---

① 小麦的关税配额在 730 万吨到 930 万吨的范围之内,玉米的关税配额在 450 万吨到 720 万吨的范围之内。这样,如果进口达到各自的最大限量,进口量也只是两种粮食产量之和的 7%,不到所有粮食总产量的 4%(SSB,1999)。1995 年,中国进口了 1 100 万吨小麦和 500 万吨玉米(SSB,1997)。

大豆生产。不管施加保护是优是劣，对竞争资源各类农产品不提供相同的保护是个严重的错误。

我认为，如能妥善安排现有库存，在世界市场价格下（假定进口量不超过关税配额），几年内国内粮食的供需将保持平衡。但还不清楚的是，在更长的时间内情况又将如何。现在我就来谈这个问题。

四、中国的粮食贸易

中国是在一个非常不走运的时刻开始进行农产品（特别是粮食）贸易自由化改革的，世界粮食尤其是小麦和玉米的市场价格正处于历史低点。今后 5 年粮价会不会有所复苏？我的预测是会有所复苏，但不会太大。国际粮食真实价格的持续下降是长期趋势，但也许国际市场上近期非常低的价格会出现一个暂时性的回升。[①] 这种暂时性的价格趋势逆转的根据是什么？亚洲经济复苏将对粮价产生正面影响，世界粮食种植可能将在今后的 3-4 年内从近期相对较高的水平上降下来。虽然当前的粮食低价并不会导致世界粮食产量的下跌，但总能进一步延缓产出的增加。以上这些是我对世界粮食真实价格会出现暂时性上升所作的暂时判断。但是，这些因素至多只会促使世界粮价上升 10%，也就是说中国仍须将玉米的真实价格下调 10%，以防止今后 5 年进口的增加。

然而，如果中国的真实粮价处于国际水平，中国农民是否能生产出满足国内需求的大部分或全部的粮食呢？显然，我们对结果尚无把握。不过可以肯定的是，我们必须认识到，在今后几年内农业生产率必须有一个重大

---

① 如果国内价格反映进口或出口价格的话，不只中国农民可能面临困难，在国内价格反映国际市场价格的各个国家的农民正发现，在当前的主导价格下，生产小麦、玉米和大豆会非常困难。正如前面指出的，这些粮食的价格非常之低，如果今后继续如此的话，中国肯定会发现要像近几年一样生产那么多的玉米和大豆会很困难。但是，在其他国家这可能也是实情。在自由贸易下，中国将来的粮食生产预测都假定价格大大高于现在的价格。但是几乎没有人意识到，经通货膨胀调整后的国际粮食平均价格，在 1960 年到 1997 年间已经下跌了 40%，在过去的两年里小麦和玉米的价格下降得更多。

的,不,应该是巨大的提高。这种提高必须是持续的,因此政府必须采取行动来确保生产率持续提高的实现。

五、提高土地和劳动的生产率

学者们的研究表明,中国能否生产出足够的粮食并以合理的价格满足国内大部分的需求,取决于是否能够大幅增加对农业科研的支持(Huang and Chen, 1994a; Huang, Rozelle, and Rosengrant, 1999b)。[①] 增加对农业科研的投资固然很重要,然而这仅是保持中国农业竞争力所要做的工作的一部分,而且是最容易做的一部分。

劳动力和土地的生产率都必须迅速提高,但劳动生产率的提高需要大大快于土地生产率的提高。如果要确保农民能分享经济增长的成果,那么今后数十年内农业就业人数必须大大下降,今后30年内,农业就业人口可能会下降至少60%,甚至有希望更多些(Johnson, 1999)。如果中国要继续生产自己所需的大部分甚至全部的粮食和其他食品,那么农业就业人口的下降就必须伴随着劳动生产率的大幅提高。劳动生产率应该提高500%甚至更多,这比在同一阶段内为了满足农产品需求上升而要达到的将土地生产率提高100%-150%的目标高得多。在20世纪后半叶经济增长很快的发达国家,劳动生产率的提高大大高于土地生产率的提高。遗憾的是现在多

---

① 这两项研究针对的时间段不同——黄和陈(Huang and Chen)估计了从现在到2005年的粮食贸易,而另一项研究估计了从现在到2010年和2020年的粮食贸易。两个贸易预测都没有设定贸易是在中美协议框架下进行的,而假定进行的是自由贸易。每项研究都假定当前的政策会持续下去,并且比较了在当前政策框架下和自由贸易政策下的供给和需求,在两种政策情况下都假定了世界市场粮食价格会下降。黄和陈估计到2005年如果中国保持现行政策不变,将需要进口大约1 800万吨小麦和玉米,如果转而实行自由贸易,则进口将会略多于6 000万吨(Huang and Chen, 1999a, p.39)。然而,如果在农业科研上的支出大幅增加,中国将能够实现小麦的自给自足,玉米的进口也将大大降低。黄季等(Huang, Rozelle and Rosengrant, 1999)估计,如果实行粮食自由贸易,那么到2020年,中国将预计进口大约4 000万吨粮食,主要是玉米。然而,他们也认为,如果中国能够大幅度提高在农业科研和水利建设上的投资率,那么到2020年中国将成为一个粮食净出口国。这两项研究都预计中国将成为水稻的净出口国,并且在一般情况下,按产值计算,中国将继续成为所有农产品的净出口国。

数农业科研却致力于土地生产率的提高，而忽略了提高劳动生产率。

1950-1980 年期间，美国、日本、丹麦的农业就业人口减少了 65% -75%，而劳动生产率却上升了 400% -500%（Hayami and Ruttan，1985），同时，这些国家的土地生产率只提高了 80% -135%，中国也有可能取得类似的成就。但是我认为，中国面临的一系列问题在上述国家并不存在，因此可能还要求中国的农业在组织形式上作出重大的变革。农业科研是必要的，但要将生产率，尤其是劳动生产率提高到所需要达到的水平，农业科研并不是充分条件，并不是最基础性的工作。劳动生产率的提高不仅要依靠新的知识和设备，还需要我们构建一个新的政策体系，它能提供促进劳动生产率提高的激励和可能。如果做不到这一点，中国的大部分农产品在世界市场上将不会具备竞争力。

过去 20 年，中国农业的劳动生产率已经有了显著的提高，其中大部分是通过使用化学投入（化肥和农药）和良种来同时提高土地生产率和劳动生产率。尽管通过这种途径来进一步提高劳动生产率还有一定的空间，但是今后数十年内要继续大幅提高劳动生产率的话，就必须转而通过寻找劳动力的直接替代品来实现。这主要是使用机器①，同时还要大幅增加农村劳动力平均的受教育年限。

很清楚，随着时间的推移，如果中国要在粮食供应上实现基本自给，并使农民能够分享到经济增长的成果，农业劳动生产率的提高必须比土地生产率的提高要大得多。中国的每公顷粮食产量要比单位劳动投入的平均产出更接近于那些发达国家主要的粮食生产商。中国的单产和美国相比，玉米是美国的 75%，小麦要比美国高 25%，水稻大致相当。同欧洲相比，美国的小麦单产不高，不过它的玉米和水稻单产居世界前列。

---

① 对 1978 年起这段时间农业劳动力平均生产率的提高，我只能得到一个粗略的近似估计。农业产出唯一能够得到的总体指数是农、林、牧、渔业总产值的指数。这个指数重复计算了农业生产的用于家畜饲养的饲料。真实国内生产总值估算的是第一产业，而严格的估算应该是农业，它至少包括了林业和渔业再加上狭义的农业。还有，就业的测算也有问题。我估计 1978-1998 年间，农业劳动力平均产出的增长在 130% -160% 的范围内，这是一个相当不错的成绩。与 1930 年到 1940 年代末发生在美国的增长相比，这是一个更高的增长率（Hecht and Barton，1950，p.32）。

通过研究每吨粮食和大豆的劳动力投入数据，我们已经可以看到，寻找劳动力的替代品并提高劳动生产率是极其重要的。水稻、小麦和玉米的劳动力投入在每吨 52－58 天之间（Huang and Chen，1999）。Huang 和 Chen（1999）估算，每吨水稻的价值中，劳动力投入要占到 31%。[①] 而 1 吨水稻需要 59 天劳动，这说明在水稻生产中一天的劳动值 9 元人民币。在美国作相似的计算，使用雇工的工资大约每天 50 美元，这就反映了劳动生产率的巨大差别。如果中国的城乡居民要平等分享未来经济增长成果的话，这个差别在今后数十年必须缩小。

六、农业经营单位的规模

在今后 30 年内，影响农业劳动生产率的一个因素是农业经营单位的规模。比较切合实际地说，到 2030 年即使农业就业人口减少到总劳动力的 10%，农场规模还会很小。这有两个基本的原因，第一，多数农场将是兼业农场。以实际收入来源来说，中国现在有很大一部分农村劳动力从事农村非农就业，兼业农场占的比例也很高。这是过去 40 年来限制迁移的结果，而且这个限制将在未来的数十年内继续影响农场的经营结构。即便明天就取消农村人口向城市迁移的所有法律限制，也要经过数十年才能使农村人口降低到总人口的 1/3。第二，即使农业就业人数已经达到总就业人数的 10%，农业就业人口还有 1 亿左右。假定所有的农场均为全职农场，并雇用一个工人，全国有 1 亿 3 千万公顷耕地，平均一个农场将有 1.3 公顷耕地。但是如果大部分农场均为兼业农场，那么将会有超过 1 亿个的农场，也许并不会比现有的 2.35 亿个农场的数目少太多。

我现在描述的这种情况与东亚（日本、韩国、中国台湾省）已经发生的情况非常相似。这些国家或地区的农场数量在过去四五十年中下降得很少，几乎所有的农场都是兼业农场，农场的平均规模均约为 1 公顷。预计中

---

① 1996－1997 年 1 吨水稻的价格是 1 504 元。

国到 2030 年农场的规模仍将太小，而难以使大多数农民都能拥有在今后 30 年内将劳动生产率提高 5 倍所需要的农用机械。此外，多数农场尽管非常小，还由几小块分散的土地组成，这使低成本的机械化生产更难以成为现实。

假定人口将继续增长，并且在很长一段时间内整户或整家从农村到城市的迁移还停留在不多的水平上，那么，可以十分肯定，农场规模仍将很小，大概不会比现在大多少。[①] 因此，要使农户数量大大少于现在的 2.35 亿还有一段时间。

七、怎样提高劳动生产率

与城市相比，中国农业以及整个农村的劳动生产率是非常低的。这不仅是过去 40 年限制农村人口向城市迁移的结果，也是人力资本投资方面对农村歧视对待的结果。过去对基础设施的公共投资大部分集中在城市，中国城乡的人均收入差距属于世界上最大之列，如果把给予城市工人的补贴和加在农民头上的额外税费计算在内，收入差距要超过 3 倍，也许还要达到 4 倍。然而，我们必须面对的问题是，当今的农业生产组织方式是否有利于劳动生产率的快速提高。我担心答案是否定的。

劳动生产率是单位劳动的产出率。劳动力的使用量是与土地数量联系在一起的，而同土地单产的数量无关，因此劳动生产率随着土地单产的提高而提高。大体上说，用于备耕、播种和除草的劳动数量是土地面积而不是产量的一个函数。所以，如果土地的单产翻番，这些农活的劳动生产率也会近

---

① 对农村向城市迁移的法律限制不是限制迁移的唯一因素。其他限制迁移的因素可能同样重要：很多农村人口受教育水平低下；城市住房对低收入工人和他们家庭的供应十分有限；除非农村移民得到的工作能为他们提供社会保障、医疗保险和足够高的工资在城市里买房，否则农村移民就不愿意割断与他们村庄的联系；他们也需要以城市居民同样的条件进入公立学校。可是现实情况并非如此，因此，有可能在相当长的一段时间内单个家庭成员将构成向城市移民的主体，而不是整户或全家。这不是说不存在家庭迁移，而是说等家庭变成移民的主体还需要很长一段时间。这是一个重要的问题，因为它将意味着除非可以发展出一个安全的、竞争性的土地租赁市场，否则农场经营规模的扩大将是微不足道的。

于翻了一番。过去 20 年劳动生产率的提高很大一部分得益于土地单产的提高。中国粮食单产在 1978 年至 1998 年间提高了 80%，而棉花、油料作物和食糖的产量提高得更多(SSB,1999)。

任何关于将来提高劳动生产率的讨论都应该基于这样的出发点：每个农场的平均土地面积将一直很小，到下世纪中叶前也不可能超过 1 公顷。如果中国农产品的价格和国际市场价格持平或接近，由于这种农场经营单位实在太小，大多数农民都无法拥有足够的机器。这样，想在今后 30 年内把劳动生产率提高 400% -500% 就是不可能的。我们必须找到一种以机械来代替劳动的方法，并且要保证这种方法是可行的。

中国台湾省确实出现了这样一种替代方法。1960 年代中期以来，随着经济的快速增长，台湾的农场平均规模却并没有扩大多少。台湾的绝大多数农场是兼业农场，农场工人占工人总数的比重从 1968 年的 41% 下降到 1997 年的 10%，同时，农场的数量下降了不到 10%。农场的平均规模现在为 1.1 公顷，比 1967 年大不了多少。台湾农民适应了经济增长，并不是通过大规模的移居城市，而是留在乡村继续经营他们的农场。他们可以在乡村附近得到非农工作，而且交通设施能够使他们每天往来于工作单位与家庭之间。

尽管台湾农场的规模仍然很小，劳动生产率却自 1960 年代后期以来有了大幅的增长。1967 年至 1997 年台湾农业劳动生产率提高了 400%，年增长率为 4.3%。[①] 代耕制的发展大大促进了农业劳动生产率的提高，在这种制度下，由一个农民来承担另外一些(可能有 10 个或 10 个以上)农民的大部分田间劳动。据估计，在 1990 年代初，台湾水稻生产大约 98% 的田间劳动都实现了机械化，80% 是通过代耕完成的(Johnson and Hou, 1993, p.26)。[②] 这样的一种代耕制在中国大陆也可以推广，而且我估计有些农村已经在做了。不过如果要有效率地发展，并在全国普及，还需要进行一定的

---

① 产出和就业数字都指的是种植业、林业和渔业。

② 到 1990 年，1 公顷水稻所需要的劳动量已经从 1970 年的 100 多天降低到大约 30 天(Johnson and Hou, 1993, p.25)。

调整。

如果每个农场经营单位只有一块土地,这种代理经营将会十分方便,开展农业机械的使用也是如此。过去其实曾经做过工作,来实现农户经营地块的集中,不过不是很成功。这是由于那时的土地集中带有相当程度的强制性,当然也可能是因为为时过早。一个小农场有那么多块分散土地的主要原因是为了降低生产风险,如土地质量低劣,土地离村庄太远,沙地在旱季的产量很低等等,拥有七八块土地就降低了这种风险。然而自从土地开始分配或是1980年代末开始集中土地以来,情况就有了变化。农民现在的收入比以前高出许多,这些收入通常都包括非农收入,而非农收入与农业生产的风险没有关系。现在的农民比20年前更清楚土地的质量和产量情况,与当初仓促进行的土地分配相比,农民有更充裕的时间来调整土地数量以适应质量的差异。如果每一个村子都有一个土地使用权的竞争性市场,那么土地集中就可以通过农民之间的交易来实现。[①] 遗憾的是,除了少数的农村,这样的市场还不存在,这就使得农民很难依靠自身的力量来实现土地集中。

中国台湾省做到的这些事情,在中国大陆的有些省份也曾短暂地尝试过,他们在集中土地的同时向个体农民提供社会化服务。但是这些努力都失败了,这显然是因为农民对强制性做法的抵制。然而,如果机械服务是由一些村民自己所熟悉的农民来提供的话,反应可能会截然不同。

为什么这样一种制度没有在农村出现呢?提供代理经营服务需要政府的支持,在最初几年也许需要一些补贴。对于那些希望购买农机来提供代耕服务的农民,必须向他们提供便捷的信贷。目前的信贷制度不能做到这点,部分原因就在于土地不能用作贷款的抵押担保。如果能确保土地使用

---

① 在一个市场框架内进行土地合并,就需要土地使用方面的产权被清楚地定义并能完备地被记录下来,也就是给现存的每一块土地都发放一个证书。在这样一个市场里,地方政府的功能将被限制为记录交易和颁发确认交易的证书。如果地方政府能够通过干预来阻止交易,市场就会受到极大的抑制。然而,中国现在有70万个村,要限制地方官员对土地使用权交易发挥作用,是一项很难完成的任务。

权有较长的年限，并存在土地使用权的买卖市场，那么土地使用权就可作为贷款的抵押担保。

要对乡镇官员进行教育，使他们相信开展代耕服务是符合他们利益的。在农业自由贸易体制下，没有这样的服务，任何地区的农场都没有能力参与竞争。每个人都必须清楚，如果农民要分享经济增长的成果，农村要繁荣，农业就业人口在今后数十年内就必须迅速减少。另外，政府还应当提供服务对从事代耕服务的农民进行培训，包括有关投资和必要收费的管理咨询，以使代耕服务成为有利可图。

八、结论

假如在今后的 30 年中，食物产量会继续增加，同时农业工人将减少 60% 或者更多，中国的农业就必须迅速变革。要实现这两个目标，农民就需要从其他经济部门得到帮助。中央政府在其中要发挥重要的作用，如增加对农业科研的支持，仔细检讨可能会阻碍农业调整的政策，以及实行新的政策促进其他要素投入替代劳动力。地方政府必须懂得如果农民要分享经济增长的成果，农业必须是一个作用下降的角色，他们必须愿意推动而不是阻碍这一过程。信贷机构必须为大幅度增加替代农业工人所需的资本提供便利。

农民充分分享经济增长成果的一个必要条件是为那些离开农业的人提供更多的非农就业机会。这些就业机会可以在城市，也可以在农村，但是不管在哪儿，如果要使农业劳动生产率的巨大提高有利于农村居民，就必须不断创造出这些就业机会。否则劳动生产率的提高将减少对农业劳动力的需求，降低它的回报，农民将会因更高的劳动生产率而深受其苦。

参考文献

Hayami, Yujiro and Vernon W. Ruttan, 1985, *Agricultural Development: An International Perspective*, Rev. Ed. Baltimore: Johns Hopkins University Press.

Hecht, Reuben W. and Glen T. Barton, 1950, *Gains in Productivity of Farm Labor.* Washington: United States Department of Agriculture. Technical Bulletin No.1020.

Huang, Jikun and Chunlai Chen, 1999a, *Effects of Trade Liberalization on Agriculture in China: Commodity Aspects.* Bogor, Indonesia: CGPRT Centre.Working Paper No.43.

Huang, Jikun and Chunlai Chen, 1999c, *Effects of Trade Liberalization on Agriculture in China: Institutional and Structural Aspects.* Bogor, Indonesia: CGPRT Centre. Working Paper No.42.

Huang, Jikun, Scott Rozelle and Mark W.Rosengrant, 1999b, "China's Food Economy to the Twenty-First Century: Supply, Demand, and Trade", *Economic Development and Cultural Change*, Vol.47. No.4, pp.737-766.

Johnson, D. Gale, 1999, "Agricultural Adjustments in China: Problems and Prospects", Office of Agricultural Economics Research, The University of Chicago, Paper No. 90:01, April 9, 1999.

Johnson, D. Gale and Chi-ming Hou, 1993, *Agricultural Policy and U. S.-Taiwan Trade.* Washington, D.C.: AEI Press.

Ingco, Merlinda D. 1996, "Tariffication in the Uruguay Round: How Much Liberalization?", *The World Economy*, Vol.19, No.4, July 1996, pp.425-446.

State Statistical Bureau (SSB) 1997, 1999, *China Statistical Yearbook.* Beijing: China Statistics Press.

中国能否通过在农村创造非农工作职位来转移大部分农业劳动力*

摘要:假如中国的农村家庭要充分分享到未来中国经济发展的好处,则中国农业部门就业的劳动力数量必定要大幅下降。为了适应未来30年农业部门就业劳动力的这种下降,每年必须新创造出1 200万至1 500万个非农劳动就业机会。乡镇企业自1985年以来大约已经提供了一亿个新的工作职位,但在最近的几年里这种新的工作职位很少增加。这其中的一个原因是这些企业都是一些非常小的企业——每个工业企业仅雇佣11个工人。随着中国经济竞争力的增强,这些小企业在如何保证原有的雇佣劳动力水平上面临着越来越大的困难,更不用说要它们每年新创造出数百万个工作职位。那么到底何处可以提供这么多的新工作职位?由于对户口迁移限制的持续存在,城市是不可能提供那么多的新工作职位的。本文给出了一个替代性的解决方案,即在中国每个县的一至两个城镇或小城市中加速促进企业的发展。这样一来工人仍可继续生活在农村却每天可以乘车往返于家庭与工作单位之间。这个替代性解决方案的优点是它所需的资本比把同样数量劳动力连同他们的家庭一起从农村迁移到城市所需的资本要少得多。

---

* 原文题为"Can Agricultural Labor Adjustment Occur Primarily Through Creation of Rural Nonfarm Jobs in China?",英文发表于《城市研究》(Urban Studies),2002年,39卷12期,中译文发表于《比较》,第八辑,2003年9月。

一个出生于经济快速增长国家的农村家庭的人所面对的一个不幸是，他很有可能需要转移到农业以外的其他职业就业。当然如果经济没有出现较大的增长，那么他除了继续做农民并终生贫困外别无其他选择，这个不幸就更大了。

在未来的许多年里，生活在中国农村的农民将面临着许多困难的调整——他们不得不做出多个艰难的选择。幸运的是，这些选择将建立在新出现的机会上，而不是怎样去逃避贫困。一个生活在农村的人是否应该迁移到大城市去？是否被允许迁移到大城市去？是否应该在乡村或小城镇中创办企业？是否应该放弃现有的土地使用权？是否应该在当地的乡镇企业寻找工作并放弃农业，或者继续作兼职农民？这些都不是轻易就能做出的决定。在未来的30年里，不只是少数农民不得不做出上述选择，几乎所有的农村成年人都会面临着这些选择，并且但愿他们中的3/4会决定彻底或几乎彻底离开农业。如果生活在中国农村地区的人要分享中国未来经济增长带来的好处，那么，这是未来的经济增长对他们提出的要求。

一、劳动力确实已经转移

中国已经经历了非常巨大的农业劳动力转移过程。在1952年，87.5%的人口生活在农村；到1978年，比例发生了轻微的下降，变为82.1%。自1978年以来，劳动力转移的速度得到了很大的提高，2000年农村人口占全国人口的比例为63.8%（NBS，2001，p.91）。然而，农村人口从第一产业转出的数量显著大于从农村迁出的数量①。根据官方数据，第一产业就业人数占全国就业人数的比例1952年为83.5%，1978年为70.5%，而2000年则

① 除种植业、林业、畜牧业和渔业外，第一产业还包括采矿业。2000年第一产业的雇佣劳动量35 580万，种植业、林业、养殖业和渔业的雇佣劳动量33 360万，采矿和采石业的雇佣劳动人数比上述两项之差的1/3还小（NBS，2001，p.108，p.112）。

减小为 50.0%（NBS,2001,p.108）。

官方数据显著地低估了第一产业就业人数的下降，从而也就显著地低估了农业部门就业人数的下降量。但是，让我们姑且暂时接受这些官方数据，2000 年大约有 34% 的农村地区劳动力不在第一产业部门就业（NBS,2001,p.111）。假若农业部门（种植业加畜牧业）的就业比例与种植业、林业、畜牧业和渔业增加值的比例相同的话，则同官方估计的一样，1998 年农业（Agriculture）的就业人数是 2.83 亿，占农村部门（Rural sector）总就业量的 61%，或者占全国总就业量的 40.5%（NBS,1999,p.377,p.380）。但是这种对农业部门就业量的估计显然是偏高的。中国国家统计局仍将数以千万计的进城临时农民工计为就业于农村地区的农民，并且很可能是将之计为就业于第一产业部门的农民[①]。现在中国大部分的就业机会不再由农业部门来提供。粗略地讲，1952 年农业部门的就业量极有可能占总就业量的 75% 左右，时至今日，这个比例低于 40% 几乎是可以肯定的。

二、劳动力仍需继续转移

尽管劳动力已经发生了大规模的转移，然而中国农民如果要充分分享国家未来的经济发展的好处，更多的劳动力需要转移。直至最近几年，在改革开放的进程中，中国农民从经济增长中分得的好处相对来说是较为平等的。真实的人均消费水平翻了三番（NBS,1999,p.72）。1978 年至 1985 年

① 按照国家统计局的数据，1998 年城市人口的就业率为 55.2%；1978 年为 54.5%（NBS,1999）。1978 年很少有人从农村临时迁移到城市。我们知道临时迁移到城市的农村人在户口登记时仍被视作农村居民。城市的雇佣劳动力数据显然不可能包括受雇佣的所有 5 000 万个外来打工人员。在 1990 年与 1998 年之间城市人口的就业率有所下降而同期的临时性外来打工人员数量却大幅增加；如果这部分临时性外来打工人员被包括在城市居民就业人数中的话，城市人口的就业率显然是增加的。如果 1998 年有 5 000 万个农民从农村迁移到城市，那么该年农业部门（种植业加畜牧业）的就业人数很可能低至 2.33 亿。

间农民的人均收入与人均消费的提高主要是因为农业生产率的改进及农产品真实价格的上涨,然而自1985年以来这种提高的大部分则来自于非农业部门就业收入的提高。在1978年,只有4%的农民家庭收入来自于非农业收入;到1985年非农业收入占农民家庭总收入的比例增加到了31%,而到1998年这个比例则进一步增加到了43%。1985年和1998年财产及财产转移收入大约占农民总收入的6%。如果忽略财产及财产转移收入,那么可以说在过去的20年里超过一半的农民收入增加(大约为55%)来自于非农业收入的增加。如果不是非农业收入的巨大增加导致农民收入的增加,那么单纯由农业生产率的改进使农民收入提高的部分将是很小的。

伴随上述积极故事的一个消极面是:在非农业收入对农民真实收入增加的贡献超过一半以上时,1998年城市家庭人均消费是农村家庭的3.5倍,1978年仅为2.9倍(NBS,2000,p.70);而1952年则为2.4倍(SSB,1984,p.454)。因此,最近的农村与城市居民消费水平的不平等较1978年要来得大,而这种不平等程度相对于1952年来说则更为巨大。这些比较是基于现价做出的。因此,农民收入来源的巨大变化以及农民就业结构的巨大调整并未能保持他们和城市居民的相对地位。这种发生于中国农村的巨大变化——1亿个乡镇企业的就业机会,和大约提供了3 500万个私有企业或者自谋职业的就业机会——是不足以维持他们和城市居民相对的消费或收入水平于不变的。有一点非常清楚的是中国农村居民的未来繁荣主要不是系于农业身上,而是依赖于为现在从事农业劳动的农民以及新加入的农村劳动力提供更多的非农工作职位。过去20年的历史非常清楚地表明如果农村与城市居民的人均收入和人均消费水平的巨大差异要得到显著地缩小的话,那么劳动力必须以更快的速度从农业部门转移出来。

在这里我急于补上一句的是,尽管更多的农业就业将不再是农民相对收入增加的主要来源,但农业生产率的改进对于保持中国农业在世界粮食市场的竞争力，以及提高粮食产量以满足不断增加的粮食需求却是至关重要的。农业必须在工作的报酬方面具有同非农产业竞争的实力。

我已经提出了到2030年农业（种植和畜牧）部门就业量占全国总就业量的比例将大约从41%下降到10%左右（Johnson，2000a）。这其中假设了随着经济的增长，农业的就业人数会从1997年的28 350万的估计水平每年下降3个百分点。为了吸纳从农业部门转移出的1.8亿个劳动力以及为农村和城市新增加的劳动力提供就业机会，平均每年需要增加1 200万到1 500万个非农业就业机会（Johnson，2000a）。这看起来好像是一项艰巨的任务，事实上确实也是。但是它要求非农业部门创造的就业增加量每年仅仅只有2.4%，这个比例远小于自1978年以来的每年5%的就业增加量——尽管在20世纪90年代这个比例有所下降——略小于4%（NBS，1999，p.134）。

三、城乡收入差别

表1（见第137页）给出了以现价衡量的城市和农村居民人均消费、人均收入以及人均生活支出绝对水平的时间序列数据；表2（见第139页）则给出了它们之间的相对比例。农村家庭的生活支出指的是他们用于消费的现金支出加上家庭自给自足的粮食与燃料的价值。但对农村家庭而言，它并未包含自有房屋的租金——住房是包含在人均消费的估计中。对城市家庭而言生活支出包括了日常生活的所有现金支出，因此并没有包括对他们住房的补贴价值或者他们得到的其他形式的实物补贴。这些补贴的价值包括在城市人均消费的估计中。不管你接受哪个序列数据，城乡之间都存在着非常巨大的差别，并且在过去的10年里尚未出现这种差别有所缩小的迹象。人均消费水平序列数据内容包含最广，包括城市与农村的实物消费。这种非货币的消费的来源对城市居民的重要性比对农村居民大得多。例如，在1999年，城市家庭的人均生活支出为4 616元，占城市居民人均总消

费 6 796 元的 47% 强。在农村地区,居民人均生活支出与居民人均总消费支出的差距则小得多——1 927 元对 1 670 元——两者相差 15%(NBS, 2001, pp. 66, 312, p.327)[①]。

表 1 和表 2 是用现价来加以比较的。用以抵消城市消费、收入及支出受通货膨胀影响的价格指数由于未能精确度量产品质量的变化,因此我认为也就不能精确地反映价格水平的变化。在另一篇文章里我讨论了反映城市消费者的消费价格序列数据被严重高估的证据(Johnson, 2001)。其中的主要的问题是它们不能精确地度量消费物品质量的变化。

为什么这些序列数据会与本文的主题——未来农业劳动力转移所需的新的非农就业机会应出现在何处——相关呢?它们之间的相关不但是因为农业部门必须减少劳动力雇佣量以抵消农产品需求的相对下降和农业劳动生产率快速增加的综合效应,而且是因为农业部门必须充分减少劳动力雇佣量以缩减城乡收入的巨大差距。这也是防止当前城乡差别进一步扩大所需的。人们可以很容易地得出这样的结论:如果在未来的 30-50 年里,城乡差距还维持在当前的水平,那么政府的经济政策并没有使当前的城市偏

---

① 这里只给出名义数据。国家统计局对人均消费与人均收入用可比价格给出了序列数据。然而,价格序列并没有给我们太多的信息,并且城乡之间的价格序列存在着较大的差异。例如,用于抵消城市消费与农村消费受通货膨胀影响的价格序列自 1978 年到 1998 年增加超过了 25%,而同期用于抵消城市收入与农村收入受通货膨胀影响的价格序列的增加却超过了 35%。城市消费者价格指数可以追溯到 1978 年,而农村消费者价格指数 1985 年前则不可得。但如果假设在 1978 年与 1985 年之间农村消费者价格指数同城市消费者价格指数一样变化的话,则城市的价格指数仅仅比农村的价格指数多增加 12 个百分点。用于抵消农村居民收入受通货膨胀影响的价格指数在 1978 年与 1985 年之间仅增加 11 个百分点——由于农产品价格的大幅增加这看起来是不可能的。例如,来源于家庭调查的谷类作物价格在 1978 年与 1985 年之间增加了 52%,而 1978 年谷类作物占所有食物支出的 44%。如果用 1978 年的支出权重来衡量并保持其他价格不变的话(其他价格显然是变化的),则用于家庭调查的谷类作物价格上涨会使农村家庭的消费品价格上涨 23%。小麦和大米是农民食用的主要谷类作物,它们的订购价格在 1978 年与 1985 年之间平均上涨幅度达到 70% 以上(SSB, 1996)。谷类作物的价格以及其他家庭自产的物品价格同样也被用于估计农村家庭的收入。1978 年,所有的家庭自产的物品价值占生活支出的 60% 或者占人均收入的 50% 强。

向得到多大程度的缓解①。

表1 1978-2000年城市与农村居民以现价表示的人均消费、人均收入及人均生活费用

年份	消费		收入[a]		生活费用	
	城市	农村	城市	农村	城市	农村
1978	405	138	344	134	n/a	116
1979	406	152	387	160	n/a	134
1980	496	178	478	191	n/a	162
1981	520	192	500	223	457	191
1982	526	210	535	270	471	220
1983	547	232	573	310	506	248
1984	598	265	660	355	559	274
1985	802	347	739	398	673	317
1986	833	351	900	424	799	357
1987	1 089	417	1 002	463	884	398
1988	1 431	508	1 181	545	1 104	477
1989	1 568	553	1 376	602	1 211	535
1990	1 686	571	1 510	686	1 279	585
1991	1 925	621	1 701	709	1 454	620
1992	2 356	718	2 027	784	1 672	659
1993	3 027	855	2 577	922	2 111	770
1994	3 891	1 118	3 496	1 221	2 851	1 017

① 中国除了城乡差别还存在其他的差别。中国农民收入的地区差别非常巨大并且在过去的20年里有进一步的增加。如果将上海和北京的农民收入数据搁置一边的话,有两个省份——浙江和甘肃的数据值得特别的注意。浙江的农村人均收入在1985年、1990年、1995年及2000年居全国最高,而同期甘肃的农村人均收入除2000年外则居全国最低,2000年贵州的农村人均收入略低于甘肃。1985年城市居民的收入是农村居民收入的1.86倍时,浙江农村居民收入就已经是甘肃的1.85倍,1990年为2.25倍,1995年则上升到3.37倍。2000年浙江农村居民收入是甘肃的3.36倍——几乎和1995年相同(NBS,2001,p.324)。结果是浙江与甘肃两省农民收入地区差别的增加速度快于同期全国城乡差别的增加速度。不同省份城市居民收入地区差别的程度要小于农民收入地区差别的程度。再一次将上海和北京排除在外,浙江的全省收入居全国最高位而甘肃的全省收入几乎是全国的最低水平——2000年例外,该年甘肃排名全国倒数第二。2000年,浙江的城市平均收入是甘肃的1.89倍(NBS, 2001, p. 311)。甘肃不算是一个小地方,2000年甘肃人口为2 560万。

续表

年份	消费		收入[a]		生活费用	
	城市	农村	城市	农村	城市	农村
1995	4 874	1 434	4 283	1 578	3 538	1 310
1996	5 430	1 768	4 839	1 926	3 920	1 572
1997	5 796	1 876	5 160	2 090	4 186	1 617
1998	6 182	1 895	5 425	2 162	4 332	1 590
1999	6 996	1 927	5 854	2 210	4 616	1 577
2000	—	—	6 280	2 253	4 998	1 670

注:n/a 表示数据不可得。

a. 城市人均收入指的是年人均可支配收入。农村人均收入指的是人均税后年收入。

资料来源:国家统计局(多年数据)。

本文的目的并不是详细探讨那些解释城乡人均收入或人均消费存在巨大差别的原因;作者在另一篇文章已经讨论了这个问题(Johnson,2000b)。简单说来,有三个主要的政策因素逆向地影响到了农民收入的增加。第一,自 1960 年以来,存在着对劳动力从农村向城市迁移的限制;这种对迁移的限制是使得城乡巨大收入差距得以长时间维持的主要原因。第二,农村的教育质量比城市低,并且农家子弟获取教育也比城市小孩难得多。因此农民所掌握的人力资本比城市人少;即使其他方面相同,农民也会因人力资本方面的劣势而影响其产出能力并进而导致他们得到更少的收入①。第三,在投资分配及银行贷款方面城乡之间也存在着极大的歧视。最近几年里可能出现了第四个因素——即通过对大多数正面临亏损的国企或投资收益率

① 城市与农村每个学生的人均教育经费可以作为反映城市与农村教育质量差距的一个指标。1997 年城市学生的人均教育经费为 1 397 元而农村学生的人均教育经费仅为 316 元;而初中生的人均教育经费分别为 2 414 元和 645 元(SSB,1998)。城市学生的人均教育经费大约是农村学生的 4 倍。

提高农村的教育质量和农民的受教育水平对中国未来经济的发展至关重要。由于中国城市人口生育率的下降,在未来的几十年里几乎所有中国劳动力的净增加将来自于农村。1990 年,农村劳动力的平均受教育水平是 5.8 年,而城市劳动力的平均受教育水平是 9.5 年(SSB,1993) 。所以除非农村的教育状况得到显著的改善,否则中国未来全国劳动力的平均受教育水平将会下降。

很低的国企的巨大补贴而使它们得以不断提高支付给职工的实际工资。

表 2　1978–2000 年现价表示的中国城市与农村人均消费、人均收入和人均生活费用的比例

年份	消费	收入	生活费用
1978	2.93	2.57	n/a
1979	2.67	n/a	n/a
1980	2.79	2.50	n/a
1981	2.71	2.54	2.39
1982	2.50	1.98	2.14
1983	2.36	1.85	2.04
1984	2.26	1.86	2.04
1985	2.31	1.86	2.12
1986	2.37	2.12	2.24
1987	2.61	2.17	2.22
1988	2.82	2.17	2.32
1989	2.84	2.29	2.26
1990	2.95	2.20	2.19
1991	3.10	2.40	2.35
1992	3.28	2.58	2.54
1993	3.54	2.80	2.74
1994	3.48	2.86	2.80
1995	3.40	2.71	2.70
1996	3.07	2.51	2.49
1997	3.09	2.47	2.59
1998	3.26	2.51	2.72
1999	3.53	2.65	2.93
2000	n/a	2.79	2.99

注：n/a 表示数据不可得。
资料来源：国家统计局（多年数据）。

对户口迁移的限制已经极大地妨碍了农民为适应经济增长而进行的劳动力转移——即随着农业对劳动力相对需求的下降而将劳动力由农村迁移到城市。在全球各地以及整个人类历史的进程中,劳动力迁移是一个非常重要的进程。中国过去半个世纪里存在的城乡工资巨大差异本应导致大量的劳动力从农村向城市的迁移,事实上这种现象确实发生于20世纪50年代末,但在中国发生三年自然灾害期间,这些移民中的大部分被遣返回原籍地,并且再也没有被允许返回到城里。

不管未来数十年为从农业部门转移出来的劳动力提供就业机会所需的新的非农工作职位到底是出现在城市还是农村,农村的小学及初中教育在普及率及教育质量方面都必须迅速提高到城市的水平。无论农村人最终会在何处就业,农村人都应该像城市人一样拥有同等的积累个人人力资本的机会[①]。当然,如果新的就业机会主要出现在农村地区的话,那么当前的投资分配及贷款方面的城乡歧视就应该尽快得到消除。

四、未来的非农工作职位到底应出现在何处?

自1978年以来,大部分新出现于中国农村的非农工作职位已经使得农业(Agriculture)雇佣劳动人数占全国总雇佣劳动人数的比例得以下降。劳动力从农村迁移到城市也提供了相当数量的新工作职位,但它相对于农村内部的从农业转移到非农业的总劳动力数量来说仅仅是一小部分。

自20世纪80年代开始的中国农村的非农工作职位的增加是极其迅速的。根据可得的在某种程度上并不完整的数据,这些工作职位的数量在1984到1998年间可能已经增加到了超过1.3亿个。但是注意到自谋职业人数和私人企业雇佣人数从1993年到1998年增加了2 400万个,同期的乡

---

① 我并不赞成用大规模的初等教育和中等教育来进行特殊工作技能培训。随着时间的推移社会所需的工作技能也是不断变化的。受过良好普通教育的人将比那些只受过特殊工作技能培训的人有更多的适合自己的就业机会。但我并不反对所有的技能培训——高中时我修过打字课并将这种技能一直应用至今。今天教会年轻人如何使用计算机也具有同样重要的意义。

镇企业的雇佣人数却只是稍有增加是令人费解的(NBS,1999,p.137)[①]。另一个令人费解的方面,是1999年和2000年的经济发展中农村家庭收入的增长速度比城市家庭来得小。这种农村家庭相对收入的下降部分可以归因于农产品价格的下降,但近年来农村地区非农就业的缓慢增长无疑是一个很重要的原因。

有多种理由怀疑乡镇企业或者农村非农企业的未来发展会主要依赖于在农村开办的企业身上。在农村开办的企业面临着一大堆的劣势。其中之一是它们的规模往往比较小——1998年全国所有乡镇企业的平均雇佣人数仅为6个工人。乡镇工业企业平均雇佣人数也仅仅只有16个工人(SSB,1998,pp.419-420)。由于受到规模的限制,这些企业很难获得规模经营的优势或者由工人专业化分工所带来的生产率改进的优势。新华社最近的一个报告引起了我们对中国政府是否充分理解中国农村所面临的劳动力转移问题重要性的担心。

"在未来的5年里,随着政府加速农村的工业化及城市化建设,在乡村的开办企业有望提供1 000万个新的就业机会"(中国在线,2001)。

假如在乡村里每年只能新创造出200万个就业机会,那么就必须在其他地方新创造出五至六倍数量的就业机会才能够吸纳农业部门转移出来的劳动力。对这200万个新就业机会有两种可能的解释。其中之一是把它解释为政府所认为的未来中国在乡村里所能提供的全部非农就业机会,这种解释支持了我的结论,即由此所能得到的新的工作职位是极其有限的。另一种解释是政府所认为的每年新创造的200万个非农工作职位会对农村劳动力转移以及农民收入水平的提高做出重大的贡献。但实际上这200万个非农工作职位所能产生的作用是非常有限的,并且如果这200万个非农工作职位就是农民所能获得的全部或几乎全部的非农工作职位的话,那么在未来的5年里城乡之间的收入不平等程度将进一步加剧。

① 近年来私人企业雇佣劳动量的增加部分可归因于对乡镇企业的重新分类,从而将一些原来视为乡镇企业的私人小企业排除在外。此外,最近几年一些乡镇企业已经被私有化并可能对它们进行了重新分类。

在一个平均人口只有1 000人的村子里开办乡镇企业还会面临更多的劣势。这些劣势根源于城市已经成为非农企业——工业企业、金融机构、高等教育与科研部门以及交通运输业的主要聚集区。更确切地说,问题的根源还在于城市具有规模经济以及技术与人才积聚的优势。因为城市中的企业很容易就能得到众多的服务和产品,乡村企业如果要得到这些产品和服务就得支付极高的费用,而这些产品和服务对乡村企业提高生产率是至关重要的,这样一来城市就更有利于专业化分工的产生。小乡村显然是不具备这些优势的。

导致开办于乡村或城镇的乡镇企业获得巨大成功的某些因素现在已经不存在或者将来将不复存在。其一,主要由对劳动力迁移的限制而导致的农村地区的低工资;即使考虑到城市与农村劳动力人力资本上的差异,农村地区工人工资还是较低的。其二,直到20世纪90年代初,城市的产业结构——主要由国有企业构成——效率低下并具有垄断性,从而使得刚刚出现的企业——乡镇企业具有较高的赢利率。现在这些因素已经彻底改变了:现在几乎每个产业部门都面临着过剩的生产能力并且许多行业不再具有垄断定价的能力。其三,有利于乡镇企业以低成本和高效率运行的政策框架。绝大多数乡镇企业面临着硬性的预算约束——资金亏损在多数情况下即意味着企业的倒台。这意味着低效率且高成本的乡镇企业将被市场逐出,然而这样的国有企业却仍得到政府的保护。乡镇企业包括大多数地方政府所有的企业被迫以低成本进行生产——这种低成本生产是出于生存的需要而不是企业自己选择的结果。大多数乡村确实不具备为不能获利的乡镇企业支付高额补贴的能力。

我们也不能否认许多乡镇企业仍然可以继续在乡村或城镇经营下去。大约有20%的乡镇企业工人受雇于建筑业和交通运输业,而另外20%的乡镇企业工人受雇于商业、贸易业、饮食业以及其他服务业。有可能这些乡镇企业或者是因为它们为当地顾客提供服务或者因为它们所处的行业不存在规模经济,因而这些农村中的乡镇企业并不存在劣势。然而其他雇佣了60%农村非农业劳动力的乡镇工业企业目前却处境艰难。

但是即使目前已有的乡镇企业能够赢利并能得到缓慢扩张的话，也必须寻找其他源泉以提供足够多的新的非农工作职位，以满足农村劳动力的增长以及未来能在农业部门正常就业的工人数量的下降。特别是在未来的30年里，至少要有1 200万到1 500万个新的非农工作职位以满足农业部门劳动力就业量每年3%的下降，以及为新进入劳动力市场的年轻人提供工作。这些提供新工作职位的企业中的大部分是否可以开办在小乡村还是主要开办在小城市与城镇？这就是我这篇文章要探讨的问题。

五、解决劳动力迁移问题的替代性方案

中国政府当前的政策是鼓励在小城市和城镇中发展新的非农工作机会，这些政策包括扩大现存的城市和城镇的规模以及发展新的城市和城镇。江苏旨在将劳动力连同他们家庭从乡村转移到小城市的劳动力转移经验可以作为上述政策实施的证据。我所提供的政策建议是，在未来的几十年里，我们需要考虑替代性的解决方案——即便不是绝大部分也应有大部分的新的非农就业机会应出现在大多数乡村农民可以每天乘车往返上班的距离之内。

如果将工作职位连同工人以及他们的家庭都从农村转出的话，那么投资所需的资本将是非常巨大的。如果4.5亿个新的非农工作职位都出现在小城市和城镇的话，由于每个工人除了为他(她)自己还得为平均0.65个受赡养者提供住宿，这意味着大约将为7.5亿个人建造住房。

假如每个家庭的平均居住人数与1998年农村家庭的规模(4.3个人)相同的话，那么大约需要1.75亿间住房以容纳7.5亿个居民。以1997年农村房屋(而不是城市房屋)的平均建造成本2.4万元来计算，那么总成本将是42 000亿元或者未来30年里每年支付成本1 400亿元。这仅仅只是建造房屋的成本，还不包括建设新的城市社区的公共开支——道路、公共设施(供水、下水道和电力供应)、学校以及其他城市建设，而这些公共开支的成本与建造房屋的成本是大致相当的。实际上，城市地区房屋的造价可能远

不止上述数字所描述的。无论如何,不管新的非农工作职位会将工人从农村迁移到哪一个城市都需要巨大的投资。

除了住房和城市设施的投资外还得进行生产性投资。即便以目前乡镇工业企业里每个工人的固定资产量来计算,未来 30 年大约需要总共投资 11 万亿元;然而,如果新的工作职位的工资要接近于现有城市工人的工资的话,则每个工人的投资额可能要大大超过上述数值——也许是它的 2-3 倍。

让大多数农村劳动力仍旧居住在村里,并让那些在村外有工作的人每天往返上班,可以作为替代将劳动力从农村迁移到新建的小城市和城镇来实现农村劳动力的转移的备选方案。如果这个替代性的方案要有可行性而且要能缩小城乡收入差距、提高了农民的生活水平及福利水平,那么就必须使乡村的生活对那些在村里工作的农民以及那些在村外就业的居民来说具有更大的吸引力。要使这个替代性的解决方案具有吸引力,那么每个乡村就需要有全天候的道路和公共交通工具,从而使得乡村工人能在时间与金钱方面以合理的成本每天乘车往返于家庭与工作单位之间。

需要什么才能使得乡村成为比城市更具吸引力的生活地方?中国的许多乡村缺乏中国现代城市人认为理所当然具备的某些设施——自来水、室内厕所、可靠的廉价电力供应、高质量的电视讯号接收。在 1998 年,只有 9% 的农村居民拥有电冰箱,23% 的农村居民拥有洗衣机,33% 的农村居民拥有彩色电视机(NBS,1999,pp.347-348)。农村居民拥有家用电器比城市居民少的一个原因是,农村居民的收入要远少于城市居民的收入(见表 2),但这个原因并不能解释家用电器使用上城乡巨大差距中的绝大部分。另一个重要原因则是,家用电器的使用需要诸如可靠且低成本的供电系统和自来水系统等公用设施的支持,而农村公用设施建设明显落后于城市。

林毅夫曾强烈地建议,通过在中国农村地区建设电视卫星地面接收器,建造水井和水塔以在每个村庄建立自来水网络,彻底提高农村的电力供应系统并降低电价等措施,来提高农民的生活质量(Lin,2000)。林是从满足双重目标的角度来提出上述建议的——提高农民的生活水平及削减家电制造业的过剩生产能力以抑制中国的通货紧缩并确保对现存资源的更好利用。林提到了城乡之间在电力价格上存在极大差价——农村电价比城市高3-5倍。城乡电价的巨大差异对农民的消费有着巨大的负面影响。卢迈(2000)曾提到过城乡在电力消费上的巨大差距。

"农村的高压输电网设备已经老化并且对电网运行的管理也是非常不合理的。尽管乡村基本上都能得到电力供应,但农村的人均电力消费量仅仅只有城市的1/9"(Lu,2000,p.42)。

农村地区的高电价不但影响到了农民的生活质量,而且增加了农村地区经济活动的运行成本。

最重要的是,农村地区的教育体制必须改革,以期在相同的成本下提供给农村学生与城市学生相同的受教育机会①。在1990年,农村劳动力比城市工人每人大约少受4年的教育(SSB,1993)。如果要消除城乡之间的收入差距,这种受教育水平上的差距必须消除。必须提高农村学校的教育质量以赶上城市学校的水平。如果许多新的非农就业机会出现在农村地区以及其他小城市,并且如果每个乡村都有全天候的道路相联系的话,那么大部分的农村初级中学也就没必要是寄宿学校了。这些初级中学可以建在每个乡村的就业中心,学生也可像工人一样每天通过公共交通往返于家与学校之间。在对农民从农村向城市迁移仍存在限制的情况下消除城乡学校在数量和质量方面的差距,这种做法本身并不能消除城乡之间的收入差距,但它确是实现城乡收入平等的必要条件。

六、所需的配套改革

如果要在未来逐渐消除城乡收入差距,并为促进农村劳动力转移而在农村非农领域创造出大部分的新的非农工作职位,就需要进行重大的经济

① 尽管现在几乎所有的农村儿童都完成了小学教育,但大概只有81%的人完成了初中教育,而完成高中教育的人则不到4%。在城市大约有1/3的儿童完成了高中教育,而在县城和城镇则有30%的儿童完成了高中教育(NBS,2000,pp.666-669)。

和政治改革。目前在投资资金分配、银行信贷供应、小学和初中教育的普及率以及对诸如道路等公共设施的财政融资上,城乡之间都存在着巨大的歧视。

2000年农村地区估计的非农就业人数为16 800万;而1978年则为2 800万(NBS,2001,p.111)。2000年农村地区的16 800万个非农就业机会有12 800万人在乡镇企业工作。这些企业具有鲜明的中国特色——它们是在县、省和中央政府很少或完全未给予支持的情况下由乡村政府自行开办的。近年来有一些乡镇企业已经私有化了,但具体数量并不清楚。目前并不存在乡镇企业可为未来开办在小城市和城镇的企业提供较大比例的非农就业机会的明显迹象。大部分新的工作职位可能会出现在私人企业里。如果真的出现这种情况的话,那么政府就必须进行大规模的基础建设以支持小城市和城镇的产业发展——道路、下水道、电话以及成本低廉的工业用电。至少在最初的几年里,如果得不到中央和省级政府的大力支持,这些基础建设是不可能完成的。为了使得乡村成为更适合农民居住的地方而对乡村进行的改造同样需要得到中央和省级政府的支持。这些支持对于建设各乡村通往外面世界的全天候道路显得格外的重要。中国以外的学者很少有人注意到中国的农村劳动力每年需为当地的诸如校舍的建造或维修,以及灌溉系统和道路的建设等地方项目提供25个工作日的义务劳动。而城市的居民却没有这种负担——又一个城乡歧视的例子。我认为如果农民相信通过这种形式的税收支付可以提高他们的生活水平的话,那么他们还是会继续接受它的存在。

在1994年的税收制度改革以及新的中央政府与地方政府的关系下,强加于农村居民的某些税收负担已经成为农村地区不稳定问题的根源。在2000年,中央政府在安徽省进行了多少带有某种程度上大张旗鼓的旨在减轻农民负担的税费改革试点。这个试验性改革方案需要中央政府减少税收征集,但并未为这部分的税收减少提供足够的其他税收来源加以弥补。其结果是导致许多地方没有足够的资金为诸如支付教师工资等必要的地方性支出进行支付。这个改革方案虽然从中央政府拿出一定资金以弥补地方财政的损失,但显然是杯水车薪。1994年的税收改革的一个后果是自1994年以后中央政府大大地增强了对政府收入的控制。1993年中央政府得到了全部政府收入的22%,而1994年这个比例则增加到了56%(NBS,2001,p.257)。然而,中央政府支出的增加却没有这么大,中央政府的支出占所有政府支出的比例仅从1993年的28.3%上升到2000年的34.7%。不同省的地方政府——村、乡镇、县和省级政府在支持诸如教育与道路建设等必要的政府行为上能力有着巨大的差别。除非沿海各省与西部各省的收入不平等程度能够得到削减,否则中央政府必须通过财政手段来使全国各省之间及城乡之间在诸如教育等公共开支上趋于更加平等发挥重大的作用。这种做法在城乡之间的劳动力迁移仍受到限制的情况下尤其必要,而劳动力在城乡之间的迁移是低收入地区转移劳动力资源并增加劳动力报酬的主要手段。

为农村居民提供非农就业机会而开办的新企业能够从信贷系统获得充分的信贷资金同样是非常重要的。当前的信贷系统显然难以胜任这项任务。它给私人企业的贷款非常少,并且给农村地区的信贷资金也为数不多,从而使得城乡之间存在着较大的歧视。只有当银行面临着赢利压力,并且只有当银行不会因政治家和政府官员的压力而给偿还前景渺茫的企业提供贷款时,这些类型的为农村劳动力转移提供新的工作职位的企业才能得到充足的贷款。

在某种程度上,我所提出的有助于在小城市和城镇创造非农就业机会的政策建议需要很多的政府参与。也许有人会认为这样做有危险,因为当前过多的政府干预是导致中国经济效率低下的主要原因。省级政府对本地产业的保护在一定程度证实了这种担忧。当前中国国内并不存在自由贸易。例如,省里的政府官员可以控制调出外省的粮食数量直至他们认为本省的粮食需求得到满足为止。中国加入世界贸易组织对削减国内贸易壁垒也许比削减中国与外国的贸易壁垒更具重要性。如果由于国内贸易的壁垒依然存在而导致向中国出口的企业从关税削减和/或数量限额的消除上得到的利益微不足道,他们会向世界贸易组织申述并最终迫使中国消除这些内部壁垒。

在西部农村地区创造非农工作职位是这项工作中最令人头痛的部分。沿海省份的乡镇企业和其他提供非农工作职位的农村企业现在都非常集中。西部省份诸如贵州、甘肃和四川第一产业外的就业量占总就业量的比例为 10% 到 20% 之间,而辽宁、江苏和浙江的比例则为 41% 到 65% 之间(NBS,2001,pp.110-111)。西部各省共有 2.75 亿人,与美国的人口规模相当。除非政府采取积极的措施以提高当地的教育与基础建设的水平,并且为开办新企业提供多种形式的支持——培训工人和经理、为开办新工厂提供咨询、为产品营销提供帮助以及为企业提供适当的信贷资金——否则未来可能会收效甚微。

七、结束语

假如在未来的几十年里中国的农村居民要完全分享中国高速经济增长的成果,那么每年就必须新创造出数以千万计的非农就业机会。随着农产品需求的缓慢增长以及农业劳动生产率的显著提高,农业部门的劳动雇佣量必将大大下降;为了吸纳农业部门所转出的劳动力以及为新进入劳动力市场的年轻人提供工作,需要创造出众多的非农工作职位。每年需创造出的新的非农就业机会是非常巨大的——在未来的 30 年里每年约需创造出 1 200 万个到 1 500 万个。乡村的乡镇企业是否能够创造这么多的新的工作职位令人怀疑。一个替代性的发展战略是鼓励在小城市和城镇里发展工业企业,以便使得多数农村人仍可继续生活在乡村但每天却能够乘车往返于家庭与上班单位之间。这与通过把劳动力从农村迁移到城市来转移农业劳动力相比,会大大减少吸纳这些转出劳动力所需的投资量。

多数城市居民应该支持上述做法。如果它取得成功,将使城里人的生活免遭一大堆来自乡下的未受良好教育的外来者的干扰。但城里人也不应指望这种自在生活的获得会是免费的。长期以来,城里人一直享受着来自农村的补贴。该到城里人补贴农村人的时候了。

参考文献

China Online 2001, *Villages to Produce 10M New Jobs in Five Years*, 31 January.

Economic Research Service 1973, *Farm Population Estimates 1910–1970.* Statistical Bulletin No.523, Washington, DC: US Department of Agriculture.

Ge Yenfeng 2000, "Policy Suggestions on Alleviating the Contradictions of Income Distribution During the Tenth Five-Year Plan period", *China Development Review*, 2(4), p.73.

Johnson, D. G. 2000a, "Agricultural Adjustment in China: Problems and Prospects", *Population and Development Review*, 6(2), pp. 319-334.

Johnson, D. G. 2000b, "Reducing the urban-rural income disparity", Paper No. 00-07, Office of Agricultural Economics Research, University of Chicago.

Johnson, D. G. 2001, "Have the Urban-Rural Income Disparities Increased Since 1978 in China?". Paper No. 01-05, Office of Agricultural Economics Research, University of Chicago. Published (in Chinese) in *China Economic Quarterly*, 1(3), (April 2002), pp. 553-562.

Lu, M. 2000, "More Efforts for Development of the Rural Market", *China Development Review*, 2(1), pp. 39-45.

Lin, J. Y. 2000, "The Current Deflation in China: Causes and Policy options". Working Paper Series, No. E2000002, China Center for Economic Research, Peking University.

NBS (National Bureau of Statistics), 1999, 2000, 2001, *China Statistical Yearbook.* Beijing: China Statistical Press.

SSB (State Statistical Bureau), 1984, 1986, 1993, 1997, 1998, *China Statistical Yearbook.* Beijing: China Statistical Press.

中国农村老年人的社会保障*

一、引言

正规的社会保障对农民和城市居民的作用会有所不同。在大多数国家，尤其是工业化国家，老年农民明显比城市居民拥有更多的资产。一般来说，农户不但拥有他们耕种的全部或部分土地，而且还投资于大量的牲畜和农业机械。这些资产一旦需要就可以出售变成现款。虽然如此，即使是在大多数农民都拥有自己土地的高收入国家中，农民和其他农村人口也全部被包括在正规的社会保障体系中。

中国现在的情况与上述不同。中国农民没有土地所有权，这样老了以后就不能靠变卖土地以供所需。不过这并不意味着他们的晚年没有生活保障，这种保障来自于那种几代同堂的家庭结构，几乎全部农村老年人都生活在两代、三代甚至四代同堂的家庭里。然而，强化并扩展现有的农村社会保障体系十分有必要。近 40 年来，农村的人口出生率急速下降，这可能意味着在未来几十年里，越来越多的农村老年人将独立生活，或只与其配偶共同生活。此外，农村老年人与农业生产的联系也日趋松散。

据国家统计局 1990 年在四川省和辽宁省的农户调查显示，8% 的农村人口已进入老年。如果家庭平均人口为 5 人，那么 1 000 人的村子里就有

---

* 原文题为"Social Security for the Rural Elderly in China"，芝加哥大学农业经济学研究室工作论文，论文编号 98.04，1998 年 4 月 15 日，修改完成于 1998 年 12 月 10 日。本文较早的一个版本曾在中国留美经济学会于 1998 年 6 月 22－24 日在北京举办的"中国社会保障国际研讨会"上报告。

200个家庭。假如1/3的老年人丧偶,2/3的老年人有配偶,那么在54个家庭,也就是说27%的家庭之中有一个或两个老年人。在未来25年中,老年人口的比例很有可能上升至20%,假设丧偶老年人的比例不变,那么200户的村子将有135个即65%的家庭至少有一个老年人。

到目前为止,老年人不但可以依靠与他们共同生活的家庭成员,而且还有可能从住在外面的子女那里得到资助。而随着老年人口比例的上升,独居和只与配偶生活在一起的老年人比例的上升将不可避免。80年代末,四川省独居和只与配偶共同生活的老年人的比例只有6.4%,但是在人均收入水平较高的辽宁省这个数字是12.7%。另外,家庭中子女数目的下降也必然会导致这个比例的上升。因此,他们中的很多人会失去来自家庭的生活来源和保障。在这种情况下,社会保障体系对农村老年人口就更为重要了。

二、当前农村老年人口的经济状况

考察根据1990年四川和辽宁的农户调查数据,我得出结论,农村老年人的消费和收入水平与其他人没有显著差列。在得出此结论时,我假设在多代同堂的家庭中,大家对消费开支的分配是均等的。由于老年人的需求与其他成年人的需求不完全一样,上述结论并不一定意味着老年人和其他成年人的人均支出完全相同。我还不能从所掌握的数据来判定这个假设是否正确,但是根据在农村中的观察和对农民生活的了解,我相信这个假设还是有道理的。

在研究是,我把家庭做若干分类,如平均年龄大于或小于60岁,或者一个家庭是否有60岁以上的老人。在四川,以下四类家庭的人均收入基本上都一样平均年龄小于60岁的家庭、平均年龄大于60岁的家庭,以及有60至64岁之间老年人的家庭、有65岁以上老年人的家庭。在1990年,平均年龄小于60岁的家庭人均收入为506元,平均年龄大于60岁的家庭人均收入为563元;有60至64岁老人的家庭人均收入为500元,有65岁以上老人的家庭人均收入为480元,他们之间区别不大。四川省的数据还显示,没有老人的家庭其人均收入为536元,而有老人并且其年龄在60-64岁、65-69岁、70岁以上这些范围内的家庭其人均收入分别为494、516和462元。这里的差别也不大。

但是在辽宁,有无老人的家庭收入差别很大。在1990年,无老年人家庭的人均收入为833元,有老年人家庭的人均收入为675元,几乎相差20%。可是,农户调查数据表明,辽宁有老年人家庭的人均消费为547元,无老年人家庭的人均消费为601元,两者消费支出的差别要比收入的差别明显要小,只有10%。而且,前者家庭的人均食物支出为321元,后者为327元,几乎一样。在四川省,这些家庭的人均消费支出,无论是总消费还是食物消费都没有明显的差别,只是有老年人的家庭在总消费和食物消费上的支出会稍微多一点。这里所指的食物消费包括消费自家生产的食物以及购买的食物。在辽宁,有老年人家庭的储蓄会更少一些。

数据显示,在1990年,有老年人的家庭必须自己养活自己,从国家得到的补贴非常少,政府给的钱平均只占到他们家庭收入的2.5%,而这些钱中又有一半来自参加农户调查的补贴。因此国家的转移支付只相当于有老年人家庭其收入的1%多一点。在四川,从集体公共福利基金根本就拿不到钱——那些平均年龄大于60岁的家庭分文未得,另外的350户无生活来源的老年人家庭每户所获得的钱也少于1元。

需要注意的是,大多数农村老年人在收入和福利上为他们的家庭做出了重要的贡献。这些贡献既有全职的农活,也包括照看小孩。

1987年曾有过一次规模很大的"中国老年人口抽样调查",不过我们不能拿这个资料与农户调查的收入数据直接进行比较。因为那个抽样调查调查的是家庭成员每个人的收入,但我手头上的农户调查数据并没有区分出家庭中每个成员的贡献。抽样调查结果显示,农村老年人收入的4.7%来自养老金,38%来自子女。农户调查则发现,在这两省,有老年人的家庭几乎没有在他们城里的亲戚那里得到资助。不过,我认为抽样调查所显示的子女资助的来源包括居住在农村的子女,而且主要是与他们生活在一起的子女。

根据农户调查资料，如果四川和辽宁两省的情况在中国农村能具有代表性，我可以得出结论：在20世纪90年代初，老年人的处境与其他家庭成员非常相似。换句话说，在收入水平相对较高的地区，老年人的消费水平也相对较高；在收入水平相对较低的地区，老年人的贫困程度与其他家庭成员也大致相同。我认为，在1990年，中国传统家庭正如农村家庭一样，在他们的家庭收入条件下，很好地满足了老年人的需要。然则，在今后几十年中，随着农村生育率的急剧下降，以及老龄人口比重大幅度上升，农村这种几代同堂的家庭模式可能会变到冲击在这种情况下，就需要制订一些非常富有创造力的社会政策，才能使1990年老年人的供养水平保持下去。

三、需要了解更多信息

在对农村目前的养老体系进行重大改革之前，非常有必要进一步了解目前以及未来老年人口的状况。我们对农村老年人的健康状况、工作情况、经济来源和数目等方面的情况还知之甚少。从农户调查的资料中可以获取很多有用的信息，对之应充分加以利用，但该调查并没有提供健康和工作活动方面的信息。要得到这些资料有两种途径：其一，进行额外的抽样调查，以充分了解目前老年人口的状况，如贫困发生率、谁已经获得了或尚未获得全面的医疗护理，以及老年人在多大程度上自食其力等等；其二，在国家统计局的农户调查中再增加少量的问题。①

在完成本文的初稿之后，另一项有关社会保障的重要研究也正好问世(Benjamin，Brandf and Rozelle，1998)。这个研究也支持应该进一步了解老

① 如果农村家计调查能够增加有关劳动力配置方面的问题，那么该调查在了解农村资源利用效率方面的价值将会大大提高。由于现在的调查没有提供务农的劳动力使用数量方面的资料，我们无法利用生产函数对资源利用进行分析。在农业和非农工作之间的时间分配也是一项非常重要的数据，而这方面的资料目前还没有。对家庭老年人和其他成员健康状况的调查可以按季度进行，而不必遵从其他及详细的指标的调查频率。

年人口状况的观点。根据不同的资料,他们发现,1995 年河北和辽宁两省大约有 1/3 的老年人单独生活(p.11)。与我所报告的结论不同的是,他们发现老年人的收入和消费水平大大低于其他人。然而,这项研究还报告,1989 年的另一个调查资料则显示老年人的收入与其他成年人基本相同(p. 24)。我认为导致结论不同的原因可能并不是因为调查时期的不同。这些相互矛盾的结果正好说明有必要对此做更进一步的研究。

尽管深入了解目前老年人的情况至关重要,但无论现行的还是改革后的农村养老金计划都不会对现在的老年人产生太大的影响。向养老金计划缴费的时间需要足够长(至少 30 年),否则积累的资金只能提供低水平的养老。事实上,只有现在农村人口中那些 30 岁和 30 岁以下的人,如果参加农村养老金计划,才能够在年老时得到充足的养老金。到了 2030 年,老年人所面临的情形将会与现在的老年人大不一样。正如前面提到的,那时大部分的老年人将可能不是生活在几代同堂的大家庭里,而是独居或只与其配偶生活在一起。

预测 30 年后老年人的经常性收入来源是十分重要的,这可以帮助我们确定养老金应该占领取养老金之前收入的百分比率。在下面,我们将假定养老金占退休时收入的比率在 40% -50% 之间是适当的。但是,做这一假定的前提条件是农村人口仍然与土地保持着紧密的关系,至少从事一些庭院经营、饲养一些家禽和家畜用于自己消费。如果现在的土地集体所有制能够得到改革,他们或许还可以通过出租他们的土地使用权或者真正意义上的土地所有权而获取租金。

不过,因为到 2030 年为止,农村劳动力中从事农业的比例将可能会降到不及现在的一半,上面的假定可能会不成立,需要通过预测现今农村青年人在今后的活动来设立新的假定。

四、现行的农村社会保障体系

中国有一些养老院来照看那些丧失了自理能力且无子女的老年人。但养老院体系所涵盖的农村老年人口的比例非常小，以至于在农村老年人抽样调查中无法把这一项目单列出来。

在一些邻近大城市的高收入农村地区，很多年看已经有部分农村人口参加各种养老金项目。1993 年，民政部在大多数农村地区开始推行一种农村养老保险项目。此项目于 1991 年在山东省进行试点，1993 年在全国范围内推广。到 1997 年底，已有 8 200 万人投保参加，但人均缴纳的保费很少，仅为 231 元（按现行汇率还不到 30 美元）。因此，有关农村养老保险体制的经验还十分有限。我认为，如果要很好地满足 21 世纪农村老年人口的需要，对现行的养老保险项目必须进行重大改革。我要说的话听起来像是批评现有的做法，但这并非我的本意。相反，我的意图是想提供一完善现行的养老保险项目的建议；同时，对其他政策提出建议，使其有助于满足农村老年人口的需求。

需要明确的是，至少在今后 20 年里，目前养老保险项目每年所能发放的养老金数额还很低，老年人的大部分需要仍要由他们的家庭来提供，或者是靠自己拥有的资源来解决。如果一对夫妇每年将其总收入 5 000 元中的 10% 投到养老保险基金中，假设基金投资的真实回报率为 4%，20 年后基金的累计价值将是 11 000 元左右。这笔基金能为这对夫妇提供的年金数额只有 950 元，如果他们真实收入的年增长率为 4%，那么年金将占到他们 20 年后收入的 18%。

五、养老金与退休时收入的比例

我不认为农村老年人在退休时需要和城镇职工一样多的养老金。农村人口，包括那些从事非农工作的人，在将来领取养老金的期间仍然有渠道挣得一些收入，包括继续务农，生产食物供家用和出售，帮助看管孩子以减轻其他家庭成员的家务负担，以及得到他们承包地的收益。如果农民能拥有土地所有权，那么土地将具有更高的养老保障价值。不过如果农民能有长期的土地使用权（例如 50 年），并且存在一个竞争性的土地使用权租赁市场,土地也会具有较高的保障价值。

这就是为什么在前面我假定养老金支付标准的目标为退休时收入的40%-50%。这一目标的前提是人们与农业生产继续保持密切关系,并且用全部或部分时间参与农业生产活动。在这种情况下,老年人一般除了养老外还有其他收入来源,比如自产食物和其他活动的现金收入。对于那些基本上已不从事农业的农村居民来说,如果他们继续住在村子里,却已失去了除宅基地以外的其他所有土地,那么他们的退休金与退休时收入的比率可能应当更高一些,比如说65%左右。对于这些人,应该鼓励他们购买额外的养老保险,最好其回报率与真实的中国经济增长率相同。

六、回报率

养老金的年支付额是四个变量的函数:投保年限、每期投保金额、养老基金的投资回报率和开始领取养老金时的预期寿命。从长期来看,可以假定大部分人的投保年限是大致一样的。假如退休年龄是60岁,那么如果农村人20岁或之前就有工作收入,就可以假定他们从那时就开始缴纳保费。然而,因为在21世纪三四十年代中国人口的平均预期寿命将接近75岁,60岁时的预期寿命将大大超过15年,所以养老金应该从65岁开始支付。这样,一个人对养老基金的缴费年限将达到45年,这会大幅度增加退休时养老金的数量。

如果大多数人的投保年限达到40-45年,那么影响养老金支付额的两个最重要的变量是就投保额和养老基金投资的真实回报率。名义回报率基本上没有什么意义,因为名义回报率部分反映的是通货膨胀率。如果名义回报率恰好等于通货膨胀率,就意味着投保人只收回了投保本金。此时如果他们将收入的10%投保,投保期为40年,那么他们领取的养老金额将只相当于他们退休前或开始领取养老金时收入的7.5%左右。虽然投保人将他们收入的10%投入养老基金这么多年,但是从真实价值看,他们没有任何收获。这一例子清楚地说明,养老金的预期价值在多大强度上超过本金,其关键在于养老基金投资的真实回报率。

投资真实回报率和投保额占收入的百分比决定了养老基金的规模,而养老金支付额与退休前收入的比率还取决于投资回报率和收入增长率之间的相对大小。如果投资回报率低于收入增长率,那么除非每年将很大比例的收入投保,否则领取的养老金与退休时收入的比率会比较低。相反,如果投资回报率高于收入增长率,尽管投保额占收入的百分比不变,领取的养老金占退休前收入的比例也会比较高。所以,在建立养老保障体系时,收入增长率与投资的真实回报率之间的关系是一个需要重点考虑的问题。经验表明,投资真实回报率通常会超过工资增长率。在美国,即使投资于政府债券,也是如此。世界银行(1997,p.58)的报告指出,1980-1993 年,中国真实工资的年增长率为 5.4%,1986-1995 年,资产的税前收益率估计为 13%,但在 1996 年,收益率仅有 6%。

事实上,中国农村养老保障体系自建立起,政府就没有对农村养老基金的投资回报率做出任何承诺。很明显,1993-1997 年投资的真实回报率是负的。换句话说,对于从 1993-1997 年每年都在投保的人,他们积累的基金的真实价值要低于他们付出的保费。虽然 1997 年和 1998 年的通货膨胀率低于投资收益率,但就该计划的整个期间来说,投资的真实回报率仍为负值。这对农村养老体系来说,绝不是一个良好的开端。

七、年投保额

在以下的讨论中,我们将假定个人或夫妇将其年收入按固定的比例缴入养老保障基金。在本文的例子中,我用农户调查数据估算出 1995 年农村劳动者的平均收入:每个劳动者 2 500 元,即每对夫妇 5 000 元。[①] 目前的农村养老保障以个人或夫妇投保为基础,可能是他们本人缴纳的,也可能是

① 2 500 元是根据 1995 年农户调查数据计算的人均净收入乘以每个劳动者要供养的人数得来的(SSB, 1997)。因此,这里的劳动收入包括了所有来源的收入。

集体或村子替他们缴纳的。我们暂时假定参加养老保险是自愿的，虽然现在大多数的社会保险和养老保障体系中，参加保险都并非出于自愿，至少在形式上，个人只缴纳保险金的一部分。当然，不管是谁将支票交给保险机构，最终的支付者都是雇员，因为雇主支付的工资里面已经考虑到了缴纳保险费的因素，只不过表面上看起来是由其他人承担了一部分的保险费。

我不太了解中国的民政部如何向农村群众解释投保额和所得养老金的关系，比如说要使养老金达到退休时收入的一定比例（如 40%－50%），现在每年应该缴纳收入的百分之几。我知道，在美国，对于人们能够指望从社会保障中领取的养老金数额有多么小，政府官员从未开诚布公过。[①] 虽然没有人明确许诺过，但是给人的印象是养老金应该足以满足年老时的需求，尽管对于许多一般收入的人来说，退休时养老金能够达到退休前收入的 50% 是不可能的。[②]

在投资的真实回报率、投保期间收入的实际增长率、投保年限、退休时的预期寿命，以及投保费占收入的百分比之间存在着多种多样的组合。为简明起见，我将不去逐一讨论，只给出几种情形，以说明在设计养老金项目时，改变一些变量将会产生什么影响，附表 1 所列的是几种可能的组合。

让我们假定设立养老金的目标是为老年人个人或夫妇提供数额相当于退休时收入的 40%－50% 的养老金，再假定投保年限是 40 年，真实收入的年增长率是 4%，60 岁老年人的平均预期寿命是 10 年。如果投资的真实回报率是 4%，要实现上述目标，缴纳的保费需占收入的 10%；如果其他条件不变，投资真实回报率上升为 6%，那么只需将收入中的 6% 投保，就可保证养老金能有退休时收入的 50%。但是，如果 60 岁老年人的预期寿命为 15 年

① 在本文完成后，美国现任总统在讨论如何在社会保障体系破产之前对它进行改革时，告诫他的听众应当用个人储蓄来补充社会保障的不足。

② 如果你打电话向社会保障机构询问，你可以了解到你养老金的大概数额，但你必须自己主动去问。

(40年后的情况很可能正是这样),在投资真实回报率为6%的情况下,要实现上述目标,则需将收入的7.5%投保。

假定政府承诺的投资真实回报率仅为2%,投保额为收入的10%,投保40年,且60岁老年人的预期寿命为10岁,则投保人退休时领取的养老金将只相当于退休时收入的31%。如果预期寿命延长到15年,养老金与退休时收入的比例则只有21%。

由此可见,投资的真实回报率对养老金的规模有很大的影响,因此其大小对于任何农村养老保障体系都是至关重要的。对此,有关部门需要给予高度重视,尽快拿出措施,不能延误下去。

如何确定一个合适的投资的真实回报率呢?积累起来的基金可以投资于实物资源以获取一个正的平均真实回报率。因为这种投资也具有一定的风险,实际给付率可能只是实际回报率的一个比较大的部分。由投资在低风险的债券回报率减去通货膨胀率来计算,美国经济的长期真实回报率约为3%。如果按过去半个世纪投资于普通股票的回报情况看,长期的回报率达到9%。这是在近期股票价格大幅上升以前的估算。在可预见的未来,中国的投资回报率至少会达到这一水平,甚至更高。如果这一预测是正确的,那么,承诺养老金4%的真实回报率将不会对经济的其他部门造成负担。

要让农村人口自愿参加养老金项目,使该项目对大部分人产生吸引力,4%的回报率是必要的,否则养老金项目就无法与其他潜在的投资渠道竞争。随着中国资本市场的发育,私营的共同基金将会出现,并给投资者带来正的预期投资回报率。未来几十年,在上述预期的中国资本投资回报率下,如果养老金的回报率明显低于4%,私营的基金将肯定形成对农村养老金的有力竞争。值得强调的是,如果养老金项目采取自愿的形式,它就必须与农村人可以获得的其他投资机会竞争。其他的投资机会包括投资于农业、非农产业,以及未来可能会发展起来的私营的年金项目。因而,农村养老保障项目要想涵盖较高比例的人口,与各种其他投资选择相比,其回报率必须达到合理的水平。

八、领取养老金的起始年龄

上面的讨论大多假定开始领取养老金的年龄为60岁。应该认真考虑把退休年龄提高到65岁。如果能这样,那么在对投资回报率以及回报率与收入增长率的关系作出合理的假定后,每年以收入的7.5%投保,即可使养老金达到相当于退休时收入40%-50%的水平。这将使农村养老保障项目对农村人口更具有吸引力,对低收入者来说尤其如此。

九、真实回报率和收入年增长率

养老基金的规模取决于上面提到的那些变量:年投保额、真实回报率和开始领取养老金时的预期寿命。还有一个变量会影响养老金占退休时收入的比例,即投保期内收入的增长率。如果真实回报率低于收入增长率,比起二者相等的情形,养老金所占退休时收入的比例就更小。而如果真实回报率超过收入增长率,养老金占退休时收入的比例就要更大。附表1显示了两者的关系。

十、基金的投资

如果养老基金的参与率接近100%,基金流量就会相当大。假定劳动者的人均收入以1995年的不变价格计算为2 500元,并且4亿农村劳动力向养老基金提供10%的收入,那么年保额就将达1 000亿元。这并不意味着现有储蓄会净增加这么多的资金,而很可能是取代了其他形式的储蓄,如在农业银行的储蓄存款。而在1994年,农业银行储蓄余额的增长达到了1 380亿元。养老基金虽然并不会显著地增加投资资金的供给,但是,如果能够保证比较高的正的真实回报率的话,投资会有所增加。目前,银行存款和政府公债的真实回报率都有很高的不确定性。如果政府向养老基金支付4%的真实回报率,那么当基金能投资到至少有4%回报率的项目时,就不会增加政府的预算负担。在中国,只要把基金投资于收益最高的领域,这个回报率肯定是能达到的,然而,这需要政府政策的调整。其实,这种调整已经在进行当中。中国的真实利率往往是负的,这等于是补贴投资。如果要有效地利用国家的资源,存贷款利率就应反映投资资金的生产率。在中国目前和今后的一段时间里,4%的真实回报率是不难保持的。当然,条件是要将资金投资在回报最高的领域。如果能做到这一点,确保4%的真实回报率是不需要政府财政补贴的。

一些国家,特别是英国和以色列,发行了大量的指数化债券,英国的适销债务中约18%是指数化的债券,而以色列的适销债务中有79%与价格指数挂钩。在1997年1月,美国也发行了指数化债券,其年真实回报率为3.375%。指数化公债券的优点是,与其他非指数化债券相比,可以使货币和财政当局更加谨慎行事。当政府发行非指数化公债时,政府可以通过通货膨胀来降低未偿债务的真实价值,也就是通过通货膨胀税让老百姓承担一部分债务。但如果采用指数化债券他们就不能这样做。在通货膨胀时,政府必须使用其他资源来补偿通货膨胀给债券持有人带来的损失。这应该就是指数化政府债券很少被使用的原因。不过对中国政府而言,这显然是一个可行而且也应该考虑的选择。只要通货膨胀得到控制,政府就没有任何损失,而对债券持有人则会非常有利。

十一、乡镇企业职工

以上讨论隐含了一个假定,即在确定养老金的缴纳数额时,不仅包括了所有的农业生产收入,也包括了农村非农企业职工的收入。乡镇企业职工有可能被纳入主要面向城市职工的全国性养老保障体系。在世界银行的

《老年保障》(Old Age Security)一书中清楚地解释了至少要将镇级企业[①]的职工纳入统一的养老保险体系中的原因:“如果养老制度的标准是统一的而且能覆盖非国有部门(包括镇级企业),就可以筹集到大量的资金,以用于养老保障制度的转轨。”

这里所说的转轨是指从目前的非积累性的养老金制度向一个低水平养老金的第一支柱[②]与强制性个人账户相结合的新的养老金制度过渡的时期。在此时期中,在旧制度下退休的工人仍继续按旧制度领取养老金,在新制度实行前已经在旧制度下工作的工人其原先的工作年限仍按照旧制度计算养老金。

换句话说,与在很多领域发生的事情同样,农村居民将被要求为一项主要由城镇居民受益的项目买单。这不仅是因为农村的职工要为转轨付出额外的成本,而且,由于乡镇企业职工的平均年龄低于城市,在以后许多年里,他们为第一支柱所缴的税都要超过他们的收益。

十二、农村养老金的补充

如上所述,除非在缴纳期和发放期养老基金的回报率能在4%以上,否则养老基金就不会满足退休后生活的需要,这里我把该需要定义为养老金的数额等于退休时收入的40%-50%。弥补养老金不足的一个方法是将土地的所有权赋予农民。随着土地市场的发育,土地所有者有两种利用土地

① 《老年保障》曾多次提及要将镇级企业职工包含到统一的国家养老保障体系中来。然而,该书第39页表3.2显示的1994年中国就业数据中,一列标为“镇级企业就业”中的数据和《中国统计年鉴1996》中乡镇企业的数据完全一样。年鉴上的数据显然包括了所有农村的非农就业,不但有乡镇企业还有私营企业的职工。而私营企业就业人数现在和乡镇企业基本上是一样的。

② 第一支柱是指中国目前正在讨论的具有普遍性的和低水平的养老保障。这一支柱将向所有参加该养老项目40年的人提供达到贫穷线水平的收入,保障水平可以是对所有人都一样的水平或依据家庭收入情况而定。第一支柱将通过一般性税收或工资税来筹集。养老金的数额将相当于平均工资的24%。第二个支柱将是强制性的个人养老账户,将完全通过雇主和雇员等量交纳的保金筹集。如果每年缴纳工资的8%,并且回报率和工资增长率相同,40年后养老金将相当于工资的36%(World Bank,1997,p.45)。第三个支柱是自愿的补充性个人退休金账户。这要求存在有经过官方许可的养老金管理机构提供这样的个人账户项目。

的方式来补充养老金。一种方法是出售土地,将所得资金用于投资,另一种是出租土地,以租金弥补养老金和其他财产的不足。

由于对农民私人拥有土地的政治阻力依然很强,可以采取一些变通的方式,例如给农民铁定不变的长期土地租约,租期比如说50年,租约在农民的有生之年每十年可以续签一次。① 铁定不变的土地租约的含义是,地方政府或其他部门不能以人口变动或其他任何理由废除合同。如果能做到这一点,租赁合同就具有资本价值,在退休后就能够有偿转让,以提供家庭所需的养老资金。承租者也可以将土地租给其他人耕种,以租金来弥补养老金的不足。但是,土地对农村居民,特别是生活在几代同堂的家庭的人来说,最重要的作用还是在于对收入的贡献。

土地的价值到底有多大?除了转为非农用途的土地以外,据我所知,并无有关农用土地价值的数据。由于转为非农使用的土地多靠近城市,其价格并不能代表农用土地的价值。我们可以用土地时农业收入的贡献份额来粗略估算目前中国农用土地的平均价值。虽然我们还不知道具体多少比例比较合适,但合理的比例应该介于33%-40%之间。从1995年农户平均农业收入的数据看,0.6公顷土地的年平均回报在1 800-2 200元之间。假定投资的真实回报率是4%,1公顷土地的价值应在75 000-90 000元之间。②

当然,随着经济的增长,农业家庭逐步减少,劳动力不断从农业中转移出去,农业生产单位的规模将有所扩大。40年后,农业生产单位的平均土地面积将会超过1公顷,有可能达到2公顷。这样,土地将成为一项重要的

① 如果到租期终结时才能延长土地使用权的租赁年限,农民的安全感会随着时间的推移而下降。假定包括一个20岁成员的家庭的土地合同期是50年,如果这个人在65岁开始领取养老金,此时,他对土地的使用权就只剩下5年,而5年使用权的价值是有限的。另外,如果此人已不再从事农业生产,在合同到期时,能否再续签是没有保证的。目前长期固定年限的土地使用权分配制度所忽略的问题是,使用权的价值随时间推移会下降,这不仅会对资源的利用产生影响,而且也会对使用权对于养老金的补充作用产生影响。是保持土地所有权集体所有,还是个人所有,是众多要解决的问题中的一个。

② 对于中国的土地,这可能是个保守的估计。按8∶1的美元汇率折算,按此方法计算的每公顷土地的价格约为1 000美元。在美国生产率很高的玉米带,每公顷土地的平均价格大约是3 500美元。

资产,能够在需要时提供退休后的生活保障。40 年以后,一公顷土地的价值将远远超出一项能够在 4% 的真实利率下提供年收入的 10% 的资产。以 1995 年价格计算,这大约是 50 000 元。然而,由于大部分土地将会留给下一代,土地的资本价值不大可能用于养老,使用的可能只是其租赁价值。

十三、结论

以上讨论尚未提及农村养老保障制度应采取强制形式还是自愿形式。世界上大多数的基本养老制度都是强制性的:无论是否愿意,符合一定标准的人都必须缴纳保险费。赞成强制保险的理由是,当有人因缺乏预见或遭遇不幸而失去工作能力,生活遇到困难时,社会就会承担为他们提供最低程度的经济资助的责任。

然而强制性保险也有明显的缺陷。在这种体制下,政府可以不负责任地行事。[①] 现在许多国家社会保障和养老金项目所面临的困难都显现了这样的问题。从理论上讲,参加人年轻时投保,然后保险基金进行投资增值,并最终用于为此人支付养老金。而实际上,几乎所有现存的政府养老金项

① 这里给出三个有关美国社会保障的例子来说明这一点。前两个例子是基于我自己的经历。美国政府做了一些承诺,使得发放的养老金数额大大超过人一生的缴费所积累的资金。我本人是其中两个承诺的受益者。第一个例子,有数以百万计的人并不是在开始工作时就加入了社会保障体系,而是在以后加入的,但他们却被视为自工作起即开始投保。我是 36 岁才开始交纳社会保险金的,但我得到的养老金却与我从 21 岁开始缴纳没什么不同。第二个例子,在 70 年代计算养老金与缴费额的比率时犯了一个明显的错误。有好几年,养老金都被双重指数化了:既随生活成本指数增加,也随平均工资增加。因为工资增长中的一部分反映的是物价指数的变化,所以物价指数就被计算了两次。政府花了几年的时间才发现这一错误,但国会和总统不愿承认犯了这样的错误。当计算养老金的公式被纠正后,对于某些尚未退休的项目参加者,计算养老金的公式并未作出调整。我本人正是这两项决定的受益者。

近来,总统和国会为成功地平衡了联邦预算而沾沾自喜。但预算的平衡是由于他们将社会保险费的收入与支出之间的 1 010 亿美元的盈余计算为 1998 财政年度的预算收入。这等于是将一笔钱花了两次。社会保险的收支盈余应当用于将来养老金的发放。现在就将盈余花掉,意味着这个资金缺口到了时候还是要补上。如果预算在真正的意义上达到平衡,1 010 亿美元的盈余应该用于投资获得收益,以用于在未来支付现在承诺的养老金。而且,这样 1 010 亿美元的盈余就会存在那里,而不是被花掉。

目中，年轻人缴纳的大部分（或者全部）保费都被政府用来支付现在退休的老年人的养老金，而并没有拿去投资以使养老金增值。换句话说，大多数的养老金项目都是建立在“现收现付”的基础上，大部分保费并没有用于投资，而是用于支付当前的养老金。在这种情况下，年轻人只能假设或者希望，当他们退休后将会有足够的劳动者继续缴纳保险以使他们能够拿到理应拿到的养老金。

强制性养老保障制度并非一定要这样运作。智利设计了一种明显限制了政府作用的“个人退休账户”体系，目前这个制度已经被其他国家效仿。政府将每个参加者包括雇主缴纳的资金集中起来，将其交给私营投资机构，代个人投资。参保者可在几个投资机构中进行选择，政府则制定一定的规则限制投资机构的经营行为。如果哪一家机构，在一段时间里经营不善回报率不佳，将被强迫进行清算，并根据退休账户拥有者的意愿将资产和负债转给其他机构。

在目前的中国，尚不存在将农村养老保障体制私有化的资本市场条件和规章制度。在这种情况下，对于如何管理农村人口托付的养老基金，政府有责任必须做到坦率、公开，这包括承诺养老基金的投资能实现一个正的真实回报率。

无论农村的养老保障体系是强制的还是自愿的，关键在于确保基金的投资能有一个合理的正的真实回报率。如果是强制性的，就需要政府有这样的一个承诺来确保公正。如果是自愿性的，它能否成功争取到很大比例人口的参加，取决于预期的真实回报率和人们对取得该回报的信心。主强实行自愿养老金制度的理由是，只有政府采取负责任的行为时，才能保证养老金项目有较高的参与率。

参考文献

Benjamin, D., L. Brandt and S. Rozelle, “Aging, Well-being, and Social Security in Rural North China”, Unpublished paper.

State Statistics Bureau (SSB), 1997, *Statistical Yearbook of China* 1997. Beijing: China

Statistical Publishing House.

World Bank, 1997, *Old Age Security: Pension Reform in China*. Washington, D.C.: The World Bank.

附表 1　影响养老金与退休时收入比例的各种因素组合

年收入（元）	年投保额占收入比例	收入年增长率	缴费期	真实回报率	退休时预期寿命	退休时账户余额	年养老金（元）	退休时收入	养老金与退休时收入的比例
2500	10.00%	2%	40	4%	15	33 708.75	2 915.19	5 411.86	53.87%
2500	10.00%	2%	40	4%	20	33 708.75	2 384.95	5 411.86	44.07%
2500	10.00%	2%	40	5%	15	42 279.55	3 879.34	5 411.86	71.68%
2500	10.00%	2%	40	5%	20	42 279.55	3 231.07	5 411.86	59.70%
2500	10.00%	2%	40	6%	15	53 514.62	5 198.13	5 411.86	96.05%
2500	10.00%	2%	40	6%	20	53 514.62	4 401.56	5 411.86	81.33%
2500	10.00%	2%	40	8%	15	87 824.17	9 500.42	5 411.86	175.55%
2500	10.00%	2%	40	8%	20	87 824.17	8 282.49	5 411.86	153.04%
2500	10.00%	2%	40	4%	15	44 243.18	3 826.23	5 975.13	64.04%
2500	10.00%	2%	40	4%	20	44 243.18	3 130.28	5 975.13	52.39%
2500	10.00%	2%	40	5%	15	57 287.59	5 256.40	5 975.13	87.97%
2500	10.00%	2%	40	5%	20	57 287.59	4 378.00	5 975.13	73.27%
2500	10.00%	2%	40	6%	15	75 039.76	7 288.96	5 975.13	121.99%
2500	10.00%	2%	40	6%	20	75 039.76	6 171.99	5 975.13	103.29%
2500	10.00%	2%	40	8%	15	132 671.68	14 351.83	5 975.13	240.19%
2500	10.00%	2%	40	8%	20	132 671.68	12 511.95	5 975.13	209.40%

续表

年收入（元）	年投保额占收入比例	收入年增长率	缴费期	真实回报率	退休时预期寿命	退休时账户余额	年养老金（元）	退休时收入	养老金与退休时收入的比例
2500	10.00%	3%	40	4%	15	40 013.55	3 460.45	7 917.57	43.71%
2500	10.00%	4%	40	4%	15	48 010.21	4 152.01	11 540.91	35.98%
2500	10.00%	4%	40	5%	15	58 772.91	5 392.68	11 540.91	46.73%
2500	10.00%	4%	40	6%	15	72 672.24	7 058.99	11 540.91	61.16%
2500	10.00%	3%	45	4%	10	53 549.08	6 348.19	9 178.63	69.16%
2500	10.00%	4%	45	4%	10	65 713.23	7 790.24	14 041.29	55.48%
2500	10.00%	4%	45	5%	10	82 525.59	10 178.52	14 041.29	72.48%
2500	10.00%	4%	45	6%	10	104 985.52	13 456.76	14 041.29	95.84%
2500	10.00%	4%	40	2%	15	33 060.51	2 522.50	11 540.91	21.86%
2500	10.00%	4%	40	3%	15	39 628.81	3 222.88	11 540.91	27.93%
2500	10.00%	4%	40	2%	10	33 060.51	3 608.34	11 540.91	31.27%
2500	10.00%	4%	40	3%	10	39 628.81	4 510.39	11 540.91	39.08%

注：

1. 假定每年年初缴纳保费；

2. 养老金在退休后的每年年初发放，分 15 年付清；

3. 对寿命的预期从养老金发放之时算起。

制度和政策对农村人口增长的影响——以中国为例*

本文有两个主要目的:第一,本文旨在阐明,影响人们生活的制度和政策对家庭生育决策有重要影响,而政策和制度的适当结合可以使得生育率迅速下降;第二,本文拟提出一些制度和政策建议,以达到并且保持低生育率水平,同时允许每个家庭拥有的孩子数量达到他们所期望的水平。这样的政策可以克服当前政策依赖于分配生育指标的缺陷。并且当前实行的严格控制家庭生育数量的政策,可能会导致农民与政府之间的冲突,从而危及现行政策的长期执行。

文章结构如下:首先,在理论上简略探讨影响家庭生育决策和家庭生育意愿的各种因素。其后,将过去 40 年来中国和其他几个发展中国家生育率变化状况作比较,说明由于政策与制度的适当结合,一些国家实现了与中国类似幅度的生育率迅速下降,而又允许家庭生育其期望的子女数。再次,本文总结了实证研究发现的发展中国家家庭生育决策的主要影响因素,探讨了中国目前实际存在的鼓励生育的政策及其对农村生育率可能产生的影响,然后提出了一组有效的替代政策建议,以解决现行政策在鼓励生育和控制生育目标上的矛盾状况。鉴于现行政策引起的农民家庭与政府之间的冲突,充分考虑适当的政策和制度组合,使农民利益与政府降低人口增长率的目的相一致,这是至关重要的。本文的其余部分将给出证据支持这样一个结论:在相当大的程度上,中国的人口规模对人均食物供应或人均收入仅有

---

* 原文题为“Effects of Institutions and Policies on Rural Population Growth with Application to China”,发表于《人口与发展评论》(*Population and Development Review*),第 20 卷第 3 期,1994 年 9 月。

非常轻微的影响。因而,新的替代政策能否取得现行政策组合所取得的均衡的人口数量,这并不是至关重要的。事实上,替代政策或许会使人口数量降低,但这并不是倡导这些政策的原因所在。

一、一个简单的生育决策模型

家庭在组织其资源时期望达到最大的满意程度,此此相同,他们在作生育决策时也是理性的,这是本文分析的理论基础。在1979年实行改革后农村经济所取得的成绩支持了理性行为适用于中国农村家庭的假设。过去15年改革的一个基本假设是:在一个提供适当激励的政策环境中,如果允许农民作出自己的决策,他们会以一种有效的方式分配其资源,以提高其生产率、产量和收入。理性行为引导有能力的个人和家庭决定如何使用其生产资源,这个假设已被农村改革的成功强有力地证实;同样的假设也适用于家庭生育决策。

实际生育率取决于家庭期望子女数,以及达到期望子女数所需投入的成本(Becker,1960)。父母对孩子数量的需求,是权衡增加一个孩子的预期成本与收益的结果。当再增加一个孩子的预期成本等于或大于预期收益时,已有的子女数就是期望子女数。增加一个孩子的成本包括父母养育孩子的时间成本、政府不负担的教育和保健费用以及衣食住的支出。时间成本是工资率或文化程度以及职业(农业或非农业)等变量的函数。妇女怀孕、生育的成本亦包括在内。

父母增加一个孩子的预期收益包括几个方面。一是孩子的收入或者通过做饭、照料兄弟姐妹、清扫、种菜、拾柴和饲养家畜家禽对家庭的贡献。如果是男孩,重要的收益还包括提供父母年老和生病时经济保障和照顾。在某些制度环境下,如果村里的土地根据人口的变化重新分配,生育孩子的一项重要收益也许是可以从村里得到收入或资产的转移。除了经济收益外,增加子女的收益还包括孩子为父母直接带来的快乐或满足感。

一旦家庭作出了期望子女数的决策,为实现这个决策所需手段的成本及可得性就影响着实际的生育。家庭生育意愿的实现能力依赖于生育能力，也受影响于避孕药具和服务的可获得性、可靠性、质量和成本，以及采用堕胎终止妊娠的意愿和能力。家庭实现生育意愿的程度受到父母尤其是母亲的文化程度的影响，因为提高文化水平可以增加避孕知识，从而减少寻找适当可行的避孕方法的成本。

这个简单的生育决策模型有助于我们理解发展中国家影响生育率下降的诸多因素。这一模型将使我们更加清楚地认识到，中国有一些政策、制度和环境增加了家庭的期望子女数，并降低了家庭达到其期望子女数的能力。很明显，一些因素会导致农村家庭和城市家庭生育意愿产生差异；国家的人口政策不能只考虑提供避孕药具和服务，或限制生育数量，而应该承认这些差异，并且采取措施尽量缩小其影响。

二、发展中国家生育率的迅速下降

毫无争议，中国在过去二十几年里出现了生育率的迅速下降。1965 至 1970 年间总和生育率是 5.99，而在 1985 至 1990 年间下降了一半以上，只有 2.45（见表 1）。目前，中国的生育率保持在人口替代的水平上（State Family Planning Commission，1994，p.5）。表 1 还列出了另外 8 个发展中国家或地区的数据，这些国家的生育率在此期间也迅速下降了：8 个发展中国家和地区的平均总和生育率（未加权）1965 至 1970 年为 4.70，1985 至 1990 年为 2.16。其 1985 至 1990 年的平均值比中国大约低 10%，但这些国家和地区在 1965 至 1970 年的起始值就比中国低。这些国家和地区总和生育率下降的百分比与中国非常接近——中国是 60%，而他们是 54%，其中有两个下降的百分率比中国大——韩国是 62%，中国香港是 66%，而中国台湾省的下降速度则同中国大陆完全一样。由于这一对照组是经选择的国家和地区，并不是发展中国家和地区的随机抽样，之所以选择这些国家和地区是为了说明中国过去 25 年中生育率的下降并非独特。除新加坡外，没有哪个国家或地区限制生育，最多只是提供避孕节育服务；新加坡曾经采用多种经济惩罚和奖励措施以保持小型家庭规模,但是自 1987 年起,新加坡转向鼓励生育的政策,并提供积极的经济刺激以达此目的。

表 1 中国及部分国家或地区 1950-1990 年的总和生育率

国家或地区	1950-1955	1955-1960	1960-1965	1965-1970	1970-1975	1975-1980	1980-1985	1985-1990
中国	6.24	5.04	5.93	5.99	4.76	2.90	2.36	2.45
韩国	5.18	6.07	5.40	4.52	4.11	2.80	2.40	1.73
泰国	6.62	6.42	6.42	6.14	5.01	4.27	3.52	2.60
斯里兰卡	5.74	5.44	5.18	4.88	4.00	3.83	3.25	2.67
智利	5.10	5.30	5.28	4.44	3.66	2.90	2.80	2.73
圭亚那	6.68	6.76	6.15	6.11	4.90	3.94	3.26	2.77
中国香港	4.43	4.70	5.30	4.01	2.89	2.31	1.80	1.35
新加坡	6.41	6.00	4.93	3.46	2.62	1.87	1.69	1.80
中国台湾省	6.70	6.00	5.10	4.20	3.40	2.70	2.17	1.74
中国*								
城镇	5.34	5.07	4.36	3.37	2.49	1.51	1.33	—
农村	6.25	5.49	6.43	6.51	5.24	4.97	2.83	—

* 联合国和中国国家统计局的数据中总和生育率一项有小的差别。
资料来源:联合国,1993 年,表 41;中国国家统计局人口司,1989,1991。

这里并不是说影响生育率的政策、制度和条件在中国和其他发展中国家或地区是相同的,也并不是说如果中国没有现行的人口控制政策也会达到同样程度的生育率下降。我的目的是想说明,其他一些在 50 年代收入低的发展中国家和地区也实现了生育率的迅速下降。

三、发展中国家生育率下降的原因

有相当多的研究探讨了导致生育率变化的因素,本文仅概述一些比较重要的发现。简要说来,研究显示,发展中国家生育率最重要的决定因素有受教育程度(特别是妇女教育程度)、老年保障的手段(养老金、财产所有权)、城市化、死亡率或预期寿命、计划生育服务的可获得性,以及人均收入水平或收入变化率。此外,妇女在城镇正规部门就业参与率的显著提高,正如在中国和其他社会主义国家所发生的地样,使得妇女结婚时间推迟,并且提高了养育子女的成本,因此对降低生育率有显著的影响(Cheng and Maxin,1992)。由于以上这些变量中的某一些(或许是大部分)是相互关联的,所以很难准确地把每一个因素的影响分离出来。比如在发展中国家,妇女的受教育程度、老年保障的提供、城市化、预期寿命和人均收入诸变量之间存在正相关关系。大多数的实证研究表明,妇女的受教育程度是影响生育率的主要因素,即受教育程度越高,生育率越低;但当城市化和人均国内生产总值也被考虑进去时,妇女受教育程度的系数也许就不显著了。

Subbarao 和 Raney(1993)估计了发展中国家的生育模型,其中所包括的解释变量有女性和男性中学入学率(占相应人口组的百分比)、人均国民收入、计划生育服务、城镇人口、医生比例,以及亚洲、非洲、拉丁美洲三个地区的虚拟变量。估计结果表明,对发展中国家而言,设定其他变量等于各自的平均值时,如果把 1975 年的女性中学入学率从 19% 倍增到 38%,就可以将 1985 年的总和生育率将从 5.5 降到 3.9,而计划生育服务增加一倍只能将生育率从 5.5 降到 5.0。提高妇女的受教育程度主要通过两个途径减少生育率:一是明显减少期望的家庭规模,当妇女的中学入学率从 20% 提高到 30%,期望的家庭规模可望减小 0.6;另一途径是加强避孕措施,当妇女的中学入学率同样从 20% 提高到 30% 时,避孕率将从 24% 提高到 33%。可见提高女性受教育程度可降低家庭的生育意愿,并更多地使用各类措施以降低实际生育的子女数。在所研究的发展中国家中,在女性的中学入学率达到 80% 之前,妇女受教育程度对生育率有负的影响作用。

Jefferson 和 Petri(1987)估计的发展中国家生育模型中,解释变量还包括社会保障和福利的支出。他们发现,与出生时的预期寿命和收入增长一样,65 岁以上老年人的社会保障和福利支出对生育率有统计上显著的负效应。妇女受教育程度的系数并不显著,这也许是由于这一变量与预期寿命、生产率以及社会保障和社会福利等因素高度相关的缘故。

Jefferson(1990)应用中国城镇地区的数据,分析了广泛的社会服务体系

(包括由国家和集体企业提供的退休金)对生育率的影响。这里所说的城镇地区包括市镇行政单位所管辖的农村地区;在180个具备有效数据的城镇地区,36%的劳动力从事农业和农村服务业,这些人被归类为从事农业的。其余的人则按就业单位的特征分类:所有制细分为国有、集体和乡村所有企业;行业类型分为工业或非工业企业。在总就业人数中,国有企业占40%,集体企业占14%。农村地区中的国有农业企业职工仅占总就业人数的2%。

除就业特征外,该分析还包括死亡率、通货膨胀率(1980-1987年)和住房面积。结果表明,高死亡率与高出生率相关,这与预期是一致的;住房面积与出生率呈正相关(当住房面积小时,子女数量较少),有独立住房的家庭出生率最高;农村和国有工业企业就业的职工总和生育率显著低于其他人。尚不清楚的是,乡镇企业职工的养老金和退休金起什么样的作用;这一变量与出生率之间存在的负的相关关系,可能反映了人们对土地的依赖性不强。

该分析一个引人注目的结果是,如果控制了其他各个变量对生育率的影响,是否从事农业,对城镇地区居民的出生率没有影响。这一结果说明,当影响生育决策的条件对农业人口和非农业人口来说几乎是同样的时候,出生率也会非常接近。该分析使用的出生率的数据是1987年的,当时农村地区只生一个孩子的政策有所松动,总和生育率比1985年高出18%,但是即便如此,该研究仍然得出了上述结果。这个分析结果强有力地支持了下述结论:农村地区出生率高于城镇地区的原因并非出自不同品味和偏好,而是由于存在教育、收入保障、住房面积和死亡率等客观条件的差异;而这些客观条件则主要取决于公共政策。

四、中国农村鼓励生育的政策

虽然中国实行限制人口增长的政策,但是有些政策或现实状况其实是鼓励生育的。其中的一些鼓励生育的政策与其他许多国家的现行政策相似,即社会负担养育和教育子女的绝大部分成本,其中包括教育和医疗免费提供或者高额补贴。长久以来,这些措施,由于其外部效应而被认为是合理的,即社会成员的教育和健康总体水平的不断提高可以使一个社会及其经济从中获益。教育水平对劳动生产率的影响不容置疑,而像免疫这样的保健措施显然也具有重要的外部效应。由于这些措施降低了家庭养育孩子的成本,提高了家庭的收益,因此在其他条件,给定的前提下可能刺激人口增长。然而,虽然承认这些措施在某些条件下是鼓励生育的,很多国家仍然这样做。不过,从总体上来看,对教育和医疗保健的补贴并不一定产生鼓励生育的影响。

正像上文所指出的,提高教育水平迟早会降低生育率,在实际上这一过程并不需要很长时间。这是由于教育可以改变人们的生育意愿,以及提高家庭达到期望的家庭规模的能力。如果父母必须负担子女的全部教育费用,那么生育率的降低是否会更大呢?可能不会。免费教育对生育率总的影响几乎可以肯定是负的,因为尽管提供免费教育对生育率的直接影响是正的,但是它会通过提高人们受教育水平,从而对生育率产生间接的负面影响,而该间接的负面影响将大于直接的正面影响。据我所知,对这一论断尚缺乏实证性的检验,但是,有证据表明教育程度小幅度的提高就会大大降低生育率,这支持了我的假说。医疗保健的改善可以降低儿童和婴儿死亡率,从而导致生育率下降,因而对人口增长的影响可能至少不是正的。

中国农村有三种政策引致成是造成了目前的生育率水平高于替代政策下的水平。如果改变这些政策,中国农村家庭自愿生育率也可以达到当前的水平,并且不必严格限制生育。现存的鼓励生育的政策有:(1)因家庭人口的改变而重新分配村里的土地;(2)在提供社会保障或退休金方面,农村人口受到歧视;(3)限制从农村到城镇的迁移。

另外,在提供教育方面,农村人口受到很大的歧视,由此导致农村人口特别是农村妇女的教育水平相对较低(Wold Bank,1985,p.16),这是影响农村生育率的一个重要因素。如果说城乡之间受教育机会的巨大差别是政府有意为之,可能有失偏颇,但是,有一些政策显然可以提高农村青年的受教育水平。

家庭责任制的引入,以及随后的人民公社解体,一直被认为是农村生育率回升的因素之一,因为对农民的控制从此大大减弱了。人们不必每天集合起来接受分配的劳动任务,而且家庭得到的收入也不再受到控制。换而言之,是否遵守计划生育的奖惩结构明显地改变了。逐渐引入承包责任制和(1983年底基本完成的)公社的解体对生育率的影响,从生育率变化数据中还无法看出。农村生育率从1980年至1982年增长了24%,而1982年至1984年又降低了21%;但是城镇生育率增长得更多,从1980至1982年增长26%,其后两年降低了23%。

从影响生育决策的因素来看,公社的解体也许会由于以下原因使生育意愿有所上升。首先,不论从短期还是从长期来说,家庭收入随时间的波动性都增加了,因为在公社时期,家庭收入是众多家庭以及相当大区域内产出的平均数。但是,改革后真实收入的显著增加也许全部或大部分抵消了收入波动的增加对期望子女数的影响。第二,公社制度为无子女的老年人提供最低生活保障。第三,也是最为重要的,公社期间尽管一些生产队基于家庭人口数分配部分收入,而非完全按照工分,但有证据表明,大部分收入是根据劳动力的数量分配的(Selden, 1985),因而,生育孩子并不能增加短期的收入,直到孩子长到十几岁,并被允许挣工分时,收入才会显著增加。

1. 根据人口变化重新分配土地的政策

随着家庭承包责任的实行,收入机会的分配(主要是耕地分配)所遵循的规则有所变化,公社制度对出生率的影响有所改变。尽管对相关事实仍有一些争论,但许多村庄,也许是大部分村庄的确是根据家庭人口的变化而定期重新分配耕地。此时,孩子的出生就会增加家庭的耕地,而死亡则会减少耕地。在许多村庄,也许是大部分村庄里,这种重新分配大约每三年进行一次,尽管国家的政策规定为15年或更长时间重新分配一次(Prosterman and Hanstad, pp.38-39)。①

---

① 土地重新分配的普遍程度到底如何,得到证据并不一致。Prosterman 和 Hanstad(1993)引用的国务院农村发展研究中心的一项研究表明,在被调查的280个村中,由于人口变动而进行土地调整的大概有61.2%。然而,基于对1987年和1988年四个县近800个家庭的调查,Feder 等人(1992)发现,在其中三个县中只有17%-24%的家庭认为他们的合同在合同期内有可能会被终止,而另一个县有75%的人担心这种情形(p.7)。

因孩子出生而引起土地的增加,对这一家庭意味着即刻发生的资本转移和真实收入的长期增加。另一方面,因死亡而引起分配土地的减少,则降低了家庭的资产和家庭未亡成员(尤其是老年人)的潜在收入。因为孩子的出生而进行的土地重新分配,使得家庭期望的子女数,无论其性别都有所增加,有人去世会减少一个家庭的土地数量,这增加了家庭期望的男孩数量,因为儿子可以为失去配偶的父亲或母亲提供养老保障。

根据家庭规模重新分配土地,对于增加子女数量的激励作用可能是很显著的。这种动机激励究竟有多大,要依据土地的价值或新增的土地产生的收入流的大小而确定。1989 年人均耕地面积是 2.11 亩(SSB,1990,p.340),因此当土地重新分配时,一个孩子会给家庭带来一笔财产,其价值相当于 2.11 亩土地所产生的收入的现值。根据一些估算,农产品中土地所占的份额至少是 40%,甚至高达 70%(Feder,1992,p.16;Fleisher,1992,p.116;Zhao,1993)。假设土地的边际产量是农作物总量的 0.4,并假定土地对畜牧业或副业生产毫无贡献;1989 年每一农村户口的居民的农作物产量的价值为 460 元(SSB,1990);如果土地边际生产率为 0.4,则增加一个孩子就为家庭每年增加 184 元收入。农村家计调查表明,1989 年农民家庭人均的生活费支出为 535 元。

在很多村庄,也许是绝大部分的村庄,分配给新生儿的耕地可能少于人均耕地面积。重新分配的耕地面积可能只限于口粮田,而不是所有耕地,后者还包括责任田。虽然实际分配给新生儿的土地可能少于村庄人均土地,但是土地的重新分配仍然给多养育一个孩子带来了正的收益。①

如果家庭增加一个人就增加一份土地,那么由此而增加的收入可以弥

① 在农村,对于计划外超生的罚款在各个地方是不同的。如果超生,罚款抵消了一部分由于土地调整带来的收益。但是,调整土地的政策鼓励生育,这一事实不会因为罚款的存在而发生改变;如果这些政策取消了(这正在政府的考虑中),农村家庭期望的子女数量会有所下降。正如超生罚款部分抵消土地调整政策的效果一样,整个人口政策(通过罚款等一系列处罚而保证不超过生育指标)的效果部分抵消了一系列鼓励生育的农村政策和制度的效果。这里并没有说现存的人口政策对生育率没有影响;而是说生育指标的约束效果中,有很大一部分(虽然具体多大未知)被各种鼓励生育的政策抵消了,因为后者提高了家庭期望的子女数量。

补养育孩子的大部分成本,这无疑会给增加子女数提供极大的动机。[①] 如果孩子为计划外生育,若干年内不予登记户口,则增加孩子的收益可能被推迟,对于此种情形,还应针对实际情况作出更准确的判断。

在贵州省湄潭县,为了把土地使用权长期固定下来,在1987年实行了增人不增地的政策。此外,土地的使用权准许出租或出卖,以及用作担保。增人不增地政策的初衷是要鼓励农民更多地投资于土地。如果经常调整土地,当他们投资于改善耕地状况时,投资的大部分收益可能会失去。这项政策试点的主持者贵州省农村政策研究部预计,人们对大家庭的偏好会因此下降。

我们有湄潭县1989、1990和1992年的出生率数据(Gu,1993),虽然尚缺少1987年前的数据,但通过贵州省和湄潭县近几年出生率的比较,足以让我们得出以下结论:土地使用权的长期固定化和这种使用权的可转让性对出生率有着显著的负面影响,这与上文生育模型的预测一致。下表所列的是出生率数据(每千人口生育数量):

年份	贵州省	湄潭县	湄潭县出生率比贵州省出生率(%)
1989	21.16	17.65	83
1990	23.09	16.05	70
1991	22.42	—	—
1992	22.40	14.85	66

湄潭县出生率从1989年为贵州省的83%下降到1992年的66%。要把湄潭县生育率的下降归因于该县独特的土地分配政策,我们需要假设其他因素的变化在该县和贵州全省是相类似的,比如说人口制度的执行强度等。顾秀林(Gu Xiulin 音译)在与我的私人联系中提到,她没有看到有任何迹象

① 据估计,在80年代初一个孩子被养育到16岁的成本是2 200元(Qian,1983)。我们假设,到1989年为止农村价格上涨了75%,养育一个孩子的成本变为3 850元,每年未经贴现的成本是240元。与土地重新分配所带来的收益相比,这些成本高出不到1/3;只要子女能在十几岁时为家庭收入做出少量的贡献,这些成本就可以收回。

表明湄潭县的人口政策整体上不同于贵州省的政策。若假定全省各地实行的人口政策基本类似,那么土地分配政策的改革使得生育率降低了1/5。其他因素,比如年轻人的迁移等,可能也会有一些影响。如果控制人口增长是一项十分重要的国家目标,那么就应该迅速考虑在中国农村推广湄潭县实施的土地使用权改革。以上提到的报告还指出,湄潭县农民的农业投资大幅度地增加了,克服了 1979 年以来农村改革中的几个明显的不足,为今后生产力的发展打下良好的基础。

在湄潭县 1992 年的调查中显示,50% 的人表示不愿意再多生孩子,因为这不会像原来那样,给家庭带来更多的土地(Gu,1993)。生育模型的预测至少在这些人身上得到了验证。

2. 从农村到城镇迁移的限制

相对于自由迁移而言,限制农民迁往城镇提高了中国的人口增长率。在发展中国家的任何地方,城镇居民的出生率总是低于农村居民。这并非因为城乡居民本身有什么不同,而是由于经济和社会体制的差异造成了养育孩子的成本与收益不同。城镇孩子的净成本要比农村大得多,城镇孩子不仅花费大,而且他们对家庭经济收入和保障所做的贡献比农村少得多。这些差别来源于就业制度,其中包括禁止童工、提供退休金,以及其他形式的收入及老年保障。在城镇照看孩子需要花更多的时间,因此成本更高。城镇人均居住面积大大小于农村,这亦降低了出生率。这里我不打算论述是否应当解除从农村到城镇的迁移限制,但问题很明白,这种迁移限制即意味着人口增长更快,国家的人口政策理应认识到这种影响。

由于流动人口数量估计在 7 000 万到 1 亿之间,很多人可能会对中国农村到城镇的迁移是否存在很大的限制产生疑问。但是,中国的流动人口并不是正常的农村到城镇移民。根据湖北省 1990 年的一项研究,流动人口主要是个人,而不是家庭,而且绝大部分是男性(Gu, Wu and Zhu)。这些移民在城镇几乎没有什么权利,他们得不到住房、医疗保健和受教育的权利,因此,在流动人口中,家庭迁移的情况很少。另外,一些家庭参与到流动人口中的原因是为了逃避家乡的计划生育政策。

上文提到的对湖北省的研究中,城镇人口和农村人口被分成了四类:永久性移民、暂住人口、通勤者和非移民。暂住人口指的是居住在他们户口所在地之外的人。该调查包括了居住在大城市、镇和农村的人们。样本中暂住人口的比例为 9%。研究者们探讨了暂时性移民对生育率的影响,“有一个……假说认为,相比在农村的非移民,在城镇地区的暂住人口的生育率可能更高”他们的结论是:“年龄在 20-29 岁之间的、在省会武汉居住的暂住人口、通勤者和非移民,他们之间在生育率上不存在显著差别。从育龄妇女曾经生育孩子的个数来看,城镇暂住人口是 0.64,而农村非移民是 1.041……对于年龄在 30-34 岁的妇女,暂住人口的生育率也比农村非移民的低。显然,没有迹象表明暂时迁移的行为有鼓励生育的影响”(Gu, Wu and Zhu,1990,pp.95-96)。

湖北省的调查还发现永久性移民的生育率要略高于城镇非移民,但是要比农村非移民低很多。大城市的永久性移民中,年龄在 30-34 岁之间的妇女曾经生育的子女数为 1.27 个,而农村非移民为 2.12 个。在农村的永久性移民中,年龄在 30-34 岁和 35-44 岁之间的妇女生育率与农村非移民一致(Gu,Wu and Zhu,1990,p.99)。

3. 老年保障的城乡差异

农村出生率高于城镇的原因还在于农村缺乏正规的退休金制度或为老年农民提供合理收入的其他制度。在传统上,农民有以下一些方式,可以提供老年保障和应付其他突发情况。如果有一个完备的金融市场体系,那么储蓄是一种途径;但在中国这种方式尽管其重要性不断加强,但仍然非常有限。另一种方式是人寿保险,可以把户主死亡的影响减少到最小,但这种方法在大多数发展中国家尚不存在。在大多数发展中国家,老年保障往往通过以下两种机制来实现,一是有一个或多个存活的儿子,二是拥有土地或其他重要的物质财产。而在中国农村,这两种途径仅存在其中之一;农民不能拥有土地,而且不存在交易活跃并可靠的市场出售土地永久使用权。这样,中国农村家庭仅剩下一种主要的老年保障来源,即拥有一个或多个存活的儿子。男孩格外重要的作用必然导致农村出生率高于城镇,而且会促使家庭力求逃避对子女数量的限制,特别是当家庭仅有女孩的时候。

4. 城乡教育机会的差异

给定孩子的成本和就业条件的差异,在所有其他条件均相同的情况下,我们可以预期城镇出生率会比农村低。但是影响出生率的所有其他因素在城镇和农村并不相同,由此引起的生育率的差异远大于由于孩子的成本和就业条件差异所引起的差异。不仅在中国,而且在世界几乎所有的地方,现在及过去的一个世纪中,城镇孩子比农村孩子受到了更多、更好的教育。许多研究充分表明,提高受教育水平对降低生育率有着很大的影响,特别是提高妇女受教育水平的作用更为突出。因此,只要存在受教育机会的差异,农村出生率就会显著高于城镇。导致农村和城镇出生率差异的这一原因完全可以被消除,问题在于究竟需要多长时间才能使农村像城镇一样普及中学教育。

在 1965 年,中国中学年龄组女孩(包括城镇和农村)接受中学教育的百分比估计为 15% -20%,之后这一数字增加到近 40%(1989 年为 38%,World Bank,1992)。根据 Sabbarao 和 Raney(1995)研究的结果,达到上述水平使得总和生育率下降了 1.57,接近 30%。倘若女孩中学入学率提高到 60%,在其育龄期结束时总和生育率将再下降 0.6。如果女孩中学入学率从 20%增至 60%,引起的生育率下降的幅度恰好等于 1973 至 1987 年间中国总和生育率的实际下降幅度。在同一期间,很多旨在降低生育率的政策措施也被颁布实施,执行力度有时松,有时紧。在此期间,女孩中学入学率仅提高到近 40%,但是,如果农村与城镇一样达到这个水平,那么农村生育率的实际下降(从 5.01 至 2.94)当中,有 70%就可以归因于此。显然,把中国自 70 年代初以来的生育率下降全部或大部归因于政府的政策,论据是很不充分的。

五、生育率迅速下降的两个相关实例

韩国和中国台湾省自 1950 年以来,有很多共同点。在这里我仅提与本文有关的五点:第一,韩国和中国台湾省在 50 年代中期都很穷,真实人均收入显著低于当今的中国大陆。第二,自 1950 至 1990 年间,韩国和中国台湾省出现了生育率的大幅度下降。它们的总和生育率在 50 年代末期均高于当时的中国大陆,而在 80 年代末均低于中国大陆。第三,韩国和中国台湾省在 50 年代土地改革后,使几乎所有的农民都有了土地所有权。这样,土地及其生产力就成为农民家庭重要的保障来源。因而,尽管当时占 40% 以上的劳动力仍从事农业劳动,但男孩的需求下降,期望的家庭规模迅速减小。第四,韩国和中国台湾省的城市化进程都十分迅速。城镇人口比例从 1965 年的不足 1/3 到 80 年代中期已增加到多于 2/3。第五,韩国和中国台湾省都提供计划生育服务。中国台湾省开展了广泛的教育运动,提倡减少生育数量,但是它并没有实行奖惩性措施。这些经验表明,可行的政策和制度实现了生育率的快速转变,引起该从高水平降低到人口替代水平,继而到低于人口替代水平,而引起该转变的条件正是上文在回顾带来生育率下降的要素的实证分析中所着重指出的那些。韩国和中国台湾省的经验与对发展中国家生育率的影响因素分析的结论是一致的。

六、中国人口政策的有效替代政策

当然,相比于东亚的那些自 20 世纪 50 年代以来生育率迅速下降的国家或地区,中国经济有许多不同。有两个差别十分突出:一是自 60 年代以来它们的人均收入远远高于中国;二是城市化水平差异很大。中国香港和新加坡完全是城市,而韩国和中国台湾省早在二十几年前就已经达到中国大陆目前的城市化水平。这两个因素无疑对生育率的迅速下降起着非常重要的作用。因此,即使中国实行与东亚四个国家或地区同样的计划生育政策,也未必会达到与它们相同的水平,或者中国目前的生育率水平。但是,在其他东亚国家或地区,引致生育率下降的因素不仅仅是较高的人均收入和城市化水平;表1中的国家或地区还有一些中国尚未采用的利于减小期望家庭规模、降低生育率的政策和制度。

在过去的30年间,中国本可以采取一些政策,既让家庭决定其生育子女的数量,同时又达到生育率大幅度下降的目的。这些政策或许也能够使生育率在不远的将来达到替代水平。倘若具备以下条件,农村的生育率下降将不会离实际所达到的水平相距太远:(1)农民有土地所有权;(2)有适度的社会保障体系;(3)显著提高农村的受教育水平,特别是提高妇女的受教育水平;(4)对迅速的城市化不加人为的限制。

这些政策和制度的改变可能实现吗?实现这些改变所需要的资源能够得到吗?对这两个问题的回答是肯定的。允许农民拥有土地,以及在买卖土地上或多或少的自由,这只是一个政策问题,并不受资源的限制,而且也没有财政成本,更不会由此减少政府的税收。无论农民是否拥有自己的土地,政府目前从农民那里获得财政税收的途径总是存在的。规定收购指标和低价收购农产品过去,是对农业征税的主要办法。如果农民拥有自己的土地,这种办法依然可以继续使用下去。

建立农村的养老保险体制,如能给予适当优先的考虑,财政上也是可行的。在1989年,中国有能力给所有65岁以上的农村居民发放相当于农村居民人均收入80%的养老金。不居住在城市的65岁以上的老年人大约有5 600万,每年养老金的费用大约是340亿元。这一数字低于1991年粮食价格补贴的预算,而这一补贴是用于城镇居民的,他们的平均收入比农村居民高得多。的确,直接的农产品价格补贴已被取消,粮食价格上涨部分的补贴由工作单位向工人支付,但粮价补贴的很大部分仍然由政府预算负担。

如果农民被允许拥有自己的土地,并在退休后有必要时可出租或出卖土地,则养老金不用平均收入的80%就可以提供高水平的养老保障。这样,农村养老金总费用将比上面提到的数额减少1/3,同时还可以提供合理的保障水平。此外,养老保障的全部费用也不必全靠政府,农民家庭也可以缴纳其年收入的一定百分比；当然，这样做不公平，除非城镇家庭也为他们的养老金做出相应的贡献。

如果用非强制性的政策手段降低生育率，其主要成本可能来自于发展农村教育；但应该认识到，这一增加的成本是对未来经济的生产能力的一种投资。令人惋惜的是，从现有数据看，在中国，教育的经济回报率非常低，大大低于一些发展中国家现有的水平。由芝加哥大学研究生所作的研究表明，农民教育回报的大部分不是来自于提高他们在农业方面的生产力，而是来自于增加他们获得较高收入的非农业工作的机会（Yang，1993；Zhao，1993）。有理由假设，随着生产活动的技术水平不断接近发达国家，如此低的回报率不会持续下去。

七、替代政策存在很大的风险吗？

对于我提出的以降低生育意愿为目的进行适当的政策调整，并且结合自愿的计划生育服务的建议，政策制订者或许会回应说，这可能会使生育率降至一个自愿实现的并能永远保持的替代水平的时间延迟几年。倘若出现此延迟，长期的人口规模就会增大。假定替代政策果真造成这种结果，那么，它会对中国未来的经济发展带来实质性的风险，经济发展的代价会很大吗？

1. 从长远看，现行政策也许是不可行的

替代政策下的人口长期规模与现行政策下的是否会有明显的区别，这是很不一定的事情。如果不改变土地分配方式和所有权，也不提供其他老年保障的措施，如果在提高年轻女性的受教育水平方面不做任何努力，那么农村家庭期望的子女数随时间的下降会很缓慢。这样，在农村由于限制生育已引起的冲突或许会无限期地延续下去。为了防止社会的不安定，就有必要不时地采取缓和措施。这正是80年代中期计划生育政策放松的原因；这一放松导致1986年至1990年出生率的显著上升。从官方的数据可以看出，1986-1989年的出生率平均比1984-1985年的出生率高20%。虽然从

1991 年末开始，计划生育政策突然收紧，但是出生率暂时的上升对于人口规模仍会有长久的影响。

2. 人口众多的不利影响被夸大了

由于政策制订者可能不愿意冒风险，那么，我们来看看，假定在替代政策下，一、二十年以后达到的稳定的人口规模比执行现行政策多 10%，会产生怎样的后果呢？[①] 我坚信，如果稳定的人口规模多出 10%，普通中国人的福利水平不会有什么明显的不同。（当然，我们应该认识到，无论在何种政策下，中国未来的人口数量都会大大增加。）由于篇幅有限，让我们首先看一下人口是否越少越好，然后转而讨论为什么人口规模与人口的福利基本上没有关系。

认为人口数量已经过大，或者将要过大的观点古已有之。大约 1800 年前，Tertullian 就写道："人口众多最明显的证据是，我们成为世界的负担，我们所拥有的资源难以达到充裕程度；我们的需求制约着我们，到处都是抱怨，同时大自然已经不能让我们持续生存下去。的确，要想减少过量的人口，瘟疫、饥荒和战争必须作为拯救国家的药方而予以考虑"（Holland，1993，p.329）。

马尔萨斯并不是最早提出人口增长对人均食物供给不利的悲观论的人，但是，直到今天，用于证明人口增长对真实人均收入有显著不利影响的模型或者理论并未走出马尔萨斯理论的窠臼。认为人口增长会产生不利影响的主要理由有两个：第一，一些重要资源的总供给是固定的；第二，在这些资源已定的情况下，投入其他资源，如劳动力和资本，其报酬是递减规律。

---

① 限于篇幅，本文不讨论人口和经济发展对环境的影响。我在其他的文章中讨论过这些影响，但是，对于已经成为环境研究热点的全球变暖问题，我没有涉及。虽然我同意对于全球变暖问题的几点怀疑，并且也认为那些预计的负面影响并没有坚实的根据（Smil，1993，pp.131－136），但这并不是在这里不讨论这些问题的原因。因为我认为，在替代政策下，中国达到的稳定的人口数量并不会比在当前政策下产生的稳定数量大。替代政策并不是鼓励无限制的人口增长，恰恰相反，它包括了一些可以降低家庭期望子女数的因素。当前的政策组合就像两头骡子向相反的方向拉着一辆车，力量相互抵消了。中国目前的政策中，有一些具有鼓励生育的效应，并且想要通过生育指标来抵消这种作用。这些相互矛盾的政策能否无限期地执行下去，并不明朗。

供给固定的资源包括:生产食物的土地、矿藏、人类生活与工农业用水,以及能源和生活空间。

3. 食物供应和技术创新

问题的关键是,报酬递减对维持一定水平的人均收入和食物供应是否是一种严重的约束。经验表明,到目前为止,报酬递减还未构成这样一种约束。当然,仅靠这一点还不能让担心人口过量的人消除忧虑。在19世纪大部分时间和20世纪上半叶,世界食物供应的增加主要来自于扩大耕种面积;报酬递减并没有成为扩大生产的一种潜在约束,因为投入于农产品生产的土地与劳动力差不多是以相同的速度在增长。但是,现在扩大耕种面积比过去成本大了;现在非洲和南美洲尚有潜力开发新的耕地,但需要很大的投资(FAO,1993)。对包括中国在内的世界大部分地区而言,农产品的未来增长只能依赖于单位面积产量的增长。

自1950至1990年间,人口将增长了一倍,而耕地面积仅增长近20%,并且耕地面积的增长几乎全部发生在1975年以前。但是人均食物产量一直在持续增长,而真实食物成本(价格)却在不断下降。这不是因为报酬递减的规律被克服了,它是不可能被克服的。给定其他条件,对1公顷麦田增施1千克化肥所增加的产量,就不会有先前施用化肥时增加的那么多,这个规律在今天仍像在1950年时一样正确。不同的是,通过实验和研究,人类现在可以在一些地方种植出两片叶子的青草,以及两个穗的玉米,而这些地方以前只能长单叶青草和单穗玉米。实际上,在有些地方,原先生长一穗玉米的地方现在正在生长四穗玉米。

近年来,土地已不再对食物生产构成显著约束,因为人们已经学会如何提高资源的生产率,对劳动力和资本资源都一样,而这也正是真实人均收入现在远高于以前的原因。如果把农作物的产量看作肥料的函数,而土地保持不变,技术的进步使该函数得以向右移动,不是一次两次,而是年复一年持续不断的移动,过去的50年一直都是这样。产量的增长并非由于某个单独的发现,而是源于许许多多的小革新。20世纪30年代中期杂交玉米首次引进美国时,如果所有其他条件保持不变,单位面积的产量可以增长15%。那时的产量是每公顷约 2 吨,而 1992 年每公顷平均产量为 8.2 吨,1990-1993 年四年中平均为7.4 吨。杂交玉米的引入对粮食产量的如此大幅度的提高是一个必要条件,但并非充分条件。

食物生产不可能跟上人口增长这一结论,尽管已被历史所否定和批判,但至今还没有哪一种理论比它更长期、更广泛地被人们接受。那些相信这一结论的人既没有看到扩大耕地面积的潜力,也没有看到提高单位产量的潜力。让我们简单回顾一下自 18 世纪马尔萨斯理论问世以来的历史(World Bank,1992;Fogel,1992;Bogue,1969):

——当今只有 3 个国家、占世界人口 1.3% 的人口,人均食物热量供应低于 1780 年的法国;

——18 世纪末的英格兰人均热量(卡路里)生产比 1989 年的印度人均日消耗量低 10%;

——比起两个世纪前世界上最富有的国家的人们,现在世界上最穷国家的人们吃的食物一样好或者更好些;

——当世界人口增长 6 倍多时的同时,人均食物供应得到了改善;

——现在出生时预期寿命最低的国家(42 岁),其水平显著高于 19 世纪世界上两个最发达的国家法国和英格兰。

4. 迅速的人口增长与迅速的经济增长并无矛盾

发达国家人口的迅速增长发生在 18 世纪中期到 20 世纪后期。而这一时期又恰是发达国家经济发展最为迅速、生活水平得到很大提高的时期。西欧和美国的出生时预期寿命在 1840 年仍低于 41 岁,而今约为 75 岁。美国婴儿死亡率在 1900 年为 160‰,20 年后下降一半,而 1994 年低于 10‰。

1750 至 1920 年,发展中国家人口增长率为年均 0.4%,明显低于发达国家,而且这一时期这些国家的生活水平提高也非常少(Bogue,1969,p.49)。1750 至 1920 年,中国的人口增长率年均为 0.4%,人口的低速增长并未带来人口福利的改善。直至进入 20 世纪以后,发展中国家的预期寿命仍然不超过25或30岁，到1950年才达到大约40岁。发展中国家的人口预期寿命经过许多世纪的停滞，先在一个较短的时间内出现了小幅度增长，接着就快速上升，到1990年达到62岁（World Bank，1992）。在1950至1990年间，发展中国家人口增长速度是前所未有的。1950年以后，发展中国家年均人口增长率超过2%，比发达国家高出1倍多；也是在这一时期，真实人均收入得到显著增长，1965至1985年间年均增长2.9%，而同期发达国家仅为2.4%（World Bank，1986）。无论过去还是现在，人口增长与经济增长都不矛盾。

5. 人口增长会引起什么问题吗？

以上是对历史事实的一个非常简短的概括，即正是在人口增长速度最快的时期，生活水平得到了最快的提高，死亡率迅速下降；而在世界历史上人口增速十分缓慢的时期，却几乎都是经济停滞不前的时期，中国亦不能例外。

面对历史经验，人口增长威胁人类福利的观点如何自圆其说？问这个问题时，我并没有说人口的迅速增长是人类福利改善的原因。如果存在因果关系，看来更有可能的是生产率（真实人均收入）的提高引起了人口增长。但是，证明这个结论的责任不在我，而在那些认为人口增长对于经济发展有负面影响，并将此观点付诸行动的人。

从过去几十年跨国数据来看，无论分析对象是发展中国家还是世界上所有的国家，都不能得出人口增长对人均收入增长有负面影响的证据。表2是发展中国家30年来人均国民收入增长率对滞后的人口增长、滞后的

表2　人均国内生产总值增长速度的跨国回归分析

	1960-1970	1970-1980	1980-1988
低收入发展中国家			
滞后的人口增长率	0.053	0.115	0.319
小学入学率	-0.015	0.025	-0.015
滞后的国民生产总值增长率	0.226	-0.221	-0.286
滞后的国民生产总值水平	-0.001	-0.003*	-0.00

续表

	1960-1970	1970-1980	1980-1988
虚拟变量：非洲	-0.931	-0.742	-3.371*
$\overline{R^2}$	-0.004	0.163	0.059
η	12	32	33
中等收入发展中国家			
滞后的人口增长率	-0.524**	0.319	-0.551
小学入学率	0.017	0.029	0.024
滞后的国民生产总值增长率	0.236	0.163	0.320*
滞后的国民生产总值水平	-0.005	-0.000	-0.000**
虚拟变量：非洲	-0.711	-0.241	-0.792
拉丁美洲	-0.859	-0.608	-2.115**
$\overline{R^2}$	0.163	-0.043	0.055
η	32	61	58

注：GDP 数据来自 Quarterly Journal of Economics，第 107 卷第 2 期；世界银行，World Development Report，相应年份。滞后的人口增长率和滞后的 GDP 增长率是前十年期间的水平；滞后的 GDP 水平是这十年期初的水平。当一个国家属于非洲或拉丁美洲时，地区虚拟变量为 1，否则为 0。低收入和中等收入国家的分类是根据世界银行的标准划分的。

数据来源：Summers 和 Heston(1991)；World Bank，World Development Report，相应年份。

* 在 5% 的水平上是显著的；** 在 10% 的水平上是显著的。

国民收入水平和小学入学率的回归分析结果。在 6 个回归方程中，滞后人口增长率的系数中只有一个在 10% 的水平上显著，这一系数是对 60 年代期间中等收入发展中国家样本的回归结果。低收入国家滞后人口变量的系数在统计上都不显著异于零，且符号均为正，与那些认为人口增长对收入增长有不利影响的人所臆想的情况完全相反。

表 3 概括了 Levine 和 Renelt(1992) 对各国经济增长速度的研究结果。他们的研究目的是确定各种政策对经济增长的影响，这些政策包括对世界市场的开放程度和教育投资等。虽然其主要兴趣不在于人口增长，但分析中包括了人口增长的变量。在这五组回归中，只有一组的人口增长系数，即方程(3)中的系数，在可接受的水平上是显著的。而在方程(4)中，尽管使用了同样的数据库而且针对同样的时间段，但是当加入了人力资本变量以及拉丁美洲和非洲的虚拟变量以后，得到的人口增长的系数就变得不显著

了。Levine 和 Renelt 的研究并不局限于发展中国家,而是包括了可获得相应数据的所有国家。这两种分析都不支持人口增长对经济增长有明显不利影响的结论。研究的结论是,人口增长并不是影响个人福利的重要变量。

表 3　增长率的跨国回归分析(因变量:真实人均国内生产总值增长率)

自变量	回归时期(数据库)				
	1960-1989	1960-1985	1960-1989	1960-1985	1960-1985
	(1)	(2)	(3)	(4)	(5)
常数项	-0.83	2.01	0.86	0.47	2.05
	(0.85)	(0.83)	(0.89)	(1.18)	(1.12)
期初人均 GDP	-0.35*	-0.69*	-0.30*	-0.40*	-0.57*
	(0.14)	(0.12)	(0.11)	(0.13)	(0.12)
投资占 GDP 比例	17.49*	9.31*	16.77*	13.44*	10.15*
	(2.68)	(2.08)	(2.62)	(3.13)	(2.43)
人口增长率	-0.38	0.08	-0.53*	-0.15	-0.02
	(0.22)	(0.18)	(0.18)	(0.19)	(0.19)
中学入学率	3.17*	1.21		0.63	-0.99
	(1.29)	(1.17)		(1.26)	(1.23)
小学入学率		1.79*		0.91	1.07
		(0.58)		(0.73)	(0.70)
政府份额		-6.37*		-0.59	-6.80*
		(2.03)		(3.73)	(2.30)
政府份额增长率			-0.08		
			(0.06)		
社会主义经济虚拟变量		-0.25		-0.21	-0.17
		(0.38)		(0.45)	(0.43)
发生革命/政变虚拟变量		-1.76*		-0.86	-1.75*
		(0.52)		(0.62)	(0.59)
非洲虚拟变量		-1.24*		-1.36*	-1.78
		(0.37)		(0.48)	(0.36)
拉丁美洲虚拟变量		-1.18*		-1.34*	-1.27*
		(0.33)		(0.38)	(0.36)

续表

自变量	回归时期(数据库)				
	1960-1989	1960-1985	1960-1989	1960-1985	1960-1985
	(1)	(2)	(3)	(4)	(5)
国内信贷增长率			0.019*	0.013	0.008
			(0.009)	(0.008)	(0.007)
国内信贷的标准差			-0.009*	-0.006*	-0.003
			(0.003)	(0.003)	(0.003)
出口份额增长率			0.090	0.023	-0.03
			(0.052)	(0.047)	(0.041)
公民权利			-0.22	0.01	0.15
			(0.11)	(0.13)	(0.13)
样本点个数	101	103	83	84	86
R^2	0.46	0.63	0.61	0.67	0.73

注:回归(1)、(3)和(4)主要使用世界银行和国际货币基金组织数据,回归(2)和(5)使用Summers 和 Heston 数据。分析包括原始资料齐全的所有国家,主要石油输出国除外。

* 在 p=0.05 的水平上显著。

资料来源:Levine 和 Renelt,1992。

仅凭人口增长和人均收入增长之间的经验关系本身,并不足以证明前者对于后者只有很小的影响或根本没有影响,这一观点尚需更多的证据和理论上的支持。这些可以从美国国家研究理事会(National Research Council,1986)的工作组报告《人口增长和经济发展:政策问题》中得到。这一报告系统地阐述了人口增长和经济增长之间的各种关系。我认为它支持了人口增长对经济发展有很少的或没有不利影响的结论。该报告最重大的发现之一是,储蓄率与人口增长和年龄结构之间是不相关的(p.87)。这一结论也为后来的由 Kelley(1988)所作的独立研究所支持。他研究发现,没有迹象表明总储蓄率受人口增长率或人口年龄结构的影响。在表 3 中,投资占 GDP 份额的系数很大,这表明了储蓄率的重要性。如果人口增长会降低储蓄率,那么它就会阻碍人均国内生产总值的增长。人口增长有一个显著的不利影响是,那就是它会降低学校的质量,即降低平均每个学生的学校花费;但入学率看来并没有受人口增长率的影响。

总而言之,经济增长率依赖于许多变量。中国的经验证实,经济组织方式的政府的基本政策是经济增长的主要决定因素。1979 年的改革引发了迅速的经济增长,这很清楚地表明,这一时期的人口增长没有对中国的经济增长产生明显的不利影响。的确,1978 年后中国的人口增长率比起 20 年前低了 0.63%,但两个时期人均消费增长的差异要比人口增长率的差异高出几倍。

让我们在一些反事实的假设下做个模拟。假设 1979 到 1991 年中国的人口增长率与 1957 至 1958 年一样高,而且所增加的人口对国家的生产毫无贡献。模拟结果显示在这个人口规模更大的假想情形下,1979 至 1991 年每年的真实人均产值增长率仅比实际的 7.2% 低 0.63 个百分点。由于人口规模不同而产生的真实人均收入增长率的差异与两个时期真实增长率的差异(1957 至 1978 年为 3.3%,1979 至 1991 年为 7.2%)相比,我们可以得出结论,无论在中国还是其他国家,人口增长对人均收入增长和其他经济发展指标的影响充其量仅是一个较次要的因素。

6. 人口增长和食物供应

前文解释了技术创新如何克服了有限的土地资源和报酬递减规律对改善人均食物供应的约束。但是现实情况是,尽管自 1979 年农村改革以来中国在食物的数量和质量方面已经有了显著的改善,许多中国人,包括决策者们,对于中国是否有能力在未来满足更多更富裕的人口所需要的全部或大部分食物仍然抱以怀疑态度。如果人们理解最近的成就是如何和为何取得的,那么这种对未来的悲观主义态度就很难解释。

中国在历史上首次实现了每日人均摄入热量 2 640 千卡,这足以使一个健康的人能够每天工作而不受体能匮乏的限制。这个数字较之 1969 至 1971 年多出了 33%(FAO,1991)。1992 年人均肉类、禽类消费量大约是 1978 年的 3 倍,比 1985 年多出 50% 以上;与此同时,从 1986 至 1990 年粮食储备量增加了 1.5 亿多吨,显然在其后几年增加的还要多(Crook,1993)。

1984 年后中国北方城市水果和蔬菜的数量和品种有了很大增加。这一改善部分原因是由于引进了塑料薄膜技术，而这一技术的潜力尚有待于进一步开发；另一原因是解除了从中国其他地区输入水果和蔬菜的限制。

由于真实人均收入的增长，对肉类和家禽的需求也在增长；1985 至 1992 年肉类和禽类生产的年增长率达到 10%。如果这一增长速度持续 10 年，人均肉类和禽类消费量将增至 71 千克，即达到西欧现在的消费水平。导致这一增长的重要原因是，改革使得在人民公社体制下受到压制的潜在生产能力得到解放。例如，1980 年初，存栏的每头猪的猪肉重量是 35 千克，而到 1992 年增至 69 千克。但是，提高饲养效率的潜力远远没有挖掘尽；在发达国家，存栏的每头猪的猪肉重量几乎是中国 1992 年水平的两倍。

像过去 15 年来农业产量的惊人增长一样，未来粮食和家禽的增长仍然有着巨大的潜力。中国当前的粮食生产已超出满足人们直接消费、种子、工业用途的需求的水平，并足够用于饲养家畜、家禽以满足人们对肉类的消费需求；这在 1980 年的中国还是难以想象的。但是，目前的高水平并不意味着未来不会出现进一步的增长。如果给予农民充分的生产积极性，并且允许在市场上自由买卖粮食，消除近年来粮食采购过程中出现的挫伤农民积极性的效果，则粮食生产能够在可预见的将来每年增长 2%－3%。这一增长率比要求 2000 年达到 5 亿吨粮食的目标还要高得多。

要使粮食价格不出问题，就有必要改进土地政策，以逐渐扩大粮食生产专业农户的规模。随着工资的提高，除非使用机械代替手工劳动以提高生产力，否则粮食生产的成本也将提高。而只有当农场规模扩大时，这种替代才会有利可图，真实粮食价格才可能趋于稳定或降低；①只有允许通过市场

① 在土地和农业政策上，中国大陆应该避免日本和中国台湾省所犯的错误。在 20 世纪 50 年代所实行的土地改革中，日本和中国台湾省对于土地的购买、出售和租赁都实行了严格的控制；其后尽管实行了一些改革，但是这些控制到今天仍然存在。这些政策的一个重要影响是使得农场规模不能扩大，而随着劳动者真实收入的上升，这种扩大是必须的。这造成了土地密集型的农产品生产成本大幅度上升，在中国台湾省上升幅度比日本小很多。从 20 世纪 50 年代开始，虽然国际市场粮食价格不断下降，但日本的粮价却大大上涨，原因就是在仅有 1 公顷面积的农场种植粮食的成本太高。通过允许和支持土地合并以及农场的联合生产，中国台湾省克服了许多农场规模小而带来的负面影响。

买卖和租赁土地或土地的使用权,这一过程才会出现。因此,前面提出的使农民能从养儿防老转变为可以依靠拥有自己的土地或土地使用权得到养老保障的政策改变也将对粮食生产产生很大的促进作用。[①] 由于农村住房、工业发展,公路和城市扩张等因素,耕地面积不断减少,这对农业生产是一个负面因素。但是通过改进政策,如合理的规划和土地定价,耕地减少的速度可以比目前的0.4%(Smil,1993)更低。应该注意到,中国实际的耕地面积可能比国家统计局公布的估计面积多40%(Crook 1993,p.34)。除了耕地面积,还有很多因素影响粮食产量,比如科研、投入品和产出品的价格等。不管怎样,中国现在已经不再与世隔绝;中国可以通过出口非农业品换取农产品的进口,从而抵消耕地面积下降对于农业生产的影响。

中国未来的粮食需求不会再要求农民像过去15年里那样生产那么多的粮食。尽管人均食物消费高速增长,在过去几年,农民面临的是粮食真实价格下降的问题。这清楚地表明,供应没有滞后于需求,这不仅是包括人们生活消费对粮食的需求,而且还包括其他方面对粮食的需求,包括迅速增长的畜牧业对粮食的需求。

八、结论

如果改变现行鼓励生育的几项政策,增加农村地区的初等及中等教育机会,中国有可能在允许家庭拥有他们期望的子女数,并提供他们达到生育意愿所需要的手段的情形下,实现更低的生育率。以下我详细讨论需要做的政策改变。

中国政府正在考虑两项重要的政策变化。1993年12月在北京召开的

① 如果可以通过市场交易实现农场规模的扩大,专业化生产粮食的农场就会出现并且满足人们的粮食需求,而且所需要雇佣的劳动力也要少于当前政策下的情形。从农业中转移出来的劳动力可以从事非农业部门。农业人口的下降将对生育率的下降产生永久的影响。当劳动力从低生产率的农业部门转移到高生产率的部门时,不仅可以提高中国的国民收入,而且在出现自然灾害时,中国也有能力从国际市场购买粮食;因此,这增强了国家在任何情况下都能给人民提供足够的食物的能力。

中国农村改革和发展会议的主题报告提出,目前的土地承包合同到期后,新的土地合同承包期应延长为30年,并且在合同期内不随人口变化而重新分配土地。另一项提议是,户籍制度"应该逐渐被取消";这项提议的目的是改变当前农村与外界隔绝的状况,从而逐渐消除城乡分离,使中国的城市化水平达到其他具有相似收入的国家的水平。有很多迹象表明,中国政府已经采取很多措施,使得人们从农村户口转为城镇户口变得容易了(Chen,1994,p.A19)。

第三项政策建议是加强农村社会保障体系;然而,具体的建议却是"在国家的帮助下,发展社区内农民互助合作"。国家经济体制改革委员会副主任何光辉(He Guanghui 音译)在随后的一项声明中表示,中国不会在农村地区建立像当前城镇地区一样的社会保障体系(He,1994,p.59)。从下面这句话中可以看出政府没有考虑大的变化:"农村地区的广大居民仍然需要发扬优良传统,赡养老人、邻里互助"。因此,农村家庭在生育决策时仍将继续偏爱男孩。在1994年联合国人口会议上,彭玉(Peng Yu)女士指出,农村社会保障体系的"成本由国家、当地社区和个人三方分担;这一体系已经发展起来,并覆盖了中国31.5%的地区,同时也减少了人们期望的子女数量"。她承认,"在中国,特别是在最近几年的东部沿海,经济发展、妇女地位的提高和社会福利措施的改善是生育率下降的主要原因"(Peng,1994,p.490)。虽然她没有说明,但是很有可能的是,农村社会保障体系只是覆盖了农村收入较高的地区,而在生育率最高的农村地区,这一体系还没有建立起来。

第四项政策变化,可能也是最重要的,是大幅度提高农村青年的受教育水平,特别是年轻妇女的受教育程度。遗憾的是,在1993年12月的会议上没有人提出相关的措施;政府也没有考虑用中央财政给农村教育提供更多的支持。

正在考虑中的两项政策变化——迁移限制的改变以及不受人口变动影响的土地长期使用权——如果得到实行,农村生活的状况会得到很大改善,农村的期望生育率也会降低;并且,因为移民会很快接受城镇居民的生育率,全国的生育率也会下降。对于缓解农村家庭与政府间的紧张关系,这些都是积极的措施。但是要取得农村生育率的进一步下降还需要提高农村青年的受教育水平,以及提供除了儿子以外的其他的养老保障措施。进一步改革土地制度,允许拥有、出售和租赁农用土地,将在提供农村养老保障方面向前迈进一大步。

最后,我想强调一点。我认为合理的人口政策应当是:为家庭提供帮助,使其达到期望的子女数,同时实施其他的行之有效的政策和制度,以引导家庭生育水平最终达到在自愿基础上的可持久的人口替代水平。这显然不是主张人口高增长率,而是说,任何担心其人口规模过大,人口增长率的国家,都需要认真反思和修改那些鼓励生育的政策,而不是述诸于各种惩罚和强制性措施以影响生育率。做到这一点,不仅有助于达到既定的人口目标,而且可以提高人力资本和实物资本的生产率、提高真实人均收入。以上论点所依据的假设是:在合理的激励机制下,个人决策将符合全体利益。

参考文献

Becker, Gary, 1960, "An Economic Analysis of Fertility", in *Demographic and Economic Change in Developed Countries*. Conference of the Universities-National Bureau of Economic Research. Princeton: Princeton University Press, pp. 209-240.

Blake, Donald J., 1969, *Principle of Demography*. New York: John Wiley and Sons.

Chen, Kathy, 1994, "China to Erase Policy Favoring City over Country", *The Wall Street Journal*, 26 April, p. A19.

Cheng, Chaoze and Paul Maxin, 1992, "Socioeconomic Determinants of China Urban Fertility", *Population and Environment* 14, No.2: 133-157.

Crook, Frederick, 1993a, "Large Grain Stock Reported in China", in *Asia and Pacific Rim: Situation and Outlook Series*, RS-93-4, Washington DC: Economic Research Service, US Department of Agriculture.

Crook, 1993b, "Underreporting of China's Agricultural Land Area: Implications for World Agricultural Trade", in *China: Situation and Outlook Series*, WRS-93-4, Washington DC: Economic Research Service, US Department of Agriculture.

Feder, G. ershon, et al. 1992, "The Determinants of Farm Investment and Residential Construction in Post-reform China", *Economic Development and Cultural Change*, 41 (1), 1-26.

Fleisher, B. M. and Yunhau Liu, 1992, "Economies of Scale, Plot size, Human Capital, and Productivity in Chinese Agriculture", *Quarterly Review of Economics and Finance*, 32(3), 112-123.

Fogel, Robert, 1992, "Egalitarianism: The Economic Revolution of the Twentieth Century", paper presented at the 1992 Simon Kuznets Memorial Lectures, Yale University, 22-24 April.

Food and Agricultural Organization (FAO), 1991, *Production Yearbook*, FAO, Rome.

Food and Agricultural Organization (FAO), 1993, *Agriculture: Towards 2000*, FAO, Rome.

Gu Shengzu, Wu Xinmu, and Zhu Nong, 1990, "Regional Variation of Migration and Fertility in Hubei Province, People's Republic of China", in Bai Dang Ha Dong (ed.), *Urbanization and Geographical Distribution of Population*. Proceedings of Project Initiating meeting, Pusan, Korea, 1989, Pusan: Pusan National University, pp. 92-99.

Gu Xiulin, 1993, "Household Responsibility System with No Land Redistribution: A Report from Meitan County, Guizhou Province, 1993", paper presented at the International Conference on China's Rural Reform and Development in the 1990s, December, Beijing.

He Guanghui, 1994, *Daily Report*, Foreign Broadcast Information Service, FBIS-CHI-94-042, p. 59.

Holland, Bart K., 1993, "A View of Population Growth Circa A.D.200", *Population and Development Review*, 19(2), pp. 328-330.

Jefferson, Gary, 1990, "The Impact of Economic Structure on the Fertility, Savings and Retirement Behavior of Chinese Households", *Journal of Asian Economics*, 1(2), 201-224.

Jefferson, Gary and Peter A. Petri, 1987, "Financing Retirement in China: Thoeretical and Empirical Perspectives", in James H. Schula and Deborah Davis-Friedman, *Aging China: Family Economics, and Government Policies in Transition*. Proceedings of the International Forum on Aging, Beijing, China, 20-23 May 1986. Washington DC: Gerontological Society of America (mimeographed), pp. 213-242.

Johnson, D.G. 1993, "Can There be Too Much Human Capital? Is There a World Population Problem?", Office of Agricultural Economics Research, The University of Chicago, Paper No. 92:01, revised 3 February.

Kelley, Allen C. 1988, "Population Pressures, Savings, and Investment in the Third World: Some Puzzles", *Economic Development and Cultural Change*, 36(3), pp. 449–464.

Levine, Ross and Renelt David, 1992, "A Sensitivity Analysis of Cross-Country Growth Regressions", *American Economic Review*, 82(4), 139–191.

National Research Council, National Academy of Sciences, 1986, *Population Growth and Economic Development: Policy Questions*. Washington DC: National Academy Press.

Peng Peiyun, 1994, "China Urges Strict Control over Population Growth", *Newsletter*, No.2 (February): 8–9. Embassy of the People's Republic of China, Washington D.C.

Peng Yu, 1994, "Statement by Mme. Peng Yu at the 27th Session of the United Nations Population Commission", 28 March press release, Mission to the United Nations, People's Republic of China. Reprinted in *Population Development Review*, 20(2), 488–491 (text citation are to this reprint).

Prosterman, Roy L. and Tim Hanstad, 1993, "Land reform in China: A fieldwork-Based Appraisal", *RDI Monograph on Foreign Aid and Development*, No. 12. Seattle: Rural Development Institute.

Qian Xinzhong, 1983, "China's Population Policy", *Beijing Review* 26(7): 21–24.

Republic of China, Executive Department, 1992, *Taiwan-Fukien Demographic Fact Book*. Taipei: Executive Yuan.

Republic of China, Executive Department, 1991, *Statistical Yearbook of Republic of China* 1991. Taipei: Executive Yuan.

Selden, Mark, 1985, "Income Inequality and the State", in William A. Parish, (ed.), *Chinese Rural Development: The Great Transformation*. Armonk, N.Y.: M.E. Sharpe, pp. 193–218.

Smil, Vaclav, 1993, *China's Environmental Crisis: An Inquiry into the Limits of National Development*. Armonk, N.Y.: M.E. Sharpe.

State Family Planning Commission, People's Republic of China, 1994, "National Report of the People's Republic of China on Population and Development", paper presented at the

27th session of the United Nations Population Commission, March.

State Statistical Bureau of the People's Republic of China (SSB), 1990, *China Statistical Yearbook*, People's Republic of China, State Statistical Bureau.

State Statistical Bureau of the People's Republic of China (SSB), 1990, *China Statistical Yearbook*, People's Republic of China, State Statistical Bureau.

State Statistical Bureau, Department of Population (SSB), 1989, *China Population Statistics Yearbook 1989*, People's Republic of China, State Statistical Bureau.

Sabbarao, K. and Laura Raney, 1995, "Social Gains from Female Education: A Cross-National Study", The World Bank. Unpublished. Revision published in *Economic Development and Cultural Change*, 44(1), pp. 105-128.

Summers, Robert and Alan Heston, 1991, "The Penn World Table (Mark 5): an Extended set of International Comparisons, 1950-1988", *Quarterly Journal of Economics*, 101 (2): 327-368.

United Nations, Department of International Economic and Social Affaires, 1993, *World Population Prospects: The 1992 Revision.* New York: United Nations.

World Bank, 1985, *China: Issues and Prospects in Education.* Annex 1 to *China: Long-Term Development Issues and Options.* Washington, D.C.: The World Bank.

World Bank, 1986, *World Development Report.* New York: Oxford University Press.

World Bank, 1990, *World Development Report.* New York: Oxford University Press.

World Bank, 1992, *World Development Report.* New York: Oxford University Press.

World Bank, 1993, *World Development Report.* New York: Oxford University Press.

Yang, Dennis Tao, 1993, "Knowledge Spillovers and Labor Assignments of the Farm Household". Unpublished.

Zhao, Yaohui, 1993, "Labor Mobility and Migration and Returns to Education in Rural China", Department of Economics, University of Chicago. Unpublished.

论对人口与食物问题的重新讨论*

摘要：自从马尔萨斯著名的《人口原理》出版以来，人类生活得在难以计数的方面得到了重大改善，其中包括预期寿命、婴儿死亡率、饥荒与瘟疫的发生率、人均食物消费量和真实人均收入等方面。这些改善在工业国和发展中国家都发生在人口迅速增长的时期。食物需求与供给预测表明，供给的增长将完全能够满足消费的增长同时粮食价格将持续下降。中国有可能在下个世纪初增加粮食进口，而中欧和东欧国家则有可能成为主要的粮食出口国，并由此帮助满足中国粮食进口增加的需求。

在过去的两个世纪里，特别是在过去的半个世纪里，人们的生活得到了史无前例的巨大改善，生活水平迅速提高，人均食物消费量增长尤其引人注目，而且，衡量人类福利的其他指标，比如预期寿命、消除饥荒方面也有巨大的进步。不过，近年来，一直有人抱怨说世界已经（或者很快就要）出现人口过多，有些人抱怨说世界对食物需求的增长将很快超过供给的增长；在过去三十多年里，类似的抱怨都已经被证伪，但这一事实似乎总是被人忘却。

一些得到很好评价的研究表明，人均食物消费量将得到持续提高，特别是在发展中国家（参见 Islam，1995）。然而，对前景悲观的预言吸引了媒体的注意力，不断地成为新闻标题。对媒体来说，这种估测的准确性有多大似乎并不重要，因为只有可能的灾难才会吸引读者的注意力，而更多头脑清醒

---

* 原文题为“On the Resurgent Population and Food Debate”，发表于《澳大利亚农业与资源经济学》（*The Australian Agricultrual and Resource Economics*），第 41 卷第 1 期，1997 年 9 月，第 1-17 页。

的、优秀的研究却几乎没有引起世界新闻界的注意。

托马斯·马尔萨斯对食物生产的增长与人口增长之间进行了比较，人们因此记住了他；这是一个悲观主义制造新闻的一个很好的例证。马尔萨斯认为，食物生产是以算术级数增长的，而人口增长如果没有得到遏制，则会以几何级数增长。因此，人口总是有耗尽食物供给的可能。他下这番结论的同时也认为，人口增长只能通过邪恶和苦难，如饥荒、疾病和战争等加以遏制。但这只是马尔萨斯在写作第一版《人口原理》时所持的观点，①他很快就修正了自己的观点，但是几乎没有人注意或记得他后来赞同那些人类福利将会得到持续改善的观点，②这样的观点在他的著作第一版发表之前就已经出现。

一、马尔萨斯著作第一版出版以来的人口与福利

自从1798年马尔萨斯著作第一版出版以来的两百年间，人类福利得到了史无前例的改善。事实上，我们可以说自从那时起，无论用哪种尺度衡量，人类福利的改善，都超过了在此之前所有历史的总和。无论你选择何种客观标准——预期寿命、婴儿死亡率、饥荒与瘟疫的发生率、人均食物消费、人均收入或真实人均消费水平，或者生理上的度量，比如身高、体重或者体

① 原著写于1797年，马尔萨斯在后来出版的1803年、1806年、1807年、1817年、1826年的历次版本中都进行了修订（见Malthus，1826）。

② 人口原理中说的是，如果人口增长没有得到遏制，人口将比生活资料增长得更快。当注意到“一切取决于人口与食物的相对比例，而并非取决于人口的绝对数额”之后，他补充说，“那些人口最少的国家可能遭受人口法则效应所带来的最严重的影响”（p.330）。

历次修订版中的根本性变化是引入了控制人口增长的另一种方法。1803年以及之后的各个版本中，序言都包括了下面的一段话：“经过近段时间的研究，我的观点已经发生了变化，已经不同于第一版中的观点。我考虑到了另一种限制人口增长的方法。这种方法不是罪恶，也不是贫困。在本书的后半部分，我得出的结论也不再像第一版中的那样严酷”（p.9）。限制人口增长的新方法是将法律、制度和人的自爱之心（或称为自利之心）结合在一起，“我们应该感谢那些关于产权和婚姻的法律，以及那些浅显、狭隘的自爱原则（或称为自利原则，它使得每个人都努力改善自己的境况）；这些是人类天才的、宝贵的创造，正是这些使得文明区别于野蛮。在探索人口法则的过程中，我们应当得出的结论是：我们绝不能扔掉这部梯子，正是靠着它，我们才达到了现在的高度；而且，也没有人证明，通过同样的方式，我们不能达到更高的高度”（p.331）。

重与身高之比——在过去两百年里的提高超过了过去一千年的总和。

在19世纪,正如马尔萨斯在修订版中所预料的那样有了一定的改善;不过,比起20世纪19世纪取得的进步要小得多。这在很大程度上是因为迅速发展的城市化带来了疾病的蔓延,造成了巨大痛苦和人口死亡。由于工业革命而导致的人口迁移的大幅度增加也引起了疾病的大规模传播,这在过去很少看到。即便如此,人类福利仍然有一些提高,至少对于相当一部分人口是这样的(Fogel,1992)。临近19世纪末,人们开始采取措施提供净化水、改善卫生状况,这些进步与有关疾病传播和预防的初步知识相结合,使得人类延长预期寿命的努力有可能在20世纪取得巨大进展。

19世纪人类福利的改进与北美洲和欧洲的农业革命密切相关,正是因为19世纪发明了节约劳动力的农业工具,才使劳动力有可能从农业转移到其他产业或岗位;这样,城市才成为高生产率的场所,高速的经济增长才成为可能。

所有这些都是在有史以来人口增长速度最快的时期完成的。很少有人了解,从大约公元前500年到大约公元1400年,世界人口的年增长率低于0.2%,并且在18世纪中叶之前从未超过0.5%(Kremer,1993)。在整个17世纪,世界人口的增长都是非常缓慢的,而且最为迅速的经济增长往往出现在那些人口增长率最高的国家。整个19世纪并且一直延续到大约第二次世界大战时期,工业化国家中的人口增长率要高于发展中国家的人口增长率(见表1)。只是到了第二次世界大战之后,发展中国家才有了较高的人

表1　1840–1955年6个欧洲国家及美国马萨诸塞州人口出生时的预期寿命

年份	出生时的预期寿命(年)	年平均增长率(%)
1840	41.0	—
1850	41.5	0.05
1860	42.2	0.07
1870	43.5	0.13
1880	45.2	0.17
1890	47.1	0.20

续表

年份	出生时的预期寿命(年)	年平均增长率(%)
1900	50.5	0.34
1910	54.3	0.38
1920	58.3	0.40
1930	61.7	0.34
1940	64.6	0.29
1955	71.0	0.43

资料来源:联合国《人口年报》(Population Bulletin)第6期,表4.1(United Nations,1962)。

口增长率,并且只有到了那时,他们的人均收入增长率才超过了工业化国家的人均收入增长率。从1850年到1920年,发展中国家的人口大致上每年增长0.5%,此后超过了1%,但一直到1950年仍然保持在1.5%以下。

发展中国家人口迅速增长的时期开始于1950年,从那时起人口增长率超过了2%,并且保持了30年之久。正是在1950年到1980年这30年里,发展中国家的人均收入增长率高于发达国家的人均收入增长率,这是发展中国家甚至所有发达国家作为一个整体从未有过的高速增长。从1750年到1920年,发达国家的人口增长率高于发展中国家的人口增长率,并且发达国家的人均收入增长率更高。事实与那些支持低的或为零的人口增长率的人士在推论时所隐含的假定相反,人口增长与经济增长的负相关关系并不明显,在人口迅速增长时期,用真实人均收入增长率衡量的经济增长一直是最高的。

Maddison(1995)估计了1820年以来大多数主要国家人均国内生产总值;其中包括11个亚洲国家,这些数据可以用来说明1820至1950年发展中国家的情况。根据估测,在这长达一个多世纪的时期中,11个亚洲国家的真实人均国内生产总值增长了25%,从609美元增加到863美元;同时它们的人口增长84%(年增长率小于0.5%)。从1950年到1992年,亚洲国家的人均收入增长到5 300美元,增长了5倍,而人口则增长了128%(年增长率约为3%)。

麦迪森对12个欧洲国家所做的估测表明,人均收入从1820年的1 228

美元增长到 1950 年的 5 513 美元，人口增长了 131%（年增长率约为 0.65%）。美国的真实人均收入从 1820 年的 1 287 美元增长到 1950 年的 9 573美元，年增长率为 1.56%，大大低于发展中国家从 1950 年至 1980 年之间的增长率。

日本、韩国和中国台湾省属于 11 个亚洲国家和地区之列。考察亚洲两个大国中国和印度的数据也许会更为有益。麦迪森估计这两个国家在 1820 年时的真实人均收入基本相同，分别是 523 美元和 531 美元，并且，它们在 1950 年时的人均收入也差不多，分别为 614 美元和 597 美元。这些数据表明，一个多世纪以来，这两个国家的真实人均收入并没有显著增加。从 1950 年至 1992 年，中国和印度走上了完全不同的道路，中国的人均收入增加到 3 098 美元，而印度只增加到 1 348 美元，并且绝大多数的差别是在过去 15 年中出现的①。但是在 42 年的历史时期中，即便以印度这样缓慢的经济增长速度，它的真实人均收入也翻了一番，而在前 130 年中只增长了 10%；在那段时期，它的人口增长率比之前高出 1/4 左右。

预期寿命和婴幼儿死亡率的变化是衡量人类福利的重要指标。1650 年以前，人类历史上的婴幼儿死亡率或预期寿命大致是一个常数，根据 Bogue（1969，p.566）的估测，1650 年的平均预期寿命是 25 岁或者更少。婴儿死亡率约为 30%。来自罗马墓碑的数据表明，在罗马帝国时期，平均预期寿命约为 20 到 30 岁，这些数据支持了过去 1000 年中预期寿命只有微乎其微的变化，或者根本没有变化的观点。6 个欧洲国家和美国马萨诸塞州的数据表明，在高收入国家，1840 年的预期寿命为 41 岁（Bogue，1969，p. 567）。大约 60 年之后，预期寿命已经增加到 50.5 岁，增长了近 10 岁。在以后的 55 年（至 1955 年）里，预期寿命增加到 71 岁，绝对增长量是前 60 年

① 1978 年，即在中国开始经济改革的前一年，中国和印度的人均国内生产总值分别是 1 352 美元和 972 美元，中国仅比印度多 39%。而到了 1992 年，这一差距扩大到 130%。印度人口增长了 36%，而同一时期中国人口增长了 22%。即使我们假定增加的人口对国内生产总值并无任何贡献，扣除这些人口的消费，人口增长率的差别也只能解释中印两国人均收入之比上升幅度的 15 个百分点。

增长量的两倍。

从可获得的瑞典1750年以后的婴儿死亡率数据(Bogue,1969)来看,一直到19世纪初,婴儿死亡率仍然超过20%,有些年份超过25%。一直到1850年,婴儿死亡率才下降到15%,并且直到20世纪初才下降到10%。可获得的数据表明,目前只有一个国家的婴儿死亡率超过15%(相当于瑞典1850年时的水平),并且许多发展中国家的婴儿死亡率目前是5%或低于5%(这是瑞典在1940年所达到的水平)①;而现在所有低收入国家的平均婴儿死亡率低于6%。

第二次世界大战之后,世界人口的迅速增长几乎完全归功于死亡率的大幅度下降,而不是生育率的提高。事实上,几乎所有地方的生育率都有所下降。然而,令人奇怪的是,在20世纪后半叶,人们对世界人口的迅速增长变得如此关注;而这种迅速增长主要是因为健康的改善并由此而带来的寿命的延长,这正是人类奋斗了若干个世纪期望得到的东西。我想不到有任何事情可以比降低婴儿死亡率更加能够减少对人类的煎熬和折磨。从每3个1岁前的婴儿中就有一个会死亡,到目前世界上大多数母亲所面临的持续下降的婴儿死亡率,大约是每20个婴儿中有不足1人死亡,这是多么大的进步啊!

二、人口只是影响人类福利的一个无关紧要的因素

人口增长率在决定一国人民福利中只是一个相对不重要因素,这个观点已经得到越来越多的经验事实所证实。正如我早先所写的那样:"人口只不过是决定人类福利诸多因素中的一个,它远不是最重要的因素。对人力资本和自然资源使用效率产生负面影响的国家政策是比人口增长重要得多的影响因素"(Johnson,1990,pp.29-30)。

我并不排除这样的可能性,即在合理的限度之内(比如说1%到2%的

① 见World Bank(1996,p.198)。

年增长率),人口增长有可能对人均收入增长具有正面效应。这一观点得到 Kremer(1993)的支持,他认为技术变革一直是人口规模的函数,因此人口增长对人均经济增长没有破坏作用。但他并不为鼓励人口生育的政策辩护;我也同样。他总结道:"经济学家应当开展进一步的研究,来度量在非竞争性(non-rival)技术条件下人口增长对经济增长和福利产生的影响,而不是简单地接受传统观念,只是关注人口增长的负面效应"(p.713)。

近代以来世界发展的经验事实,应当已经使我们开始怀疑人口增长率一直是决定人均收入的主要因素的观点。这些经验事实强有力地表明,政策与制度是至关重要的,而人口增长率并不重要。社会主义国家的经济发展经验提供了一个活生生的经验检验。曾经属于同一个国家的不同组成部分分别实行了社会主义经济和市场经济,它们取得了不同的经济增长率。对于朝鲜和韩国、东德和西德、捷克斯洛伐克和匈牙利及奥地利之间的人均收入增长率之间的差异,人口增长的作用只能解释极少的一部分,甚至根本不能解释。同样,人口增长率的变化也不能解释 1979 年经济改革开始前后中国经济增长率的差异。人们可能已经注意到,在欧洲的社会主义国家中,人口增长率低于市场经济国家,而这似乎无关紧要。Olson(1996)有力地论证了政策的重要性,而大多数国家在使用其资源上,离最佳效率还差得很远。近年来出现的有关向世界市场开放,政治稳定性和教育等对经济增长的作用方面的大量经验研究,都支持了这一结论。请参见 Levine 和 Renelt(1992)、Barro 和 Sala-I-Martin(1995)等研究文献。①

---

① 请注意,我并没有说人口增长率对人均经济增长速度没有影响。我并不能肯定在所有的情形和条件下其影响过去和现在是什么样的。我相信的是,有许多因素影响着人类福利,即使人口增长对真实人均收入增长具有负面影响,这些影响与诸如对学校教育的投资或者政府对市场干预的程度相比,也是微不足道的和次要的。我所说的是,人们不能也不应该从新古典主义的增长模型中推演出人口增长率与经济增长率之间的负相关关系。的确,劳动力边际收益的递减是不能避免的,但是人口与经济增长之间的关系要比单纯的收益递减或者任何其他通常包括在此类模型中的变量所隐含的关系复杂得多。创新和发明,全部投资(包括对人力资本的投资),规模收益递增,以及新生产方法的采用率等因素,与人口密度和人口数量呈正相关关系。因为人口增长在与真实人均收入之间的关系中,在某种程度上也许是内生的,所以对于那些说明两个变量之间正相关关系的经验分析,我们必须谨慎地予以解释。同样的,对于发现人口增长率和经济增长率之间存在负相关关系的为数不多的那几项研究,我们也要谨慎对待其结论。

三、我们是否会喜欢人口负增长?

在不远的将来,我们可能会在现实世界中看到,人口的负增长率是否会导致真实人均收入更为迅速的增长。在西欧和中欧的所有国家,现在生育率都已经低于人口换代水平,在今后十年或二十年,它们将面临着人口数量的绝对下降,除非生育率提高或者移民有大幅度的增加(World Bank, 1996)。随着人口下降,人口的年龄分布也会发生变化,我预计在这些国家吸引公众注意力的人口问题将是过低的生育率,而不是对生育率过高的担忧。

那些强调自然资源稀缺性和环境恶化的人,将难以接受人口的负增长率有可能具有长期负面影响的结论。人们需要认识到,许多环境问题在真实人均收入提高后可以得到改善或解决。我在这里指的是在发展中国家所出现的重要环境问题,比如说不清洁水源和对人类排泄物的不安全或不适当的处置;但是其他形式的环境破坏也可以因较高的收入而减少。一旦真实人均收入水平达到一个并不很高的门槛时,空气污染的减轻,公园数量的增加和荒漠化的减少就会大量出现(World Bank, 1992, p. 54; Antle and Heidebrink, 1995)。

四、近期世界粮食供给发展状况

1996 年出现的世界粮食价格上涨是在世界粮食生产增长缓慢持续了相当时期之后出现的。这对发展中国家是否能够保持人均食物供给的持续提高的前景,产生了一定程度的恐慌。有一种毫无根据的论调,说今后三十到四十年中国粮食产量会大幅度减少,对粮食的需求则会迅速增加,所以中国有可能会让世界挨饿(Brown, 1995)。由于全世界的媒体喜欢灾难性的新闻,这一论调引起了相当多的关注。在论述我自己关于未来前景的观点之前,让我们简短地总结一下过去三十年左右的粮食供给发展状况。

表 2 中的数据是世界主要地区 1961-1963 年以及近几年可以从世界粮农组织（FAO）获得的人均卡路里日供给量。将发展中国家和地区作为一个整体，它的人均卡路里日供给量在过去三十年间大约提高了 28%。对于这些发展中国家来说，平均可获得的日供应量超过了平均日需求量，但这并不意味着能够确保这些地区的所有人甚或大部分人获得充足的日常食物供给，尤其在非洲地区，在过去三十年里人均卡路里几乎没有增加。不可否认的是，发展中国家和地区卡路里供给状况的改善与营养不良人口百分比的大幅度下降有很大关系，这一人口群体的百分比从 1969-1971 年的 36% 下降到 1988 - 1990 年的 20%，并且预计到 2010 年将下降到 11%（Alexandratos，1995，p.33）。营养不良人口的绝对数字从 1969-1971 年的 9.41 亿人下降到 1988-1990 年的 7.81 亿人，预计到 2010 年会下降到 6.5 亿人以下（Alexandratos，1995，p.33）。另外，众所周知的是，贫困而不是食物短缺，一直是、并且将继续是营养不良的主要原因。

表 2　1961-1963 年至 1988-1990 年间特定时期世界主要地区人均卡路里日供给量

	1961-1963	1969-1971	1979-1981	1988-1990
所有发展中国家	1 940	2 117	2 324	2 473
非洲	2 117	2 138	2 180	2 204
拉丁美洲	2 363	2 502	2 693	2 690
远东	1 825	2 029	2 245	2 626
其他	2 116	2 292	2 425	2 626
发达国家				
北美洲	3 054	3 235	3 330	3 603
欧洲	3 088	3 239	3 371	3 452
大洋洲	3 173	3 287	3 157	3 328
苏联	3 146	3 323	3 368	3 380
其他	2 545	2 722	2 812	2 975

资料来源：世界粮食组织（FAO），各年份《生产年鉴》（Production Yearbook）。

1960 年以来，发展中国家预期寿命提高和婴儿及儿童死亡率下降的数据表明，食物供给的可得性和有效利用均得到了改善。净化水的获得和卫生状况的改善与食物供给的增加对婴儿及儿童死亡率的下降的贡献一样，也许更多。但是无论相对的贡献率有多大，这些变化已经使世界上成百万最贫困的人口从中受益。

我们经常被提醒说世界人均粮食生产在1984年达到顶峰，并且再也没有达到那一水准（Islam，1995）。然而，如果说20世纪80年代世界人均食物（注：着重号为作者所加）生产并没有增加，那并不是事实。20世纪80年代人均食物产出4.6%的增长率仅仅略低于前10年中5.7%的增长率。但在发展中国家和地区，20世纪80年代人均食物生产增长了13%，比前10年8%的增长率有了显著提高（注：着重号为作者所加）。20世纪80年代发展中国家人均食物产出的增长主要是三个国家的作用：中国增长了28%，印度增长了20%，印度尼西亚增长了32%。

单就粮食而言，发展中国家的粮食生产在20世纪80年代的确增长了幅度为9%。世界粮食生产的缓慢下降出现在西欧、北美的工业化国家和前社会主义国家。在80年代，欧洲共同体、美国和日本执行了旨在限制粮食生产的政策。

即使世界粮食生产在整个80年代和90年代初增长缓慢，粮食供给的增长仍然要比这一时期内世界对粮食需求的增长要迅速得多。[①] 之所以得出这样的结论，是因为70年代以来国际市场上的小麦、玉米和大米的价格已经下降，甚至相对于国际贸易中工业品的价格（见图1）来说，也是下降的。

至于除中国之外的世界粮食存量下降，我们没有必要大惊小怪。造成这种下降的原因是多方面的。首先，美国和欧洲共同体为削减政府持有的和享受补贴的粮食储备采取了协同行动；其次，因为粮食价格呈现下降趋势，私人增加粮食储备并获利的可能性很小。粮食储备每年的真实成本是

① 我在这里指的是随时间变动需求与供给函数的移动。因为供给函数向右的移动要比需求函数的移动大，所以出现了粮食真实价格的下降。

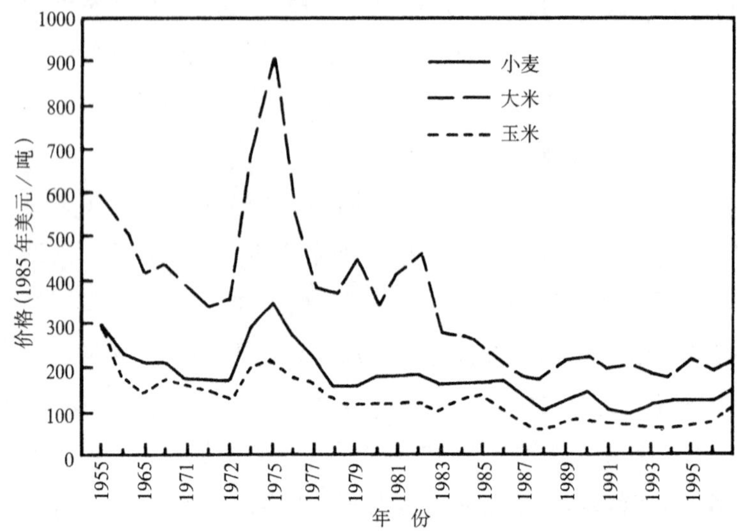

图 1　国际贸易中相对于工业品价格的粮食价格走势

说明：图中的小麦价格是圣劳伦斯（St Lawrence）仓库中加拿大西部红色春小麦（Canadian Western Red Spring）日历年度平均出口价格；大米价格是贸易委员会（Board of Trade）公布的泰国大米（5%碎米）曼谷离岸价（fob Bankok）日历年度平均；玉米价格是美国 2 号黄色海湾口岸离岸价（US No. 2, Yellow fob Gulf Ports）日历年度平均。扣除货币价值变动因素的平减指数是五大工业国生产单位价值指数（G-5 Manufacturing Unit Value Index）。

资料来源：世界银行国际经济部

很高的，大约是粮食价值的 20%，所以如果要保证储备粮食能够获取正常收益，那么就需要粮食价格每四年翻一番。① 很难理解为什么从真实价格的长期趋势发生一点偏离就让人们如此激动。几乎没有人注意到粮食价格自从 80 年代中期以来一直多么低迷，特别是在 90 年代的前四年中。

---

① 从图 1 可以清楚地了解，在长期真实价格出现下降趋势的背景下，近期国际粮食价格的提高只不过是个小小的插曲。例如，1996 年初小麦的真实价格比 1970 年至 1985 年间任何一年的价格都要低。

五、未来食物供给与需求的前景

今后20-30年,食物的供给将至少与对食物的需求增长得一样快,也许会更快一点,这将导致粮食真实价格长期持续走低。得出这一判断的基础是,强有力的证据表明,从1990年到2020年这三十年中对食物需求的增长率将比1960年到1990年小得多。出现需求增长缓慢的主要原因是,目前的人口增长率要比前三十年更低,并且人口学家预计从现在到2020年人口增长率会进一步下降。这一人口预测是联合国预测的中间数;在过去25年里,联合国中间预测数对2000年的世界人口所做的预测相当准确。

表3给出了对1990-2020年世界粮食使用年增长率的预测,以并且与1960年到1990年的实际增长加以比较。影响粮食消费量增长的因素中,在这两个时期间唯一的差别是后一时期人口增长率的下降。1960-1990年的人口年增长率是1.9%,联合国的中间预测是1.3%。在预测"B"中,假设消费的收入弹性保持不变,同时人均收入增长率也保持不变。对粮食消费的预测结果显示,年增长率将下降1/4,这表明最糟糕的时候已经结束。

表3 有关世界粮食使用增长的关键变量的增长率和不同方案的预测(1990-2020年)

	1960-1990年实际值	1990-2020年预测值	
		A[b]	B[c]
人口增长率(%)	1.90	1.30	1.30
人均收入增长率(%)	1.8	n.a.	1.8
收入弹性[a]	0.31	n.a.	0.31
人均粮食使用增长率(%)	0.56	0.15	0.56
粮食使用总量增长率(%)	2.46	1.55	1.86

注:a.由于价格变化被忽略,这是考虑的是所有用途的世界人均粮食使用对世界人均收入的弹性。对1960-1990年的估测是趋势值,而不是每年估计的平均。b.预测A来自Islam(1995)综述中包括的三项研究中人均粮食使用增长率预测数的平均值。c.预测B采用的是1960-1990年观察到的人均粮食使用增长率。

资料来源:1960-1990年的增长率来自世界银行《世界发展报告(1992)》(Wold Development Report 1992)和世界粮农组织各年份《生产年鉴》(Production Yearbook)。

根据1994年在国际食物政策研究所(IFPRI)一次会议上报告的三项独立研究的结论,世界的食物供给在今后可以满足世界对食物的需求而且还可以超过此需求。这些研究是由联合国粮农组织、世界银行和国际食物政策研究所的研究人员完成的。这些研究结论的一致性令人惊奇,这在Islam(1995)编辑的书中得到归纳和总结。这些研究指出1990-2010年粮食使用年增长率将居于1.4%到1.6% 之间;表3给出的1990-2020年期间的预测A就是该区间的中点。

在这样做时,我假设第三个十年人口增长率和收入增长率保持不变,并且其他影响粮食使用的变量的值与前两个十年相同。因为人口增长在最后十年中速度会减缓,所以预测A可能有些偏高,因为正如前面所指出的,消费增长的大部分是人口变化造成的。

在达到具识的预测A中,世界人均粮食使用的年增长幅度是很小的,只有0.1%到0.2%;但是这一数字在很大程度上是无关紧要的,真正要紧的是发展中国家的增长率;它们预测的年增长率是0.5%,而三十年的总增长率是16%。

有人担心,农业产出的进一步上升也许会面临比过去更大的技术约束。我对此有两点评论。第一,对食物需求的增长速度在今后三十年要比过去三十年慢得多。所以,即使有证据表明未来增加产出要比过去更困难,也并不意味着农产品真实价格必须提高,也不意味着供给将比需求增长得更慢。

第二,在发展中国家,迄今为止还没有出现人均食物生产增长率下降的现象。80年代发展中国家人均食物生产增长了13%,比前十年的8%快得多(FAO,1991)。有些人特别看重自1984年以来世界人均粮食生产已经下降的事实。然而,人们不仅仅依靠粮食过活,随着发展中国家人民的饮食结构得到改善,其他食物在饮食结构中的比重也相应提高了。不管怎样,发展中国家的人均粮食生产在80年代增长了9%(FAO,1991)。

六、世界贸易的意义

20 世纪 70 年代世界粮食贸易成倍增长,而 1980 年以来,却几乎没有什么增长。自 1980 年以来,世界粮食贸易大致在 2 亿吨左右波动,上下波幅不超过 2 000 万吨。甚至在 80 年代末,当前苏联每年进口 4 000 万吨粮食时,世界粮食贸易也没有突破这一狭窄的波动范围。我估计今后 10 年世界粮食贸易也不会有大幅度的增长。[①] 粮食贸易将不是受供给约束,而是受需求增长约束的。

人们将大量的注意力集中在中国将进口数额巨大的粮食的可能性上。有一些荒唐离奇的言论(如 Brown,1995)说,中国粮食进口将达到 1 亿吨到 5 亿吨,而一些负责的研究则表明,在今后 20–30 年里,中国粮食进口将达到 0.4 亿吨到 0.45 亿吨(Lin,Huang and Rozelle,1996;Huang,Rozelle and Rosegrant,1995;Koo,Low and R.G.Johnson,1996)。

对中国粮食进口水平的高限和低限作了预测。然而,高限的预测只有在中国政府在政策上出现严重失误的情况下才有可能成为现实。从最近实行的对生产具有破坏性的粮食市场和价格政策来看,政策性失误的可能性并不能排除,但是,一旦出现大量的粮食进口,这就有可能说服政策制定者们痛下决心采取措施提高农业生产率,而不只是把措施停留在口头上。在过去 15 年里,农业研究一直是中国农业获得成功的重要因素之一。如果政府忽视了它,如同在 80 年代大部分年份那样,粮食进口就会显著增加。但是有证据表明农业研究的益处正在得到认可,近年来用于这方面的研究资金已经有了一定的增加。

如果中国想把粮食年进口量增加到 4 000 万或 5 000 万吨,供货将是很容易的,即便真实粮食价格像 90 年代初一样低,甚至更低也是如此。事实

---

① Islam 在综述中讨论的那三项研究预测,世界粮食贸易将从 8 000 万吨增长到 1990–2020 年的 1 亿多吨(Islam,1995,pp.86–87)。

上,中国进口的增加可能并不会要求传统的粮食出口商增加出口。如果前苏联疆域内的粮食生产恢复到80年代末的水平和数量,即当可收获粮食达到1.8亿吨到2亿吨时(以洁净粮计算),[①]就会如此。如果在收获、运输、购销和种子使用方面减少浪费,加上提高饲料作物(干草、青贮饲料和可用作饲料的根茎)的产量,以及在把饲料转化为肉和奶等产品时提高效率,前苏联地区粮食供给将至少增加5 500万吨(Johnson,1993,pp.26-27)。

几乎同样重要的是,由于牲畜产量的减少,对粮食的来自国内需求也将减少。在前苏联,大量的消费补贴提高了对肉和奶的需求;80年代末此类补贴相当于国民生产总值的10%。[②] 肉类的生产已经出现大幅度地下降,大约下降了40%,而且,这一调整过程尚未完成,特别是牛肉生产(ERS,1996,p.20)。前苏联地区已经大幅度地减少了粮食进口,如果今年的庄稼长势良好,也许到1997年就可成为粮食的净出口地区。随着真实收入水平的恢复,对肉和奶的需求也会恢复;预计肉类总消费量恢复到80年代末约2 000万吨水平的三分之二以上,也许是比较乐观的看法。稍前我曾估计制度变革将增加5 500万吨的粮食供给,并且由于畜产品消费减少而减少饲料用粮,又可以省出3 500万吨(Johnson,1993)。如果这些估计成为现实,那么也许在世纪交替之际,前苏联的疆域将从80年代末将近4 000万吨粮食的净进口地区转变为4 000万吨到5 000万吨粮食的净出口地区。[③]

---

① 恢复到80年代末粮食生产的同等水平似乎是一个容易实现的目标;但是应该知道,在以前社会主义制度下,粮食的产量可能不同于市场经济制度上有利可图的水平。比如说,粮食价格的地域分布明显不同于市场经济制度下的情况,价格并不反映运输和市场的成本差别,而只是受生产成本的影响。其结果是哈萨克斯坦的粮食价格比乌克兰更高。一旦粮食市场成为一个竞争性的市场,粮食播种地区将有可能减少,粮食产量要达到80年代末的同等水平,粮食的单产需要提高。

② 在80年代末、90年代初,由于价格补贴的存在,前苏联肉和奶的零售价格还不到最终成本的一半。因此当补贴被取消时,牲畜生产的利润率和产量都大幅度下降。在中欧的社会主义经济中也存在着消费者补贴,虽然通常没有像前苏联的补贴那样高。中欧的牲畜生产也出现下降,这也对粮食消费产生了影响。一旦牲畜生产回到赢利的水平,并且消费者承担他们所消费产品的真实成本,牲畜和家禽产品的未来消费量将明显少于80年代,有可能下降1/3。

③ 如果对于传统的粮食出口地区来说这个坏消息还不足惧的话,那么还有一个可能发生的事情,即中欧的前社会主义国家在90年代将有大量粮食出口。一项最新研究(ERS, 1996)所做的预测表明,到2005年,这些国家将出口大约1 200万吨粮食(p.13)。这将改变该地区在80年代末进口数百万吨粮食的状况。

迄今为止,前苏联地区制度变革带来的生产率提高仍然低于我所预测的水平,但是畜产品消费量的下降幅度比我预测的大很多。结果是粮食进口的几近消失比大多数观察家所预期的更早发生了,这意味着大规模粮食出口也许会比预期的时间提前。21 世纪初粮食大规模出口将大大促进前苏联地区的农业发展,我想不出有什么能够比这做出更大的贡献。

因此,在展望粮食与食物国际贸易的未来时,把注意力集中在中国,而忽视可能会对国际贸易产生巨大影响的另一地区,是不正确的。将影响粮食贸易的重大变化正在中欧和东欧地区发生;比起中国粮食进口的合理预测量,这些地区粮食出口的增加将是很大的。[①]

七、结论

我要表达的意思其实非常简单。影响世界粮食供给和需求的诸多国家中,没有什么可以阻止粮食市场真实价格的下降,或者造成世界粮食贸易的大幅度增加。中国也许会变成一个重要的粮食进口国,但是,中欧同样可能发生的是和东欧地区会有可能成为重要的粮食净出口地区,并与传统的粮食出口地区展开竞争。未来世界真实粮食价格的走势虽然对于城镇消费者是有利的,但是发展中国家的农民将继续承受价格下跌所带来的调整压力。

参考文献

Alexandratos, Nikos, 1985, “The Outlook for World Food and Agriculture to the Year

① 由于中国农业数据已广为人知可能存在不准确性,我们对粮食未来供给与需求进行预测时有困难,但本文并未解决这些数据问题。现在中国承认耕地面积约为 1.25 亿公顷,而不是公布的 0.95 亿公顷,我预测中使用的所有耕地面积和产量数据仍然来自于目前政府公布的数据。如果人们接受官方的粮食产量估测,这就意味着粮食产量被夸大了约 30%,为未来粮食产量的增加留下比人们所估计的更大的空间。另一方面,有理由相信粮食产量在近年来一直是被低估的,也许低估了 10%(Johnson,1994;OECD,1996,p.163)。关于粮食产量有可能被低估的结论,我是根据农村家计调查结果得出的。另一个数据不准确的根据是,肉类的生产与消费相差 50%。如果人们接受肉类生产数据,1994 年的人均消费量超过了 35 千克,而人均消费量数据显示平均数不是 17 千克,尽管后者也许只包括在家庭消费的肉类中(SSB,1995)。

2010", in Nurul Islam, ed., *Population and Food in the Early Twenty-first Century: Meeting Future Food Demands of an Increasing Population.* Washington, DC: International Food Policy Research Institute, pp.25–48.

Antle, J. and Heidebrink, G., 1995, "Environment and Economic Development: Theory and International Evidence", *Economic Development and Cultural Change*, 43(3), pp.603–625.

Barro, R.J. and Sala-i-Martin, X. 1995, *Economic Growth*, McGraw-Hill, Inc., New York.

Bogue, D., 1995, *Principle of Demography*, John Wiley and Son, New York.

Brown, L.R., 1995, *Who Will Feed China? Wake-Up Call for a Small Planet*, Worldwatch Institute, Washington, DC. December.

Chandler, T., 1987, *Four Thousand Years of Urban Growth*, The Edwin Mellen Press, Lewiston, New York.

Economic Research Service, US Department of Agricultural 1996, *Former USSR: Situation and Outlook Series*, International Agriculture and Trade Reports, WRS-96-1, Washington, DC.

Fogel, R. 1992, "Egalitarianism: the Economic Revolution of the Twentieth Century", the 1992 Simon Kuznets Memorial Lectures, April 22–24, 1992, Yale University.

Food and Agricultural Organization (FAO), *Production Yearbook*, various annual volumes, FAO, Rome.

Huang, J., Rozelle, S. and Rosegrant, M.W. 1995, "China's Food Economy to the 21st Century: Supply, Demand and Trade", IFRI's 2020 Vision Paper, International Food Policy Research Institute, Washington, DC.

Islam, N. (ed.), 1995, *Population and Food in the Early Twenty-first Century: Meeting Future Food Demand of an Increasing Population*, International Food Policy Research Institute, Washington, DC.

Johnson, D.G. 1990, "Population, food and wellbeing", Office of Agricultural Economics Research, The University of Chicago, Paper no. 90–13, July. Revised version published as "Can There Be Too Much Human Capital? Is There a World Population Problem?" in Asefa, S. and Huang, W.C. (eds), *Human Capital and Economic Development*, W. E. Upjohn Institute for Employment Research, 1994, Kalamazoo, Michigan, pp. 35–62.

Johnson, D.G. 1993, "Trade Effects of Dismantling the Socialized Agriculture of the Former Soviet Union", *Comparative Economic Studies*, 36(4), pp. 21-31.

Johnson, D.G. 1994, "Dose China Have a Grain Problem?", *China Economic Review*, 5(1), pp. 1-14.

Koo, W.W., Low, J. and Johnson, R.G., 1996, "Increases in Demand for Food in China and Implications for World Agricultural Trade", *Agricultural Economics Report*, no. 351, North Dakota State University.

Kremer, M. 1993, "Population Growth and Technological Change: One Million B.C. to 1990", *Quarterly Journal of Economics*, 108(3), pp. 681-716.

Levine, Ross and David Renelt, 1992, "A Sensitivity Analysis of Cross-Country Growth Regressions", *American Economic Review*, Vol. 82, No.4, pp. 681-716.

Lin, J., Huang, J. and Rozelle, S. 1996, *China's Food Economy: Past Performance and Future's Projection*, China Center for Economic Research, Peking University, Working Paper Series, No. 1996001.

Maddison, A. 1995, *Monitoring the World Economy* 1820-1992, OECD, Paris.

Malthus, T.R. 1826, *An Essay on the Principle of Population: or A View of its Past and Present Effects on Human Happiness: With an Inquiry into Our Prospects Representing the Future Removal or Mitigation of the Evil Which it Occasions.* Ed. D. Winch 1992, Cambridge University Press, Cambridge.

Olson, M. 1996, "*Distinguished Lecture on Economics in Government: Big Bills on the Sidewalk: Why Some Nations Are Rich and Others Are Poor*", Journal of Economic Perspectives, *Spring*, 10(2), pp. 3-24.

Organisation for Economic Co-operation and Development, 1996, *Agricultural Policies, Markets and Trade in Transition Economies: Monitoring and Evaluation 1996*, OEDC, Paris.

United Nations, 1962, *Population Bulletin*, No.6, table IV, New York.

World Bank, 1992, *World Development Report* 1992: *Development and the Environment*, Oxford University Press, New York.

World Bank, 1996, *World Development Report 1996: From Plan to Market*, Oxford University Press, New York.

未来25年需求增长将制约食物产量的增长*

摘要:1990-2010年的世界食物需求增长率将大大低于前30年。决定食物需求增长的主要因素是人口的增长,而收入增长产生的影响则较小。从1960年到1990年,粮食需求或者说粮食消费增长的3/4可以由人口的增长来解释。而从1990年到2010年,人口增长预计将几乎完全决定世界粮食需求的增长。1990年到2020年的人口年增长率预计为1.3%,与1960年到1990年间的1.9%相比,下降幅度将超过30%。这样,世界人均粮食消费量也将增加很少,可能为4%,与1960年到1990年世界粮食消费量的增长相比,预计将减少40%。粮食的真实价格到时候预计也将会下降,不过其下降幅度不会超过前一个30年的幅度,即40%。世界耕地质量和生产率下降的问题颇受关注。一项对中国和印尼的研究表明,在过去的50年里,土地的生产能力没有发生显著的变化。与许多观点相反,表层土壤的厚度并没有发生变化,这表明地表几乎没有受到自然侵蚀的影响。

---

* 原文题为"The Growth of Demand Will Limit Output Growth for Food over the Next Quarter Century"。最初提交给美国国家科学院1998年12月5-6日在Arnold and Mabel Beckman Center, Irvine, CA举行的研讨会:"植物与人口:还有时间吗?"(Plants and Population:Is There Time?),发表于美国《国家科学院会议论文》(Proceedings of National Academy of Science,U.S.A.),1999年5月,第96卷,第5915-5920页。

一、引言

在过去的半个世纪里,世界人均食物消费水平有了史无前例的提高,这一提高不仅发生在发达国家,也发生在撒南地区(撒哈拉沙漠以南的非洲地区)以外的发展中国家。撒南地区之所以没有实现人均食物供给的增加,主要原因并不是自然资源的限制。很多国家是由于完全错误的政策所致,这些政策实际上是以促进经济发展的名义对农业进行着剥削,而有些国家则是由于种族和文明冲突的原因。世界银行对1960年到1984年间政府干预效果的一项研究发现,在撒南地区有三个国家农民的劳动收入减少了51.6%(Kreuger, Schiff and Valdés,1991)。这意味着如果按照国际价格来计算农民的应得收入,再按照当地的市场营销和运输成本进行调整,农民们实际得到的收入连应得收入的一半都不到。这项研究既考察了政府的直接干预,如出口税,也考察了间接干预,如币值高估和行业保护关税。据估计,如果农民们接受的是国际市场价格(或者说取消了政府干预),产出将增加57%(Schiff and Valdés,1992)。这一结论假设农业的调整期为20年,上面提到的三个国家分别是象牙海岸、加纳和赞比亚。

本届大会的征稿启示提及,世界粮食产量在过去30年里增加了1倍,这是世界上史无前例的巨大成就,如此重要的成就至少应该值得庆贺。但该启示接下来的几句话似乎暗示产量的增加给世界带来了一大堆难以解决甚至根本不可能解决的问题。人口、农业的扩散以及其他形式的人类定居会影响环境,降低世界向不断增加的人口提供粮食的能力,对这些问题的关注已不新鲜。这可以从古代迦太基教父神学家德尔图良(Quintus Septimus Florens Tertullian)写于公元200年的一段话中得到印证:“确实,我们可以肯定而明白地看到,与过去相比,土地得到了更多的耕作和开发……美极了的农场湮没了空旷的世界,森林让位于耕作的粮田,沙地种上了庄稼,石头被修平,沼泽被抽干,很多大城市以前本是荒无人烟……到处都有住房,到处都有人群,到处都有政府,到处都有生命。人口众多最明显的证据是,我们成为世界的负担,我们所拥有的资源难以达到充裕程度;我们的需求制约着我们,到处都是抱怨,同时大自然已经不能让我们持续生存下去。的确,要想减少过量的人口,瘟疫、饥荒和战争必须作为拯救国家的药方而予以考虑"[英文由 Bark K. Holland 根据拉丁版本翻译(Holland, 1993)]。

无论世界是否真的面临着人口快速增长的问题,我们都知道如今世界人口的增长率要远低于过去的水平,预计未来的人口增长率也将低于过去和目前的水平。从 1950 年到 1990 年,世界人口的年增长率为 1.88%,1965 年到 1970 年达到最高,为 2.1%,世界银行的 Bos 等人(1994)预计:1995 年到 2000 年世界人口的年增长率为 1.43%,2000 年到 2005 年为1.24%,2020 到 2025 年为 0.85%,与最高峰时相比下降了 60%。那么,1.43% 和1.24% 的人口年增长率算不算快? 2015-2020 年预计的 1.04% 的增长率又算不算快? 人口增长率并没有保持不变,在今后的 25 年里是预计要大大下降的。至少对我来说,下降的幅度已经非常之大了,如果有人认为这些预期的增长率还是快的,那对他们来说,所有只要是正的增长率都应该是飞一样的了。

许多人都惊恐地注意到,采用了好几种方法来度量世界的人均生产和消费量,其结果都是下降的。而我认为,在过去半个世纪的时间里,我们从世界人均生产或消费量的变化上基本得不到什么有用的信息。比如,有可能出现如下情形:世界人均粮食生产或消费没有发生变化,或者实际上下降了那么一点,可是世界上的每一个人结果都消费了更多的粮食。这怎么可能呢? 原因就在于不同收入水平下的人均食物消费具有很大的差异,计算一段时期内世界人均消费的平均水平时所使用的人口权数也是在不断变化的,低收入的消费者人均食物消费量也低,而他们在世界人口中的权重却是在上升的。以上例子虽然是可能发生的,不过我在这里只是作一个假设。但是我们的确也都知道,从 1979-1981 年度到 1990-1992 年度,世界人均粮食产量仅仅从 325 千克上升到 326 千克,而发展中国家的人均产量上升了7%(14千克),发达国家也上升了2%(14千克)。[①]

有一个问题颇受关注,就是有人认为农业产出将不会出现过去(如1960-1990年间)那样的迅速增长。他们认为世界粮食和食物产量在90年代的增长非常缓慢,而世界人均粮食产量已经在下降,世界粮食产量自1984年以来就已经跟不上世界人口的增长速度了。有必要为此而惊慌吗?在本文我将论证:不必如此。

二、食物产量的增长速度正在放慢

我先告诉大家:世界今后粮食产量的增长以及按照其他任何方式度量的世界食物供给的增长都将大大低于在1960年到1990年间的增长率。这几乎就像明天早上会出太阳一样那么肯定。然而,这并不足以构成恐慌或担心的理由,也不要让别人拿它吓唬你,至少,在当别人想吓唬你时,不要去相信他们。

产出增长放慢的原因将是经济上的,既不是由于提高产量的生物学潜力起限制作用,也不是由于生产食物的自然资源有所恶化。如果世界粮食产出的增长速度与过去相同,农民们将会大难临头。这是因为如果粮食产出以过去的速度增长,粮食的真实价格就会急剧下跌。因此,产出的增长速度不会与过去相同。再让我加一句话:食物供给的增长将比需求的增长更快,食物的真实价格将会下降,发展中国家的人均食物消费将继续以与过去20年大约相等的速度增长。

在接下来的25年里,需求的增长将会限制农业产出的增长。这点同20世纪的后30年或40年来的情况没有什么不同。主要的区别在于,同前一段时期相比,无论是需求还是产出,增长速度都将大大减缓。虽然从1960年到1990年粮食产出年均增长2.5%,但同时真实的粮食国际价格下

① 解释平均值的这一困难之处,在解释发展中国家地区间的平均数时也存在,甚至在解释一个国家内城乡间的均值时,也不可避免。无论何时,只要消费水平的差异与人口增长率的变化相关,人均水平的变化就表达不出什么信息,实际上还会起到误导的作用。

降了约40%（见表1）。如果粮食的真实价格没有下降得这么大，粮食产出还会增加得更多。换言之，若需求增长得更快使得粮食的真实价格不曾下降，则粮食供给的增长会比实际的情况更多。由于这时的真实产出价格大大高于他们实际上得到的价格，为了获得更加丰厚的利润。农民会有积极性耕种更多的土地，在每单位耕地投入更多的化肥，并积极采取其他的措施来增加产量。此时，政府和私人部门也会对农业科研投资更感兴趣，这样能增加产出的农业创新也就会更多地涌现出来，促进农业产出增长率的提高。然而，事实却是在1960年到1990年间，供给增长率超过了需求增长率，农产品真实价格下跌，而且下降的幅度不是一点点，而是很大。需求增长率和消费增长率并不是同一回事。需求增长率衡量的是需求函数的变动，只有当真实价格不变时，需求增长率才等于消费增长率。换言之，消费增长率是需求函数和真实价格共同变化的结果。从1960年到1990年，世界食物的需求与供给相比增长较慢，这就是国际粮食的真实价格在过去30年里大幅下跌的原因。如果需求增长得和供给一样快，食物的真实价格就会保持不变。

表1　1910–1997年的小麦、玉米和稻米的真实出口价格

年份	小麦	玉米	稻米
1910–1914	299.3	221.5	
1925–1929	308.3	227.5	
1930–1934	236.4	254.4	
1935–1939	236.4	254.4	
1945–1949	385.1	281.3	
1950–1954	284.3	239.4	366.3*
1955–1959	206.5	182.6	484.6**
1960	194.5	158.6	394.3
1961	206.5	155.6	
1962	209.5	155.6	
1963	206.5	167.6	
1964	206.5	170.6	
1965	185.6	170.6	421.1
1966	185.6	167.6	
1967	191.6	161.6	

续表

年份	小麦	玉米	稻米
1968	179.6	143.7	
1969	170.6	143.7	
1970	158.6	155.6	390.2
1971	161.6	149.7	338.6
1972	161.6	137.7	367.4
1973	239.4	188.6	777.8
1974	329.2	236.4	1013.1
1975	284.3	227.5	621.5
1976	239.4	191.6	417.4
1977	173.6	155.6	419.1
1978	182.6	149.7	526.5
1979	200.5	149.7	424.4
1980	197.5	149.7	483.3
1981	185.6	149.7	492.4
1982	167.6	116.7	293.0
1983	158.6	131.7	273.4
1984	149.7	137.7	244.7
1985	140.7	113.7	209.7
1986	119.7	95.8	212.1
1987	95.8	74.8	225.5
1988	113.7	101.8	281.7
1989	143.7	104.8	285.8
1990	120.1	99.7	249.7
1991	91.4	95.1	273.4
1992	112.7	93.4	249.9
1993	110.0	88.9	239.3
1994	110.3	91.7	280.0
1995	134.9	97.5	262.7
1996	157.2	122.2	278.9
1997	127.7	97.6	279.2

注:全部的价格都是每吨美元价格,使用1982年的美元计价,并按美国的批发价格指数平减。小麦和玉米的价格为美国出口价格,稻米的价格为泰国的大米(去壳水稻其中有5%的碎米)价格。

* 1950年数据。

* * 1955年数据。

我稍后将说明，与过去相比，未来粮食或者更一般地说食物需求的增长，将会有很大的下降。为了适应需求的下降，供给的增长也将大幅下降。

三、近来世界粮食生产的趋势

有人注意到，从1990年起甚至更早，世界人均粮食产量就一直在下降。于是他们就认为这一问题应该引起关注。其实，有两个原因可以充分说明，为什么对于发展中国家的人口而言，这一现象并不值得担心。

其一，正如前文所指出的那样，衡量世界人均产量或消费的变化时需要极其谨慎。关于世界上大部分人口的粮食供给是否充足这个问题，人均粮食产量几乎不能告诉我们任何信息。① 比如，1979年到1981年世界的人均粮食产量为325千克，1990年到1992年为326千克。如果在1979-1981年度到1990-1992年度间发展中国家和发达国家的人均粮食产量都保持不变，世界人均产量就会从325千克下降到312千克，下降4%。由于不同的地区人口增长的趋势不同，世界平均数据无论是用来衡量发展中国家还是发达国家的生产和消费水平的变化都不可靠。

其二，对于90年代世界人均粮食产量下降这一现象，我们必须小心解释，其原因并且仔细考虑它对(占世界人口大部分的)发展中国家有什么影响。90年代世界粮食产量增长率下降的主要原因在于中、东欧国家在从计划经济向市场经济过渡期间粮食产量的大幅下降。如果该地区的粮食产量维持在1985- 1989年的水平而不是下降了1亿多吨，1990-1996年世界粮食产量的年增长率就会达到1.8%，只比80年代2.1%的年增长率略低。

中东欧国家粮食产量的下降对世界其他国家的粮食消费是否会带来不

① 在发展中国家，人均粮食消费比人均产量增加得更快，这是因为净进口比人口增长得更快。虽然发展中国家在1980年和1990年都是净进口国，但其净进口增加的百分比与人口增加的百分比相比仅仅高一点点。1980年人均粮食净进口为18千克，1990年为21千克。如果发展中国家的粮食净进口量像前面提到的3项研究所预计的那样，从1.6亿吨增加到2.1亿吨，到2010年粮食进口就会从人均28千克增加到36千克(Mitchell and Ingco, 1994)。直观地说，这一进口量相当于2010年发展中国家粮食消费量的12%-15%。

利的影响呢？与中东欧国家的粮食生产、消费和贸易都维持在1985－1989年的水平这种情况相比，转轨过程对这些转轨国家粮食产量和消费量的净影响实际上是增加了向世界其他国家的粮食供给。之所以这样，是因为转轨期间中东欧国家的粮食需求比供给要下降得更多，而这又主要源于两个因素。首先，前苏联对牲畜消费的补贴很高，中东欧地区其他国家的情况也一样。前苏联的消费者买肉和牛奶所花的钱还不及零售成本价的一半。这些补贴在1991年后被取消，造成了畜产品的消费大大下降。另外，人均真实收入的下降也减少了对肉类需求，进而减少了和粮食饲料的需求。具体的净效应是与80年代末相比，中东欧国家的年粮食进口量下降了至少3亿吨。因此，由于中东欧国家发生了这一系列变化，世界其他国家的粮食消费量得以增加了3亿吨。[①] 我再次强调，在解释世界平均水平，例如平均产量、人均产量或消费的变化时要非常小心。在解释这些变化并得出结论之前，我们应该仔细地考察世界平均水平的变化到底有哪些因素在其中起了作用。

四、需求的增长

与前一段时间相比，未来20年需求增长的速度将低得多。世界粮食消费的增长是4个变量的函数——人口、人均真实收入、食物的相对价格、不同人均真实收入水平的国家或地区所不同的人口增长率。真实收入通过需求收入弹性来影响食物需求，当人均真实收入增加1%时，人均食物需求的增加远远不到1%，对于粮食来说，其需求的收入弹性仅约为0.1－0.25。[②]

---

① 这并不是说每年的3亿吨粮食都实际运到了进口国那里；这其中的一部分留在了出口国。我唯一要表达的是前苏联粮食产量的下降并没有造成世界其他地区的粮食消费量的减少。

② 这是对需求收入弹性较粗略的估计，其中发展中国家的需求收入弹性为0.25。如果人均真实收入年增长2%，粮食消费年增长就应为0.5%。因为无法估计前苏联人均收入和粮食生产的发展，要估计发达国家的需求收入弹性会非常困难。Pinstrup-Andersen等人（1997）的研究认为，从1993年到2020年世界人均粮食需求将只有少量的增加，整个时期都会低于2%，但发展中国家的人均粮食消费将有显著的增长。

随着世界各国人口真实收入的增长,需求的收入弹性还将会下降。而食物的生产者价格对人均食物消费影响不大,因为农民拿到的价格仅仅代表了城市消费者购买成本的一部分。需求的价格弹性一直以来也都在降低,并且以后这种趋势还将延续。影响食物需求增长的首要因素是人口的增长。

那些对未来食物需求增长表示担忧的人很少认识到现在世界上的人口出生率下降得有多快,以及在将来还会降低多少。根据 1960-1990 年的数据,人口的增长解释了粮食消费增长的近 3/4,人均真实收入的增长、粮食价格的下降以及人均粮食消费增长解释了余下的 1/4。粮食总消费的年增长率为 2.46%,人口增长解释了其中的 1.9%,人均消费增长解释了0.55%。

未来将会是什么样子?联合国与世界银行的预测表明,与 90 年代相比,未来世界人口的增长率将急剧下降。我下面要引用的预测数据是中间的估计,即不是高限也不是低限。

这两项对 2020 年世界人口的估计中,联合国的数字为 76.7 亿,世界银行的数字为 77.42 亿,比 1990 年的数字分别高出了 45.6% 和 47.0%。而从 1960-1990 年世界人口的实际增长率为 77%。[①] 根据世界银行的估计(Bos 等人,1994),人口增长率预计将下降 38%,年增长率从 1960-1990 年的 1.9% 降到 1990-2020 年的 1.3%。1994 年,三个关注农业问题的主要国际组织(世界粮农组织、国际食物政策研究协会和世界银行)也完成了对 2010 年预期粮食需求和供给的研究。这些对需求和供给增长的预测都非常一致。

---

① 折衷的预计数字在将来某段时间很可能成为较高的数字,原因是在正文中所提到的两项预测里,进行预测的人口统计学家必须确定对那些人口出生率现在已经低于替换水平的国家应该采取什么样的假设。他们解决这一问题的方法是假设这些国家的生育率不久就会恢复到替换水平。例如,他们假设德国到 2035 年生育率将增加到 2.1%(实际为 2.076%),而它目前的生育率为 1.3%(Bos et al,1994)。一般认为中国在 1995-2000 年的生育率为 1.9%,他们预计在 2025-2030 年增加到 2.127%。我在这里提及两项预测的这个细节,主要是想说清楚,他们的预测并不是假设如果生育率低于替换水平,人口水平就将继续沿着目前的趋势发展下去。恰恰相反的是,他们都假设这些国家的生育率将在未来 30 年左右的时间里会上升,并且在有些国家是很大的幅度。就我所知,这个假设并没有什么依据,但是为了预测,就一定要作出假设。

这三项研究结果一致认为到2010年为止的20年里，世界人均粮食消费会大致保持不变，而无论发展中国家还是发达国家则都会上升很小的百分比(Islam,1994)。他们还认为，世界粮食消费的变化将几乎完全取决于人口的增长。而在这些研究尚未结束的时候，对1990–2020年间世界人口年增长率的预测为1.5%。他们的研究一致认为世界粮食消费的年增长率将为1.5%–1.7%，这与他们经加权平均得出的世界人均消费将增长很小的结论相吻合。

将三项研究对1990–2010年的预测扩展到2020年，我预计2020年发展中国家的粮食产量将增加17%，发达国家将增加9%。这将使发展中国家的人均产量上升到250千克，发达国家则为750千克。到2020年，预计发展中国家人口占世界人口的比例将从1990年的77%上升到82.2%。2020年世界人均粮食产量将为339千克〔(0.178×750)+(0.822×250)=339〕,[①]比1990年增加4%。换算成年均增长率的话，预计世界人均粮食消费的年均增长将会略高于1.3%，也就是预计的人口增长率再加上4%的人均消费量的增加。

五、供给足以消除营养不良问题吗?

世界上有许多人长期处于营养不良的状态。1988–1990年，估计有7.81亿人营养不良。前面对需求的预测假设2010年这一数字将下降到6.37亿人，2020年将下降到约5.75亿人。营养不良的主要原因是收入过低而不是食物供给不足。热量摄取过低并非营养不良的唯一原因，甚至连重要的原因都算不上。微量营养素如维生素A、D、铁、碘、钙等的缺乏，再加上世界低收入地区较高的痢疾发病率，是产生营养不良的主要原因。

① 人均粮食消费量与人均粮食产量由于发展中国家预计有粮食进口而有所区别。1990年发展中国家的人均粮食进口量为21.5千克，预计2010年为28–36千克。如果发展中国家的进口在2010到2020年间以大约相当于1990–2010年间的速度继续增长下去，2020年的人均消费量约为285–290千克。如果考虑人口权重的变化，世界人均消费量的增加将不到4%。

据世界粮农组织估计(FAO,1996),要使那些在1990年人均食物能量供给低于1 850千卡/天的国家在2020年增加到2 300千卡/天,粮食供给就必须增加0.46亿吨。这个估计假设了粮食可以提供60%的能量,并且2010年也保持这个比例。为那些在1990年人均能量供给低于1 850千卡/天的发展中国家提供的新增粮食到2010年预计将占到他们粮食供给的8.5%,不过只占世界粮食产量的2.4%。要使世界粮食产量的增长满足这个需要,粮食价格的上升不用太大,几乎肯定不会超过10%。因此,即使所有热量的增加都需要来自于粮食,粮食产量也只须增加约0.75亿吨,不到目前世界粮食产量的4%,约占2010年预计世界粮食产量的2.5%。

六、近来的价格走向

表1给出了自1950年以来的小麦、稻米和玉米的真实价格。数据来源于美国小麦和玉米的出口价格以及泰国的稻米出口价格,平减指数采用了美国的批发价格指数。① 尽管粮食的国际价格在90年代中期有过短暂的上扬,但90年代的粮食价格仍几乎达到了20世纪的最低点。1995年和1996年粮食价格的增长如今已经基本结束,1997年的真实出口价格几乎已经回落到1990–1994年的低水平。

今年中国实施了一项价格支持计划,旨在提高农民所得到的粮食市场价格。尽管有人毫无根据地预测中国将成为重要的粮食进口国,但它现在并不是。中国的确在1995年进口了大量粮食(近2 000万吨),但这是一个政策失误。中国在1995年和1996年都获得了粮食丰收,没有必要进口。

① 我使用的是美国的批发价格指数而不是世界银行关于发达国家向发展中国家出口制成品的价格指数。在考察期内,如果用后者被用来作为平减指数,它将比美国批发价格指数增加得更快,真实粮食价格的下降就会超过表1中所反映的结果。例如,若使用世界银行的指数,棉花的真实国际价格在1950–1990年间就会下降48%,而在表1中其下降幅度为37%。与世界银行的指数相比,美国批发价格指数涵盖了更多的商品,比如它还包括了石油和煤。

中国目前面临的问题是库存太多,国内粮食价格过低。中国在1992年、1993年和1994年的粮食出口量平均是500万吨(SSB,1994),而在10年前(1980-1983),它是一个净进口国,净进口粮食1 300万吨。

在克林顿总统访问中国后不久,也认为小麦价格过低,于是他授权美国政府购买了8 000万蒲式耳的小麦用来作为粮食援助。这大大减少了国内和国际市场上的粮食供给。估计该行动将使小麦的价格提高到10-13美分/蒲式耳。

非常值得注意的是,世界上两个最大的粮食生产国的政府同时都认为粮食产量过高,从而有必要采取行动以使粮食价格上升。实际上,目前粮食价格过低的一个因素是一些亚洲国家的经济滑坡,以及农民对1995-1996年相对较高的真实价格作出了一个迟滞的反应。目前国际市场上的粮食价格并不显著低于1990-1994年的水平。

当前粮食价格较低所带来的影响并非都是积极的。价格低就无法促使政府以长远的眼光来看待农业科研的投资,也不会去改变那些对农业生产有不利影响的政策。如果低价格继续维持1或2年,而且很有可能如此,世界粮食产量就会停止上升,粮食库存就会下降。这就可能导致另一个粮食价格的短暂高峰,正如1995年和1996年所发生的那样。虽然目前低迷的粮价并非预示粮食产出的长期增长因此会有一个显著的下降,但是价格的不稳定会增加农民和消费者的成本。

七、耕地面积将会上升吗?

人们可能会注意到,在我所引用的对未来食物供给的研究中,一个隐含的假设是在未来几年内,用以耕种粮食的土地面积不会有大的增加。确实,在最近几年里,耕地面积增加不多。事实上,1996年用来耕种粮食的土地面积和1970年相等(FAO,1997)。但是为什么应该增加耕种面积呢?寻找土地替代品的成本要比增加耕地面积的成本低。由于粮食真实价格迅速下降,尽管各方面包括罗马俱乐部在内的组织都一致认为世界可耕地的面积可以再增加 50%(Oram and Hojjati,1994),但农民却没有积极性去为增加耕地面积而支付高昂的成本。我认为,在下一个 20 年内,耕地面积不太可能有显著的增加,除非农产品价格会大幅上升。由于农产品真实价格上升的可能性很小,所以我们不大可能会看到更多的新增耕地。耕地面积无法增加其实是在发出一个信号,表明靠现有耕地带来的产量增长已经足以满足将来需求的缓慢增长。

八、两个可能威胁未来食物供给的因素

1950 年以来土地灌溉面积的增加是导致粮食和其他农产品产量上升的一个重要因素。有人认为,未来几年内土地灌溉面积不太可能再有显著的增加,而还可能由于现有的储水供给来源的枯竭或是对蓄水层的抽取量超过了补充量,以及非农活动对有限的水资源消耗的上升等几个原因而发生减少的现象。

这些结果是有可能发生的。世界上没有一个国家对水供给的管理是恰当的。几乎在所有地方,水都是一种公共产权资源。无论水是来自地表蓄水层还是来自蓄水设施(如湖或水库),源头的水都不收水费(Rosengrant,1997),农民所需支付的费用最多不过是将水运送到田地里的成本,有一些国家还对城市居民的用水以及灌溉用水提供补贴,这使现有的灌溉用水有很大一部分被浪费掉了。因此,在不影响产出的前提下,节约用水的潜力很大。照目前这样的水定价方式,单个的农户很少会有节约用水的动机。目前,通行的做法是规定一个固定的价格和一个固定的用水量。如果农户用水低于这个数量,他从节约用水中什么好处也不会得到。还有另外一种做法,如果农民从地下打水,对用水量就很少有限制,对地下水也不收费。印度就是这种情况,政府通常会对抽水所耗的电提供很多补贴。在印度的旁遮普邦,抽水灌溉用电是免费的。除非政府认识到水是一种有价值的资源,

并对用水进行合理地定价否则人们不会节约用水，直到一些水浇地被抛荒，这是因为要么可得的水资源已经消耗殆尽，要么这些水被用在其他价值更高的地方。水浇地还有可能变成盐碱地和涝洼地，不过可以付出一定代价来纠正这种情况。

另一种对世界食物供应非常重要的公共产权资源是海洋渔场。对海洋渔场这一世界性资源的滥用与灌溉水类似。只要脱离了200海里的界限，对捕鱼量就不再有什么限制，即获得公共资源是不受限制的。然而，现在的捕鱼量已经超过了鱼类的增长量，几种重要鱼类的繁殖群正在枯竭。海洋渔业资源面临枯竭的一个重要原因就是在过去30到40年里捕鱼技术的进步，另一个原因则是许多政府为捕鱼业提供补贴。

水资源和海洋捕鱼是影响世界食物现有或潜在产量的两个重要的方面。无论在哪一方面，政府都应该采取行动找出适当的解决方案。尽管市场可以部分或者全部地解决这个问题，但是如果没有政府来创造一个必要的产权分配体系，或利用市场将产权私有化，公共产权资源的市场是不可能存在的。政府必须寻找各种办法对公共产权资源的使用进行限制。对于水资源，但是也有一些两个或更多的国家共同享有一些水源的情况，大多数情况下每个政府都对自己国家的水资源有控制权，海洋渔场则不同，要使世界鱼类资源避免严重枯竭的命运，就需要许多政府间达成协议。如果政府对于完全处于自己管辖区域内的公共产权资源的问题都无法解决或不愿去解决，那么在捕鱼量显著低于目前水平或鱼价显著高于当前水平之前，期望不同国家的政府能就解决公共产权资源的问题达成协议是不现实的。遗憾的是，人工养鱼业弥补了从海洋捕鱼的损失，使得政府得以推迟对这一问题进行认真的处理。我之所以说遗憾，是因为从海洋捕鱼不需要喂养成本，唯一的成本是捕捞成本，但是大多数的养殖鱼都需要喂养，而且饲料耗费很大。海鱼这一食物来源既不与人类也不与家畜禽直接竞争资源，但如果不解决海洋捕鱼的问题，我们就会失去它。

九、世界上的耕地已经严重退化了吗?

有人宣称,由于自然侵蚀、有机物流失以及其他各种形式的生产力损失,世界耕地资源的质量已经退化了,[①]还有人说每年有大量的表层土壤被水和风侵蚀掉。与20世纪初或与1950年(最近一次农业生产率的大幅度上升就是从那时开始的)相比,世界是否将走进一个土壤严重退化、土壤生产力下降的新千年?许多人已经作出了一些断言。

以上说法源于诸如世界观察研究所和世界资源研究所等组织。在1997年1月16日于北京发表的一项声明中,部分内容也为中国和美国科学院的科学家所承认。他们都认为:"改善环境的需要十分迫切,因为所有的资源指标(大气层的变化、表层土的流失、森林的消失、有机物种的灭绝)在20世纪后半期持续地、急剧地恶化,而同时世界人口数量和消费水平却在不断上升。从全球看,该趋势是不可能长期持续的。"在上述各种迫在眉睫的灾难中,下面我将只考察农业用地表层土流失的问题。

我赞同加利福尼亚大学戴维斯分校林德特(Peter. H. Lindert, 1996, 1999)的看法,他认为许多人所宣称的农业用地表层土的严重流失或其他各种形式的关于农业土地生产力普遍恶化的说法是没有根据的,也就是说,那些人的说法并没有土地长期变化数据的支持。林德特指出:"由于缺少试验田之外实际土壤环境的定量历史数据,学者们只能把注意力放在本节题目所讲的问题上[②]。这些工作十分有用,但同时也有一定的风险。这方面的现有文献主要有三个方面的缺点:(1)使用的指标过于粗略,不能证明人类对土壤的影响;(2)用已耕种土地的变化趋势来推断全部土地质量的

① 在人类成为影响世界环境的一大因素之前,侵蚀就已经存在。并不是所有的侵蚀都对土地的生产力有负面的影响。一个例子是在我所出生的艾奥瓦州的西南部拥有世界上最厚的表层土,大部分都是由于侵蚀作用而产生的。风把这些表层土从得克萨斯州和奥克拉荷马州运来。如果没有侵蚀作用,现在的土壤肥力将下降很多。

② 文章中该节的议题目为:"不经测量就能判断土壤质量的变化趋势吗?"

变化;(3)把单独做出的对某些年份的预测当作是时间序列的数据在用。”①

林德特使用了两大发展中国家——中国和印度尼西亚——的长期数据来衡量土地资源的质量变化。他使用的是土地调查数据,时间范围从20世纪30年代直到最近,中国的数据到80年代,印度尼西亚的数据到1990年。在这里详细介绍他的结果并不合宜,但他下面的一段简短结论提供了一个与一般的看法完全不同的景象(Lindert,1999):

“关于两个发展中国家土壤和农业之间的交互关系最主要的影响,现在已经更清楚一些了。我们知道了土壤的哪些质量有所改善,而哪些没有改善。无论在中国还是在印度尼西亚,耕地土壤的有机物质和氮元素的含量都下降了,磷和钾元素的含量普遍上升。土壤酸碱度有波动,但并没有全面恶化。表层土也没有变得更薄。”

“这里揭示的某些土壤质量的变化,对粮食产量的影响各不相同。中国农业的模式表明,土壤中有机物质和氮元素含量的下降影响不大,这可能是因为化肥可以在一定程度上弥补土地质量的不足。与产量更相关的是酸碱度和钾元素的含量,它们的某些变化是可以增加产量的。”

在对中国和印尼长达50年的土壤调查数据进行比较的基础上,林德特得到了一个令人惊讶的结论(Lindert,1999):“表层土厚度并没有变薄。”这一结论与中美两国科学院院长的声明以及其他大多数对这一问题的评论完全不一样。

我并不否认在中国存在着水土流失现象,毕竟黄河这一称呼不是偶然得来的。但需要注意的是,水土流失现象虽然明显,但它并没有告诉我们此

---

① Lindert(1996)还加上了下面这样的两段话:“最重要的是,他们所提供的土壤质量趋势的资料既非数据又非趋势,它们不过是专家们从单一时点资料中所得到的预测结果。他们的方法是将污水、气候、土地利用方面的数据与在试验环境下土壤所发生的变化结合在一起。许多时候它有个更文雅的称呼叫做‘专家意见’。这就正如GLASOD地图里的东西一样,它并没有任何80年代中期以前观测资料的根据。

不采用真实的历史数据一定会产生问题,因为从多个国家的情况来看,人类对土壤的干预行为相当复杂,足以推翻在试验田的模拟结果。农民对土壤本身的反应是采取各种行动,如作物轮种、改良、施肥、水利投资,当然,有时也会有疏忽和管理不善的情况。要了解近年来人类干预对土壤的影响,我们需要长时期大范围关于人类实际活动的数据。”

现象从何而来以及为什么会发生。林德特收集的数据表明,这一问题对农业用地的影响绝没到值得十分担忧的地步。我认为,很难相信农民会对表层土这样一项重要的资源漠不关心,就像那些担心表层土流失的人们隐含的指责一样。长期以来我就认为农民绝不会比我们笨,我相信他们知道应如何去保护自己的利益。阻止任何土壤水土流失并非农民利益所在,因为他们要为此承担成本。但如果防止水土流失的收益和成本大致相等或者收益超过了成本,那么就应该有理由相信农民会根据自己的利益而采取行动。除非找到了相反的证据,否则是不能否定这个假设的。而林德特对这两个重要国家历史数据的分析表明,相反的证据是可能并不存在。在其他国家也有土壤调查,这些信息能反映世界土地资源的状况却又长期被忽视。我们应该从现在就开始来更多地使用这些信息,而不应该信任缺乏时间跨度的信息。

十、结论

现在世界上的人比以往任何时候都吃得饱、吃得好。从今以后 20 年里,如果世界各国的政府能像农民在他们的生产劳动中所做的那样,认真而聪明地履行其职责,那么将会有更多的人获得更好的营养。

在我看来,未来食物供给的一大威胁是其较低的国际价格,因为发达国家和发展中国家政府在此情形下有可能做出不利于食物供给的反应。当政府面临着当前较低的粮食国际价格时,他们还会维持对农业科研的投资吗?过去 10 年左右的时间里政府对农业科研的实际支持力度下降,在某种程度上就是对粮食低价格的反应。如果要继续提高发展中国家的粮食供给水平,不但不能减少对农业科研的支持,还要继续加强。

对食物供给的另一个威胁就是一些发展中国家的政府还在执行歧视农业和农民的政策。只要这些政策还在执行,食物产量的增长就会低,人们就要遭受本可避免的营养不良之苦。发展中国家大部分营养不良的人口都居住在农村地区,从农业中他们获取全部或大部分的收入。对这些人而言,食物产出的增长、农产品价格以及收入与他们的营养状况存在着密切的联系。

参考文献

Alexandratos, Nikos.1994, "The Outlook for World Food and Agriculture to the Year 2010", in Nurul Islam, ed., *Population and Food in the Early Twenty-first Century: Meeting Future Food Demands of an Increasing Population.* Washington, DC: International Food Policy Research Institute, pp.25-48.

Bos, Edard, My T. Vu, Ernest Massiah, and Rodolfo A. Bulatao. 1994, *World Population Projections: Estimates and Projections with Related Demographic Statistics.* Baltimore: Johns Hopkins University Press.

China State Statistical Bureau (SSB), 1994, *China Statistical Yearbook* (China Statistical Publishing House, Beijing).

China State Statistical Bureau (SSB), 1984, *China Statistical Yearbook* (China Statistical Publishing House, Beijing).

Food and Agricultural Organization, 1996, World Food Summit: *Techinal Background Documents* 12-15 (Food and Agricultural Organization, Rome), Vol.3, Document 14, p.9.

Food and Agricultural Organization, 1997, *Production Yearbook* (Food and Agricultural Organization, Rome).

Holland, B. K.1993, *Population Development Review.* 19, pp.328-329.

Islam, N., ed. 1994, *Population and Food in the Early Twenty-first Century: Meeting Future Food Demands of an Increasing Population.* Washington, DC: International Food Policy Research Institute, pp.85-89.

Kreuger, A. O., Schiff, M. & Valdes, A. 1991, *The Political Economy of Agricultural Pricing Policy* (Johns Hopkins Univ. Press, Baltimore), Vol.3.

Lindert, P. H. 1996, *Soil Degradation and Agricultural Change in Two Developing Countries*, Working Papers Series No. 82 (Univ. of California Agricultural History Center, Davis, CA).

Lindert, P. H. 1999, *Economic Development and Cultural Change* 47, in press.

Mitchell, D. O. & Ingco, M. D. 1994, in Nurul Islam, ed., *Population and Food in the*

Early Twenty-First Century: Meeting Future Food Demand of an Increasing Population, Washington. DC: International Food Policy Research Institute, pp.49-60.

Oram, P. A. & Hojjati, B. 1994, in Nurul Islam, ed., *Population and Food in the Early Twenty-First Century: Meeting Future Food Demand of an Increasing Population*, Washington. DC: International Food Policy Research Institute, pp.167-189.

Pinstrup-Andersen, P., Pandya-Lorch, R. & Rosegrant, M. W. 1997, *The World Food Situation: Recent Development, Emerging Issues, and Long-Term Prospects* (International Food Policy Research Institute, Washington, DC).

Rosengrant, M. W. 1997, *Food, Agriculture, and the Environment Discussion.* Washington. DC: International Food Policy Research Institute, Paper 20.

Schiff, M. & Valdes, A. 1992, *The Political Economy of Agricultural Pricing Policy* (Johns Hopkins Univ. Press, Baltimore), Vol.4.

人口与经济发展*

摘要：传统观点一直认为人口增长对真实人均收入具有负面影响。中国限制生育的人口政策似乎是建立在这一传统观点基础之上的。然而，有许多证据是与人口增长对经济增长有负面影响的结论相悖的，有关人口与经济增长之间关系的大多数经验分析并未发现存在此类负面影响。世界历史所反映出的是，人口低增长的时期也是经济低增长的时期，而高经济增长率则与人口的高增长率如影随形。在人类历史长河中的大部分时期，普遍存在的现象是人口低增长和经济的低增长，直到近几十年，才出现了人口的迅速增长和经济的迅速增长并行的情形。

近年来，学界出现了对人口增长对经济增长具有负面影响的这一传统观点的反思①，这种反思主要发生在经济学家中间。人口具有增长过快的趋势，以至于影响到国家为其国民提供足够生活资料的能力。这一传统观

* 原文题为“Population and Economic Development”，在1998年9月20-22日上海社会科学院40周年庆祝会议上做了报告，发表于《中国经济评论》(*China Economic Review*)，第10卷，1999年，第1-16页。

① 虽然有许许多多学者对有关人口在经济发展中作用的再思考有所贡献，但有三项研究成果值得特别关注。其中有两份是美国科学院的报告(National Academy of Science，1971，1986)。第一份报告是“人口的迅速增长：后果及其政策含义”，发表于1971年，该委员会是由罗格尔·莱维尔(Roger Revelle)主持的。这一报告在对有关人口增长与经济增长之间相互关系进行再思考方面的贡献没有得到应有的重视，主要是因为小结或前言部分并未准确地反映出该报告不失偏颇的论述。美国科学院的第二份报告是“人口增长与经济发展：政策问题”，发表于1986年，是由罗纳德·李(Ronald D. Lee)和D.盖尔·约翰逊(D. Gale Johnson)主持的。这一讨论的第三个重要贡献者是已故的朱利安·西蒙(Julian L. Simon)，其《终极资源》一书出版于1981年(Simon，1981)。

点已经存在几个世纪了，实际上在马尔萨斯(Malthus,1992)之前就已经存在了。早在1800多年前，迦太基教父神学家德尔图良(Tertullian)就写道："人口众多最明显的证据是，我们成为世界的负担，我们所拥有的资源难以达到充裕程度；我们的需求制约着我们，到处都是抱怨，同时大自然已经不能让我们持续生存下去。的确，要想减少过量的人口，瘟疫、饥荒和战争必须作为拯救国家的药方而予以考虑"(Holland,1993,p.329)。在该文写作的时候，世界总人口可能只有2 000万。

对人口增长与经济发展之间存在负面关系的传统观点的反思表明，在短期和中期，人口增长对经济增长率的影响无足轻重，或者干脆不存在，而在长期中，人口增长可能还会对经济发展有促进作用。

一、传统观点

关于人口增长和经济发展的传统观点中，并非所有观点都能接受马尔萨斯的论断；马尔萨斯在其专著的第一版中作了悲观的预测，①他认为人口持续增长对粮食供应增长构成了压力，只有邪恶和苦难是抑制人口的因素。所有传统观点都认为人口增长率高会导致人类福利增长缓慢，比如说真实人均收入和预期寿命会增长缓慢。

如果将人口当作一个外生变量，即它可以影响经济增长而不受经济增

① 在《人口原理》第二版和以后的历次版本中，马尔萨斯大幅度地修改了他在第一版中所表达的危言耸听的观点。在第一版中，他说人口增长只能受到邪恶和苦难(饥荒、疾病和战争)的抑制。而在第二版中，在注意到欧洲人口当时的增长情况之后，他这样写道："……上一世纪所出现的因基本需求不足而导致的普遍饥荒和疾病要比以前各个世纪都少。因此，从总体上说，虽然我们阻止人口法则所预示的悲惨前景发生的可能性也许不会像我们希望的那样光明或乐观，然而它们远非完全使人沮丧，而且并不意味着人类社会无法实现渐进的和累积的改进，而这种改进是理性预期的目标，并非新近胡乱猜测的结果"(Malthus,1992, pp.330-331)。近年来正在为人们所研究的一段非常醒目的结语中，马尔萨斯指出，"……一切都取决于人口与食物之间的相对比例，而不是取决于人口的绝对数量"，此外他还补充说，他相信："……拥有人口最少的国家经常首当其冲地遭受人口法则的影响"(Malthus,1992,p.330)。新近的一项研究(Burkett,1999)发现，在本世纪初，人口密度最高的国家具有最高的经济增长率，从而证实了马尔萨斯关于人口稀少的国家的洞见。

长影响,现代经济增长模型中十分常见的结论就是,人口或劳动力的增加将导致真实工资率的下降和真实人均收入的减少。这一结论基于三个假设。

第一个假设是收益递减规律,即当一个生产要素增加,而其他生产要素保持不变时,该要素收益递减;第二个假设是总投资与人口无关[①];第三个假设是生产率的变化与人口无关。第二和第三个假设已经受到近年来所做的经验分析和新增长理论的怀疑(Romer,1986,1987;Lucas,1988)。中国政策制定者有关人口与经济发展之间关系的观点,似乎来自于与上述模型类似的模型或一些假设。在讨论人口问题时,我们会不断涉及土地和其他自然资源的稀缺性,这其中明显地隐含着收益递减规律:土地产出的增加幅度要小于劳动力数量的增加。中国政策制定者所持的立场与现代增长模型的第二个假设是不一致的,他们对人口增长的负面效应更为悲观。对于人口增加(比如说更多的孩子)对投资所产生的影响,现代增长理论认为是中性的。而中国限制人口增长的努力,其根据是养育孩子的高成本会减少投资。这是一个重要的结论,我们下面来考虑这一结论是否得到了中国和其他国家的证据支持。

二、生育孩子的成本是什么?

1993 年,中国国家计划生育委员会主任彭佩云在谈到增加一个孩子可能花费的物质成本时指出:“新生儿的绝对数量巨大,1991 年和 1992 年的数量都超过了 2 000 万。每年国民收入增加值的 1/4 都花费在新生儿身上,这已经成为我国社会经济发展的沉重负担。中国是世界上人口最多的国家,中国的国情是人口多,人均耕地面积有限,经济基础薄弱,人均资源相当不足”(Peng,1993,p.402)。如果国民收入大致上每年增加 10%,那么彭

① 总投资与人口无关这一假设的隐含意义是说人口的增加将减少每一工人的资本数量,因此每一新增工人的边际产品将少于以前工人的边际产品。

佩云主任估计每年的新生儿消耗去国民收入的 2.5% 。①

如果用于养育子女的花费减少了投资率,生孩子就可能对国家的经济发展有负面影响。如果养育子女的花费来自消费支出,那么就不会对经济增长或发展有明显的影响,因为父母花在孩子身上的支出只不过是从父母自己身上转移了而已,而总消费支出并没有发生变化。

事实到底是怎样的?养育子女的成本是否由父母承担,这些成本是否会对投资有负面影响,进而影响整个经济的生产率?让我们看看中国统计数据的情况。1972 年以来生育率(或儿童数量)与投资占国内生产总值的百分比之间的相关关系表明,无论是生育率还是 10 岁以下儿童的数量都没有对投资占国内生产总值的百分比产生任何影响。换句话说,随着生育率的下降或孩子数量的减少,中国储蓄或投资占国内生产总值的百分比并没有增加。将投资占国内生产总值百分比与滞后的生育率或孩子数量进行回归分析,结果在统计上也不显著。表 1 给出了两者的数量关系;比如 1972 到 1975 年,国内生产总值的 35.6% 用于投资,而 1975 年前 10 年的年生育率是 34.3‰,儿童数量是 2 730 万;1989 至 1992 年比率基本相同,即国内生产总值的 35.4% 用于投资,1992 年前 10 年的生育率下降到 21.2‰,儿童数量下降到 2 260 万;1993 至 1996 年,投资占国内生产总值的百分比大幅度增加,但是没有理由把这一增加看作是养育子女的花费变化,因为与前三年相比,滞后生育率下降了 3%,而儿童的数量增加了 4%。不管 1993-1996 年投资率的大幅度增加是出自何种原因,它不可能是由于生育率或孩子数量的变化引起的。

---

① 类似的言论可以在中国社会科学院四位学者所写的一本题为《2000 年的中国经济》的著作中发现,"到 20 世纪末中国人口不超过 12 亿的目标是建立在一定前提基础之上的,即要保持人口总数不超过 12 亿,年生育率就不能超过 9.4‰。以目前的自然增长率(1982 年为 14.55‰),到 20 世纪末我国人口将达 13.16 亿,比预测的数字多出 1.16 亿。养育这些孩子将花费高达 2 550 亿元人民币的代价,这意味着由于人口增长,20 世纪末工业和农业总产值的增加将比预测的数字少 10%,并且人均收入的增加要少 20%。这些数字并不包括为新增劳动力提供就业机会而引发的对资金积累所增加的需求"(Liu et al,1987,p.296)。

这一论点停留在孩子的花费来自于投资资金的假设之上,这只是推断,并未得到证明;尚无证据支持这一假设。

表1 1972–1996年期间中国的生育率、儿童数量及投资率

年	生育率[a]（每千人）	儿童数量[b]（百万人）	投资率[c]（占GDP的百分比）
1972–1975	34.3	27.3	35.6
1976–1979	28.4	25.0	35.8
1980–1983	22.6	21.3	33.8
1984–1987	20.0	19.9	36.5
1988–1991	21.0	22.0	35.5
1989–1992	21.2	22.6	35.4
1993–1996	20.6	23.4	41.1

注：a. 数字表示的是以指定年份结尾的十年平均生育率；b.年龄在10岁及以下儿童的数量是通过十年平均生育率乘以这十年中间年份的人口数计算得出的；c.投资率是投资占国内生产总值的百分比。

资料来源：国家统计局,《中国统计年鉴》(相关年份)。

养育子女的花费来自消费支出,而不是储蓄或投资,也就是说是来自孩子的父母。孩子的父母用从孩子身上得到的效用和满足,替换掉了一部分自己对商品和服务的消费所得到的效用。

孩子在人口中的相对重要性与投资率或储蓄率之间不存在相关关系;这个事实与传统认识不同,但并不仅仅是中国的情况,它既适用于发展中国家,也适用于发达国家。

在对一百多个国家进行的一项经验分析中,Kelley(1988)发现金融储蓄率与15岁及以下人口在总人口中所占百分比的回归系数并不显著异于零①。金融储蓄包括通常所定义的所有储蓄和投资,比如对建筑物、设备、工厂等等。当储蓄被重新定义而将政府的教育支出也包括在内时,年龄在0至15岁人口所占百分比的系数为负,并且在统计上是显著的。

这里需要说明两点。首先,总投资(包括对教育的公共支出)方程中孩子数量的系数是很小的。在发展中国家,年龄在0至15岁之人口每减少

① Barro(1997)在对包括80多个国家的影响投资比率的相关要素进行回归分析时发现,生育率并不影响投资比率。他的数据时段为1965–1974年,1975–1984年,1985–1990年。系数为负值,但在统计上并不显著。他的研究进一步确认了Kelley等(1996)的结果。

10%，储蓄率才提高 1%。在中国这一年龄组的人口 1982 年为 34%，到 1995 年降低到 27%。因此，如果中国与其他发展中国家中储蓄率和孩子数量的关系相同，那么婴幼儿及少年儿童人口减少 10 个百分点的效应可以使储蓄率提高不到 1%，或者使平均投资率提高 2.5%。实际上，年龄在 15 岁及以下的人口占全国人口百分比的下降，在 1982-1995 年的 13 年间也没有达到 10 个百分点。

其次，如果婴幼儿及少年儿童人口百分比下降，很快就会出现老年人口百分比的上升，这一效应不应当被忽视。对于发展中国家来说，经验分析发现，65 岁及以上人口 1% 的变化对总储蓄率和总投资率（包括政府对教育的支出）产生的负面效应，是婴幼儿及少年儿童人口变化 1% 产生的影响的 3.5 倍。老年人口倾向于"负储蓄"，他们所花费的要比生产的多。在中国，老年人口百分比从 1982 年的 9.3% 增长到 1995 年的 12%，提高了将近 3 个百分点。根据所有发展中国家的数据所做的分析，这 3 个百分点的增加，与 14 岁及以下人口百分比下降的小的正面效应相比而言，对储蓄（包括政府对教育的支出）产生了负面效应更大。因此，如果考虑到生育率下降的总体效应和长期效应，降低生育率有可能对储蓄和投资产生轻微的负面效应。显然，这与那些支持限制中国人口增长政策的人们所做出假设相反。

三、人口与经济增长的经验研究

Levine 和 Renelt（1992）做了一项有关人口增长与人均国内生产总值增长率关系的经验性研究。他们的数据库包括 83 至 103 个国家，而发表的文章中包含了 5 组不同的回归模型，覆盖了 1960 到 1989 年或者 1960 到 1985 年两个不同时期，在模型除了人口增长率之外，还包括了其他许多自变量，如初始人均国内生产总值、投资占国内生产总值比重、入学率、政府财政占国内生产总值比重和出口增长率。

在 5 组回归中，有 4 组人口增长率的系数在统计上不显著异于零（有一组是正数）；只有一组回归该系数既是负数，在统计上又是显著的。在这组回归中,该系数值为-0.53,表明人口增长率每下降1个百分点,人均国内生产总值增长率将提高0.53个百分点。从1950年到1972年,中国人口的年均增长率为2.1%,从1990年到1996年,为1.14%,因此,人口增长率下降了大约1个百分点。人口增长率的下降只有一部分是人口政策的结果。然而,即使假设所有下降都是人口政策作用的结果,那么其最大效应就是把人均收入增长率提高约0.5%。从1990年到1996年,人均国民生产总值的年增长率为10%(SSB,1997)。因此,如果我们接受人口增长率系数在统计上显著的那一组回归,而忽略另外四组,那么人口增长率下降的最大效应就是使人均国内生产总值的年增长率从9.5%提高到10%。

这还不是故事的全部。中国经济从1990年到1996年在很大程度上得益于60年代和70年代初人口的高增长率。1982年大约57.1%的人口是劳动适龄人口,而到了90年代,这一比率提高到62%。就业人口的百分比也有显著提高,从44%提高到56%。可以说,90年代国民生产总值的高增长率中有一部分是就业人口百分比增长的结果,而就业人口百分比增长在很大程度上则是因为二三十年前人口高增长、加上随后几年人口低增长的结果。但是,这只是一种暂时效应,这种效应将会被生育率下降、人口老龄化等不利影响所抵消。

许多研究人均收入增长的影响因素的统计分析,都将人口增长或生育率作为解释变量之一。若对这些研究结果作一个粗略总结,我们可以发现,几乎所有应用60年代和70年代数据所做的研究都没有发现在人口增长与经济增长之间存在统计上显著的关系。然而,80年代的一项研究(Kelley and Schmidt,1996)发现,发展中国家人口增长与经济增长之间存在负相关关系。这项研究结果是否意味着早期那些显示两者没有关联的结果应当被摒弃?这项新研究的作者并没有得出结论说,80年代得到的结果可以应用到90年代及以后,“……我们并不能下结论说新的研究结果适用于90年代及以后,我们只能对80年代下一个结论,这一时期与过去几十年也不相同”(Kelley,1996,p.30)。80年代的结果与以前几十年的结果不同的原因之一是,发展中国家人均经济增长率在80年代非常低(中国不在他们研究的样本中)。在这些发展中国家,人均国内生产总值年增长率的中位数仅为0.36%;在这些情况下,人口增长对经济增长产生轻微的负面影响是完全可能的。

在随后的一项研究中,研究者将人均国内生产总值在 1960 年到 1990 年的年增长率作为因变量,在解释变量中加入了 20 世纪早期和 1960 年的人口密度(每平方公里的人口数)回归结果显示,人口增长系数为负,但在所有回归模型中统计上都不显著(Burkett,1999)。当研究者对 1960 年到 1975 年间的数据进行回归时,在 6 组回归中有 4 组的人口增长率变量系数为正,并且统计上是显著的。用 1975 年到 1990 年的数据时,人口增长率变量的系数统计上都不显著。这一研究与 Kelley 所进行的分析的一个重要区别是把人口密度作为一个解释变量包括进来。在每一组回归中,人口密度变量的系数都为正并且在统计上是显著的。换句话说,在 20 世纪早期或者在 1960 年的人口密度越大,人均国内生产总值在近几十年的增长率就越高,包括 1975 年到 1990 年这一时期。值得注意的是,自 1978 年以来,中国人口最为密集的地区在人均收入和人均收入增长率两个方面都是最高的。

同期的人口增长率对人均国内生产总值增长率的影响,在符号上既有可能为正,也有可能为负。但是都很小,并且在统计上是不显著的。

四、为什么人多可能会使事情更好?

人口增长可能并不会损害人类福利,甚至对人类福利具有积极影响,这类观点是近年来才产生的,最早可以回溯到大约三十年前。1971 年当中国宣称将做出系统的努力以降低生育率时,学者们普遍认为,人口规模小比规模大好。不过,在过去的 30 年里,人们花了更多的精力去理解在过去的历史上和现在,实际发生的情况究竟是什么样的。在很大程度上由于数据可得性的提高,这些方面的研究成为可能。

那种认为人口低增长或者零增长要优于人口较快速增长(比如年均增长 1% 或 2%)的观点,与我们在现实世界和世界历史中所观察到的事实是相违背的。在人类发展历程的绝大部分时期,差不多占到人类历史的99%以上的时间,人口增长是相当缓慢的,人类福利也极少有或者根本没有提高。比如说,17世纪的欧洲,人们的预期寿命与一万年以前是非常接近的:大部分人经常会受到饥饿的折磨。一直到19世纪,西欧还出现过较大规模的饥荒。

18世纪和19世纪开始出现的工业化国家,是首批人口年增长率超过0.5%的国家。从1750年到20世纪初,工业化国家的人口增长率超过了目前发展中国家的人口增长率。正是在这一时期,工业化国家的生活质量才开始发生显著的变化,反映在食物更多了,预期寿命更高了,人均收入更高了。

直到1920年,发展中国家的人口增长率才超过发达国家,并且一直到20世纪40年代以后,发展中国家生活的条件才开始有所改善,这反映在食物供应的增加、死亡率的下降和收入的快速增长等方面。20世纪下半叶,发展中国家出现了世界历史上最为迅速的人口增长,人均收入增长率也是最高的。

中国的历史经验与以上描述的情况完全一致。从1820年到1950年,中国的人口仅以0.28%年增长率增长,而同时期人均国内生产总值的年增长率仅为0.12%(Maddison,1995)。根据同一资料来源,从1950年到1978年,人口增长率为2.1%,而人均国内生产总值增长率为2.86%。1978年开始改革开放以来,人均国内生产总值年增长率提高到6.1%,而人口年增长率为1.43%。中国经济迅速增长时期正是其人口增长率比其历史上的人口增长率要高出数倍的时期。

工业化国家的早期经验以及发展中国家后来的经验虽然都不能证明人口的迅速增长是经济迅速增长的根源,然而,从历史记录来看,人口的迅速增长并没有毁坏一切;也就是说,生活条件的迅速改善和人口的高速增长是同时存在的。生活条件的大幅度改善对人口迅速增长有明显的影响,这一点是确定无疑的。1950年以后,发展中国家人口的迅速增长主要是死亡率下降的结果,而非生育率提高的结果。死亡率的下降起因于卫生条件的改善,干净水源更易于获得,食物消费的增加,以及医疗服务的改善,这一切都是因为真实收入的提高才成为可能的。

如果只存在收入水平提高引起生育水平下降这一方面的因果关系 Z,那么如何解释发展中国家拥有迅速增长的人口,而同时又实现了生活条件实质性的改善。我们不可避免地遇到以下问题:是否有可能存在着双向因果关系,即不仅收入提高对人口增长有抑制作用,而且人口增长对收入增长有促进作用?人口与经济增长之间显然不是简单的关系,把它们之间的关系想得太简单可能导致严重的政策性错误。

人口增长的正面效应从何而来?一方面,在收入水平给定的情况下,人口越多,就会产生越多的发明,即技术进步率是人口规模的函数。此外,人口规模越大,就有越多的人分享技术进步的好处。Kremer(1993)就世界人口增长的历史做了一项很有新意的研究,他发现,从人类历史的开端直到现在,技术变革一直是人口规模的函数。

正面效应的另一方面来源可能是规模收益递增。规模收益有两种类型,一种是社区或城市的规模收益,城市的发展便说明了聚积效应的优势,它把相关的经营活动聚集到一起,使专业分工成为可能。当农村经济为主导时,经济活动的专业化将受到限制,虽然在农业中也会出现经验的积累,但是专业分工的重要性是随着城市的发展和工业化的发展而不断增加的。只有在农业生产率得到提高和人口增长的情况下,大城市才能得到发展。规模收益的第二种类型与企业的规模相关。正如亚当·斯密(Smith,1937)所指出的那样,劳动分工与专业化是市场规模的函数,而人口规模是决定市场规模和从事生产性活动的企业规模的主要因素之一。

五、人口只是影响福利的变量之一

即使接受人口增长对人类福利具有某些负面效应的传统观点,我们也必须注意到,人口只不过是影响经济发展速度的诸多变量之一。有证据表明,人口因素至多只是一个相对不重要的因素。中国新近的经验支持了这一结论。1978 年是人均国内生产总值增长率的一个显著的分界线，1978 年以前人均 GDP 增长率为 3.3%，而在其后为 8.4%。[①] 1957 年到 1978 年的人口增长率是 1.91%，而 1978 到 1996 年下降到 1.34%。这两个时期人均国内生产总值年增长率差异为 5.1 个百分比，而人口增长率差异为 0.57%。即使由于 1978 年以前人口高增长率产生的新增人口的生产率为零，人均国内生产总值增长率的差异将仍然保持在 4.5 个百分点，这在很大程度上得益于改革的积极效应。

人们常以中国人口多而耕地少为依据，支持限制人口增长的政策。然而，在 1978 年以后，农业产出的增长率比 1955 年到 1978 年之间的平均水平翻了一番。这完全是土地单位面积产量的增加的结果，因为，根据可获得的数据，1978 年以后耕地面积数量并未增加；[②]而从 1978 年到 1996 年，粮食产量则增加了 75%。1978 年以后农业产量的迅速增长，在很大程度上是源于改革所提供的激励，政府对农业研究的投资，以及使用了更多购买的投入品。虽然科学研究和新知识的应用不能消除收益递减规律，但它却可以在很大程度上消除收益递减规律对生产增长的限制性效应。通过发现土地的替代物——如更好的管理、更加准时的耕作、对种子和化肥的改良等等，中国现在已经可以为比 50 年代中期几乎多出 1 倍的人口提供更好的饮食，而且，正如上文所述，这是在土地面积并未增加的情况下实现的。

中国正在进入一个新的发展阶段，不仅需要为土地，而且需要为劳动力寻找替代物。农业就业在达到高峰后已经开始逐年下降。这是所有发达国家都曾经历过的一个过程。比如说美国从 1940 年到 1980 年，农业就业下

① 1957 年到 1978 年的人均国内生产总值增长是在国民收入增长基础之上估计的，因为《中国统计年鉴》并没有给出 1978 年以前各年份的国内生产总值估测值。从 1978 年到 1989 年，对收入增长率的两种度量几乎是一致的，设 1978 年为 100，则 1989 用这两套指标度量的收入增长分别为 436 和 440。

② 在某些中国官员中间，对于中国农民能够取得的成就似乎缺乏信心。1995 年 8 月发表的《计划生育白皮书》中，有下面一段话，“1993 年尽管中国农业生产获得了大丰收，但是人均粮食拥有量仅为 387.3 千克。由于未来人口规模的持续增长，预测表明中国的人均粮食产量将长期保持在不到 400 千克的低水平上”。这个预测再离谱不过了，1996 年中国的人均粮食产量就已达到 413 千克！

降了 79%,而农业产量则增加了 115%,即每一劳动者的产量增长了 9 倍。我之所以提及这些变化,是为了表明农业研究者、农业投入品的生产者以及农民已经找到了抵消收益递减规律对生产影响的途径。如果他们没有这样做,那么数以百万计的农民就不可能从农业生产中释放出来,在工业和服务部门就业。

当今世界拥有的适宜耕种的土地并不比 100 年前多;石油、煤炭和铁矿比以前少了一些。在全球人口比 20 世纪初增长了 3 倍的情况下,人们的粮食消费水平比那时大大改善,这是何以实现的呢?一个主要因素就是知识以及我们运用知识来改善生活条件的能力和意愿。各个国家并非同时获得应用现有知识的能力。如今的发达国家在两个世纪之前就开始运用知识发展经济以造福于国民,但是大多数真正的利益直到接近 19 世纪末时才开始得以实现。[①] 发展中国家,包括中国,一直到 20 世纪中叶,在人们的福利方面并没有取得明显的进展。

六、影响生育率的因素

我们知道,没有一项已经发表的研究成果分析过中国人口政策对生育率的影响究竟有多大,也没有分析经济变迁(收入的增加、更大范围的城市化等)、死亡率降低、妇女教育水平提高、妇女在家庭以外拥有更多的就业机会等所产生的影响有多大。某些官方报告论证说,生育率的下降完全是

① 在《2000 年的中国经济》(*China's Economy* 2000)一书中所表达的立场是,新的知识,即技术进步,能够抵消自然资源供给递减的影响。在阐述了他们与罗马俱乐部《增长的极限》中所表达的悲观观点不同的意见之后,作者指出,"我们通过把人口规模保持在一个相对较低和稳定的水平上来控制人口增长,并非因为我们对未来生产以及未来前景持悲观态度。伴随着工业发展,自然资源有可能在一定程度上减少,甚或出现耗竭的现象。但是技术进步将发现新的能源,并且使其他能源能更好地满足人类需求。……采取控制人口增长的政策并非出于对能源原材料可耗竭性的悲观预测,而是为了提高消费水平,增加社会积累能力和社会投资;与此同时,发展物质生产,以便为全体人民的物质与文化福利的持续改善和提高做好准备"(Liu et al,1987,p.297)。

如同在前面脚注中所说的那样,作者的理论根据是养育孩子的成本来自于投资与储蓄。然而他们并没有提供证据来支持这一结论。如果知识能够替代自然资源,并且养育孩子的成本来自消费资金,那么限制或者计划人口增长的逻辑依据便大大减弱了。

人口政策的结果,这种说法并不符合实际。其他情况与中国类似的国家或地区生育率也下降了,但这种下降并不是因为采取了与中国人口政策相类似的政策(表2)。

表2 1950-1990年和1995年中国及部分国家和地区的总和生育率

国家	1950-55	1955-60	1960-65	1965-70	1970-75	1975-80	1980-85	1985-90	1995
中国	6.24	5.4	5.93	5.99	4.76	2.9	2.52	2.38	1.9
韩国	5.18	6.07	5.4	4.52	4.11	2.8	2.4	1.73	1.8
泰国	6.62	6.42	6.42	6.14	5.01	4.27	2.96	2.57	1.8
斯里兰卡	5.74	5.44	5.16	4.68	4.00	3.83	3.25	2.67	2.3
智利	5.1	5.3	5.28	4.44	3.63	2.90	2.80	2.73	2.3
圭亚那	6.68	6.76	6.15	6.11	4.9	3.94	3.26	2.77	2.6[a]
中国香港	4.43	4.7	5.3	4.01	2.89	2.31	1.8	1.36	1.2
新加坡	6.41	6.0	4.93	3.46	2.63	1.87	1.69	1.69	1.7
中国台湾省	6.7	6.0	5.1	4.2	3.4	2.7	2.17	1.74	1.75
中国[b]									
城镇	5.34	5.07	4.36	3.37	2.49	1.51	1.33	na	na
农村	6.25	5.49	6.43	6.51	5.24	4.97	2.83	na	na

na 表示无法获得数据;

a. 1990-1995年;

b. 来自联合国与中国国家统计局的总和生育率估测存在微小的差异。数据来源:联合国(United Nations),1993,表41;中国国家统计局人口司(1989,1991)。

我曾经希望能够对过去三十年里一直与中国生育率下降相联系的各种因素进行统计分析,并把结果在此报告出来。遗憾的是,我无法获得足够的数据因此,我只能够就现有信息做一个比较粗略的分析,这并非因为此类数据并不存在,而是由于无法获得。尽管如此,通过比较分析和历史回顾,通过分析影响发展中国家生育率的一般因素,我们仍然可以了解一些东西。

一个有见识的中国政府官员,并不是在所有场合都说生育率的下降全部是人口政策作用的结果。1993年,当时的国家计划生育委员会主任彭佩云就说,"必须指出的是,中国的社会经济发展也对计划生育工作产生了积极的影响。近年来经济得到了迅速发展……人们更多地致力于经济活动。为了更快地富起来，建设一个富足的社会，许多夫妇都愿意少生孩子，或者延迟生育时间。他们更偏好金娃娃，而不是'胖娃娃'（即他们更偏好在养育孩子之前发家致富）。另一个原因是某些育龄妇女已经提前生育或者计划外生育，而有些则推迟结婚和延迟生育，这样就把大量生育向后推延，因而出现了中国近年来生育率下降的局面"（Peng，1993，p.401）。随着社会经济的发展，许多妇女想要的孩子数量已经减少，从而使生育率下降。在许多发展中国家的经验事实都表明，随着收入的增加，人们想要的实际生育的孩子数量都在减少。

观察70年代初以前城镇生育率下降的模式可以发现，人口政策在城镇地区降低生育率的效力并不明显。在过去40年里，城镇生育率并没有显著下降，生育率下降主要发生在提供计划生育服务之外的正式人口政策出台之前。从1954年到1958年，城镇的生育率平均为40‰（SSB，1984，p.83）；随后，生育率下降至1965年的27‰和1966年的21‰。《中国统计年鉴》没有提供1967到1970年的城镇生育率数据，这有可能是因为"文化大革命"初期统计服务工作中断所造成的。据估测，1971年的城镇生育率为21‰，这与1966年的数据相同①。在"晚婚晚育、少生优生"的政策下，70年代城镇生育率的确有所下降。然而，70年代生育率的绝对下降要比50年代到60年代中期的绝对下降小得多；从1971年到1996年生育率30%的下降率，显然要比1958年到1965年之间生育率38%的下降率小。从这些数据可以看出，城镇家庭对影响他们生活的条件变化反应较为敏感，在计划生育政策实施之前，就明显减少了他们想要的和实际生育的孩子数量。

影响1971年以前中国生育率的下降主要因素有两个，这两个因素在其

---

① 在1995年8月23日公布的《计划生育白皮书》（英文版）中有这样一段话，"1973年，中国开始在全国范围内提倡计划生育"。文中的1973年这一时间界限可能是印刷错误，因为提倡和促进计划生育的政策是1971年开始实施的，但是对当年的生育率几乎没有影响。

60年代城镇生育率的下降，并不能归因于"文化大革命"造成的正常生活中断，因为这一下降出现在1966年"文化大革命"开始以前。70年代初期城镇生育率则与60年代中期相同。

他生育率迅速下降的社会主义国家十分常见,而这些国家并没有任何降低生育率的努力,并且很少或者几乎没有强调过避孕节育①。首先,很高比例的城镇中成年女性,特别是那些处于育龄阶段的妇女加入了正式的劳动力队伍。其次,居住面积相当有限,这是社会主义国家的一个普遍现象。1978年以后,中国城镇中的居住条件有了实质性的改善,而在1978年,城镇人均居住面积仅为3.6平方米(SSB,1995,p.290)。居住面积的大小是影响父母想要的和实际生育的孩子数量的一个影响因素。②

Sabbarao和Raney(1995)对发展中国家所进行的一项经验研究发现,影响生育率的最为重要的变量是女性上中学的百分比。该研究表明,如果将女孩的中学入学率从1965年的19%提高到1989年的38%,在大约10年的时滞之后,这一提高可以使发展中国家妇女生育率从平均每个妇女生育5.3胎减少到3.9胎,下降1.4胎,即26%。如果妇女教育水平的提高对生育率的影响在中国与在其他发展中国家一样,那么把女孩的中学入学率从1965年的19%上升到1989年的38%所产生的影响,在中国就能解释全国生育率从1970年至1975年期间的每一妇女4.76胎下降到1995年的1.9胎这一实际下降幅度的一半。

女孩中学入学率的增加,可以推迟结婚时间、提高年轻女性的时间价值,从而增加养育子女的成本,最终减少生育率。养育孩子需要大量时间,而在影响人们想要的孩子的数量方面,时间成本似乎比货币成本具有更大的影响力。另外,随着受教育程度的增加,妇女可以更成功地避免计划外怀孕,从而得到想要孩子的数量,这一点或许在某种程度上是较为次要的原因。

---

① 比如说,在前苏联,唯一普遍可获得的避孕技术就是流产。但是到了1970年,包括农村地区在内的生育率已经下降到17‰多一点,并且在以后的20年里一直停留在17‰-20‰的区间内。

② 在对中国约180个城镇地区所进行的经验研究中,Gary Jefferson(1990)发现居住面积的大小与生育率有着明显的正相关关系。他的研究对象是1987年的生育率。除了揭示居住面积对生育率的影响之外,他还发现当控制了其他相关变量(比如年龄、受教育程度和就业性质等)时,在那些从事农业劳动和非农就业的人们之间并不存在明显的生育率差别。

七、农村地区的生育率

如前所述,中国城镇的生育率在 20 世纪 60 年代和 70 年代早期便迅速下降,近年来农村地区的生育率也明显高于城镇地区的生育率。出现这种情况有几个原因(Johnson,1994),其中一个重要原因是农村女孩上中学的比例大大低于城镇地区的女孩。因此,在发展中国家对生育率下降起重要作用的这个因素,在中国农村地区没有起到像在城镇地区那样大的作用。

另外一个原因是,在农村家庭生活中儿子的作用要比在城镇家庭中大得多。农村父母必须依赖儿子承担老年生活保障,或者在严重伤残时承担赡养义务。城镇地区大多数家庭有养老金保障,而农村地区只有很少一部分人能够领取养老金。[①] 因为每胎生儿子的概率约为 50%,因此两胎均为女孩的概率为 25%。对此,人口政策针对农村地区作了修正,独生子女政策被另外一种政策所取代,即如果第一个孩子是女孩,则允许生第二个孩子;这个修改承认了农村家庭中儿子的重要地位。然而,如前所述,即使允许生育两个孩子,仍然会有大约 1/4 的家庭没有儿子,所以我们经常可以看到,在前两个孩子均为女孩时,就会出现生育第三胎甚至更多的现象。

如果农村家庭拥有他们所耕种的土地,该所有权将为老年人提供较高程度的保障,但是在土地集体所有制条件下,农民们并不拥有这样的权利。

在大多数乡村中,重新分配土地一直是以人口变化为基础的,这有可能是造成农村地区比城镇地区生育率高的一个因素。这种政策意味着,当家庭中有人去世时,土地数量就会减少;当新增一个孩子时,该家庭就能获得更多的土地。这显然为多生育孩子提供了激励。这一政策对人口政策的隐

① 1993 年,一种自愿参加的养老金制度开始逐步在农村人口中推开。参与者可以向基金账户缴费,这笔钱被存到提供固定利率的银行账户中。1997 年底只有 8 200 万人在此账户中缴纳了一些资金,并且缴纳的金额非常有限,平均每人 231 元(约 30 美元)。要想给老年人提供合理的经济保障,养老金制度需要有实质性的修正。到 1997 年,基金账户的真实回报率为负,即通货膨胀率超过了基金所赚取的利息率。

含意义也在新近的一项政策中得到承认，根据该政策，以后土地的使用权将保持30年不变，不再根据人口变化重新分配土地。然而由于这只是一项政策，而不是法律，乡村并不一定必须照此执行，因而土地的重新分配有可能继续下去。

八、如果改变现行的政策，那会怎样?

如果现行的人口政策发生改变，转而强调避孕节育服务，允许每个家庭得到他们所希望生育的子女数，那么生育率和人口增长将会发生怎样的变化？依靠已有的资料，不可能对此问题给出一个十分确切的回答。看来，社会科学界应当在对影响中国生育率的诸多因素进行系统研究之后试图回答这一问题。

根据现有知识，我们有理由预见生育率将有所提高，但在城镇地区这种提高将非常微小。在收入水平相对较高的农村地区，由于较少地依赖农业生产，并且中学教育比较发达，因而生育率的上升也将比较小。而在收入水平相对较低的农村地区，生育率将有所上升。那么，人口的总体增加将会有多大？我不可能给出确切的回答，但在20年以后人口增长不大可能会超过10%。

在考虑人口政策的转变时，有两个方面值得我们进行系统的研究。第一，当今社会经济政策可以做如何的改变以促成人们想要孩子数量的减少，尤其是在那些收入水平较低的农村地区。第二，需要研究人口进一步显著增加对中国人民的福利水平可能产生什么具体的影响。

大量的经验事实表明，要想在农村地区降低生育率、并把生育率保持在一个相对较低的水平上，需要对社会经济政策做如下的改变：(1)显著改善农村地区中学的质量，并提高女孩接受中学教育的百分比；(2)建立具有吸引力的农村地区养老金计划，确保农村居民参与这项制度能得到正的收益率；(3)赋予农村居民土地所有权或他们目前耕种土地的永久使用权；如果这不可能实现，那么至少不应该再根据人口变化而对耕地重新分配；(4)改变限制人口迁移的政策和制度，以使农村家庭能够从农村向城镇地区迁移(Johnson,1994)。从农村迁入城镇地区的家庭会很快适应和接受城镇地区的生育模式，这些家庭的生育率随之也会明显下降。①

对于中国人民的福利水平，人口增加10%的只会产生微不足道的影响。这一判断的理论根据是，影响一个国家财富和福利的主要因素是知识、适宜的社会经济政策以及人力资本。自然资源如今只具有次要的作用，因为知识已经使我们能够寻找到自然资源的有效替代物。中国已经清楚地表明了它有能力创造知识，这在很多方面得到了证明，如农业生产率已得到巨大提高，它也有能力创造和引入极其成功的社会经济政策，使得生产率在1978年以后持续提高。中国实践经验已经充分说明，对经济增长和发展来说，经济政策具有比任何其他变量(包括被认为对经济增长速度能够产生重要影响的人口增长率)都大得多的作用，虽然政策的作用有正面的也有负面的。事实上，那种认为中国人的未来福利取决于限制人口增长的观点，是对中国改革政策巨大成就的视而不见。

中国在一个方面落后于其他许多发展中国家，这就是人力资本的创造，因为中国对教育的投入只占国民收入的很小一部分。如果投资能够从物质资本转向人力资本，必将获益匪浅。

参考文献

Barro, R. J., 1997, "Determinants of Economic Growth: A Cross-Country Empirical Study", Cambridge, MA: Harvard International Development Discussion Paper No. 579.

Burkett, J. P., Humblet, C., and Putterman, L., 1999, "Pre-Industrial and Post-War Economic Development: Is There a Link?", *Economic Development and Cultural Change*,

① 虽然已经有数以百万计的农村居民迁移到城镇(至少是暂时的迁移)，但其中的绝大部分是离开农村家庭的已婚男性。虽然户籍制度仍然限制农村向城市的迁移，但是，对家庭迁移最重要的限制可能是住房问题。至少到最近，城镇职工的住房主要由其工作单位解决，而雇佣移民的那些单位只给移民提供最基本的住房，而不解决其家人的住房问题。移民在城镇工作得到的工资也不高，不足以为其家人提供住房。只有出现私人住房市场，城镇工资也把移民家人的住房问题考虑在内时，农村到城镇的家庭迁移才会大量出现。

47(03), 471-495.

Holland, B. K., 1993, "A View of Population Growth Since A. D. 200", *Population Development Review*, 19(2), 329.

Jefferson, G., 1990, "The Impact of Economic Structure on the Fertility, Savings and Retirement Behavior of Chinese Households", *Journal of Asian Economics*, 1(2), 201-224.

Johnson, D. G., 1994, "Effects of Institutions and Policies on Rural Population Growth with Applications to China", *Population Development Review*, 20(3), 503-531.

Kelley, A.C. and Schmidt, R. M., 1996. "Toward a Cure for The Myopia and Tunnel Vision of The Population Debate: A Dose of Historical Perspective", In D. A. Ahlburg, A. C. Kelley and K. O. Mason (Eds.), *The Impacts of Population Growth on Well-being in Developing Countries.* (pp. 11-35), Berlin: Springer-Verlag.

Kremer, M., 1993, "Population Growth and Technological Change: One Million B. C. to 1990", *Quarterly Journal of Economics.* 108(30), 681-716.

Levine, R. and Renelt D., 1992, "A Sensitivity Analysis of Cross-Country Growth Regressions", *American Economic Review*, 82(4), 139-191.

Liu, G., Liang, W., Tian, J., and Shen, L., 1987. *China's Economy in* 2000 (G. Guopei, G. Yujin, T. McGuire, Z. Bochun, and Z. Wanye, Trans.). Beijing: New World Press.

Lucas, R. E. Jr., 1988, "On The Mechanism of Development", *Journal of Monetary Economics*, 22(1), 3-42.

Maddison, A., 1995, *Monitoring the World Economy* 1820–1990. Paris: OEDC.

Malthus, T.R., 1992, *An Essay on the Principles of Population: Or a View of Its Past and Present Effects on Human Happiness: With An Inquiry into Our Prospects Representing the Future Removal or Mitigation of the Evils Which It Occasions.* Cambridge: Cambridge University Press.

National Academy of Science, 1986, *Rapid Population Growth: Consequences and Policy Implications.* Baltimore: The tohns ltopkins Universiry Press.

National Academy of Science, 1986, *Population Growth and Economic Development: Policy Questions.* Washington, D.C.: National Academy Press.

Peng, P., 1993, "Accomplishments of China's Family Planning Program: A Statement by a

Chinese Official", *Population Development Review*, 19(2), 399-403.

Romer, P., 1986, "Increasing Returns and Long Run Growth", *Journal of Political Economy*. 94(5), 1002-1037.

Romer, P., 1990, "Endogenous Technical Change", *Journal of Political Economy*. 98(5, part II), S71-S102.

Simon, J.L., 1981. *The Ultimate Resource*. Princeton: Princeton University Press.

Simon, A., 1937. *An Inquiry into the Nature and Causes of the Wealth of Nations*. New York: The Modern Library.

State Statistical Bureau(SSB), *Statistical Yearbook of China*, *various issues*.

State Statistical Bureau (SSB), Department of Population (1989 and 1991), *China Population Statistical Yearbook*. Beijing: State Statistical Bureau.

Subbarao, K., and Raney, L., 1995, "Social Gains from Female Education: A Cross-National Study", *Economic Development and Cultural Change*, 44(1), 105-128.

United Nations, Department of International Economic and Social Affairs, 1993, *World Population Prospects*: *The 1992 Revisions*. New York: United Nations.

人口增长与经济财富*

我们生活的物质世界是有限的——只有那么多土地、水和阳光，如果居住于地球的人类数量的迅速增长，那就会对这个世界上居民的财富和福利产生负面影响。这听起来是合理的。更确切地说，有理由相信地球上人口数量越大，我们每个人拥有的财富和真实收入就可能越小。

尽管与此相似的命题听起来很合理，也被那些希望限制人口增长的人高度接受，但历史却用事实明确地反驳了这些命题。世界历史所展示的是，当人口增长很慢、世界人口数量少的时候，人们是贫穷的，绝大多数人生活在维持生计或更低的水平线上。那时生命是短暂和严酷的。我所说的人口增长慢，是指人类总人口增长 1 倍用了 14 个世纪的时间，正如公元 1400 年之前世界所发生的情况（Kremer，1993）。我所说的人口数量少，是指在公元 600 年世界人口数量估计只有 2 亿。或是公元 1800 年世界人口只有 9 亿，甚至 1970 年时世界人口只有 37 亿（Kremer，1993）。

一、历史上缓慢的人口增长即意味着缓慢的经济增长

在人类历史的各个时期都有人相信，人口增长对人类的财富和福利有不利影响；历史的事实反驳了此类观点，而且不是一两次，而是在数千年甚至上万年时间内反复如此。历史记录所展示的是，直到大约 1750 年，世界人口增长非常缓慢——几万年之中，世界人口只达到了 7 亿多一点

* 原文题为“Population Growth and Economic Wealth”，为美国芝加哥大学农业经济研究室讨论稿，论文编号：20-05，2000 年 5 月 25 日。

(Kremer,1993),略多于当今人口的1/10。在此期间,人们的预期寿命大约是25到30岁;婴儿死亡率至少有1/4,人均日热量供应肯定低于2 200大卡(也许低于2 000大卡);也许最说明问题的是,世界人口的90%把从事农业作为他们的主要活动(Johnson,2000);这些农业家庭生产刚刚够他们自己所需的粮食,几乎留不下什么来出售或交易。

只有在两件事发生以后,城镇社会才变成生活的一个重要组成部分:首先是农业生产率的提高,这使农民生产的食物大大超过他们自己家庭的消费需求,允许他们出售或交易来购买他们想要的物品;同时,释放出的劳动力用于非农生产。其次是人口增长率大大提高,这连同他们对提高劳动生产率整体水平的贡献,使城市有可能得以迅速发展。

二、对于人类历史的多数时期,马尔萨斯的理论是正确的

马尔萨斯(Malthus,1992)在他《人口原理》第一版里的理论基本上是正确的,包括18世纪末食物供应的增加导致人口的增加,而人口增长主要由邪恶和苦难——战争、饥饿和疾病所限制;他和他的追随者都没有认识到的是苦难水平在很大程度上与人口绝对规模无关。在一个区域内人口的多寡对人均食物和衣服的供应量几乎没有影响,食物可得性的限制因素不是源于土地的有限可得性,而是源于低劳动生产率。不管人口密度是高是低,都有可能发生饥荒;19世纪在中国和俄国都有饥荒,因为两者劳动生产率同样低下。

当世界人口是2亿(公元600年),9亿(公元1800年),甚至22亿(1940年)时,土地如何限制食物生产?直到18世纪,一户家庭能生产的食物数量主要是由劳动生产率水平来决定。在历史上,劳动生产率提高相对很小。在温带地区,气候因素所允许的短时间内所能收割的谷物数量,是生产的主要限制因素(Johnson,2000)。我们知道,收割的方法在19世纪初与公元1300年是相同的——镰刀、长柄镰刀和禾架。当17和18世纪欧洲谷物单位面积产量增加时,劳动生产率有了某种程度的增加,这是因为生产所

必需的劳动在很大程度上与犁地、播种、除草的面积相关,在某种程度上,尤其与收割的面积相关。只是到了19世纪早期的欧洲和美洲,以及20世纪后期的许多发展中国家,随着收割的机械化方法的引进,劳动生产率的巨大提高才成为可能。

但是在出版《人口原理》的5年内,马尔萨斯改变了他的观点。他论证说,18世纪后半叶欧洲生活条件可能已经大大改善,与以前几个世纪相比,死于饥荒和因贫困而产生的疾病的人减少了。这些改善没有导致人口对食物供应的紧迫压力,反而使得家庭开始控制生育率,以求能为子女提供比他们自己更好的生活。

三、迅速增长的人口和迅速改善的福利

过去40年中,世界人口翻了一番;然而世界人民,包括最贫穷人群中的大多数,吃得更好了,穿得更好了,住得更好了,而且有文化的人口比例比过去高得多,他们活得比以前要长得多,婴儿死亡率大大下降。当今世界30个最低收入国家的婴儿死亡率是美国1900年这一比率的1/3多一点,只略高于1940年美国的水平(UNDP,1988)。

在1800年,按当今的标准,世界上所有国家都非常贫穷,而且世界各国收入水平差异不大。自那时以来,收入的不平等已经有巨大增加,但是,最近几十年收入不平等的上升,已经被婴儿死亡率、预期寿命和人均食物供应量方面的趋同化所抵消。33个最贫穷国家的预期寿命已经从1960年的44岁增加到1996年的64岁。20世纪后半叶,高收入国家和低收入国家在预期寿命上的相对差别已经大大缩小了。

在20世纪中,发展中国家的人口增加了350%,相比而言,19世纪欧洲人口只增加了85%。尽管人口增长率差别如此巨大,在20世纪亚洲和拉丁美洲人均收入的增加速度相对快于19世纪西欧、北美和澳大利亚人均收入的增长速度(Maddison 1995)。即使是在过去30年表现欠佳的非洲,人均收入的增加速度也大于19世纪的南欧和东欧。

四、什么发生了变化？

关键的问题是：人口比以往任何时候增长率都更快时，什么使得真实人均收入持续迅速增长成为可能？为什么世界能够养活60多亿人并且提供比只有30亿人、10亿人，甚至1亿人时高得多的真实收入和消费水平，世界现在没有拥有比以前更多的自然资源，世界现在有的是更多的知识，正是知识才使得我们有可能提高自然资源的生产率，或者找到它们低成本的、有效的替代品。

在过去40年，世界每公顷播种面积上谷物产量已经翻了一番；这与英国、美国以及世界几乎所有其他国家1800年到1940年的经历形成鲜明对照，在将近一个半世纪里谷物单产根本没有增加。增长的人口曾经是由耕地面积的扩张来提供食物的。今天，世界上谷物种植面积与1967年时相同，通过运用最近获得的知识增加单产，世界谷物产出增长得以与需求保持同步。在杂交玉米和新的小麦和水稻高产品种出现以前，谷物单产对植物养分——氮、磷供应的显著增加没有反应；而新创造出的谷物品种能够通过添加植物养分而增产，这才真正改变了世界。

知识的巨大增长使农业生产率和全部人类活动的生产率的增长成为可能，而知识的增长一部分应归因于人口的增长。世界人口的增长从两个方面导致知识的增加。首先，人口越大，既定的知识进步所能带来的利益也越大，因此，把时间和精力投资于创造新知识的动力增加。第二，有更多的人口时，就有更多有能力做出巨大发现或者增加知识的个人。并不是因为今天的我们比一个世纪或一千年前的人更聪明更有智慧，而是现在有数量更多的人，如果天才的分布没有改变的话，就有更多有能力推进知识进步的个人。

不但有更多的人可以从事知识的创造，而且随着农业生产率的改进、城市的扩张，以及在过去两个世纪已经发生的真实人均收入巨大的增长，我们已经创建了专门机构来推进和传输知识，即大学、研究所和实验室，包括公立和私立的机构。并不是说在19世纪和20世纪之前没有具备才智、时间、好奇心和精力从事知识创造的个人，而是他们的数量有限。不但因为世界上这样的人数量很少，而且，当世界人口的精力不得不大量用来生产食物和生活的其他必需品时，只有相对微不足道的时间能用于生产知识。

随着过去两个世纪发生的人均真实收入前所未有的增加，现在世界得以供养大量专以从事创造和传输知识的人。在过去的一个世纪中，这方面活动的增加出乎所有人的意料之外。19世纪后半叶，德国是研究生教育的中心；然而在该世纪末，德国全部学院和大学只有3.8万名学生和1 800名教员（Paulsen，1908）。1869-1870年，在美国只有一个人被授予博士学位；那一年在全部学院和大学只有5 500名教员（Snyder 1993）。而到了1994-1995年，美国教员数量达到91.5万人，学生数量达到1 400万人，4.3万人被授予博士学位。在21世纪初，全世界资源中用于知识开发的比例和绝对数量都比20世纪初大得多。同等重要的是，世界资源中用于广泛传播的比例也极大地增加了。

五、生产率的巨大提高

拿20世纪80年代的十年间世界人口和GDP的增长，与19世纪初这两个变量的水平作比较，可以极好地说明世界经济的生产能力发生了多大变化。让我们来看下面的数字（Maddison 1995）：

1. 在20世纪80年代的10年里，世界人口增加了8.44亿；这个数字几乎等于1800年世界人口的总数量，换句话说，9亿世界人口在10年里的增加量与1800年为止的全部历史上的增加量几乎一样多。

2. 在20世纪80年代的十年间世界人均年GDP增加量与1820年人均GDP水平相等（按照1990年不变美元测算）。在20世纪80年代人均GDP年增加661美元；在1820年，人均GDP为651美元。

3. 在20世纪80年代末，世界人口大约是1800年的7倍；在20世纪80年代世界真实产出的增加量是1820年产出水平的10倍，1990年世界产出水平是1820年的40倍。

4. 1990年世界人均GDP水平是1820年的8倍;增长不只发生在发达国家,因为亚太地区的发展中国家人均GDP是1820年的5.5倍,在拉美是7.1倍,非洲是2.9倍。

给定20世纪末世界资源的生产率,资源包括自然、资本和人,传统的关于人口增长对经济增长有不利影响,或者增加的人口会降低人均收入水平等观点,根本站不住脚。而知识增长在很大程度上得益于人口增长和收入的提高知识增长早已克服了自然资源或有限的物质资本可能带来的任何限制。

在过去两个世纪中,在全世界范围内,家庭面对已改善的经济环境,也改变了他们想要的孩子数量。在消费和收入水平大大增加的情况下,大多数家庭并没有多生孩子。恰恰相反,在19世纪,随着生活条件的改善,食物消费的增加和死亡率的降低,在欧洲生育率急剧下降。如果人口与食物供应之间的关系应验了马尔萨斯第一版中的预测,那么生育率本应该增加,但这并没有发生。在19世纪初,欧洲的生育率开始下降,到19世纪末生育率仅略高于19世纪初的一半。

1950年后,发展中国家人口增长率的快速上升,不是因为生育率的提高,而是因为死亡率的快速下降。死亡率的迅速下降得益于知识的进步,主要是从发达国家引入知识;这些知识带来了食物供应的增加,公共卫生设施的改进,以及洁净水和儿童免疫预防的提供。在1960和1978年间,除中国外的31个最低收入国家的出生率下降了14.4%,而死亡率下降了31.5%(UNDP,1988)。在20世纪后半叶,发展中世界由于生活条件改善而引起的生育率变化,比19世纪在发达国家所发生的变化甚至更大,生育率的下降速度更快。

六、影响生育率的因素

近年来生育率的下降,验证了经济理论所做出的关于影响家庭决策的因素及其作用方向的假说。父母生孩子的决策从孩子身上获得的收益和孩子带给他们的成本。在低收入水平下,当农业为主要职业时,养育孩子有正的经济收益,他们可以通过工作来增加父母收入,并且在父母年老和生病时供养父母。此外,在任何收入水平下,孩子都直接增加父母的效用,使父母从孩子的数量和质量中得到满足。当真实人均收入增加时,来自孩子的收益结构发生改变;孩子对父母的收入和物质福利的直接贡献下降,在城镇还会变成负数;甚至在高收入和高机械化水平的农业区,孩子对当前的收入所能做出的贡献也是比较小的,这使得农村地区的生育率接近或等于城镇地区,这在美国已经发生了。然而,当父母的收入增加时,他们从孩子们的成长和发展中获得的效用仍会增加;这使他们更加重视孩子的质量,增加对孩子的投资比如说让孩子接受更多教育。这意味着当真实人均收入增加以后,孩子主要成为了一件消费品。在收入增加,父母从孩子那里获得更多满足的同时,由于女性的教育水平和工资都在增加,她们的时间同样变得更有价值;因为养育孩子的主要成本之一是母亲的时间,所以养育孩子的成本也在增加。结果是,生育率与收入和教育呈负相关的关系,在许多国家,包括除了阿尔巴尼亚外的全部欧洲国家和几个亚洲国家,生育率现在已经下降到人口换代水平之下。

从 1960 年起,世界的人口增长率已经大大下降了,对今后几十年的预测表明,增长率还会进一步下降。在中国以外的世界其他国家,这一下降不是由于专门的限制计划生育政策。从整个世界来看,社会和经济的发展是减少家庭孩子数目的原因。很多研究已经指出,生育率大幅度下降可以由少数几个因素的变化来解释。第一个重要的因素是死亡率的降低,当婴儿和儿童死亡率降低时,人们想要得到某一个家庭规模所要求的出生的婴儿数量就可以减少。第二个因素,也许最重要的因素,是女性教育的增加。她们所受的教育可以从以下几个方面降低生育率。当女性受到更多的教育时,她们的时间变得更有价值,如前所述,这会增加孩子的成本;受更多教育的女性更有能力、也更愿意使用避孕技术来得到她们希望得到的孩子个数;增加教育还可以使女性有更独立的个性,更有可能做出自己的决定。影响生育率的第三个因素是避孕节育服务的供应和成本。最后，当真实收入增加时，家庭更愿意增加他们对孩子质量的投资而不是增加孩子的数量，因为从孩子身上得到更多的满足已不意味着要更多的孩子。对父母来说，孩子获得越来越高水平的教育变得更重要了，而这只有在减少孩子的个数时才可能实现。也就是说，质量替代了数量。

在农村，养老方式的存在与否是影响生育率的一个重要因素。在农业社会保障制度引进之前，养老的一种普遍方式是土地所有权。在社会保障制度或土地所有权缺乏的情况下，在多数社会里，有个儿子对于应付长期患病、残疾或年迈是必需的。

七、谁承担养育子女的成本

经常有人表达这样一种担心：抚养孩子的代价是减少投资，因此增加人口对真实收入有负面影响。然而，不管从发展中国家总体看，还是单单从中国看，都找不到支持此观点的证据。我们现在知道，孩子的成本主要由父母承担，主要出自他们的消费支出而不是储蓄。通过分析 100 多个发展中国家数据，有研究者发现，15 岁或以下人口的比例不影响金融储蓄的水平(Kelley，1988)。[①] 还有一项研究分析了 80 多个发展中国家生育率对投资比率的影响，发现生育率对投资占 GDP 的比率没有统计上的显著影响(Barro，1997)。

比较中国过去 25 年投资率与出生率或者儿童数量，我们会发现它

① 如果政府的教育支出被包括在投资里，15 岁或以下人口比重的系数是统计上显著的(Kelley，1988)。然而，这个系数非常小——15 岁或以下人口的比重下降 10%，才能使储蓄率增加 1 个百分点。这一年龄人群在中国人口中的比重从 1982 年的 34% 下降到 1995 年的 27%。年轻人比重的这一下降可以使投资增加不到 1 个百分点，或是那段时间平均投资率的 2%。但需要注意的是，年轻人口比重下降很快会引起老龄人口比重上升。分析发现，老龄人口增加 1 个百分点对投资的负面效应是年轻人口相似的增加的负面效应 3.5 倍。中国老龄人口比重从 1982 年的 9.3% 增加到 1995 年的 12.0%；因此，在此期间老龄人口比重增加对储蓄和投资的负面效应，其大小可能与年轻人口比重更大比例的降低的正面效应相当或者更大。因此，如果经过一定的时间允许年龄分布进行调整的话，降低出生率也许对储蓄和投资有一个负面效应。

们之间没有相关性。在 1972－1975 年和 1989－1992 年间，出生率和儿童的数量都大大降低，在前一阶段投资占 GDP 总的比重是 35.6%，在后一阶段是35.4%，两者之间变化相当小。不可否认，在 1993－1996 年投资率增加到41.4%，但这一增加导致了严重的通货膨胀，随后在 1998 年下降到 38.1%；而出生率在 1998 年前的十年比在 1993－1996 年前的十年降低了约 10%。

当父母和政府对孩子投资时，他们增加了国家的资本，即人力资本。在美国，在人力资本上的投资现在已经远远超过物质资本的累积投资，人们可以比较一下当今中国投资于人力资本和物质资本相对额度。近些年来中国人力资本的回报率已经大大增加，现在已远高于投资于国有企业的回报率。1999 年投资国有企业的回报率大约是 1%，而对教育，尤其是中等教育和高等教育的回报就大得多。

八、中国人口太多了吗？

对这个问题，我的回答是绝不是。这个否定的回答并不意味着一个更大的数量，比如说当前人口的 2 倍或 3 倍将是我们希望看到的。但我确信，如果对家庭生育孩子的数量没有限制，到 2020 年，中国的人口并不会比计划生育政策继续实行的情况多 10%。得出这个结论所依据的假设包括，近年来在农村地区女孩中学入学率提高的趋势继续下去，真实收入继续增加，城镇人口占总人口的比重继续增加等，但是尚未要求实行降低生育率的其他政策。① 如果我们在家庭自愿决策的基础上，再采取一些措施，就可以使得人口增长进一步降低；这些措施包括，在农村建立社会保障制度，保障农民的土地所有权，改进避孕节育服务的质量和种类，在农村地区大力扩建中学同

① 预计在今后 15 年，城市人口的比重将从 30% 增加到 50%（Zhong，2000）。由于移民到城市的农村人会迅速地接受城市地区的生育率水平。因此，城市人口比重如此巨大的变化将对生育率产生重大影响。如果中国当前生育率在城市地区是 1.2，农村地区是 2.2，并且今后 15 年没有改变的话，仅仅由于人口重新分布，总生育率将从 1.9 下降到 1.7，差不多下降 11%。

时免除全部学杂费等。中国有足够的资源对农村教育制度进行这些改进。

我不认为如果中国人口减少 10% 或 20%，或者如某些人论证过的，减少近一半的人口，人均收入可以高于现在的水平。[①] 只要保持高储蓄率，增加一个人如果从他的一生来看，并不使其他人所有人可得到的总资源有任何减少。[②] 当增加的人增加知识时，那么可得到的知识将因更多的人口而增多。

有些人低估农村人口对中国的增长和发展所做的贡献，包括他们对创造知识的贡献。他们相信为数巨大、教育水平低的农村人口不可能对中国的福利有贡献，增加他们的人数只会有负面影响。这种看法与中国近来的历史经验完全不相符；正是由于农村人口对过去 20 年来政策改革的反应，才使中国经济有了翻天覆地的变化。这话不是我的而是邓小平说的："党的十一届三中全会以后决定进行农村改革，给农村自主权，给基层自主权，这样一下子就把农民的积极性调动起来了，把基层的积极性调动起来了，面貌就改变了。……农村改革见效非常快，这是我们原来没有预想到的"（邓小平，1993），另外，"总之，农村改革见效非常快，把农民的积极性调动起来了。我们完全没有预料到的最大的收获是，乡镇企业发展起来了，突然冒出许多人搞各种行业，搞商品经济，搞各种小型企业，异军突起。这不是我们中央的功绩。乡镇企业每年都是百分之二十几的增长率，这是我个人没有预料到的，许多同志也没有预料到，的确让我们吃了一惊"（《人民日报》，1987 年 6 月 13 日）。

农村部门的突出成绩不仅体现在生产领域，农村部门对知识创新也做

① 有人认为中国最优或最佳人口应是 7 亿。

② 在过去 30 年，中国投资率或储蓄率平均占 GDP 的 35% 甚至更多，这没有受到 1970 到 1988 年人口增加 4.18 亿或 50% 的不利影响。事实上，1997－1998 年平均投资率高于 1972 年起除 1993－1996 年外的任何三年的投资率。假设投资回报率是 10%（在中国的收入水平下，回报率应该更高），那么投资对 GDP 增长率每年贡献 3.5 个百分点。换句话说，如果 GDP 年增长 8%，其中 3.5 个百分点或年度增长的 44% 来自于投资。只有当自然资源对中国经济的贡献与年度投资的贡献一样大时，更多的人口才会降低人均真实收入的增长率，而自然资源的贡献肯定远远小于这个数字。在这个分析里，我根据中国近些年的经验，假设每个新增人口在一生中大约将他或她收入的 35% 作为储蓄，与所有其他人的平均储蓄率相同。

了重要的贡献。中国农村的科研人员早在20世纪60年代就在研制新的小麦和水稻高产品种上取得重大进步,培育出杂交水稻,并且在生物工程方面做出重大贡献。举一个例子,1999年中国棉花生产的一半来自一个能够天然抗病虫的品种,它可以减少化学农药施用量的75%,而这个品种是中国开发出的。这些都是了不起的,足以与其他国家所取得的成就相媲美。

九、结论

有众多的证据表明,人口增长并没有降低真实人均收入增长率,甚至当世界人口已经达到并超过60亿时仍然如此。有更多的证据表明,从长远来看,增长的人口促进了过去两个世纪中知识的巨大增加。正是这些知识的增长,使得我们现在的生活与两个世纪或更早前我们祖先的生活有如此巨大的差别。今天,我们没有更多的自然资料,我们有的是更多的知识,它们可以帮助我们提高自然资源的生产率,甚至更重要的,可以提高人和我们已经积累起来的资本的生产率。

不可否认,人口不应该永远增长下去;但以此为理由反对人口的适度增长也是不恰当的,因为无限制的人口增长并不可能发生。过去半个世纪的历史事实是,全世界的家庭已经大大降低了生育率,许多国家的生育率现在已经低于人口替代水平。在21世纪中叶,世界面临的问题将不是人口太多,而是老年人太多而儿童不足。

任何国家最重要的资产是它的居民,这远比自然资源或积累的资本更重要。人们对一国的经济能力所做的贡献,不仅取决于他们的数量,而且取决于父母和政府共同在他们身上投资多少,使他们的生产能力提高多少;我们的子女的福利水平将更多地取决于在他们身上投资的多少,而不是他们人数的多少。

参考文献

邓小平:《邓小平文选》第三卷,第238页,北京:人民出版社,1993年。

Kelley, A.C., 1988, "Population Pressures, Savings, and Investment in the Third World: Some Puzzles", *Economic Development and Cultural Change*, 36 (3), pp.449–464.

Kremer, Michael, 1993, "Population Growth and Technological Change: one Million B.C. to 1990", *Quarterly Journal of Economics*, August 1993, 108 (3), pp.681–716.

Maddison, Angus, 1995, *Monitoring the World Economy*. Paris: Organization for Economic Co-operation and Development.

Malthus, Thomas Robert, 1992, *An Essay on the Principle of Population*. Cambridge: Cambridge University Press.

Paulsen, Friedrich, 1908, *German Education: Past and Present*. New York: Charles Scribner's Sons.

United Nations Development Program (UNDP), 1998, *Human Development Report*. New York: Oxford University Press.

Zhong, Yan, 2000, "China to Quicken the Pace of Urbanization", *Beijing Review*, 43 (12), pp.13–18.

人口、食物与知识*

当今的世界人口数量比以往任何时候都多,不是多一点,而是多很多,然而,人类仍比以往任何时候都得到更多的营养,并且获得营养的成本比人类历史上任何时候都低。这是许多人曾经认为不可能取得的成就。纵观历史,总有人相信食物短缺和饥馑是人类无法摆脱的命运,世界人口的数量不是受制于人类的生育决策,而是受制于自然界加诸人类的限制。对于几乎整个人类历史上世界人口的绝大多数,这种悲观看法不幸言中。然而,在过去的两个世纪,尤其是20世纪,一切都发生了显著的变化;20世纪能够作为一个能够完全消灭饥饿,而且在很大程度上已经消灭了饥饿的世纪而被载入史册。

一、食物和人口增长

托马斯·罗伯特·马尔萨斯在1798年出版了著名的《人口原理》第一版。他通常被认为持有悲观主义的观点:人口增长有快于食物供给增长的倾向,并被邪恶和苦难——战争、疾病或饥饿——所限制;但他不是这个看法的首倡者,至少在两千年前这种观点已被写进《圣经》:"食物增加时,以它们为食的人们也在增加"(旧约,第5页)。

---

* 原文题为"Population, Food and Knowledge",是2000年1月在美国经济学年会上所做的Ely讲座的内容,发表于《美国经济评论》(*American Economic Review*),2000年3月,第90卷第1期。作者感谢 William ImMasche Endowment Fand 的资助。文章的写作得益于以下同事的评论与批评:Robert Fgel, Robert Luras, Jr., James Heckman, Casey Malligan, Allen Sanderson, George Tolley, 和 Grace Tsiang.

这可以从图尔德良(Tertullian)写于公元 200 年的一段话中得到印证:“确实,我们可以肯定而明白地看到,与过去相比,土地得到了更多的耕作和开发……美极了的农场湮没了空旷的世界,森林让位于耕作的粮田,沙地种上了庄稼,石头被修平,沼泽被抽干,很多大城市以前本是荒无人烟……到处都有住房,到处都有人群,到处都有政府,到处都有生命。人口众多最明显的证据是,我们成为世界的负担,我们所拥有的资源难以达到充裕程度;我们的需求制约着我们,到处都是抱怨,同时大自然已经不能让我们持续生存下去。的确,要想减少过量的人口,瘟疫、饥荒和战争必须作为拯救国家的药方而予以考虑”(Bark K. Holland, 1993,pp.328-329)。

这段话写于约公元 200 年,当时世界人口大约 2 亿。该段引文几乎包括了现代人们所有关于人口过多对环境影响的抱怨:森林被毁、生物多种性被破坏、不适当的开垦土地、破坏野生动物的天然栖息地,还有城市人口的极度膨胀。

虽然马尔萨斯既不是第一个,也不是最后一个声称人口增长播下了人类灾难的种子,但他也许是对人口增长将不可避免地受到食物供给限制的观点作出重大修改的第一人。在充满悲观论调的第一版出版 5 年以后,在《人口原理》的第二版中,他对他的主要结论作了重大修改。在注意到欧洲人口近来的增长后,他写道:

“……上个世纪与之前各个时期相比,由于贪欲而导致的饥饿和疾病要少得多;因而,总的看来,考虑到由人口基本法则产生的罪恶得到了减轻,我们将来的前景尽管不像我们希望的那样前途光明,也远非完全丧失信心;我们绝不排除人类历史逐渐不断向前进步的可能性。这个进步,在人们对这个主题胡乱臆断之前,是理性预期的目标”(Malthus,1992,pp.330-331)。

不幸的是,马尔萨斯第一版所提出的人口增长理论精确地描述了几乎全部人类历史的经验,并且到他写作的时代为止,这个理论大体上是正确的;不过,在第二版中他对之后一个世纪的预言也是正确的,在 19 世纪,在他所生活的那一部分世界,即欧洲,人类的福利会发生了逐步的改进。然而,这一进步既非始终如一的,也非从未中断的,19 世纪 40 年代爱尔兰饥荒以及19世纪发生在几个欧洲国家的饥荒和食物短缺就是例证。

在第二版中，他认识到，除了邪恶和苦难之外，影响人口增长还有第三个要素——自我改进的欲望。换句话说，家庭愿意并有能力影响孩子的数量，比如通过改变结婚年龄等。

是什么因素使得世界避开了可以称之为"马尔萨斯陷阱"的东西呢？答案很简单：知识的创造。[①] 数千年来通过从实践经验获得知识，即干中学，农业取得了很大进步；在过去的两个世纪中，知识发生了爆炸性的进展，这使得不管是按照食物还是按生活的所有方面来衡量，人均福利得到空前的增加。最根本的是，新技术以历史上前所未有的速度发展。

让我们看看以下几点(Angus Maddison，1995)：

1. 在20世纪80年代的十年间，世界人口增长了8.44亿，这个数字几乎与1800年世界总人口9亿一样大。

2. 在20世纪80年代的十年间，世界人均GDP的增加值与1820年人均GDP水平值相等(Maddison，1995，p.228)。按1990年不变价格测算，20世纪80年代人均GDP增加了661美元，而1820年人均GDP为651美元。

3. 物质世界——土地、水、空气、阳光，在20世纪80年代基本上与1820年或1020年或1万年前相同。有人会说物质世界的价值比过去更低了。

由于20世纪80年代十年间GDP的增加值与至1820年为止整个历史的增加值相等，我们不难看出1820年以来世界产出的增长幅度大大高于此前的增长。在20世纪80年代世界真实产出的增长是1820年产出的10多倍；到了1990年，世界产出水平是1820年的40倍。这些巨大变化如何能够发生？它们之所以发生，是因为随着时间的推移我们已经找到了方法，可

① 在写这篇文章的过程中，我受到了许多人的启迪。我不想在文章中不停引用，这样会影响一篇文章的流畅，我希望专门指出给我最大影响的人和出版物：Theodore W. Schultz (1964), Simon Kuznets (1966, 1979), Paul M. Romer (1986, 1990), Paul Bairoch (1988), Zvi Griliches (1988, 1998), Robert E. Lucas, Jr. (1988, 1993), Gary S. Becker (1991), Malthus (1992), 以及Robert W. Fogel (1996, 1999)。我没有列出每个人影响我思想的全部文章，而只列出了最有影响的一两篇。在数据上对我有帮助的其他许多人我会在适当的地方提到。

以抵消自然资源强加给世界产出的限制,并极大地提高了人力资本的数量和生产率。我们还没有发现如何消除边际报酬递减原理的影响,但我们已经发现了生产过程中重要的自然资源的低廉且充裕的替代品。

在下文我将指出,世界人口福利的改进远不止表现在世界产出价值的巨大增加,在以下几方面的进步同样很显著:饥荒次数下降,热量摄入的增加,儿童和婴儿死亡率的降低,预期寿命的延长,工作时间的极大缩小,以及有知识的人口比例的大幅增加。

本文的结构安排如下:我将首先说明,在人类历史的大部分时间,对于世界上绝大多数人来说,生命是短暂而艰难的,食物供给是影响人口规模的一个主要因素,非食物与食物的消费水平都非常低;接下来我将说明19世纪发达世界如何避开马尔萨斯陷阱,以及一个多世纪后发展中世界如何做到这一点。

在过去两三个世纪以来,由于经济快速增长,使得人类可以不再受食物供应的限制,而经济之所以发生快速的增长主要是三个因素在起作用。第一是18和19世纪农业生产率的显著提高,这使得城市的发展成为可能,而城市则成为经济进一步发展和增长的中心。第二,18世纪中叶以来的经济增长导致了人口增长和真实人均收入的提高,从而使得在过去两个世纪中知识的巨大增长成为可能。真实收入的增加使得很多资源得以用于知识的创造,而这种资源的重新分配使大学和研究所得以迅速发展。第三,当人们的福利不再受限于食物供应后,家庭并没有随之增加生育率,这与通常的假设相反;人口增长主要来自于死亡率的降低。人口增长不是受食物供应的限制,而是受家庭决策的限制。

以上三个因素并不能完全解释为什么19世纪的发达国家和近来发展中国家的人口增长没有把所有事情弄糟。在19世纪期间,人口增长之所以没有超过食物产出增长,其原因之一是,迅速降低死亡率所要求的知识和技术直到将近19世纪末才得到广泛利用,而城市人口的迅速增加也减缓了死亡率的下降。与19世纪相比,20世纪发展中国家人口死亡率降低的速度要快很多,尽管生育率已经显著下降,但还是产生了高得多的人口增长率。

二、19世纪以前的农业和食物

农业是一项相对较晚的发明——从狩猎和采集向种植庄稼和驯养动物的转变发生在大约1万年前;那时候世界人口大约有400万,大部分资源被用于获取食物,这是非常艰辛的生活。

1800年时,发达国家据估计有75%－80%的劳动者从事于农业(Bairoch,1988,p.387)。在占世界人口几乎80%的其他地区,从事农业的劳动者比例更高,大约在85%－90%之间。1891年,印度90%的人口居住在农村(Adna Ferrin Weber,1899,p.124),1949年中国89%的人口在农村。[①] 遗憾的是,我们并没有直接的证据可以知道古代可获取的食物量,但是,如果罗马时代的预期寿命是25岁的话(Donald J. Bogue,1969,p.566),人均可获得食物很有可能非常有限。Fogel估计在18世纪初英国热量供应每天是2 095大卡,而法国是1 657大卡(Fogel,1996,p.10)。1725年,英国人预期寿命估计是32岁,1750年在法国是26岁。在接下来的一百年中,人均热量增加了大约10%——在英国是2 237大卡,在法国是1 846大卡;到1800年英国人预期寿命是36岁,法国人是32岁(Fogel,1996,p.2)。显然,其他因素也引起了预期寿命的增加,但是在缺乏食物的情况下,预期寿命的增加和随后将发生的一切都是不大可能的。

到大约1 650年为止整个有记载的历史中,可能大多数人只能期望活25－30岁(Bogue,1969,p.566);有证据显示,直到17世纪预期寿命才有显著的增加,超过了罗马时代或更早时期的水平。应该注意到,英国和法国这两个当时最富裕的国家,在18世纪初的预期寿命并不比整个人类历史上的

① 劳动力中有很高的比例从事农业并不意味着这是从事农产品生产的劳动时间份额。19世纪以前,农业家庭基本是自给自足的,他们必须把他们相当比例的劳动用于建造住房,采集燃料,做衣服、被褥和家具,以及制造他们在农场和家里使用的大部分的简单工具和设备。在温带地区,这种工作大多在较冷的时候进行,那时除了照料牲畜外几乎没有农活可做。从事农业的劳动力比例与他们生产的食物中能够卖给非农业人口部分所占的比重成反比例关系。如果80%的人口从事农业,他们自己所生产的食物大约有1/5可能出售或交易。

预期寿命高多少。

17 世纪之前，世界人均热量供给水平可能与英法两国 18 世纪初的水平相近——也许从 1 650 大卡到近 2 000 大卡；已有的关于发展中国家的摄入热量的估计是 1934–1938 年，当时许多发展中国家热量摄入水平与此相当。印度、菲律宾、秘鲁、哥伦比亚和墨西哥的热量摄入量在 1 800–2 000 大卡之间（M. K. Bennett，1976，p.199）。在 1934–1938 年，这些国家的人口增长率已经很高，在更早的时候热量消费量可能要低很多。

在 19 世纪初之前，农业资源的生产率在欧洲十分低，而且长时期没有变化。支持这一论点的重要证据是，在除了俄罗斯之外的欧洲，1300–1800 年间城市人口的比例几乎没有变化。Bairoch（1988，p.177，p.216）估计，1300 年欧洲的城市人口是总人口的 10.4%，500 年后的 1800 年仅仅是 12.1%，并且这一增长的大部分来自于 18 世纪英国城市人口的增长。① 在 19 世纪，城市化水平有了较大的增加；到 19 世纪末，不考虑俄罗斯，城市人口已经占欧洲人口 37.9%。城市人口在先前的 5 个世纪只增加了 1 倍多一点，而在 19 世纪却增加了几乎 5 倍（Bairoch，1988，p.177，p.216）。只有当农民生产出了比他们自己的消费量更多的粮食之后，城市人口占总人口比例的增加才成为可能。

纵观历史，农业人均产出增加非常少的另一证据是，直到 19 世纪初世界人口增长仍很缓慢。在公元后的第一个千年，人口年增长率是 0.04%，1700 年才能翻一番，在公元 1700 年前的 700 年间，人口增长率是 0.12%，大约 580 年翻一番；到 18 世纪，人口增长率增加到每年 0.41%，但即使以那样的速度翻一番也要 179 年。

18 世纪欧洲人口从 1.02 亿增长到 1.54 亿，是粮食生产的显著增长使之成为可能。但是 18 世纪期间除了英格兰之外，城市化没有提高，所以有理由相信，欧洲其他地区粮食生产的增长率与人口增长几乎是相同的。

---

① 英国是个例外，在 18 世纪期间它的城市化有显著提高。Bairoch（1988，p.215）估计 1700 年城市人口比例为 13%–16%，1750 年 17%–19%，1800 年 22%–24%。除英国之外的欧洲，在 18 世纪，城市人口占总人口的比例没有提高。英国在另外一方面也显示出它是一个重要的例外：在 18 世纪后半叶它每年的人口增长率是 0.82%，而除俄罗斯外的欧洲只有 0.5%。

三、农业与工业革命

农业对工业革命有什么贡献？通常的看法是，工业革命大约1750年从英国开始，不到1个世纪后蔓延到欧洲其他地区。我已经提到，在此前的5个世纪，城市人口所占欧洲人口的份额几乎没有改变，这意味着可获得的粮食供应的增长速度并没有明显快于人口增长的速度；同样的，农业生产率也没有提高到足以允许劳动力转出农业迁入城市。18世纪的中点是英国人口和农业历史的一个分水岭。1750年前的一个世纪中，英国人口是静态的，在某些时期它甚至下降，在整个世纪中人口数仅增加了10%，年均0.5%（E. A. Wrigley and R.S.Schofield，1981，pp.528-529），预期寿命实际上也许降低了。在1751-1801年间，它的人口以每年0.81%的速度增加，总共增长了50%。在19世纪下半叶人口几乎翻了一番，而且19世纪英国新增加的人口几乎全部是城市居民（Bairoch，1988，p.290）。①

是什么使1750年后农业生产率如此惊人地增加？确切的原因还不知道，但其中涉及许多因素，包括来自美洲的两种高产作物——玉米和马铃薯的广泛种植，圈地运动，土地停止休耕，排灌系统的改进以及饲料用的大头菜（turnip）的种植使得动物粪肥的供应增加（David S. Landes，1969，p.76）。1750-1820年在英国与荷兰，粮食产量与种子的比率超过了10，大大超过了1700年之前两个世纪中比率为7的水平（B.H.Slicher van Bath，1963）。② 这样巨大

---

① 在19世纪，英国完成了从农村经济向城市经济的转轨。1800年它的城市化比重是19.4%，而1900年是67.6%；人口数从1800年的1 600万增加到1900年的4 100万，增加了2 500万，而城市人口增加了2 400万。1900年欧洲大陆城市化仅为32.9%（Bairoch，1988，p.290）。

② 1725-1800年，西欧食物生产的增加主要缘于生产率的改进，还是长时期的好天气，人们对此并不清楚。Ronald Maxwell Hartwell（1971，p.283）认为好天气可能是一个重要的因素："影响18世纪增长一个重要的但被忽略的，并且完全外生的因素（也许是唯一一个真正的外生因素）是1730年后开始的长达两个多世纪的好天气（相对于过去两个多世纪的'坏'天气而言）。与工业革命开始时间的巧合表明了天气导致增长的理论可能性——更好的天气能增加食物供应，增加真实收入，也增加人口数量。"通过对食物生产的影响，天气可能导致了1621-1721年英国人口每年0.13%的缓慢增长，同样也导致了此后1个世纪0.77%的年增长率（Wrigley and Schofield 1981，pp.528-529）。

的产量增长几乎可以肯定离不开劳动生产率的重大提高。在18世纪下半叶,虽然英国城市化水平提高很少,但是工业活动尤其是纺织品的生产在农村有了很大的扩张。

人均食物产量和农业劳动生产率的巨大提高是工业革命的必要条件,而工业革命是与迅速的人口增长密不可分的,而且有可能受助于迅速增长的人口。为了支持人口迅速增长,食物生产的增加是必不可少的;同时,要降低从事农业的劳动力比重,允许劳动力转移到城市,就要提高农业劳动生产率。在此我并不想说食物供应和劳动生产率的改进是工业革命的充分条件,农业革命和工业革命的来源是相同的,并且互相影响。

四、机械革命

与发生在19世纪中后期的变革相比,发生在18世纪和19世纪早期的农业劳动生产率的显著提高就变得微不足道了。在世界历史上,大部分人的热量主要来源是粮食——大约占75%-80%(Bennett,1976,p.206)。直到19世纪早期,收割一致是限制粮食产量的严重瓶颈。几千年前,犁的引入节省了劳动力,但是在1年中需要犁地的那段时间,劳动力并不稀缺;犁地的时间稍长一些并不要紧,但是在大多数地区收割必须在很短的时间内完成,以防止粮食被风、雨、霜毁坏。

19世纪初收割粮食的方式与14世纪或者可能更早的时候相同——镰刀、长柄大镰刀、禾架等。19世纪20年代至40年代,美国发明了收割机,从而改变了一切。发明收割机后很快有了打捆机,它是一种能把粮食秸秆捆成一捆并扎好的收割机。另外,脱粒机的出现也节省了大量劳动力;但与收割机和打捆机可节省劳动的时节相比,脱粒机节省劳动的时节还不是最需要节省劳动力的关键时节。后来打捆机和脱粒机被联合收割机取代,但这是20世纪之中的事了。

在机械革命中还生产了其他许多的机器和工具是,其中,利用内燃机制造的拖拉机就是一项非常重要的发明。机械革命节约了巨大的劳动量。据估计，在 19 世纪，美国用于生产一吨粮食的直接劳动投入下降了 70%(Martin R. Cooper et al,1947)。因此，19 世纪中期以后，发达国家劳动力从农业向非农工作的转移更可能受到非农就业增长率的限制，而不是农业劳动力需求的限制。

五、土地不是稀缺资源

现在许多人强调高质量土地的有限供给是粮食产量进一步增加的主要障碍，但是，纵观几乎全部人类历史，土地并不是一个限制生产的重要因素。在 16 世纪，当世界人口是 5 亿的时候，甚至在 19 世纪早期人口第一次达到 10 亿时，是其他因素在限制人类的生产。直到近代，给定当时的知识状况，生产的主要限制因素还是劳动。劳动限制了一个家庭能生产的粮食产量；正如上文所提到的，在人类历史的大部分时间里，农业家庭的粮食生产仅够他们自己消费，几乎没有剩余与他人交易。直到近代，这个剩余也没有超过他们粮食产量的 1/4 或 1/5。直到 19 世纪初，单位产量是以每单位种子来计算而不是以每单位土地来计算的，这便说明了土地不是限制因素的一个重要指标(Slicher van Bath,1963)。

Ester Boserup(1965)给出了一个令人信服的例子，说明直到不久前劳动而非土地是农业产出的限制因素。她指出了农民怎样通过更改土地的利用方式以适应人口的增加——从开荒、烧荒、长期休耕转向短期休耕，甚至在西欧完全取消了休耕。他们发现了不用休耕而保持土壤肥力的方式——例如使用粪肥种植豆科植物。这些变化是新知识的效果，而知识大多是从农民自身的实践中得来的，是对人口增加和粮食生产需求扩张的一个反应。

六、知识的作用日益显著

前面已经提及，世界产出在过去 200 年之所以发生大幅度增长在很大程度上归因于知识的进步，以及随之发生的人力资源在数量和质量的增长，和储蓄引起的物质资本的增长。我们所拥有的自然资源并不比过去多,然而产出却增长了好多倍。那么,知识进步的源泉是什么呢?有两个重要的因素:一是人口的增长,另一个是人均真实收入的上升,这使得知识生产的专业化成为可能,并且可以把大量的资源用于知识的生产。

对于人口越多,知识就创造得越多这个结论,Michael Kremer(1993)提出了一个令人信服的理由。首先,新知识带来生产力的提高,而人口越多,从生产力的进步中获益的人越多,因而新知识所带来的利益也就越大;第二,人口越多,能作出重大发现或者拓展知识领域的人就越多。这并不是说我们现在比 100 年前,200 年前,或是 1 000 年前的人更聪明,而是因为天才或智力的分布现在按说应该与过去任何时候都一样。既然天才的分布没变,而人却在增多,那么能推进知识发展的人也会更多。

人类知识增长的另外一个原因是,随着农业生产率的提高,城市的扩张,以及过去 200 年人均真实收入巨大的增长,人们创建了专门的机构来推进和传播知识。这些机构指的是公立和私立的大学以及研究所。但是,这并不是说 19 世纪和 20 世纪之前就没有人具备独自从事知识创造所需要的才智、时间、精力和好奇心,而是说他们的数量相当有限。其实这些人很多至今还在影响着我们的生活,比如发明收割机、打捆机、内燃机、蒸汽机、铁路、电以及电话的人们,还有那些发现天花疫苗和疾病的细菌理论的医学家。然而,在 20 世纪初之前,这些发明对人类生活的影响远不及其后知识的进步以及应用的影响大。

当世界劳动人口有 80% -85% 从事农业的时候,只剩下一小部分人有时间和资源来生产非食物产品,诸如衣服、工具、道路、住房等等,这样就有更少的人会去获取新知识和新技术。在 1990 年,发达国家从事农业的劳动力不超过 10%,而发展中国家约有 60%(World Bank,1999, p.220)。现在的人口是 1800 年时的 7 倍多,而且专业知识研究者占总人口的比例也要比两个世纪前高出许多。现代的大学有很多教师,他们全部的工作时间都用来进行科学研究和研究生教育,而这种大学只是在近代才建立的,在 19 世纪中叶以前根本没有这样的大学。在 19 世纪德国大学的研究生教育居世界之首,然而,1900 年德国所有的大学加起来也只有 3.8 万名学生和 1 830 名教员(Friedrich Paulsen,1908,p.193),这已经包含了所有的学院和大学,不只是那些只从事研究生教育的大学。

在 1869-1870 年度,美国大学只授予了一个哲学博士学位(U.S. Bureau of the Census, Department of Commerce,1960)。那时,美国有 563 所学院和大学,总共有 5 553 名教员和 52 000 名学生,平均每个学校大约只有 10 名教员,我估计其中还包括了把大部分时间用于寻找财源以确保学校运转的校长,因此发展新知识肯定有困难。之后,美国的学院和大学有了相当迅速的发展。60 年后,美国大学有 82 000 名教员,110 万名学生,授出2 299 个博士学位。在第二次世界大战之后,美国高等教育开始了又一轮的飞速发展,到 1994-1995 年估计有 91.5 万名教员,1 430 万名学生,授出 43 000 个博士学位(Thomas D.Snyder,1993)。

部分地由于二战的结果,政府资助的大学科研和联邦研究实验室得到了极大的发展,许多私人研究机构也创建和发展起来。而在二战前,联邦政府资助的研究大部分只集中在农业和军事领域。[①]

在 20 世纪末,世界上用于发展新知识的资源,无论是比重还是绝对数量都比 20 世纪初大得多。而同样重要的是,用于广泛传播知识的资源的比重也大大地增加了。

七、人口增长——生育率和死亡率的作用

我要说的第三是:在 19 世纪的发达国家和 20 世纪的发展中国家,人口的增长几乎完全缘于死亡率的降低而不是生育率的提高。换句话说,当生

① 亚伯拉罕·林肯总统的伟大功绩之一是在各州都创办了一所由政府赠地的大学。这些大学专门从事农业和机械研究,提供实践和理论并重的教育。大约 20 年后,农业试验站建立了。这项工作意义重大。农业是一个竞争性的产业,这意味着没有一个农民会把大量的资源用于研究。另外,在那时以及接下来的至少一百年,农业研究的成果都是公共物品——一旦成果出来,每个人都可得到。私人部门不可能向公共物品提供大量投资。而当今农业研究的一大块由私人部门承担,则是缘于对知识产权的法律保护。

活条件改善以后,比如营养改进,收入提高了以后,人们并没有大幅度提高生育率。在19世纪,英国、法国和瑞典三个欧洲国家的生育率和死亡率都发生了下降,就很清楚地说明了这一特点。在18世纪后半叶,英国和瑞典的生育率有一些上升,但幅度很小,不到10%,而且在持续了不到50年之后,在整个19世纪都是下降的。18世纪生育率的提高对欧洲人口增长的影响很小或者没有。仅在1750年到1800年间瑞典和英国有少量的人口增加,但在整个19世纪期间生育率都是下降的。

在瑞典,总和生育率(每个妇女平均生育子女数量)从1750年的4.21增加到1800年的4.68,但在接下来的整个19世纪都在持续下降,并在1990年达到1.90(Massimo Livi-Bascci,1992,p.122)。在18世纪的后20年,瑞典人口的预期寿命是34岁,到1835年增加到39岁,到20世纪初的十年增加到54岁(Nathan Keyfitz and Wilhelm Flieger,1968,pp.36-37)。

英国的总和生育率从1750年的5.28增加到1775年的5.87,其后下降到1900年的1.96(Livi-Bacci,1989,p.122)。由此看来,在工业革命早期,生活条件的改善使生育率出现了一个小的上涨,但这只持续了不到半个世纪,在17世纪后20年,英国人口的预期寿命是32岁,直到1750年仍然保持在这个水平上;到了18世纪末,人口预期寿命增加到36岁,19世纪中期增加到41岁(Wrigley and Schofield,1981,pp.528-529),此后继续增加。在法国,生育率和死亡率的趋势都非常清晰,在1825年,总和生育率很低,为3.42,之后继续下降,1900年达到2.14(Livi-Bacci,1992,p.122)。法国人口的预期寿命从1760年的约28岁增加到1840年的40岁,19世纪末达到46岁(Wrigley,1987,p.274)。

在发展中国家,1960年以来生育率和死亡率的数据也表明了人口迅速增长的源泉是死亡率的下降而非生育率的提高。实际上,20世纪的发展中国家比起1875年以前19世纪的发达国家,死亡率和生育率的下降还要快得多。[①]

---

① 从1875年到1900年,在几个欧洲国家,总和生育率的下降非常迅速——德国48%;瑞典46%;英格兰和威尔士42%;意大利30%。在美国生育率的下降幅度为30%(Livi-Bacci,1992,p.22)。这些下降实际上要比在相似期间低收入发展中国家作为一个整体所发生的下降要大,但是人口转型的发生则要晚得多。

1960 年到 1995 年 31 个最低收入国家生育率下降了 38%，其中不包括实行了强制性控制人口出生政策的中国(UNDP，1998)。在同一时期，这些国家人口的预期寿命从 42 岁增加到 59 岁。但是，生育率的下降比起死亡率的下降要滞后 10 年或更长，因此在 60 和 70 年代人口增长的速度很快。例如，在1960–1978年间，38 个低收入国家(中国除外)原始死亡率下降了 31.5%，而原始出生率下降了 14.4%(World Bank，1980)。这些国家的人口年增长率在 1960–1970 年是 2.5%，1970–1978 年是 2.2%(World Bank，1980)。

为什么当人均真实收入增加时生育率会下降？在收入水平较低，并且农业作为主要职业的情况下，父母可从子女身上得到正的收益，因为子女多了，便能使父母的收入提高，并为疾病以及养老提供保障。此外，子女的存在，以及他们的成长与发展，都能增加父母的效用。因此，父母从孩子的数量和质量两方面来得到满足(Becker，1991)。当人均真实收入增加时，父母从子女身上获益的方式改变了，子女对父母的收入和物质福利的直接贡献降低了，对城里人来说甚至是负值，在收入和机械化水平高的农村，子女对当前收入作用也不大。在美国，现在农村和城市的生育率是一样的。当父母的收入增加时，他们从子女的成长和发展中获取的效用增加，将会更注重子女的质量，这体现在对子女投资的增加上。由此可见，数量与真实收入负相关，由于避孕的知识和技术的改进，与过去几十年相比，家庭现在更有能力，并且在更低的成本上达到自己的生育目标。

八、为什么 19 世纪人口增长速度较慢

19 世纪的欧洲与 20 世纪的发展中国家之间人口增长率的差异非常大。在 19 世纪的前半叶，除俄罗斯外，欧洲人口年增长率是 0.55%，1850–1880 年为 0.60%，19 世纪最后 20 年为 0.80%。在发展中国家，1950–1990 年期间人口年增长率为 2.0%。在 1900 年，除俄罗斯外欧洲人口是 2.85 亿，如果在 19 世纪期间欧洲人口以 1950–1995 年发展中国家的速度增长的话，

那么在1900年它的人口将超过10亿，是实际人口的3倍多。1900年的欧洲能否容纳如此巨大的人口，并且使人均真实收入不发生显著降低？显然我们永远也不会知道答案，不过可以猜测：除非20世纪的许多技术进步的发生都大大提早，否则恐怕做不到这一点。按人均真实国内生产总值度量的经济增长率19世纪的欧洲的确比20世纪的发展中国家慢得多（Maddison，1995），不过，我们还是有必要探讨一下为什么欧洲人口的增长会比较慢。

造成欧洲人口缓慢增长的一个因素是住在城市的人口比例显著提高，1800年这一比例是12.1%，而1900年是37.9%。在整个19世纪，城市比农村的死亡率高很多，城市人口的增长是由于农村移民对人口的补充。城市的死亡率不仅超过出生率，而且显著高于农村地区的死亡率。

Bairoch（1988，p.230）报告说整个19世纪欧洲城市婴儿死亡率超过农村30%-60%，而在19世纪早期瑞典死亡的婴儿约占全部死亡人口的25%（Keyfitz and Flieger，1968）。城市和农村人口死亡率的差别并不只反映在婴儿上，在瑞典1881-1890年，年龄15岁的人的预期寿命在农村比城市要高出4岁（Bairoch，1988，p.235）。[①] 19和20世纪人口增长率的差别主要是缘于20世纪知识和技术的进步。使得人口死亡率的降低比以往都要快，甚至在世界上最穷的国家也是如此。在瑞典，直到19世纪中期为止，在降低死亡率方面的进步还相当有限，而英国则更晚。直到20世纪早期之前，非洁净饮水，卫生差，儿童传染病等这些基本环境问题仍然造成大量的死亡。在1890年纽约市的婴儿死亡率是每千人264，比农村121的比率高出1倍多（Weber，1899）。

发展中国家在20世纪中生育率下降的速度比发达国家在19世纪要快得多。然而在发展中国家，原始出生率下降的起点要比18世纪和19世纪

---

① 城市比农村更高的婴儿和全部人口死亡率早已为人口学家所知。例如Wrigley and Schofield（1981，p.415）写道：“……在19世纪中期的50年里，真实工资迅速提高，死亡率却没有任何改善，这一定是由于城镇的死亡率高但是城镇人口比例却迅速增长所造成的，……给定经济和社会环境，更高的工资也许会降低死亡率，但更高的工资也会吸引人迁移到健康条件更差的环境里，因此在财富和健康之间有一个负的而不是正的相关关系。”

早期的发达国家高出很多。在18世纪和19世纪早期,瑞典和英国原始出生率在每千人35-37之间,而1960年低收入国家平均是每千人48,中等收入国家平均是每千人40(World Bank,1980)。因此,低收入国家的出生率需要下降1/3才能达到工业革命开始时欧洲的一般水平。发展中国家人口当今更快的增长并不是因为生育率的提高,而是因为生育率在一开始就很高以及死亡率的迅速下降。

九、知识收益的广泛分享

近年来人们十分关注世界各国间人均收入未能收敛以及各国内部不平等状况日益严重的问题。对收入不平等问题的的诸多讨论给人留下了一个错误印象,即大多数的生活福利指标也变得更加不平等了。但是,用人均收入的差异来衡量满意度或福利水平的差异,假定了福利水平与收入成比例,而这个假定是无根据的。

与一般的观点相反,低收入发展中国家人们的生活水平,从几种重要的指标来看,绝对量和相对量上都已经有了重大改善。[①] 知识增长的利益并不只限于那些带来知识进步的国家,而是已经传播到世界大部分地区。如果众多政府的政策更加有利于经济增长和发展,它们本应传播得更快更广。

根据营养、婴儿死亡率和预期寿命这些指标,发展中国家在20世纪,与发达国家在19世纪相比,生活条件改善的速度要快得多,而且这些改善的发生还伴随着更多的人口和更高的人口密度。在20世纪末,发展中国家的人口是48.4亿,在一个世纪里增长了350%,相比较之下,19世纪欧洲的人口只增长了85%。不仅在经济发展的相似阶段,发展中国家人口的生活福

① 对于在过去半个世纪中从低收入水平转变成中等或高收入水平的国家或地区,按照营养、婴儿死亡率、预期寿命衡量的生活改善程度要比那些一直是低收入水平的国家或地区高得多。韩国、新加坡、中国香港就是例子,在1995年它们的婴儿死亡率在每千人4-11之间,出生时预期寿命在72-79岁之间(World Bank,1997),接近于欧洲和北美的水平,而在1950年它们的收入与现在的低收入国家相当。

利状况改善得更快，而且从几个非常重要的变量来看，在 20 世纪，尤其是 20 世纪后半叶，各国之间的差距大大缩小了。

拿 20 世纪末的发展中国家和 19 世纪末的发达国家相比，一个显著的差别是，低收入国家现在的婴儿死亡率和预期寿命大大优于发达国家在当时的数字。

包括中国在内的 30 个低收入发展中国家的婴儿死亡率，在 1960 年是每千人 157，在 1996 年下降了 62%，达到 62(UNDP,1998)。在 1900 年，九个欧洲国家的婴儿死亡率是在每千人 121(丹麦)和 216(奥地利)之间(Bairoch,1988,p.231)。在美国这一比率是 160。发展中国家拥挤的城市常常被发达国家的观察家看成是很糟糕的地方，近来有一篇文章的标题就是"发展中国家城市的贫困"(Martin Brockerhoff and Ellen Brennan, 1997)。然而这项研究却显示，发展中国家样本中百万人口以上的城市在 90 年代的婴儿死亡率是每千人 60(Brockerhoff and Brennan,1997,p.24)。我们拿它作两个比较。在 20 世纪前 10 年，孟买的婴儿死亡率估计是每千人500-600，在新加坡是 350-400(Bairoch,1988,p.450)，在 20 世纪初纽约市的婴儿死亡率是 264 (Weber,1899,p.346)。在 20 世纪初，发达国家城市的婴儿死亡率高于农村，而现在发展中国家城市的婴儿死亡率要低于农村(Brockerhoff and Brennan,1997,p.24)。这些数据表明，婴儿死亡率的大幅度降低和福利的改进在世界上是普遍发生的事情，许多世界上收入最低的家庭也从中受惠。

在发展中国家，预期寿命的大幅度增加主要是在 1900 年至 20 世纪中期之间发生的，但是其后的增加在绝对量上更大。印度的长期数据是所有可得数据中最好的，这至少算得上是作为英国殖民地的一个好处。1900 年印度人口的预期寿命是 23 岁，1940 年代增加到 32 岁(Bogue,1969,p.572)，1960 年为 43 岁，1996 年为 62 岁。① 在一个世纪里印度人口的预期寿命增

① 关于人口预期寿命的其他数据显示，在 1896-1897 年，俄罗斯是 32 岁，1900 年西班牙是 35 岁(Bogue,1969,pp.576-577)。对几个非洲国家最早的估计是 40 和 50 年代，当时预期寿命在 27-40 岁的范围。

加了170%,几乎是100年前的3倍。自1940年以来,在世界上最穷的国家中人口预期寿命增加的速度都要比19世纪任何一个发达国家快很多。这是过去几十年来富国与穷国之间出现收敛的一个地方。在19世纪末,七个工业化国家人口预期寿命在46-51岁之间(Bogue,1969),在33个低收入国家,1996年预期寿命是64岁,与1960年的44岁相比,绝对量增加了20年(World Bank, 1998)。而且,这些发展中国家在婴儿死亡率和人口预期寿命上取得如此大的改善,是在人均真实收入比20世纪初发达国家的一般水平还要低的情况下发生的(Maddison, 1995)。在这些国家中,关于洁净水和清洁卫生重要性方面的知识已经得到了广泛的传播,并且政府进行投资使更多的人能够得到洁净水和清洁卫生的好处。①

从20世纪40年代后期起,世界食物生产的能力有了史无前例的提高,其证据就是占世界人口几乎80%的发展中国家人均食物供给的增加。1961-1963年,根据比较可信的估计人均日热量供给1 940千卡,而到了1994-1996年,尽管人口翻了一番,但是人均日热量供给增加了33%。达到了2 580千卡(Nikos Alexandratos,1999,p.5908)。根据1948-1952年到1961-1963年人均粮食产出的提高,我们估计1948-1952年人均日热量供给大约为1 700千卡,因此发展中国家从1948-1952年到1994-1996年人均可获得热量增加了大约50%。② 由于发展中国家生产的食物至少能占到自己消费量的90%,这意味着在40年里他们的粮食生产几乎增长了2倍!

① 世界上近年来人类生活福利改进最少的地区,似乎应该是撒哈拉以南的非洲。人均收入的测算显示,在过去三十年,这里的大多数国家,真实收入都在下降。然而,John Sender(1999)指出这一地区婴儿死亡率和预期寿命已经有了重大改善。他估计在1950年预期寿命大约是30岁,而1995年出生的一个女婴的预期寿命是54岁(Sender,1999,p.91)。1960年这里18个国家未加权的儿童死亡率每千人254,1995年下降到139,下降了45%。Sender表明,用其他一系列指标衡量,诸如女性登记入学率、拖拉机的数量、平均粮食产量、收音机和电视机的数量,重要的进步已经在这些国家发生了。

② 在低收入发展中国家,粮食提供了所消费热量的75%-80%,从1961-1963年到1988-1990年,人均粮食产量增加了25%,与人均热量供给的增加几乎相同。我们有1948-1952年粮食生产的数据,从那时到1961-1963年人均粮食产量增加了14%,这样就可以估计出1948-1952年的人均热量供给大约为1 700千卡(1 940/1.141=1 700)。

而在 20 世纪后半叶之前这种情况是不可能发生的,因为使之成为可能的知识在那时还不存在。

Alexandratos(1999,p.5908)描述了发展中国家食物供给状况的改善,这从另一角度说明了发展中国家人均食物供应量的增加:"……生活在人均食物供应依然非常低(每人每天 2 200 千卡以下)的国家的那部分人口所占世界总人口的比例从 30 年前的 56% 开始大幅下降,到 1990 年中期只有 10%。"注意每天 2 200 千卡的热量摄入现在被认为是非常低的,但仍然比 1800 年英国的数字高,而且大大高于当时的法国,而那距今只有 200 年的时间。在 1800 年,英国和法国的一个普通居民个头矮小并且消瘦,这是确实的,正像现在那些每天热量供给明显低于 2 200 千卡的发展中国家的人一样。重要的是,200 年前世界人口的几乎全部都是这样的,而现在只有 10% 的人口仍处于这个消费水平。

据估计,1990 年大约有 7.8 亿人营养不良,这已从 1969-1971 年占发展中国家人口的 36% 下降到 19%(Alexandratos,1995,p.33)。现在世界上生产的食物已经能够为这些人提供充足的热量。然而,亚当·斯密告诉我们,政策是决定一个国家利用资源效率高低的一个重要因素。营养不良的人主要生活在农村,其中很多人在过去三十年的全部或部分时间里受到了政策针对农民和农村人口的歧视。消除这种营养不良状况的最有效的方式是增加这些国家农业人口的收入,而这需要更为适当的政策(Johnson,1999,p.52)。

在开篇的第一句话中,我提到人们不但吃得比以前好,而且他们获取食物的成本也是有史以来最低的。没人能证明每千卡热量的真实成本也是有史以来最低的,但我们确实知道,现在几乎所有人食物消费支出的份额都比以往小。1955 年,美国的家庭把他们消费支出的 23% 放在给食物上,如今大约是 10%;而同时期日本从 54% 降到 20%;韩国从 50% 降到了 36%。1960-1990 年间在泰国,食物支出所占份额从 47% 降到 23%(United Nations, *National Account Statistics*)。有人说,19 世纪初发达国家 70% 以上的消费支出花在食物上，而20世纪初在发展中国家这一比例更高，这种比较是毫无意义的。[①]

十、结论

在上两个世纪，尤其在20世纪，人类知识有了巨大的增加，这些知识被转化成技术以及使我们能更有效地利用资源的手段。不仅知识的生产有了快速增长，而且有效传播知识的手段也取得了很大的进步，使得获得知识在世界的各个地方都变得非常容易。

知识的迅速增长，既得益于世界人口的增长，也得益于有时间和精力来创造知识的人口比例的不断增加。在并不很久以前，农民仍然占世界劳动力的80%，他们生产的粮食只够自己食用，很少有剩余可用于交换。而当农业生产率提高时，城市开始快速发展，人均真实收入也出现了前所未有的增长。20世纪80年代世界产出的增加量是1820年产出水平的10倍，这个比较生动地表明了现代社会在很短的时间里创造出来的产量增长如何巨大。

不过，20世纪最重大的成就也许应该是世界大多数贫困人口已经分享到了知识进步所带来的福利改善，从婴儿死亡率、预期寿命和人均食物供应这三个指标，我们看出，这些改善是多么巨大。现在发展中国家大城市的婴儿死亡率只相当于1890年纽约市的约1/4。在如何更充分地分享知识所带来的好处上，我们确实还能做得更多。我确信在25年后，在这个讲台上

---

① 在讨论知识增加和由知识所带来的更高收入的好处时，我没有直接谈及关于环境恶化的可能性。在20世纪，虽然环境在一些，或是许多方面退化了，但从对生活和全面健康的影响来看，生活环境是显著变好了。婴儿死亡率的下降和预期寿命的增加在很大程度上缘于营养改善和卫生和水源这些环境因素的改善。的确，20世纪的一些环境变化，诸如空气污染，对预期寿命有一个负面效应，但这些效应可能是被夸大了。高收入国家的人常常会以自己的环境为出发点，而不是从世界大多数人的环境来考虑问题。例如，对于空气污染，世界卫生组织估计在1996年世界有270万人死于空气污染（UNDP，1998，p.70），然而，不到7%发生在工业化国家。在发展中国家的250万死亡人口中，几乎有220万人死于室内空气污染，而非室外污染，并且大部分是在农村地区。随着发展中国家真实收入增加，住房质量提高，传统燃料被现代燃料所代替，空气污染对环境的不利影响将被大大降低。

演讲的无论是谁,都能指出世界上福利的不平等出现了进一步的大幅度的下降。

参考文献

Alexandratos, Nikos, 1995, "The Outlook for World Food and Agriculture to the Year 2010", in Nurul Islam, ed., *Population and Food in the Early Twenty-first Century: Meeting Future Food Demands of an Increasing Population.* Washington, DC: International Food Policy Research Institute, pp.25–48.

Alexandratos, Nikos, 1999, "World Food and Agriculture: Outlook for the Medium and Longer Term", *Proceedings of the National Academy of Sciences*, May 1999, 96, pp. 5909–5914.

Bairoch, Paul, 1988. *Cities and Economic Development: From the Dawn of History to the Present.* Chicago: University of Chicago Press.

Becker, Gary S., 1991, *A Treatise on the Family.* Cambridge, MA: Harvard University Press.

Bennett, M. K. 1976, *The World's Food.* New York: Arno Press.

Bogue, Donald J., 1969, *Principles of Demography.* New York: Wiley.

Boserup, Ester, 1965, *The Conditions of Agricultural Change: The Economics of Agrarian Change Under Population Pressure.* Chicago: Aline.

Brockerhoff, Martin and Brennan, Ellen, 1997, *The Poverty of Cities in the Developing World.* New York: Population Council.

Cooper, Martin R.; Barton, Glen T. and Brodell, Albert P., 1947, *Progress of Farm Mechanization.* U. S. Department of Agriculture, Miscellaneous Publication No. 630. Washington, D.C: U.S. Department of Agriculture.

Fogel, Robert W., 1996, "The Escape From Hunger and Premature Death 1700 – 2100: Europe, America and the Third World", *Ellen McArthur Lecture*, Cambridge University.

Fogel, Robert W., 1999, "Catching Up with the Economy", *American Economic Review*, March 1999, 89 (1), pp.1–21.

Griliches, Zvi, 1988, *Technology Education, and Productivity: Early Papers with Notes to Subsequent Literature.* New York: Blackwell.

Griliches, Zvi, 1998, *R & D and Productivity: The econometrics Evidence*. Chicago: University of Chicago Press.

Hartwell, Ronald Maxwell, 1971, *The Industrial Revolution and Economic Growth*. London: Methuene.

Holland, Bart K., 1993, "A View of Population Growth Circa A.D.200", *Population and Development Review*, 19(2), pp.328-329.

Johnson, D. Gale, 1999, "The Growth of Demand Will Limit Output Growth for Food over the Next Quarter Century", *Proceedings of the National Academy of Sciences*, 96, pp.5915-5920.

Keyfitz, Nathan and Flieger, Wilhelm, 1968, *World Population: An Analysis of Vital Data*. Chicago: University of Chicago Press.

Kremer, Michael, 1993, "Population Growth and Technological Change: One Million B.C. to 1990", *Quarterly Journal of Economics*, 108(3), pp.681-716.

Kuznets, Simon, 1966, *Modern Economic Growth: Rate, Structure and Spread*. New Haven, CT: Yale University Press.

Kuznets, Simon, 1979, *Growth, Population and Income Distribution: Selected Essays*. New York: Norton.

Landes, David S., 1969, *The Unbound Prometheus: Technological Change and Industrial Development in Western Europe to the Present*. Cambridge: Cambridge University Press.

Livi-Bacci, Massimo, 1992, *A Concise History of World Population*. Cambridge: Blackwell.

Lucas, Robert E., Jr., 1988, "On the Mechanics of Economic Development", *Journal of Monetary Economics*, 22(1), pp.3-42.

Lucas, Robert E., Jr., 1993, "Making a Miracle", *Econometrica*, 61(2), pp.251-272.

Maddison, Angus, 1995, *Monitoring the World Economy*. Paris: Organization for Economic Cooperation and Development.

Malthus, Thomas Robert, 1992[1798], *An Essay on the Principles of Population*. Cambridge: Cambridge University Press.

Paulsen, Friedrich, 1908, *German education: Past and present*. New York: Charles Scribner's Sons.

Romer, Paul M., 1986, "Increasing Returns and Long-Run Growth", *Journal of Political*

Economy, 94(5), pp.1002–1037.

Romer, Paul M., 1990, "Endogenous Technical Change", *Journal of Political Economy*, 98 (5), pp.S71–102.

Schultz, Theodore W., 1964, *Transforming Traditional Agriculture*. New Haven, CT: Yale University Press.

Sender, John, 1999, "Africa's Economic Performance: Limits of the Current Consenseus", *Journal of Economic Perspectives*, 13(3), pp.89–114.

Slicher van Bath, B. H., 1963. *The Agrarian History of Western Europe*. London: Arnold.

Snyder, Thomas D., ed. , 1993, *120 Years of American Education: A Statistical Portrait.* Washington, D. C: U.S. Department of Education.

United Nations. *National Account Statistics: Analysis of Main Aggregates.* New York: United Nations, various issues.

United Nations Development Program (UNDP), 1998, *Human Development Report.* New York: Oxford University Press.

U.S Bureau of the Census, Department of Commerce, 1960 *Historical Statistics of the United States, Colonial Times to 1957.* Washington, D. C.: U.S. Government Printing Office.

Weber, Adna Ferrin, 1899, *The Growth of Cities in the Nineteenth Century: A Study in Statistics.* New York: Macmillan.

World Bank, 1980, 1997, 1998, *World Development Report.* New York: Oxford University Press.

Wrigley, E. A. People, 1987, *Cities and Wealth: The Transformation of Traditional Society.* Oxford: Blackwell.

Wrigley, E. A. and Schofield, R. S., 1981, *The Population History of England*, pp.1541–1971. Cambridge, MA: Harvard University Press.

苏联集体农业的理论和实践*

我对苏联农业产生浓厚的兴趣至今已有1/4世纪的时间了。当初由于受到苏联农业种种神秘之处的吸引，我才开始研究它，现在我对它已经了解甚多，但是我必须承认，正是由于对导致苏联农业绩效差的诸多因素有了比较充分的理解，同以往相比，我对这一问题反而觉得没有把握了。

一、令人失望的绩效

本文的篇幅不允许我充分地论述为什么二战以来的苏联农业绩效是令人失望的，但是我可以列出几个比较重要的证据以部分地支持这一观点。我首先要说明一点，产出增长率缓慢并不能作为判定农业绩效差的主要依据。自斯大林去世以来，苏联农业产出的增长率保持在年均3.5%的水平，同西欧、北美和澳大利亚相比，这是一个很不错的增长率。但苏联在产出增长方面的一个最基本的缺陷是，不能满足当时为了保持政治的稳定而判定的价格下消费者需求的增长，特别是肉类和奶制品方面的需求增长，1975年，就肉类和水果（这两类商品具有较高的收入弹性）的人均消费水平而言，苏联远远低于具有同等实际人均收入水平的其他国家。

苏联农业绩效差主要表现在三个方面：农业投资占了社会总投资的大部分，农产品成本高，农业产出不稳定。在今年结束的第九个五年计划中，农业投资占整个国民经济总投资的比重为25%，而同时期美国农业投资占

---

* 原文题为"Theory and Practice of Soviet Collective Agriculture"，为芝加哥大学农业经济学研究室工作论文，论文编号：75－28，1975年12月15日。

总投资(不包括住房建设投资)的比重为5%。除了高比例的农业投资外,还有相当数量的投资被投向了农业要素投入的生产行业。

苏联农业产出的高成本还反映在农场提供的产品价格上,尤其是肉类和奶制品的价格。尽管消费者正在用他们收入的近40%来购买食物,政府对生产肉类和奶制品的农场的补贴仍高达150亿卢布,按官方汇率计算达220亿美元(Krueger)。在苏联,收购重量达100磅的猪平均要花费100美元,而相同重量的牛则要花大约90美元(Johnson,1974, p.54)。这些价格是过去二三年中,我们在美国所能见到的最高价格的近二倍。

苏联农业的最后一个缺点是农作物(尤其是谷物和饲料)的产量存在巨大的波动性。这种不稳定性所造成的经济和政治成本很难被确切地界定,但不容置疑的是,这些成本都非常高。

家畜制品的高成本和高平均价格,反映了每单位产出需要很大的饲料和劳动投入。尽管在过去的十年中,在畜舍和设备方面的投资增加较快,但并没有证据表明单位产出的饲料使用量降低了,尽管在劳动投入方面的确有所降低(Johnson,1974)。

二、缺点的成因

很多经济学家都对苏联农业的上述缺点给出了解释。这些解释包括:大规模社会化农庄与小规模个体农业(他们仍占据着总劳动投入量的主要部分)之间的矛盾;农业工人的低收入水平;运输能力不足;农业要素投入质量低劣;土地和气候条件的限制;销售和存储系统缺乏效率;以及农场的社会化形式。本文将仅仅关注苏联农业缺乏效率的一个可能来源——集体农场。

顺便提一下,我长期以来都认为,苏联农业绩效差的很大一部分原因可以用集体农场制度和这一制度的某些固有特征来解释。但现在,我对这种观点却有些动摇了,文章的其余部分将分析几个集体或合作农庄的模型。通过这些分析,我们可以看出:尽管人们可以找到为什么集体农场不如个体农业有效率的一些理由（实际上是两条），但要对苏联农业很差的绩效做出全面合理的解释却需要另辟蹊径。

三、一个集体农场模型

要建立一个分析框架，我们需要先作一些假设，但是迄今为止，我还没有发现任何苏联官方对集体农场的解析型定义，这并不奇怪，集体农场的建立，似乎是因为要实现三个主要目标，而在组织形式方面就不拘小节了。这些目标是：实现对富农的清算；对农村地区实行更好的政治控制；创建大规模的生产单位，使它们同几百万的小规模农庄相比，能够带来更大的产出。近年来，苏联越来越强调国营农场的重要性也是基于同样的原因。选择集体化组织形式的原因还有：完全收回土地会受到农民的抵制，因为农民拥有土地是当初革命时的一个承诺；不可能将农村地区完全纳入到货币经济体系中；作为一种剥削农民的机制，集体农场比国营农庄更加有效。

根据有关集体农场的成文法规和其他信息，我们可以为集体农场的分析模型提出三条基本的假设：

(1) 集体农场应该是大规模的单位。

(2) 基于农村现有的人口，分配给农庄的土地是永久性的，并且不收地租。土地不能以任何方式买卖或转让。

(3) 农庄共同组成合作社，合作社应该由社员组成的委员会来进行管理，所有重要的决定，比如劳动规则，成员资格和收入分配等，都必须得到委员会的批准。

任何对苏联集体农业稍有了解的人都会立即指出，第三条假设基本上是不正确的，通常的情况是，国家有权根据土地的肥沃程度和地理分布抽取级差地租。但目前我们将接受这些假设，并且在这些假设的基础上去探讨集体化农场能否实现资源的有效配置。

如果对合作社的行为没有其他经济上的限制，并且不存在明显的规模经济或规模不经济，那么这种组织形式并不会导致经济上缺乏效率，除非同样条件下的个体农庄也是缺乏效率的。换句话说,如果我们假定是竞争性的环境,则合作社既不会比私人农庄效率高,也不会比私人农庄效率低。即使在模型中加上土地的限制,上述说法也是正确的。但是,如果存在其他的约束条件,比方说合作社的成员需要提供其他的投入,譬如劳动,那么合作农庄就将是缺乏效率的了,除非我们能对模型作进一步的修改。

首先,让我们看一看苏联当时的一些现实条件,这些条件带来了苏联在资源利用方面的低效率。合作社农庄模型的假定之一是,土地最初是根据农庄人口多少和所属村民们耕种的土地数量分配给农庄的。由于一系列历史的和经济的原因,农庄之间每个劳动力的人均土地占有量存在很大差别,这种情况并非是苏联农业独有的。我们还假定,农庄的净总产出(总产出减去当期费用)是根据农庄成员的劳动投入量来进行分配的,土地完全不介入分配,也不能买卖或租赁。劳动力只能通过增加新成员得到,并且新成员不用缴入门费或会员费。为了简化分析,我们假设并不存在私有土地,尽管这一假定对于分析并不重要。同样,我们还假设国家或者不收取租金,或者按照产出的一个固定百分比收取租金。

需要指出的是,合作组织在竞争环境下同私人企业一样有效率的表述,在两种情况下不成立。第一,如果合作组织成员不可以自由地出售他们在合作社里所享有的权利。那么投资就不会是最优的,因为现有成员没有办法确保他们能获得投资的全部收益。众所周知,一项投资既有可能在一段较短的时间内(例如两年或五年)实现,也有可能在一段较长的时间内(十年或更长的时间)实现。相对而言,合作社成员不能自由地出售享有的权利——这是合作社普遍存在的特征——对后者(长期投资)的负面影响将大得多。因而,合作社的这一特征可以部分解释为什么土质退化问题会如此严重,为什么像排水工程这样的土地垦殖项目很难达到既定目标,为什么每年都有相当比重的有效灌溉土地被抛弃。

第二,当农业合作社自由选择净收益的分配方式时,有可能导致资源利用的低效率。正如许多学者(Helmberger, Ward, Domar, Oi and Clayton)已经证明的那样,如果合作组织的净收入是根据其成员贡献的某一特定投入的数量来分配的,那么对该种投入的报酬一般都会超过它的边际产出价值。在对该种投入的使用量不加限制的情况下,该种投入将被过度使用。假设整个农业都是按合作形式组织的,仅有的投入是土地和劳动,并且政府不收取租金,在这种情况下,如果社员的劳动收入分配是导致效率缺乏的主要或唯一来源,那么农场的产出量将过高。当然,要使该效应比较显著的一个前提是,农业劳动力的供给要有相当大的弹性。

关键的问题是,从初始的土地分配情形出发,在这些条件约束下,合作制农场能否走向更有效率的资源配置。假定只有两种投入——土地与劳动,实际上只要土地是一种重要的生产要素,加进其他要素并不会明显地改变分析结果。图1描述了两个不同的合作农庄的情况。在合作农场组建及随后的一段时间里(到第二次世界大战时劳动-土地比率发生了很大的变化),每家农场拥有特定数量的土地和特定数量的社员(其中包括特定数目的强壮劳动力)。我们进一步假定,社员的劳动力供给弹性为零。合作农庄"A"具有相对有利的人口-土地比率,而合作农庄"B"的这一比率相对差一点。假设不存在其他影响生产率的要素投入,那么,只要劳动-土地比率相同,则两个合作农庄的平均总产出和劳动的边际产品价值就都一样。如后文所述,放松这一假定很可能会加剧无效率的程度。

合作农场"A"的成员明显比合作农场"B"的成员有更高的收入和更高的劳动边际产品价值。如果允许合作农场"B"的成员加入到合作农场"A",直到两者的劳动边际产品价值相等,那么农业总产出将增加。但合作农场"A"绝对没有动机去进行这种调整,因为如果允许这种调整的话,那么结果必然是合作农场"A"的现有成员将蒙受收入损失,并且这一损失可能是十分巨大的。这是一个非常现实的情况。即使同一社会中的集体农场之间存在巨大的收入差距,我们也没有看到其他集体农场向高收入农场转移劳动力的情况发生。①

在图1中,我们还假设两个合作农场的生产率是相同的。但如果收入

① 近年来高收入集体农场开始"自愿地"与低收入农庄兼并。

差距真的像图示这么大的话，那么这种生产率相同的情况将不可能持续很久。高收入集体农场可以对它的土地进行投资，在给定当前劳动投入的情况下，这将进一步扩大它与低收入农庄的土地边际产出差距。随着时间推

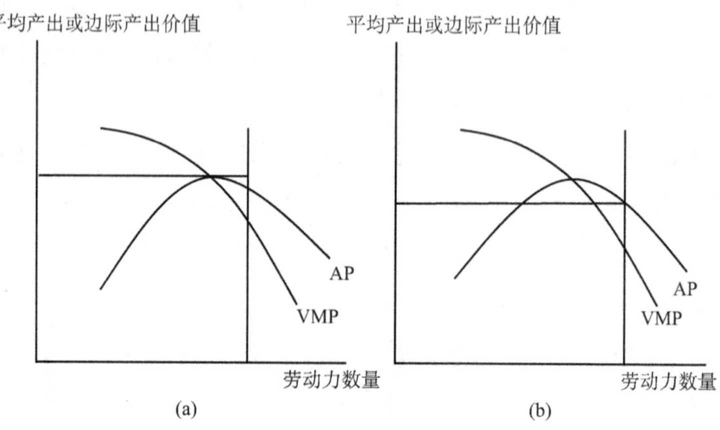

注：AP表示平均产出；VMP表示边际产出价值。

图 1

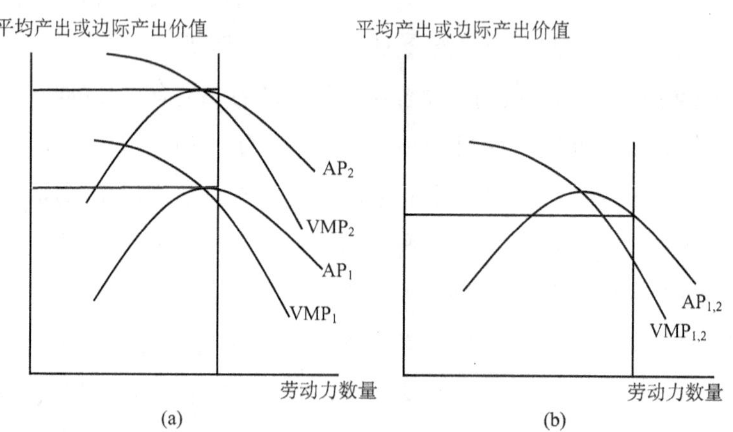

注：AP表示平均产出；VMP表示边际产出价值；下标表示时期。

图 2

移,边际劳动产出曲线将上移,如图2所示。当然,如果存在有效率的资本市场,低收入集体农场也可以与高收入集体农场同步前进,即使它们之间的收入差距并不会缩小。低收入集体农场要想缩小与高收入农场之间的差距,就必须减小它的成员规模。相对于低收入集体农场来说,高收入集体农场有可能采取两种途径提高其劳动力素质,一是为青年人提供更多的教育,二是延长具有较高人力资本的成员工作年限。所以,随着时间推移,集体农场之间的收入差距会越来越大。

四、农场间劳动力不能流动的弥补措施

如上所述,由于高收入集体农场不愿意接纳低收入农场的成员,因而在集体农场之间收入不平等的状况会越来越明显。解决这个问题的一种可能方案是,允许高收入集体农场雇佣其他集体农场的劳动力。短期内,这并不会降低高收入农场的收入水平(实际上收入还会增加),但它可以增加低收入农场的收入。长期来看,当产出效应发挥作用的时候,当农产品价格受到供求关系影响的时候,集体农场间的收入差距会进一步缩小,因为高收入农场成员的实际收入下降了。而在以前,他们可以从更优的人地比率和所控制资源的高回报率中获利。但上述方案并不是一个非常完美的方案。[①] 其中一个原因是,传统农业工作所雇佣的很大一部分劳动力来自于非农业人口,这些人在劳动需求的高峰期自愿或出于其他原因而临时参加农业生产。

在法律禁止雇佣劳动或农庄自愿抵制雇佣劳动的情况下,一种符合集体农业基本框架的解决办法是,允许农村人口向城市移民。在私有制市场经济国家农民的地区收入差距和个人收入差距,主要是因为移民。具体可以采取的转移方式有两种:实际劳动力迁移和增加非农就业机会。近年来,限制非农就业机会的斯大林主义政策,已经转变成一个鼓励集体农场通过

① 戴蒙德和克瑞格(Diamond and Krueger,p.330)估计,1966年全部劳动报酬的大约2%是支付给雇佣工人的。

发展“农工综合体”和其他方式增加非农就业机会的政策。然而，正如我的同事阿卡迪斯·卡汉(Arcadius Kahan)已经指出的那样，提供给农场工人的非农就业数量仍然是非常少的，农闲时尤其如此。

当农场之间的流动性受到严格限制时，抵消不平等的劳动土地比率所带来影响的另外一种方法是对土地征收地租。自从废除机械拖拉机站之后，有两种征收地租的方法曾被加以考虑，一种是通过价格机制，另一种是直接对土地收取租金。

如果有一套适当的投入产出价格体系，那么对土地征收租金将会一定程度地缓解农业收入不平等的现象，并且不会给资源配置带来不利的影响。如果租金是按照土地的边际产品价值收取的，那么具有较低人地比率的高收入农庄的部分收入就将上缴给国家。然而，土地租金并不能完全抵消劳动力不能流动的负面影响。假设所有地方的劳动力质量都是一样的，土地生产率也是一样的，那么对人地比率较高的农庄收取的单位土地租金，就会比人地比率较低的农庄高。①

当然，当土地不能被租入或租出，并且劳动力不能在农场间自由流动时，征收地租并不能完全消除收入不平等的现象。人地比率高的农庄尽管支付了更高的单位土地租金，但也不能通过租借或购买而得到更多的土地。所以那些偏好征收地租的苏联经济学家，很可能会对因此造成的实际收入分配效果感到失望。如果单位标准土地的租金与具有最低人地比率农庄的单位土地租金相等，那么就可以在一定程度上降低收入不平等的程度。在我的印象中，至少有一部分苏联经济学家是知道这一点的。这样做会在人地比率高的农庄里留下部分租金作为工人的劳动报酬而加以分配。然而，即使从现在开始实行，这种做法的效果恐怕也是令人失望的，因为高收入农庄有更好的管理，并且用于土地改良的投资也更多，所以人均收入高的农庄的土地边际生产率大大高于人均收入低的农庄。

---

① 这里假设人地比率不同时，生产的产品的劳动密集程度相同。这个假定似乎并没有反映实际情况。从理论上讲，人地比率较高的农庄可以转向生产劳动密集型产品，达到单位土地租金和劳动边际产品与人地比率较低的农庄持平，然而，这种情况几乎是不可能发生的。

机械拖拉机站(MTS)取消以后,收取租金的方法是使用差别价格。通常的做法是区域性的差别定价,尽管也有一些例外,如在一个价格区域内,根据不同农庄的生产率或收入进行差别定价。我首先考虑的仅是区域差别定价。应该补充一点,伴随差别定价的经常是关于最低日工资的规定。这些最低工资在地区内和地区间相对而言是一致的,至少从所公布的有限数据中我们可以看出这一点[①]。

一旦各地区设立了最低工资,产出价格就应该按照绝大多数农庄的生产成本水平来设定。设定某地区价格的标准是平均生产成本加上一定比例的净收入或净利润。土地成本并不包括在生产成本之中。地区之间的收入差距有可能因为实行区域差别定价和最低工资而缩小。然而,缩小收入差距要或多或少地牺牲一部分效率。如果土地和劳动是农业所需要的全部要素投入,那么上述方法引起的效率损失要比劳动力不能流动的情况下小得多。另外,在苏联农业中,购买的投入品扮演着一个重要角色。相对于产出价格低的地区,产出价格高的地区倾向于增加它们对化肥等投入品的使用量。所以,产出价格高的地区,化肥的边际产出实际价值要比产出价格低的地区明显低得多。我这里假设(也许不正确)是由农庄自己决定投入品的使用量,如果实际情况不是这样,则由于地区价格差别而造成的额外效率损失将是很小的。

我们不能确定降低地区收入差距的目标在实践中贯彻得怎么样。现在绝大部分超过收购定额的农产品缴售价格都向上浮动了很大比重,许多农产品加价部分通常相当于定购价格的50%。因为地区之间或地区内部各个农庄之间收购定额的确定并不平等,因此也会产生一定程度的收入不平等。超过收购定额的农产品,其价格上浮的目的是鼓励农庄提高产量和销售量,与降低收入不平等目标相比,这些目标更受重视。

因为这一价格体系并不复杂,一些加盟共和国也开始试着在同一价格

① 集体农场最低工资必须与同一地区的国营农庄的工资相等。1970年各加盟共和国国营农庄平均工资水平,从相当于苏联平均工资水平的81%到128%不等(Teriaeva, pp.52-53)。

区域内实行差别定价(Kalnyn'sh),按照生产成本将农庄分成四类并实行差别定价,使高成本的农庄得到较高的价格,而低成本的农庄得到较低的价格。这种作法弄巧成拙,绝不可能是有效率的,因为它降低了农庄降低成本的积极性。如果在同一价格区域的不同农庄之间进行再分类的话,那么成本的削减迟早都会带来价格的降低。因而,为了在以后得到更高的价格,在一定时期通过高成本手段进行产量扩张将是有利可图的。

采取区域价格差别和最低工资措施的主要原因很有可能并不是降低农业内部的收入不平等,而是提高粮食产量。区域定价最高的地区往往并不适合于进行农业耕作,如果没有最低工资和更高价格的保障,农业可能早就在这些地区消失了。苏联的政策制定者目前强调的是增加粮食生产,他们认为不能让苏联的任何地区出现粮食减产的情况。

五、私有土地

到目前为止,我们的分析都忽略了集体农场社员拥有私有土地的现实。在竞争条件下,市场价格使得投入品和产出品供需平衡。此时,私有土地不会给集体农场或合作社等农业组织形式上带来任何问题。只有当特定的价格低于市场价格水平时,或合作组织在运作上明显缺乏效率时,私有土地才会引出比较麻烦的问题。

如果私人土地和集体农场的产出都由市场定价(无论在生产者,还是在消费者方面),那么在危急时期,劳动力也不会有明显的动机去脱离合作组织——只要合作组织的劳动力工资等于劳动的边际产品价值。

私人土地长期以来一直在提供市场需要的农产品和增加苏联农场社员的收入方面,起着举足轻重的作用。这也从另外一个方面表明,在当时的政策环境中,合作社的运作在资源使用方面是缺乏效率的。1970 年的数据表明,集体农场工人的收入只有 47% 来自于集体农场,其余的来自私人土地和其他收入。有报道说,格鲁吉亚共和国的私人土地特别重要,“超过 50% 的家庭收入”来自于私人土地,只有 22% 的收入来自于集体农场(Terioeua, p.51）。

六、集体农场的规模

在集体农场这个问题上，我的观点是，合作社形式的经营并非必然是效率低下的。合作社对经济发展产生负面影响的唯一因素可能是长期投资方面的缺乏。在得到这一结论之前，我已经暗含地假定了劳动者的工资等于他们的边际产品价值。现在我将简要地评述一下苏联对大农场的偏爱所可能造成的效率损失。

集体农场的平均规模，按耕地面积算将近 3 000 公顷，平均超过 400 户，有近 500 名劳动工人（Laird，1971，pp.31－40）。这些都是很大的农场，但是它们真的大到如此程度，以至于即使内部管理恰当，也必然会出现效率损失吗？我不这么认为，我坚信如果农场愿意在其内部实行责任制，那么农场规模带来的任何不利影响都可以被抵消。与绝大多数制造业生产活动相比，农业生产过程更可能在时间和空间上分成相互之间很少甚至没有任何关联的不同作业程序。如果有必要，谷物生产在很大程度上可以与家畜生产分离开来，在美国的许多农场中，这种分离程度已达到了很高的水平。

给定农业生产的特殊性质，当农场规模很大时，就会很难实现报酬和绩效挂钩这是个实在的问题。假设有 n 名劳动者，每个劳动者都认为他们每付出一分努力，只得到 1/n 回报，如果从这个角度看问题，事情的严重程度无疑是被夸大了。不过，像这样的问题确实在一定程度上困扰着苏联的集体农场。

一个人如果不是苏联模式的崇拜者，那么他很容易想象到，集体农场内部其实还存在着许多分散生产活动的方法。这些方法并不违背集体农场的设想，同时又能实现劳动报酬与努力程度的挂钩。集体农场可以因为下列两个原因而继续存在，一是作为负责产品销售和投入品购买的基本单位，二是主持有外部性或规模经济的生产活动等等。诸如此类的生产活动有灌溉、排水、防治水土流失、公路、电力、农产品加工、仓储、维修服务、提供信贷等等。如果集体农场有权向较小的生产单位收取费用,那么就会有足够的资源用于为这些生产单位提供广泛的社会服务和技术支持。

七、集体农场与苏联经济

尽管我认为,如果农场规模小一些,如果农场的内部管理能够按前面几节所讲的方式加以改进,那么苏联集体农场的绩效会大大提高。但是我并不赞成苏联农业绩效差主要是因为它是社会化农业或者农业生产单位的规模过大。

根据前面的简单模型,并且假定苏联计划者的目标确实是降低农业收入差距,我尝试提出如下看法,我相信这些看法能够对苏联农业绩效差给出一些基本解释:

1. 农产品价格体系向农庄提供了不恰当的信号和激励,以致农业资源利用效率低下。

2. 生产、销售和运输农业要素投入的体系不能及时地保质保量地提供合适的要素投入。

3. 苏联官员和计划者不愿让农场拥有一定程度的自主权,这明显妨碍了资源的有效利用。

4. 禁止农业内部劳动力流动的法规和政策,明显降低了资源利用效率,并且导致了采用不当措施来降低农业内部的收入不平等。

5. 从各种决策来看苏联农场的时间偏好,他们对未来的折现过高。由于过于强调提高当年的产出和销售水平,以至于一些会加剧农业产出波动性的措施被采用,比如将夏季的休耕地降到非常低的水平,并且明显地减少谷物和饲料的留存量,使牲畜生产成为一个十分脆弱的部门。

导致苏联农业缺乏效率的各个因素之间存在一定的联系。部分因素来源于苏联计划者喜欢用目标产量而非价格体系来制订计划。由于整个经济中购买价格和出售价格之间缺乏足够的联系,所以很难设计出一个使农业产出水平与产品组合达到适当水平的价格体系。一旦这一体制允许高收入农庄阻止新成员进入,但不允许高收入农庄对新进入者收取费用,那么通过差别定价来降低收入不平等程度的努力,将增加整个农业生产的平均成本。

如果苏联不采用由供求关系决定价格的市场价格体系(即价格由供求关系来决定),如果计划者只能通过税收和补贴制度的调整来显示自己的目标函数,那么苏联农业缺乏效率的主要根源就不会得到消除。如果个体农业只能在当前集体农场所处的经济环境中运营,那么我对它今后能否取得很好的绩效表示怀疑。面临着满足数百万个体农庄需求的任务,现有的投入品供给部门很可能会完全崩溃,农产品收购部门是否足以应付数百万卖主也是个疑问。也许有人会问,在上述的情形下,"公司农产品收购计划"能行得通吗?我的回答是不能。

八、结论

我并不认为我所提出的这些观点适用于全体共产主义国家,只能说可能适用也可能不适用。波兰和南斯拉夫农业基本上是私有化的,但是农业绩效与其他完全废除了私有部门的国家相比,并没有显著的差异,这使我开始反思自己原来关于社会主义农业发展潜力的观点。尽管我认为私有制和农场的自主权对农业的发展具有重要的价值,但这并不足以处理一个中央计划经济可能面对的所有问题。

我们能否得出如下结论:鉴于苏联的计划者不愿意尝试着去改变集体农业结构,这是否就意味着如果没有根本性的变革,任何措施都将无济于事?我无法知道这个问题的确切答案,然而我的分析表明,事实也许的确如此。一个非常重要的试验是废除机械拖拉机站制度。这是一个重大的变化,它不仅影响到机械服务,而且也要求采购与信用制度进行相应的调整,以便使集体农场能够买得起机械。苏联官方片面的分析认为这一决定(废除机械拖拉机站制度)取得了很好的效果,但现实表明情况并没有发生多大的变化。如果我们获得所需的数据后,我们甚至还会发现:有一些机械拖拉机站(MTS)确实经营得当,在机械拖拉机站与集体农场之间有着很好的关系,当拖拉机站被废除之后,农场的产出下降了而且成本提高了。这并不是说机械拖拉机站这种制度应该继续,而是仅仅表明,当存在众多损害效率的因素时,消除其中的一个因素——我相信拖拉机站是一个重要的因素——并不能使情况得到改进,因为执行同一任务的新方法并不一定比它所取代的老方法更有效。

我的主要结论是:尽管苏联的农业生产在将来也可能保持可观的增长率,正如过去20年中的情况,但它仍将是一个高成本的农业,并且会给苏联计划者带来越来越多的麻烦。所以我并不认为能使苏联农业效率提高的根本性变革会在最近几年内发生。最后,我有充分的理由认为,在苏联,农业的社会主义特性并不是导致农业缺乏效率和高成本的主要原因。

参考文献

Diamond, Douglas B. and Constance B. Krueger, 1973, "Recent Developments in Output and Productivity in Soviet Agriculture", in *Soviet Economic Prospects for the Seventies*, 1973, pp. 316-390. (Washington: Joint Economic Committee, Congress of the United States).

Domar, Evsey D., 1966, "The Soviet Collective Farm as a Producer Cooperative", *American Economic Review* 56, pp.734-757.

Helmberger, Peter G., 1964, "Cooperative Enterprise as a Structural Dimension of Farm Markets", *Journal of Farm Economics* 46, pp.61-77.

Johnson, D. Gale, 1974, "The Soviet Livestock Sector, Problems and Prospects", *Association for Comparative Economics*, *Studies Bulletin*, XVI, No.2, pp.41-62.

Kalnynsh, A., 1972, "Concerning an Economic Experiment in Latvian Agriculture", *Problems of Economics*, XVI, No.2, pp.63-77.

Krueger, Constance B., 1974, "A Note on the Size of Subsidies on Soviet Government Purchases of Agricultural Products", *Association for Comparative Economics*, *Studies Bulletin*, XVI (1974), No.2, pp. 63-72.

Laird, Roy D., 1971, "Prospects for Soviet Agriculture", *Problems of Communism*, XX, No. 5, pp.31-40.

Oi, Walter Y. and Elizabeth M. Clayton, 1968, "A Peasantls View of a Soviet Collective Farm", *American Economic Review* 58, pp.37-59.

Teriaeva, A.M., 1972, "Necessary Labor and its Remuneration in Agriculture", *Problems of*

Economics, XV, No.7, pp.42-64.Translated from *Voprosy ekonomiki*, 1972, No.5.

Ward, Benjamin, 1958, "The Firm in Illyria: Market Syndicalism", *American Economic Review*, 48, pp.566-589.

东欧和苏联农业的历史经验*

在苏联农业对苏联工业化所做的贡献这一问题上，历史学家和经济学家之间存在着很大的分歧。[①] 在我看来，集体化是否导致了资源从农业向工业的转移和农业对工业化的贡献这两个问题之间是没有联系的。集体化的执行过程不合时宜，不合情理，在其后的十年中，比起如果在那一时期继续实行私营农业组织形式的话，农业向工业的资源转移没有净的增加。虽然农民受到剥削，资源被硬性地从农业向国民经济其他部门转移，但是这并不足以说明农业集体化推动了工业化，更不能说是促进了国民收入的增长。

农业集体化的过程造成了资本（包括人力资本和物质资本）大量的流失，而这些流失本来是可以避免的。如果没有这些流失，那么这些资源就可以大幅度地增加30年代的农业产出，降低当时城市里的农产品价格，可以从农业中转移出与实际数量一样多甚至更多的劳动力。我相信，如果没有500万人在1932年和1933年的饥荒中饿死，如果没有200多万富农被驱逐（Medvedev，1987，p.79）从而继续拥有自己的农庄的话，那么，即使对工业经济的需求并不增加，30年代的农业产出也会比实际产出高得多。如果没有集体化，30年代的农业生产很有可能会比当时的实际产出高25%。

在集体化运动中，役畜（马）和各种家畜的损失很大，再加上饥荒的原

---

* 原文题为“Historical Experience of East European and Soviet Agriculture”，是为1990年8月29日至9月1日在匈牙利布达佩斯举办的“东欧和苏联农业：困境与战略”会议准备的。文章发表于Avishay Braverman，Karan M. Brooks 和 Csabi Csaki 主编的《中欧、东欧和前苏联的农业转型》（The Agricultural Transition in Central and Eastern Europe and the Former U.S.S.R.）一书中，世界银行出版，1993年，第11-26页。

① 在本文之前已有很多文献讨论苏联工业化中集体化的作用，希望这是最后一篇和最后一批中的一篇。对这个问题许多文献都有非常出色的讨论，可参阅（Wheatcroft，Davies and Cooper，1986）。

因,社会物质资本遭受了巨大破坏。如果认为 1932 年和 1933 年的饥荒是由于自然灾害而非斯大林的政策所致,那么不能解释的一点是,绝大部分家畜的损失在饥荒发生之前就已经开始了。马匹的数量从 1929 年 1 月的 326 万匹下降到 1932 年 1 月的 217 万匹,牛的数量从 1928 年 1 月的 601 万头下降到 1932 年 1 月的 383 万头。从 1928 年到 1932 年末,绵羊和猪的数量也显著地下降了(Johnson and Kahan,1959,p.230)。到 1931 年末,由于集体化运动,马和牛的数量下降了 1/3;出于同样的原因,在 1931 年和 1932 年,马和牛的数量继续下降。虽然牲畜数量下降的直接原因是饥荒,但是没有理由不把账记到集体化和与之相关的政治经济政策的头上。因为饥荒是人为的,自然因素并非主要的原因。赫鲁晓夫曾经说过,当苏联人民在 1932 年和 1933 年挨饿的时候,斯大林却仍在出口粮食。1933 年以后,斯大林仍然这么做。

尤其荒唐的是,苏联把集体化当作是实现农业现代化这一目标的必由之路,至少是认为它有助于实现农业的现代化。如果农业现代化是一个重要的目标(斯大林是这样认为的),那么集体化就是一个巨大的失败,使苏联经济背上了沉重的包袱。有一个事实可以说明集体化并没有使苏联实现农业现代化:与 1925-1929 年相比,1935-1939 年的粮食、马铃薯、亚麻的平均单产都下降了(Johnson and Kahan,p.211)。实现了单产增长的有棉花(主要归因于非灌溉地区放弃了棉花生产)和向日葵。直到 1950-1954 年,粮食单产还没有完全恢复到 1925-1929 年的水平,虽然此时战争对农业的大多数负面影响早已经被克服了。如果我们假设战争将农业现代化的进程推迟了 10 年,那么集体化之后,苏联农业的单产水平恢复到由私人农业为主的 20 年代末所达到的单产水平就用了 15 年的时间。

30 多年前,我曾对苏联农业 1928-1938 年间全要素生产率的变化进行了估计(Johnson, 1961)。结果显示,在此期间全要素生产率下降的幅度在 13-26 个百分点之间,该数字具体落在什么区间取决于对当期的投入赋予多高的权重。如果没有实行集体化,即假定每年全要素生产率还是增长 1 个百分点,那么把这两个数字结合起来,苏联农业集体化导致的全要素生产率的下降在10年之内就是1/4到1/3。这就是所谓的“集体化为现代化所做的贡献”。

如果集体化的目的是实现农业的现代化,那么当时就应该有一套合理的计划来达到这一目的。这种合理的计划在三十年代并不存在,自斯大林死后直至现在,情况也不见得有什么好转。农业现代化是一项复杂的工程,但苏联在30年代却把它当作一个非常简单的问题,即拖拉机和联合收割机的问题。甚至1937年由全部拖拉机(包括生产出来的和库存的)所提供的牵引力也仅仅比1928年和1933年所损失的役畜牵引力的50%多一点。但是,许多马匹所能履行的职能却不能由拖拉机和机器来代替,例如成行庄稼的耕种,或者运输(由于拖拉机数量有限,不能完全有效地替代马匹),等等。

机械化的目标虽然得到实现,但是其指导方针却是错误的,其实施过程也是不平衡的。限于篇幅我只能举一两个例子。当斯大林照搬西方(主要是美国)的农业技术时,他跳过了粮食生产现代化的一个重要阶段——打捆机和脱粒机阶段,从镰刀和打谷场的阶段直接进入了联合收割机和烘干清洗机的阶段。按当时苏联许多粮食产区所处的条件,联合收割机对减少粮食生产所需的劳动力数量作用并不大,而且使用联合收割机在很多年份里都导致了收割时粮食的大量损失,这种情况一直延续到70年代,如果采用打捆机和脱粒机技术,就不会出现这种情况。甚至现在(1990年)也不能确定,在苏联的许多产粮区里联合收割机就是最有效的技术。如果这些地区有充足的设施可用于烘干和储藏粮食,联合收割机也许会是一项有效的技术,但是这些设施根本不存在,要把它们建设起来需要相当大的投资。另一个例子是机械化实施得不平衡,这种情况不仅在30年代存在,而且一直如此。机械化的重点仅仅放在少数机械上,即拖拉机和联合收割机,而没有购置使拖拉机能够充分发挥节约劳动力潜力的一整套农用设备。机械化应该以合理的方式进行,这绝不是生产出几十万台规格和品种都有限的机械就能解决问题的。在实现有效的农业机械化方面,中央计划并不足以取代市场的作用。

社会主义国家中机械化的程度之所以没有达到西方工业化国家的水平,其首要原因可能与制度和政策因素有关。在绝大多数社会主义国家的农业中,激励机制对农业现代化和迅速而有效地采用新的生产方式,没有起到促进作用。总体来看,一个重要的制度因素是,绝大多数中央计划经济国家的研究机构缺乏独立。这一缺陷通过两件事非常明显地反映出来:第一,才能平庸者如李森科(Lysenko)和威廉姆斯(Williams)获得了官方支持;第二,政府在选择研究项目上的愚昧和缺乏理智,如苏联当局对玉米项目和深耕的支持。

30 年代的农业集体化是否有助于苏联的工业化?我对这个问题的回答是否定的。如果当初采取了更为合理的农业政策,人力资本和物质资本就不会遭受巨大的损失,农业就会对国民收入有更大的贡献,也就可能向城市居民提供更为充足的粮食,粮食的出口量也会更大。斯大林的政策实现了资源从农村向城市部门,包括工业部门的转移吗?我的回答是肯定的。对第二个问题的肯定的回答与对第一个问题否定的回答并不互相矛盾。

在我看来,苏联工业化的实现是以剥削绝大多数苏联劳动人民为代价的。很显然,农村居民在 30 年代末的收入比 20 年代末低。据詹妮特·扎普曼(Janet Chapman,1959)的研究,苏联城市居民的私人消费水平在 1928 年至 1940 年间有轻微的下降,同期包括公社消费在内的总消费有轻微的上升 p.238。城市人均住房面积下降幅度超过 20%,到 1940 年时人均住房只有 4.5 平方米,这甚至比 1952 年中国的城市住房水平还要低。从个人消费的角度看,只有一小部分苏联人口在 30 年代得到了实惠,但他们中的许多人后来在斯大林的清洗中付出了生命,或者被关进劳改营。在我看来,事实上几乎每一个人都为工业化运动付出了代价。众所周知,由于工业化运动强调的是资本的积累,因此它的目的并不是要在短期内大幅度增加消费和住房,事实上苏联也没有这样做。

在弄清楚了苏联农业在 30 年代和二战后第一个十年间的绩效后,对苏联农业的制度变化(主要发生在 20 年代末至 30 年代初)为什么没有导致农业的现代化这个问题,应该不会再有什么困惑了。另外,人力和物质资源的极大损失以及制度变化对农业产出的负面影响,减少了国民产出,降低了这 30 余年来城市和农村居民的消费水平,甚至降低了从 1955 年到现在的消费水平。

到此为止的讨论强调的主要是,在斯大林无知而野蛮的统治下,苏联集体化的悲惨经历。但没有提及斯大林之后苏联农业的情况,也没有涉及东欧国家在二战后对农业进行改革的经历。下面我们就介绍这些方面的情况。

一、东欧的农业政策:1960 年至今

讨论东欧和苏联的农业发展时,仅仅强调集体化是不适当的。除了农业集体化和集体、国有农庄的形成外,农业和粮食政策还包含有许多其他内容。东欧、苏联内部和外部的观察家有一种倾向,他们都把农业缺陷归结为农业结构的不合理。这显然是不正确的,同时也没有什么新内容。农庄是在一整套互相关联的机制(投入品供给机制、市场和收购机制、信贷机制)和政策(产出和投入价格、工资控制、收购规定)下运营的。我们应该从 60 年代和 70 年代波兰农业的经历中获得教训,当时私人农庄拥有大部分土地,但并没有产生出一个有效率的、高产的农业。将农业作为一个整体来看待,综合考虑其所有的特征,要比只分析其中任何一个方面重要得多。

我们有必要认识到不存在这样一个单一的模式,它能够包括社会主义农业的全部内容,或者可以说明一个集体农场应该如何组织、如何管理以及如何与国民经济其他机构发生联系。但不幸的是,在苏联和东欧,无论是城市居民还是农村居民,他们都只能选择由斯大林所创立的模式。实际上,人们可以设计出许多其他的模式,这些模式如果实施,将会有非常不同的结果。正如我在其他地方(Johnson, 1982)所主张的那样,许多其他的社会主义农业模式能够解决斯大林模式中激励不足的问题,这些模式通过投入决策、价格决策和收购配额决策等的合理制定,从而使资源配置失误减少到最低限度。值得庆幸的是,目前的东欧经济已经开始远离斯大林模式。

不过,我们的目的在于讨论和评价已经发生的事情,而不是分析如果没有斯大林组织和管理农业的模式,那么苏联、东欧和中国农业的情况又会怎样。①

二、农村向城市的转移:1960年至今

对1960年以后的年份给予重视是基于两个原因:这段时期苏联从农业中榨取资本的政策有了很大的转变;东欧的个体农业从1960年起基本上都被清除了。先谈第一个原因。卡兹(Karcz,1979,p.238)对从战争末期到斯大林去世这一时期作了如下描述:"……战后农业部门对国内资本的形成确实做出了巨大的贡献……然而,事实仍然是人们并没有认识到改变政策的必要性,如果继续执行当前的农业政策,其对农业的破坏作用甚至会超过战争对农业的破坏作用。尽管采取了一些亡羊补牢的措施,但恢复到战前城市人均粮食的供应水平被证明是不可能的了。"30年代从农业中榨取资本对生产造成了极大的负面影响,因此,在1946年至1952年斯大林去世这段时期,靠压榨农业来支持工业化的做法很可能对国民收入和农业生产造成了极为恶劣的影响。

1953年,苏联对农产品价格作了调整,这是和平时期试图减少从农业中榨取资本的首次尝试。但在1958年取消农产品低价收购制度(MTS)之后,苏联又一次试图从农业中榨取资本,其方法是给农用机械定下了不现实的高价,并强迫农民接受,从而急剧提高了某些农业投入品的价格(Karcz,1979, p.245)。这就又一次对农业收入构成了明显的挤压。农业生产在随后几年内增长缓慢,加上1963年粮食作物歉收,粮食进口因此大幅度增加,该事件加速了赫鲁晓夫的下台。为什么赫鲁晓夫将政策重点转向农业呢?对我来说仍然是一个谜,特别是他在1958年宣布的宏伟的农业规划以及苏

① 在接下来的部分,我将大量引用卡尔-尤金-韦德金(Karl-Eugen-Wadekin,1982)对东欧和苏联农业政策所作的精彩概括。

联将在不迟于 1965 年使农业产量赶上美国的誓言。

赫鲁晓夫下台以后，苏联的政策发生了完全的转变，从对农业进行剥削转向对其进行补贴。可以想象 1965 年制定农业和粮食计划的时候，勃列日涅夫完全不知道他已经使苏联农业和国民经济走上了一条灾难性的道路。在计划中，他承认需要将农产品价格提高，但他不愿意提高粮食的零售价格。于是出现了粮食价格补贴，这一补贴逐渐在苏联的财政预算中占据了重要地位，它几乎等于国民收入的 10%。对粮食生产的补贴 1966 年估计为 21 亿卢布（Treml，1978，p.8），1970 年上升到 148 亿卢布，1989 年补贴总数估计已达 900 亿卢布，但对粮食加工业的补贴流入了那些没有盈利可能的从事农产品加工的企业。[①] 同时，苏联也开始制定计划对那些提供农业投入——包括化学肥料和机械——的行业进行大规模的投资，结果农业占国家投资的比重有了大幅增加。1961－1965 年，农业投资在总投资中所占的比例为 20%，1976－1985 年间该比例上升到 27%。在第 11 个五年计划时期（1981－1985），对农工联合体（agro-industrial complex）的投资约为全部国家投资的 1/3。可以明显地看出，自 60 年代中期以来，农业就不再为工业部门的扩张提供资金了。

1960 年经常被看作是研究东欧社会化农业的起始年份，因为在这一年，除了波兰和南斯拉夫，其他东欧国家的个体农业基本上都消失了（Wadekin，pp.63－64）。实际上，集体化的尝试早在 40 年代末 50 年代初就开始了，但由于斯大林死后宽松的国际政治环境，集体化运动被搁置了很多年。1956 年的波兰和匈牙利事件使该地区其他国家在制定农业制度目标的过程中更加小心翼翼。这一过程基本上是从 1958 年开始，1962 年结束，因此 1960 年的数据可以被看作是从私人农业向社会化农业转变的指示性数据。

韦德金（Wadekin）的结论是，东欧和苏联从 1960 年开始就再也没有从农业向工业的资源转移。我相信他的两个比较检验都是有道理的。第一个

① 通过债务重组和取消债务的方式也向农业投入了大量补贴。

检验发现农业对净物质产出的贡献小于它在国民经济的资本存量和投资中所占的比重;第二个检验则发现,农业劳动力平均产出相对于国民经济其他部门劳动力平均产出的比例,明显小于农业部门的平均工资相对于其他部门平均工资的比例。这两项检验结果合起来决定了资本的流向。

三、投资与资本转移

让我们首先来考察一下1960年后资本转移的方向。表1给出了韦德金的数据,这些数据将农业在投资中所占的份额与农业在国民收入中所占的份额进行了比较。数据表明,在绝大多数年份里,农业在投资中所占的份额都超过了它在国民收入中所占的份额。从表1的数据来看,苏联的农业产值在国民收入中所占的份额下降,但农业在投资中所占的份额却在上升。东德的农业产值在国民收入中所占的比例下降十分显著,但农业在投资中所占的比例却基本上保持不变。捷克斯洛伐克的农业产值占国民收入的比例和农业投资占总投资的比例在早些时候都有所下降,但以后两者都上升了。

即使农业在投资中所占的份额高于它在国民收入中所占的份额,但如果农产品的价格和收入受政府价格政策的控制,资源也有可能从农业中流出。然而,如表2所揭示的那样,没有证据表明这种情况曾经发生过。表2再次给出了韦德金的数据,它显示在70年代末,农业的相对工资要高于农业的相对劳动生产率。例如,在苏联和匈牙利,农业相对劳动生产率为52%,苏联的相对工资为81%,匈牙利为98%;捷克斯洛伐克的相对劳动生产率为40%,相对工资为94%。在每个实现了农业社会主义化的国家,1960-1978年间无论其农业相对劳动生产率是否增加,农业工人的相对工资都明显上升了。虽然在农业与国民经济其他部门的净劳动力产出之间的确缺乏可比性,但在衡量农业劳动生产率时,一般都会至少低估10%。如果对土地进行合理定价,那么在这些国家,农业与国民经济其他部门相比要更为资本密集。如果家庭生产和消费的产品按照零售价格计价(正如苏联一样),那么在西方国家中经常出现的低估农业收入的现象就不会发生在东欧。表2也包括从其他资料来源所获得的80年代早期和中期的数据,它们表明相对生产率和相对工资之间的这种关系一直延续到80年代。

表1　东欧农业对净物质产品的贡献(A)与它在生产性总投资中所占的份额(B)(1960、1970、1975-1977[a])

	占国民总产出的百分比					
	1960		1970		1975-1977	
	A	B	A	B	A	B
苏联	20.7	20	22	26	17.2	28
阿尔巴尼亚	44.4	15	34.5	16	-	-
南斯拉夫	25	22.8	18.3	11.7	15	6
罗马尼亚	34.9	26	19.1	20	17.5	17
保加利亚	32.2	40	22.6	21	20.5	19
波兰	25.8	19	17.3	22	15.3	20
匈牙利	30.8	20	17.8	29	16.1	23
捷克斯洛伐克	15.2	23	10.5	15	8.5	17
东德	18	15	12.9	16	10.2	14

资料来源:卡尔-尤金·韦德金:"共产主义欧洲的农业政策评介",载于《东欧苏联农业政策研究》,新泽西州脱脱瓦,阿兰海尔德、奥斯纳姆出版公司1982年版,第109、112页。所引用文献中的说明。

注释:a.一般包括农业、林业,表中的估计数有很多限制条件;详见所引用文献中的说明。

结论是,有充分的理由认为,60年代以后,苏联和东欧的资本不再由农业流向工业。既不存在通过投资分配方式而进行的资源净转移,也不存在通过对农业产出和投入限制价格而进行的资源净转移。后一种转移资源的方式之所以不存在,可以从农业部门和非农部门平均净劳动生产率和工资率之间的差异看出。因此东欧国家社会化农业的建立并没有为工业的发展提供资金支持。

表2 农林业的净劳动生产率相当于国民经济其他生产部门劳动生产率的百分比(A)和农业工资相当于非农部门工资的百分比(B)(1960、1975-1977或1978[a]、1981-1985、1985)

	1960		1975-1977	1978	1981-1985	1985
	A	B	A	B	A	B
苏联	31	60	52	81	46	96
南斯拉夫	25	78[b]	28[c]	100	-	-
罗马尼亚	22	82	31	99	47	97
保加利亚	30	93	55	96	58	86
波兰	36	74	33	101	51	100
匈牙利	54	88	52	98	77	96
捷克斯洛伐克	41	77	40	94	44	101
东德	86	79	70	96	61	-

资料来源:卡尔-尤金·韦德金:"共产主义欧洲的农业政策评介",载于《东欧苏联农业政策研究》,新泽西州脱脱瓦,阿兰海尔德、奥斯纳姆出版公司1982年版,第111、176页;1981-1985年和1985年的数据来自:尼古拉斯·亚历山德拉托斯,《欧洲农业:政策问题和2000年的选择》,伦敦贝尔克兰出版社1990年版,第159页。

注:a.农业工资数据仅指国营农场而言;b.1963年数据;c.1970年数据。

注释:严格地说,80年代的数据与更早时期的数据没有可比性,但误差不超过5%。

四、集体化、生产率和效率

上文提到,集体化的目标之一是实现农业的现代化。我并不能肯定在苏联和东欧经济中,现代化是不是最好的词汇,以用来反映农业是否已经成为经济增长和发展的源泉。但我可以非常肯定地说,从本质上讲,现代化并非衡量农业绩效的合适框架。我曾经访问过匈牙利的一个国营农场,那里的技术处于前沿水平,但从经济的观点来看,该农场却是个失败的例子,因为它并没有给自己的资本提供一个合理的回报。

农业从许多不同的方面促进经济发展,这一点已经获得了广泛的认同。农业可以在三个最重要的方面促进经济发展。这三个方面是:①为其他部门释放劳动力;②至少按照接近于需求增长的速度增加农业产出;③在保证前两个方面发挥作用的情况下,以一个不变或下降的实际价格供应食物。不过,只有在农业中要素生产率的提高等于或接近于国民经济其他部门要素生产率的提高时,上述三个方面才有可能实现。我并没有将农业向非农经济的资本转移也包括进来,因为在本文所考察的范围内,这样的资本转移并没有发生。

我们是否可以将相对单产水平和单产变化趋势看作是社会主义农业生产率提高的标志呢?要回答这个问题,我们必须有相应的关于单产水平和单产变化趋势的数据。但我觉得这些数据的获得和使用方面都存在很多困难。首先,如果我们要准确衡量一段时期内农业政策对产量的影响,我们必须得到准确数据来说明东欧国家在二战前的单产水平。其次,即使我们可以在西欧找到与东欧地区拥有类似气候和土壤的地区,要将这两个地区的粮食产量直接进行对比也是不合适的。西欧的实际单产处处受实际价格的影响,又因为实际价格高于自由贸易条件下的价格,结果,实际单产比在最优状态下的单产水平要高。如果民主德国的粮食单产比联邦德国低,这并不能证明前者的资源生产率比后者低。因为两个国家的农民都会对经济激励做出反应,与民主德国在经济上的最优选择相比,或与投入品供给所允许的情况相比,联邦德国的经济激励无疑使得农民更多地使用了投入。因此我只对过去 20 多年产量的变化作一个简要的描述,但并不从中做出任何关于效率或生产率的推论。

五、粮食单产的增长

这里我给出一些自 1950 年至 1986-1988 年小麦产量的变化资料,尽管我在前面的章节中没有这么做。表 3 给出了这些数据,所有的数据都是年增长率。表 3 并没有列出罗马尼亚的数据,因为我不相信他们的单产数据。小麦在所列国家里都是一种重要的作物,小麦增长率都比较突出。民主德国的增长率最低,为 2.0% ,但其 1950 年的单产水平却是最高。增长率最高的是保加利亚和匈牙利,分别为3.2%和3.1%。波兰(该国家绝大部分土地为家庭农场所有)的小麦单产增长率为2.8%。苏联的增长率为3.1%。同一时期美国的小麦单产增长率为2.9%,这个数字放在东欧国家也是较高的。表3还给出了三个西欧国家的增长率的数字,西德和法国的增长率分别为4.1%和5.0%,这两个数字远高于东欧国家。然而,意大利的年增长率为2.7%,与东欧国家并没有什么差别。

表3 小麦单产年增长率:从1950年到1986-1988年

国 家	复合年增长率(%)
苏 联	3.1
保加利亚	3.2
捷克斯洛伐克	2.7
东 德	2.0
匈牙利	3.1
波 兰	2.8
西 德	4.1
法 国	5.0
意大利	2.7
美 国	2.9

资料来源:美国农业部。

六、每头奶牛的产奶量

粮食单产受天气和土壤品质的影响,相对而言,这两种因素对每头奶牛的产奶量并不重要。每头奶牛的产奶量在很大程度由研究、基础设施、企业组织和激励等因素决定。表4包括了东欧、苏联以及其他4个参照国家每头奶牛的产奶量。东欧国家1961-1965年单产水平较低,此后,东欧国家牛奶单产增长率要高于四个参照国家中的三个。法国的牛奶单产在60年代和70年代比民主德国低,但1987年则比民主德国高10%。1987年东欧国家最高的牛奶单产量也低于三个参照国1977年的单产水平。这一对比说明，在牛奶生产上，东欧国家要比先进国家至少落后 10 年。

但是，跟粮食单产的情况一样，对牛奶单产的比较也不能说明多少生产效率方面的问题。唯一的例外是苏联，苏联的牛奶单产在过去的 25 年里增长缓慢。更令人吃惊的是，苏联的牛奶单产在 70 年代末 80 年代初（戈尔巴乔夫时期）实际上甚至是下降的，直到 1984 年或 1985 年也没有恢复到 1977 年的水平。

表 4　每头奶牛的牛奶产量（1961–1965，1977 和 1987，千克/年）

	1961–1965	1977	1987
保加利亚	1 499	2 270	3 375
捷克斯洛伐克	1 900	2 977	3 855
东德	2 662	3 714	3 951
匈牙利	2 257	2 794	4 098
波兰	2 146	2 818	3 096
南斯拉夫	1 157	1 462	1 639
苏联	1 713	2 249	2 447
法国	2 252	2 848	4 495
西德	3 517	4 158	4 631
挪威	4 183	4 649	5 722
美国	3 519	5 071	6 262

资料来源：联合国粮农组织各年的《生产年鉴》。

七、向国民经济其他部门释放劳动力

由于准确地度量东欧国家和苏联的实际人均收入存在诸多问题，所以要判断农业组织是否显著地影响了农业劳动力的下降速度，是否显著地影响了当前农业劳动力占全国劳动力的百分比，是比较困难的。我的看法是，在进行一般比较时，有两个比较好的衡量实际人均收入相对水平的指标，它们是花费在食物上的收入百分比（或支出百分比）以及从事农业的劳动力百分比。

在人均收入的相对水平方面,将东欧国家和其他国家进行对比是不能令人信服的。从《经济学家》杂志(1990年3月10日,第71页)对东欧国家的人均GDP进行的估计,我们可以看出,不同的研究给出的结果相差巨大。例如,在10项对人均GDP进行估计的研究中,对东德的估计从4 000美元到13 000美元,对苏联的估计则从不足2 000美元到9 000美元。因此,如果对农业劳动力和人均收入进行跨国比较,其结果就取决于研究者究竟采用了哪一组人均收入数据。如果采用了世界银行(World Bank Atlas)所提供的较高的估计,其结论就会与采用表5中的数据所得出的结论大相径庭。表5中的数据来自宾夕法尼亚大学的研究。

表5 1987年国民就业比重与1985年的估计人均收入

	1987年农业劳动力	1985年人均收入
苏联	20	5 546
保加利亚	20	4 156
捷克斯洛伐克	12	6 558
东德	10.2	7 721
匈牙利	18.4	4 481
波兰	29.1	3 808
智利	14.3	4 194
巴西	27.6	3 924
葡萄牙	19.9	4 723
意大利	9.3	10 804
法国	6.7	11 883
美国	2.8	16 604

资料来源:劳动力数据来自联合国粮农组织《生产年鉴(1988)》,表3;非经互会成员国是经济活动人口资料,经互会成员国(不包括苏联)的资料取自 南希·J.考克兰(Nancy J. Cochrane)和迈尔斯·J.莱姆伯特(Miles J.Lambert)的文章:"东欧农业对1980年代改革的压力",载于国会联合经济委员会:《东欧经济改革的压力》,华盛顿:美国政府出版社1989年版,第256页;苏联的资料取自尼古拉斯·亚历山德拉托斯(Nikos Alexandratos),《欧洲农业:政策问题和2000年的选择》,伦敦:贝尔克兰出版社1990年版,第30-31页;人均收入数据取自罗伯特·萨姆纳斯(Robert Sumners)和阿兰·海斯顿(Alan Heston),"宾州世界表(第5表):国际比较纵览(1950-1987)",载于《1990年4月12-14日经济增长研讨会》,美国国民经济研究局,科罗拉多州维尔。

如果研究者以从事农业的劳动力百分比为标准，那么他的结论，要么是在苏联从事农业劳动力的比重远远高于相应人均收入所应该得到的结果，要么是实际或可比的人均收入要大大低于苏联官方和许多西方学者的估计。在苏联，从事农业的劳动力比例大约是 20%，其他国家的这个比例依次为智利（14.3%）、葡萄牙（19.9%）、巴西（27.6%）（见表 5）。苏联的人均收入估计为 5 546 美元，其他三个国家则分别为 4 194 美元、4 723 美元和 3 924美元。意大利的人均收入估计为 10 804 美元，从事农业的劳动力比例为 9.3%。我相信这些比较是粗略的，但从这些比较中得出的结论与一般的结论也是一致的。一般的结论认为，如果苏联实现了现代化，那么苏联目前从事农业的劳动力比重大大地超过了其人均收入所应该对应的比重。如果将农业中私人部门的劳动力也包括进来，苏联农业劳动力的比重约为 26%，表 5 的比较意味着与实行现代化时相比，这一比例高出了大约 1/5。如果我们将苏联农业劳动力比重与美国农业劳动力比重进行对比的话，其相差程度更为明显，远大于 1/5 的水平。

从表 5 的数据，我们可以看出，如果我们把苏联从考察对象中排除出去的话，其他东欧国家农业劳动力的比重并没有太多地偏离基于人均收入估计所预期的水平。然而，这并不意味着农业的社会主义化不会产生什么影响。正如前文所指出的，在所有的东欧国家，农业投资占总投资的比重都相对较高。高的农业投资率会导致农业劳动力人数减少。从另一方面，我们也可以得出这样的结论：正是因为高的农业投资率，才使得东欧国家的劳动力转移速度和市场经济国家的一样高。也可以得出这样一个结论，对于保证一些东欧国家的劳动力转移速度和市场经济国家的一致，高投资率是必需的。

这一结论诚然是建立在少数例子的基础上，分析也比较粗略，但在我看来它是有道理的。

苏联农业部门（包括私人部门）中的劳动就业人数，反映了苏联或者在使用农业资源上的无效率，或者是对它的人均收入估计过高，也许这两种因素同时存在。如果苏联是个农产品出口大国，还可以多少解释农业劳动力过多的现象。但苏联并不是一个这样的国家,苏联食物消费的一个很大比例都是依靠进口,这一比例至少不低于我在文中所考察的那些参照国家。

八、食物支出

正如上文所说,我相信对各国实际人均收入的一个合理的、较好的衡量方法是考察它们花在食物上的收入比例。由此可以得到一个衡量东欧、苏联集体化和其他农业政策效率的方法,即花费在食物上的收入百分比是否高于基于人均收入或支出水平所预期的应有水平。

我还无法进一步详尽地分析这些关系。一个原因已经在上面指出过,那就是考察范围内各国的人均收入水平具有很大的不确定性。但另一个原因更难克服,即价格扭曲极大地影响着消费者的支出决策。东欧国家和苏联在80年代中期都有很高的食物价格补贴,这意味着消费者购买商店里销售的食物时所面对的并不是实际成本。80年代中期,苏联国营商店里牛肉的价格约是国家所付出成本的一半。食物价格补贴并不是影响消费者决策的唯一方式,中央计划经济国家还对另外两个重要的消费领域进行了大量补贴,即住房补贴和医疗补贴。相关数据表明,西欧国家居民花在住房和医疗方面的消费支出占总消费支出的比重,要比苏联和东欧国家高出约20%。例如,中央计划经济国家中的居民将其消费支出的约10%用于住房(包括内部设施)和医疗,而西方国家的这一比例约为30%。

我不知道应以何种方式来说明这两种价格扭曲所产生的影响,也同样无法说明其他因素的作用,例如,至少在某些国家,食物是正式或非正式地实行配给制。由于城市住房空间狭小并且质量低劣,进行比较显得更加困难。家庭在住房上无须过多花费,但他们也没有多少住房。西方人对中国的一般印象是,中国居民的居住环境十分拥挤,至少按美国的标准来看的确如此。据1987年中国家庭收入和开支年度调查数据,城市家庭的人均居住空间为8.5平方米(《中国统计年鉴1988》,p.709)。在苏联城市地区,1985年人均居住面积为10.2平方米(Alexeev,1987, p.284)。如果假设苏联住房需求的收入弹性为1,那么可以明显地看出,苏联的计划者并没有提供能够满足市场需求的住房供给量。而如果存在住房市场的话,住房的供给将自动满足市场的需求。我指出上述几点,只是想说明,将苏联的食物开支与西方国家进行比较,并利用这一比较大致估计出人均收入的差异是多么困难。

九、农业产出的增加

对于东欧和苏联而言,其农业产出增长率的一般模式是,在60年代达到最高,80年代达到最低,其间一直是下降的。但也有例外,特别是民主德国,波兰也是个例外,但其偏离该模式的程度相对较小。最符合该模式特点的是苏联(见表6)。

表6　考察期农业总产出的年增长率(%)

	1961/65-1969/71	1971-1980	1981-1988
保加利亚	3.4	1.1	0.4
捷克斯洛伐克	3.0	2.6	1.7
东德	1.6	1.7	2.4
匈牙利	3.5	4.1	0.8
波兰	1.8	0.4	2.4
南斯拉夫	3.1	2.9	0.6
苏联	3.9	1.2	1.0

资料来源:美国农业部经济研究服务处:《世界农业趋势和指标(1970-1988)》,《欧洲和苏联农业与粮食生产指数》,统计公告第635期。

虽然这些国家对农业的投资比重较大、对农业劳动力的支付较高,并且70和80年代农产品进口的增加也较大,但农业产出的增长记录仍然是平淡无奇的。即使这样,每个国家所生产的粮食数量仍然应该为人民提供充分的营养。但为什么零售粮食的供应会出现问题呢?原因在于粮食低价格政策和无效率的粮食加工分配体制,而并非是农场的粮食供应不足。

70年代苏联农业产出的增加很大部分来自于粮食进口的增加。因为衡量农业产出时,用的是毛产出而不是净产出,因而进口的饲料等都被计算在农业产出之内。东欧地区(包括苏联)的粮食净进口量从1969/1970-1971/1972年的350万吨上升到1979/1980年的4 400万吨(Johnson,1981,p.184)。进口量增加最大的是波兰和苏联。

该地区硬通货债务负担加重,在很大程度上是因为要支付日益增加的农产品进口,而进口的农产品主要是谷物和其他饲料。进口饲料的增加以及国内饲料产量的增加,促成了1965-1979年间人均肉类消费量的显著增加,东欧国家增加了24千克,增长率大约为56%。在1979年,苏联的人均肉类消费量为56千克,增长率约为37%,但苏联的这个人均肉类消费量远远落后于匈牙利、波兰、捷克斯洛伐克和民主德国,他们的人均肉类消费水平从71千克到87千克不等(Johnson,1981,p.190)。这些人均肉类消费水平,即使由于可比性原因而进行一定程度的下调,也仍然要高于不少人均收入更高的西欧国家,例如挪威和瑞典,大约和英国与丹麦持平。

70年代肉类需求的增加,是货币和实际工资的增加以及肉类名义价格较低且不变所共同作用的结果。60年代和70年代肉类的价格上升幅度很小,苏联在1963年肉类价格曾有过一次上升,不过那是因为赫鲁晓夫的下台。在这些国家,明显存在着要求扩大肉类生产以跟上需求增加的政治压力。70年代这些政治压力取得的效果还是非常成功的。然而,和70年代相比,80年代人均肉类消费量的增加非常缓慢,波兰的人均消费量甚至有所下降,而捷克斯洛伐克的人均消费量没有任何增加。

这很可能是由于所执行的肉类价格政策扭曲了食物产出结构,如果价格可以准确反映各种食物成本的话,就不会出现这种情况。由于肉类价格政策的僵化以及对食物的运输、加工、经销网络投资有限,向消费者供应鲜肉、罐装和冷冻水果以及蔬菜等都受到了限制和扭曲。

十、结论

我的结论是,集体化农业并没有通过从农业向国民经济其他部门转移资源而促进经济发展。这种观点有两个非常不同的历史含义。第一个含义是,苏联在30年代通过对农村居民的剥削以向工业部门转移资源的发展模式是不足取的,当时采取的相关措施对农业产出和农业创造的国民收入都有负面影响,从而使整个国民收入也受到了负面影响。该发展模式的另外一个弊端是,城市居民和职工的食物消费水平较低,如果采用其他政策的话,他们的食物消费水平会高得多。第二个含义是,东欧在60年代以后(此时除了波兰和南斯拉夫以外的其他东欧国家都完成了集体化),农业就不再向国民经济的其他部门转移资源了。相反,有证据表明,伴随着集体化的是向农业转移资源,其形式是投资基金,以及向农业劳动力提供比其生产率水平更高的工资。当然,后者是相对于国民经济其他部门而言的。

与市场经济国家相比,集体化并没有使劳动力向非农部门转移得更快更多。实际上,集体化反而可能减缓了这一转移的进程,因为在苏联和东欧,农业劳动力占全国就业人数的比重,要高于或至少不低于在同样人均收入水平下的预期农业劳动力比重。

事实有力地证明,集体化导致了更高的农业成本。高成本意味着,为了达到某一产出增长,为了向国民经济其他部门转移一定劳动力,所需要的投资更多。高成本还意味着全要素生产率增长缓慢。出于诸多原因,苏联和东欧农业全要素生产率增长一直比较缓慢,在过去15年里更是如此。

集体化的理论效果是负面的,实际效果比理论效果表现得更差。不幸的是,斯大林通过残酷的手段而拥有巨大的影响力,集体化因而产生,更为可怕的是,他的思想还决定了在所有中央计划经济中建立起来的经济制度性质。如果集体化按照其他不同的路线执行,不是强调中央计划而是发挥市场的作用,从而每个集体化单位的职能都是最大化自己成员的利益,那么东欧和苏联的历史将与我刚才所讲的情形完全不同。这并不是说,我认为集体农业在效率、产量增长和农民家庭的满意程度方面处处比家庭农场更好。但我确信,无论它们之间的差异有多大,都会比过去所表现出来的实际差异小得多。当然,与理想中的人道的、理性的社会主义制度相比,现实中的社会主义和中央计划经济对整个国民经济和人民生活水平造成了巨大伤害。换言之,在苏联和东欧,并不仅仅只有农业经营不善,也不仅仅只有农村居民受到了经济和政治制度的剥削。

参考文献

Alexandratos, Nikos, 1990, *European Agriculture: Policy Issues and Options*, London: Belkanen Press.

Alexeev, Michael U., 1987, "Soviet Residential Housing: Will the Acute Problem be Solved?" in *Gorbachev's Economic Plans*, Joint Economic Committee, Congress of the United States, Vol.2, pp.2, Washington, D.C.: U.S. Government Printing Office.

Chapman, Janet, 1963, "Consumption", in *Economic Trends in the Soviet Union.* Edited by Abram Bergson and Simon Kuznets. Cambridge, Massachusetts: Harvard University Press.

Johnson, D. Gale, 1961, "Soviet Agriculture", *Conference on Economics of Soviet Industrialization.* Princeton, N.J.: May 6-8.

Johnson, D. Gale, 1981, "Food and Agriculture of the Centrally Planned Economies: Implications for the World Food System", in *Essays in Contemporary Economic Problems: Demand, Productivity and Population*, pp.171-214. Edited by William Fellner. Washington, D. C.: American Enterprise Institute.

Johnson, D. Gale, 1982, "Agricultural Organization and Management", *In The Soviet Economy: Toward the Year* 2000, pp.112-142. Edited by Abram Bergson and Herbert S. Levine. London: George Allen & Unwin.

Johnson, D. Gale and Arcadius Kahan, 1959, "Soviet Agriculture Structure and Growth", In *Comparisons of the United States and Soviet Economies*, Part I, pp.201-237. Joint Economic Committee, Congress of the United States, Washington, D. C.: U.S. Government Printing Office.

Karcz, Jerzy F., 1959, *The Economics of Communist Agriculture: Selected Papers.* Studies in East European and Soviet Planning, Development and Trade, No. 25. Edited by Paul Marer, Bloomington, Indiana: International Development Institute.

Medvedev, Zhores A, 1987, *Soviet Agriculture*, New York: W.W.Norton & Company.

Treml, Vladimir G., 1978, *Agricultural Subsidies in the Soviet Union*, Foreign Economic

Report No.15. Bureau of the Census, U.S. Department of Commerce.

Wadekin, Karl-Eugen, 1982, *Agrarian Policies in Communist Europe: A Critical Introduction.* Studies in East European and Soviet Russian Agrarian Policy. Totowa, New Jersey: Allanheld, Osnum and Co., Publishers, Inc.

Wheatcroft, S. G., R. W. Davies and J. M. Cooper, 1986, "Soviet Industrialization Reconsidered: Some Preliminary Conclusions about Economic Development Between 1926 and 1941", *The Economic History Review*, Second Series, Vol.XXXIX, No.2 (May), pp. 264-294.

前苏联的私有化、自由化和向市场经济转轨*

中东欧国家的市场转轨过程极为艰难,转轨国家的老百姓生活窘困,充满失望转轨持续的时间也比预料的长很多。尽管转轨的困难程度及其对社会经济的损害程度在各国之间不尽相同,但是,没有一个转轨国家能够避免混乱和困窘的处境。那些曾经为集权的社会主义体制即将被民主的市场经济所取代而喝彩的人们,那些对转轨的速度和容易程度持乐观态度的人们,现在一定意识到我们过去更多地是受主观愿望而不是客观现实的指引。

中欧国家的旧制度垮台以后,我们想当然地认为,一手推翻旧制度的人们,在兴高采烈之中,会以很快的速度在建立民主制度的步骤上达成一致意见,即使在这些国家民主制度从未实行过,或者虽然存在过,但是最多只有很短暂的历史。而且,民主政府一旦开始运作,就会比较及时地就市场经济所要求的法律和制度结构问题达成共识。我们之所以被误导,是因为旧的政治和经济制度是在几乎没有流血的情况下解体的,这一旧制度垮台和新制度将要建立的过程被浪漫地描述为"天鹅绒革命"。一个超级大国在未用一枪一弹,而且在其庞大的军队没有参与的情况下垮台,的确是很引人注目的事情。

---

* 原文题为"Privatization and Liberalization and the Transition to a Market Economy: the Former Soviet Union",是为 1997 年 6 月 12-14 日在柏林召开的国际农业及贸易会议准备的,该会议的主题是:中东欧、前苏联的经济转轨及其对国际贸易的意义。该文章受到了"William ImMasche Foundation Endowment"的资助,在此深表感谢。文章发表于 Harald von Witzke 和 Stefan Tangerman 主编的《中欧、东欧和前苏联的经济转型:对国际农业贸易的影响》(*Economic Transition in Central and Eastern Europe and the Former Soviet Union: Implications for International Agricultural Trade*)一书中,17-31 页,柏林:Humbolt 大学出版社,1998 年。

不过,苏联并非是没有使用军队而发生政府解体的唯一例子。中欧的政府更替和制度变革基本上都没牵涉到军队。历史上以这种几乎不使用暴力的方式进行政治和经济变革(有人或许称之为革命)的例子很少。

呜呼!当局者和旁观者们都远远低估了为创造民主制度和市场经济所需要处理的问题的复杂性。现在看来同样显然的是,很少有人理解法律和政府体制在创造和维持市场经济效率方面的极端重要性。市场经济一定需要有一系列政府职能作保障,诸如保证合同的履行,设定争端解决程序,保护产权不受侵犯,建设基础设施(道路、通讯、学校)等;为了支持竞争性部门,比如农业,就需要政府在科学研究和信息提供方面发挥积极的作用(Johnson,1995)。在一些国家,曾经一度认为,建立市场经济所需要的全部工作就是抛弃旧体制下的所有可恶的管制和制度,而后市场就会发育起来,从而解决所有的问题。但是,人们很快就看到,没有适当的制度建设,市场无法自行有效地运转。那么,为适应市场体制究竟应该建立并实施哪些法律和制度呢?遗憾的是,要就这个问题达成共识看起来极其困难。

国内的改革家和国外的顾问们通常一致认为,从社会主义计划体制向市场经济转轨包括两个主要的变革:市场自由化和私有化。需要实行自由化的市场范围很广,外汇市场、信贷市场、商品市场以及各种要素市场(如土地和其他物质资源)等等。私有化意味着在生产性经济活动中使用的几乎全部国有资产转归新的公司实体所有或个人所有。

一、自由化

表面看来,自由化正如一位顾问所设计的十分简单,无非是取消政府对国内价格、利率、信贷分配、国际贸易和汇率等等的直接干预,只让政府保留诸如国防、提供公共物品、维护法律和秩序等非常有限的职能。当然,所有这些,应当在适当的讨论并达成共识的基础上,纳入民主的框架中去完成。虽然人们意识到自由化进程中有人获益有人受损,而且可能受损者远多于获益者,但是我相信,人们还没有充分意识到,对那些生活在计划经济中的人而言,市场是奇怪的、令人望而生畏的制度。他们在生活中受到的教育始终是,市场和与之相关的资本主义必将导致对工人的剥削和少数人的富裕,从而不能为所有人提供一个人道的社会所应该提供的必需之物。而且,问题还不仅仅在于对市场经济的不信任,更严重的是没有多少人了解市场如何运转。

从实际情况看,在俄国和其他前苏联共和国,市场自由化运行的结果比最坏的预期还要糟糕。

西方国家对转轨国家的援助有诸多败笔,其中最为严重的是,没有强调为提供市场经济所必需的公共物品而建立法律和制度框架的极端重要性。尽管在关于这些法律和制度究竟多么重要的问题上,仁者见仁、智者见智,但是,在下列问题上,却不应该再有什么分歧:清晰地界定产权、保证合同正常履行、保障公民人身自由、限制官僚机构滥用权力,以及政府应该提供保证市场经济体制有效运转所需基础设施的责任等等。实际上,一旦具备了适当的法律和制度环境,建立市场经济的步骤的确是非常简单的,主要就是消除旧体制对个人行为的广泛限制。其中比较难的部分是为政府角色适当定位。

二、私有化

私有化并不是经济转轨的灵丹妙药,它只是促进计划经济向市场经济转轨的一系列紧密关联的政策当中的一项。亚当·斯密告诫我们,政策举足轻重,“在劳动力队伍的技巧、熟练程度和判断力方面处于先进地位的国家,都在指导劳动力的行为或使用方向时遵循了互不相同的政策;这些政策的效果也大相径庭。”(Smith,1937,p.lix)。

只有在自由化被纳入整体政策框架之下,并且在市场经济有效运作所要求的法律和制度业已建立的情况下,私有化才能够取得预期的积极效果。波兰农业在社会主义时期的经历提醒我们,土地私有化本身对资源的有效利用以及农业的繁荣并没有太大的帮助。波兰当时大约有 3/4 的土地留在私人手中,但在1950-1990年期间,其农业增长幅度并不比其他中欧国家高。虽然波兰农业总产出的增长率基本上接近于中欧平均水平,但是由于波兰70年代至80年代之间依靠大量的粮食进口,其农业净产出增长率可能低于中欧国家的平均水平。农业总产出的估计中因为没有反映出大量的粮食进口,所以产出增长率会被高估。私有化本身难以矫正不当政策的后果,这些政策包括对私人获取投入品的限制,买方垄断者控制市场,限制土地买卖,政策不连续,如不愿意放弃将土地全部社会主义化的目标,这使得国民经济其他部门的绩效也难以提高(Johnson,1981,p.186)。

如果相关政策环境比较适当,私有化就能够有力地推动农业发展,但是它不足以抵消不当政策的负面影响,例如在波兰和前苏联许多共和国盛行的政策。当财产权由国家转移到私人实体的转变构成了私有化,但是私有化本身却很少或根本没有实现什么好处。例如,当新的实体出现财务损失并且不能清偿债务时,既不允许也不强迫其破产,那么私有化的作用就近乎于零。而这种私有化类型正是前苏联各共和国(波罗的海沿岸各共和国除外)所推行的,即使在波罗的海沿岸的各共和国,这种类型的私有化也可能存在,只是程度可能有所不同。如果产权没有真正实施或实施得很慢,并且财产只能继承而不能自由地出售,财产所有权的许多重要功能,诸如把土地和其他财产用作贷款抵押等功能将不复存在,因此农业信贷的积极作用将受到极大的限制。在所有权受到地方当局限制的情况下,例如,如果地方行政当局不允许解雇劳动力,不允许将某一产品输出到辖区之外,或为了保护城市居民的利益而设置价格上限等,私有化不会起到什么作用。

三、各种扭曲和资源配置

在营造了私有化的有效条件之后,完成自由化进程何以仍如此困难?一个很显然的原因是,民主制度自身在时间的利用方面很少是有效率的。但是,在转轨涉及的繁重任务面前,我们不能明显地看出任何其他更为优越的政治组织形式。当然,中东欧过去的政府结构并不能胜任这些任务,即使意识到社会主义经济正在走下坡路,正在面临危险,它们也不可能承担起为挽救残存的政治经济体制所需的改革任务。比如苏联,改革的失败并非因为没有尝试。要么旧体制无法改革,正如科尔奈(Kornai,1992)所指出的那样;要么推动改革的人不得要领,正如格特鲁德·E.施罗德(Gertrude E. Schroeder)的文章"处于'改革'踏车上的苏维埃经济"(*The Soviet Economy on a Treadmill of 'Reforms'*,1979)所指出的那样。匈牙利在20多年里进行了大量的改革尝试,但是并没有显著地改变其体制的基本结构。

非常清楚的是,旧体制存在如此众多、如此严重的经济扭曲,以至于即使在最适宜的环境中,也不可能平滑地和没有痛苦地向市场经济转轨。经济中的资源配置与市场经济所要求的状况相去甚远,这意味着要进行的资源调整,一定是幅度巨大的和极为痛苦的。

在讨论影响粮食和农业系统的各种扭曲的严重程度之前,首先应该指出,80年代后期到90年代初发生的宏观经济失衡,为苏联的经济转轨增加了极大的困难和痛苦。如果1992年"价格放开"的改革所引起的价格上升幅度仅仅是一倍,而不是10倍,甚至是几千倍,那么经济转轨过程中的痛苦要小得多。由于在通货膨胀中可以保值的资产很少,通货膨胀几乎把该地区所有国家所有家庭的储蓄一扫而空。几乎每一个人都受到了通货膨胀的负面影响,老年人的境况更为艰难。例外的只有少数人,这些人在改革的初始阶段抓住机会,以合法或非法的手段攫取了大量的国有资产。

为了看清企业和家庭在转轨中遭受的冲击,我们不妨简要回顾几项随着1990年和1991年旧体制的瓦解,对农业和粮食系统产生影响的主要扭曲项目:

- 对畜产品和家禽制品的巨额消费者补贴;
- 以显性方式,或以降低能源价格的隐性方式,对农业要素投入进行补贴;
- 包括许多国有和集体农场在内的众多企业存在的软预算约束;
- 银行系统按照计划而不是按照融资项目的获利能力配置资金;
- 严重的宏观经济失衡,表现为固定价格下的短缺和取消价格控制之后大幅度的价格攀升；

- 由于食物超额需求的存在，制造业部门得以生产和销售质量平平、品种单调且在国际市场上没有竞争力的产品；

- 对规模经济的盲信导致了规模巨大的生产厂商，它们享有排他性的经营范围，无须面对竞争；

- 政府直接为社会主义农场配置农业投入要素，不存在农业要素投入市场。

最为糟糕的是，垄断者控制着几乎所有的经济活动。这些垄断者对创新、生产率以及产品（或服务）的质量花色品种的负面影响是显而易见的。企业应当为消费者，无论是家庭主妇还是农户服务的观念，根本不存在。

我们有必要理解这些扭曲对转轨过程产生的影响，特别是那些对资源配置具有重大影响的扭曲。苏联在 1985 年到 1991 年之间支付的畜产品和其他食品补贴相当于国民生产总值的 10% 到 12%，由此产生的农业资源配置与市场经济条件下应有的情形大相径庭（World Bank，1992）。转轨过程中农民遭受的痛苦，主要根源于转轨所要求的资源配置、产品组合以及产品规模等方面的变化没有跟上。即便真实人均收入在转轨过程中未曾下降，随着补贴的取消，畜产品生产部门也会面临大量的调整问题。没有专门的银行制度，没有专门的农业投入品营销制度，以及制造业存在垄断等现实情况，都对转轨过程造成了显著伤害。

要素投入部门和加工部门的垄断尤其值得关注，因为其效果可能持续很长时间，至少 10 年。脱胎于旧体制的是一批设备陈旧的企业，如果它们要充分地服务于农业，进而服务于消费者，其设备几乎需要全部重置。

农业机械难以达到其他国家所能够达到的生产率和运营标准。中央计划者从未解决设备零配件问题，该问题是计划体制的重大难题之一。在一个仅能提供单调品种的农业机械设备的体制中，即使是在计算机时代之前，计划者也应该很容易地决定新机器和备件供给之间的大致组合。苏维埃体制最为不智的管理措施之一是，把拆用一部新机器的零部件去维修若干旧机器的做法，看作是犯罪。其实，这种犯罪背后真正的罪魁祸首是计划者，他们如此无能，以至于不能解决零配件问题。

要使制造出来的农机在质量、设计和大小等方面都适合未来农场的需要,还须花费几年的时间,还须进行大量的投资。过去,农业机械专为在大地块作业而制造,几乎所有过去的存货都不适合于家庭农业生产,小家庭的农业生产方式因此处于不利地位。无论未来出现的农业生产单位是大农业企业还是小家庭农户,前苏联的农业生产活动,都将是人均资本装备水平较高,并要从非农业部门购进大量投入品的现代化农业。为了保证对农业的充分供给,使其在世界市场上具有竞争力,农业机械和其他投入品的制造企业必须进行大幅度的调整。

消费者补贴,尤其是对畜产品的消费补贴,之所以被列为诸项扭曲之首,是因为补贴取消后,肉类和奶制品的生产部门需要进行巨大而痛苦的调整。1989年,消费者支付的肉类和奶制品的价格不到其零售成本的三分之一(World Bank,1992,p.219)。除非苏联的政策制定者认定肉类制品是他们可资与西方竞争的一项消费品,否则我觉得难以解释为什么他们如此看重肉类制品。无论如何,他们做出决策时遵循的是恩格斯的教导,而不是恩格尔的教导。恩格尔曾经说过,在一个增长经济中,如果一种产品需求的收入弹性大于或等于1,那么将该产品的名义价格固定并予以补贴的做法是危险的。然而,苏联在1963年至1990年间,对于肉类和奶制品的实际做法正是如此。即便凭借大量的补贴,苏联农业仍然难以满足从60年代前半期的每年900万吨到90年代的每年2 000万吨的需求增长(Shend,1993,p.184)。80年代苏联开始变成世界上最大的粮食和畜产品进口国,1985年其农产品进口总额超过200亿美元,80年代后半期每年平均160亿美元(USDA,1989,p.40)。80年代,苏联为支付畜产品进口所动用的外汇储备几乎"吃掉"了其石油出口收入的一半。如果采取更好的政策组合的话,外汇储备本来可以用来更新重要工业部门的机器和技术,但实际上却未能这样做。

四、转轨

遗憾的是,前苏联向市场经济成功转轨所需的大部分工作,目前尚未完成。各个共和国之间在经济转轨方面步伐不一,波罗的海沿岸的共和国进展最快,但即使在这些地方也仍然有大量的工作没有完成。是否应该像过去那样,继续通过模糊的产权对大农业生产单位进行保护;是否应该限制土地买卖;是否应该禁止以土地做抵押的信贷制度;以及是否可以凭借行政力量限制农民拥有土地所有权,所有这些关于未来农业结构的问题,都还没有取得一致意见。在这些问题以及其他相关问题得以解决之前,指望在不远的将来出现一个有效的和低成本的农业是不太现实的。

下面,我就苏联经济转轨期间的一些主要进展做一下简单的概述。我从 1990 年而非 1991 年开始分析,因为在后一个年份中旧体制已经瓦解,农业投入品部门的产量水平也已经开始降低。我们将着重考虑产量、牲畜存栏量、要素投入以及产出和投入品的价格。

五、产量

1990 到 1995 年之间,前苏联农业产量大约下降了 1/3。粮食生产的平均水平由 1986-1990 年的 1.966 亿吨降为 1995 年的 1.257 亿吨,不过 1996 年又恢复至 1.543 亿吨(USDA,1996,p.33)。

取消了畜产品补贴之后,牲畜和家禽生产肯定要进行调整。调整幅度之大,即使到今天,也难以完全估算。对前苏联 1990 年至 1995 年的牲畜存栏量的一项调查显示,总共损失了 29% 的牛,43% 的猪和羊,36% 的家禽(USDA,1996,p.20)。除了 30 年代农民在集体化时自行宰杀牲畜的情况外,苏联历史上还不曾有过类似的牲畜大量减少的情况。如果谁试图要求西欧或北美的农民在这么短的时间内进行如此程度的调整,那么单单是政治后果就足够他考虑的了。

尽管有些人担心取消食物补贴将会引发肉类和奶制品的零售价格上升,但是人们很快就发现这种担心是多余的。实际情况是,农民承担了取消补贴带来的全部冲击,而且还承担了消费者实际收入下降对价格施加的负面影响。俄罗斯 1991 年 12 月到 1995 年 12 月肉类和家禽制品零售价格的上涨情况完全印证了这一点。肉类和家禽制品零售价格只上涨了 1 420 倍,而全国总的消费价格指数却上升了 1 850 倍。[①] 奶制品零售价格的表现则大为不同,从 1991 年底到 1995 年底上涨了 6 283 倍。[②]

农民承担了取消价格补贴所带来的冲击,这一点可以从 1991 年到 1995 年俄罗斯畜产品生产阶段价格的变化中看得更为明显。1991 年到 1995 年总的消费价格指数上涨 1 850 倍,而生猪价格只上涨 1 010 倍,牛的价格只上涨 530 倍,奶的价格只上涨 1 005 倍(USDA,1996,p.23)。牛奶生产者显然没有从牛奶实际零售价格上涨中获益,看起来牛奶的商业加成要比牛肉和猪肉的商业加成大得多。

一些错误的政策延长了牲畜存栏量的调整过程,延长了牲畜价格被压低的时间,进而延长了生产者遭受很大损失或获得低回报的时间。官方的反应是,对牛群的宰杀将会导致全国性的灾难,所以提供了大量的补贴以减少宰杀牛群的活动。官方没有意识到,取消食物价格补贴后牲畜的实际价格将急剧下降。这是因为:一方面,需求方面的因素(如替代效应)会导致畜产品价格下跌,另一方面,对牛群的宰杀增加了短期内食品的供给,这对畜产品价格的下降起到了火上加油的效果。提供补贴所起的作用仅仅是延迟畜牧业生产走出困境的时间。供给降低会使供需趋向平衡,但在供需均衡价格上升到有利可图的水平之前,肉类的价格将保持在使畜产品生产处于亏损状态的水平上。如果有任何取消畜产品补贴的原因的话,这一点应该是其中之一。

1993 年和 1994 年对生猪的补贴水平没有对牛的补贴那样大(USDA,1996,p.6)。不过,两者占总收入的比例都很大,1993 年分别为 19.8% 和 18.8%,1994 年分别为 27.4% 和 22.9%。1995 年对两者的补贴都显著下

---

① 与 1991 年 12 月相比,1992、1993 和 1994 年底的肉类和家禽制品价格与总的价格水平的关系,与上述关系相类似。1992 年底总的消费价格指数上升了 26 倍,而肉类和家禽制品零售价格只上涨了 19 倍;1993 年这两个数字分别为 245 倍和 229 倍。

② 我的确不理解肉类和家禽制品与奶制品价格之间何以有迥然不同的表现。1990 年到 1995 年肉类和家禽制品人均消费量下降 32%,而奶制品人均消费量则下降了 38%。只有在奶制品需求的价格弹性远远小于肉类的情况下,才与两者价格行为差异的事实相容。

降，只有大约10%或更少。1993年、1994年对牛奶的补贴也是比较多的，分别为25.5%和22.8%，1995年减少到11.2%（USDA，1996，p.6）。

六、要素投入

尽管恶劣的气候能够部分地解释产出的下降，特别是解释俄罗斯和哈萨克斯坦1995年产出的下降以及乌克兰1996年产出的下降，但是肥料和杀虫剂使用量的下降肯定也对产量产生了不利影响。前苏联化肥的交货量由1990年的2 160万吨（养分当量）减少到1994年的650万吨（USDA，1995，p.10），1995年进一步减少，幅度超过70%。

杀虫剂的交货量下降程度至少和肥料一样，甚至更大。产量实际下降幅度小于化肥施用量下降所导致的预期下降幅度。其中的部分原因在于对土壤养分的“挖掘”；其他方面的原因可以归结于以往对化肥（特别是在干旱地区）的超量使用，以及不适当的和不合时宜的使用。

1990年以来，拖拉机、卡车、联合收割机等新型农业机械的交货量下降了90%以上（OECD，1996，p.196）。农民手中的农机存货以后将持续下降，直到购买量等于存货的减少量。尽管现在可用的收割机可以在一定的时间内完成收割任务，但是，如果交货量在两三年内仍旧处于比较低的水平上，那么收割问题就会出现。

在80年代的苏联，每生产一森特纳（Centner）（合50千克——译者注）的牲畜和生猪，每生产一森特纳的牛奶，所需的饲料量都要高于西欧的水平（World Bank，1992，p.180）。更令人遗憾的是，有证据表明，在苏联的大农场里，每单位产出所需的饲料量从1990年起又开始上升。1990年至1994年，牲畜和猪每单位产量的饲料消耗量上升40%多，牛奶上升20%。（USDA，1996，p.22）。饲料生产率下降的原因，可以归结为提供给每动物单位的卡路里减少，饲料中蛋白质含量的减少，以及兽药供给量不足，或许三方面原因兼而有之。

七、前苏联农业的潜力

对前苏联地区农业潜力的问题，众说纷纭。对这一地区农产品进出口的前景，也是观点纷呈。首先，我简要地说明一下我对未来比较乐观的原因，尤其是在粮食贸易和畜产品生产方面。我对粮食贸易方面的乐观，在一定程度上，是因为当地的饲料用粮需求量将会下降。而饲料用粮需求下降的原因则是对畜产品和禽类产品需求的减少。当消费者不得不支付能够使畜产品和奶产品的生产者有利可图的价格时，人均消费量将显著地低于80年代的水平，即使实际的人均收入等于或大于转轨前的水平。该地区有可能——尽管可能性不太大——出口畜产品而不是粮食，可能性不大的原因是国际肉制品市场的容量有限。

前面的讨论都建立在这样的假定前提下，即向市场经济转轨后，前苏联还能够把该地区的农业恢复到转轨前的水平。这样的假定前提可信吗？在合理的条件下，我认为是可以的。尽管在一个很短的时间内，我们已经看到的和将来可能会出现的混乱有可能导致农业潜在生产率的下降。与西欧相比，前苏联的畜产品生产效率较低，但是如果能建立一个有效的市场体制，这种状况就不会再持续下去。人们已经掌握了使一头奶牛每年产7吨或更多的牛奶，或者用400千克浓缩饲料在不到5个月的时间里饲养出100千克重的猪的生产技术。在得到适当的投入和服务的条件下，前苏联没有任何理由不能达到这种生产率水平。

如果私有化能够取得预期的结果，如果牲畜饲养的利润率能够回升，那么饲料供给和动物饲养量之间的失衡状况将不复存在。在旧体制下的牲畜饲料配比中，蛋白质、矿物质和一些微量元素缺乏的问题早已广为人知。计划者似乎从来没有读过莫里森（Morrison）的《饲料和饲养》（*Feeds and Feeding*）或任何其他关于动物饲养指南方面的书。在市场经济中，蛋白质的国内产量增加或进口量增加，都会解决饲料配比中蛋白质缺乏的问题。在国内的兽药和饲料添加剂供给增加之前，这类产品可以而且应该被进口。

换句话说,当农业真正私有化之后,当市场体制在合理的自由贸易体制下运作之后,我相信导致饲料生产率低下问题的主要症结能够并且肯定会被克服。如果有足够的激励,并且能够得到必要的产品和服务,那么没有任何东西能够阻止前苏联农民取得和其他地区农民相近的饲养效率。当然,要做到这一点需要时间,但是其他地区的牲畜饲养者不应该被前苏联当前的低水平饲养效率所迷惑,也不应该认为这么低的水平将永远持续下去。

与一般的观念相反,我认为,苏联的粮食生产率完全可以达到与北美处于同样气候条件的地区相媲美的程度。拿苏联的平均粮食单产与北美的平均粮食单产相比较,有欠妥当。如果一个地区种植玉米比较合适,那么比起种植小麦、大麦或稞麦来,种植玉米的产量就会高出许多。正如赫鲁晓夫业已知道的那样,苏联的粮食播种面积中只有很少一部分适合种植食用玉米,但是玉米在北美的重要性要远甚于苏联。所以,当使用单产指标来比较两个地区的资源利用效率时,最好把玉米从比较的范围内剔除掉。

多年之前,我曾经就苏联和北美同样气候条件的地区比较过小麦、燕麦和大麦的单产。如果对夏季休耕的因素进行调整,并且把联合收割机刚收割后的产量折算成干净粮食的话,那么,1965-1979 年间苏联与北美同样气候条件的地区相比,小麦、燕麦和大麦平均单产水平大致相同。①

当然,苏联粮食单产是事实上的收获量单产,而不是有可能实现的最大潜力单产。苏联粮食联合收割机的特点是缺乏效率,大量的粮食被遗弃于

① 比较苏联和北美粮食单产时所犯错误的一个主要原因,在于忽视了夏季休耕在两个地区所扮演的不同角色。苏联计划者不喜欢夏季休耕的做法,即每隔一年,或每三年里的一年中闲置土地,以便积累水分和氮,并使对杂草的控制更加有效。苏联的粮食播种面积所占的比例本来就小,如果实施夏季休耕,就更加小于北美可比地区的粮食播种面积的比例,前者大约为 10%,后者大约为 50%。因为夏季休耕后的土地单产比连续耕作的土地单产高 50% 甚或更多,所以就实际播种面积进行单产比较,会导致对土地单产潜力的错误印象。所以,把包括夏季休耕和实际播种的所有粮食用地全部考虑在内所得到的单产估计情况,要比单单考虑实际播种面积所得到的情形更为准确。例如 1975-1979 年,北美可比气候条件地区的小麦、燕麦和大麦,按实际播种面积计算的单产为每公顷 1.81 吨,当把夏季休耕的土地包括进来后,单产降低到每公顷 1.22 吨(Johnson and Brooks,1983 年,p.77)。在同样的年份里,如果把夏季休耕的土地考虑在内,苏联的单产按照净重计算,是每公顷 1.29 吨。过去的 10 年里,苏联的粮食单产增加了 16%,而美国的小麦单产增加了 20%。我看不出有什么理由将使前苏联未来的粮食单产不能与北美同样气候条件地区的水平相提并论。

稻秆和谷壳中。如果他们的联合收割机的制造水平能够达到西欧或北美的标准,那么实际收获的粮食产量将会增加 10%,有人认为还会增加更多。①

尽管苏联粮食单产可以与北美同样气候条件的地区相提并论,但是对于干草和青贮料的单产而言却未必如此。如果使用北美同样气候条件地区麦秆单产对粮食单产的回归方程,那么给定苏联的小麦单产,其干草单产仅仅是预期产量的一半(Johnson and Brooks,1983,pp.81-82)。在旧体制下,对粮食的关注远在干草之上。青贮料的单产也显著低于北美同样气候条件的地区。干草和青贮料的单产增长空间很大。如果前苏联每公顷的干草产量增加一吨,那么至少会增加 1500 万吨的浓缩饲料供应,而此时干草的单产仍然低于其潜在水平的 1/3。如此水平的单产增加对于真正私有化了的农场而言非常容易实现,单就这样水平的增加就已经相当于 80 年代后期浓缩饲料总量的 10%。私有化带来的粮食节约还包括种子使用量的减少,以及收获、运输和加工过程中浪费的减少(Johnson,1993,p.27)。这些方面的节约总共可达 2 000 万吨。如果接受浪费水平更高的估计,那么节约将更为显著(OECD,1991)。私有化和其他市场改革的潜在效果除了前面讲的这些以外,还包括人均畜产品消费量下降所引发的饲料粮使用量的长期下降。②

粮食产量取决于单产和播种面积。前苏联地区粮食播种面积由1986-1990 年间的 11 500 万公顷,下降到 1995 和 1996 年的平均 9 700 万公顷(USDA,1996,p.33)。原因有以下几个方面:大部分时间内粮食价格低、遗

① 乌克兰一个集体农场的经理和一个重要的政府官员告诉我,一台约翰·迪尔(John Deere)联合收割机的收割效率与苏联的联合收割机相比,前者比后者每公顷能多收一吨粮食。这个估计值在我看来高了些,但是每公顷 3 吨产量的小麦田中,两种收割机效率相差半吨或更多,则可能是合理的估计。

② 如果考虑到粮食和畜产品进出口的影响,那么在计算时应该考虑到前苏联的肉、奶制品生产下降所引发的对浓缩饲料使用量的减少。这些产品人均消费量已减少大约 1/3,而且,可以预见,随着这些产品生产的回报率恢复到有利可图的水平,人均消费量将继续下降。尽管人均消费量将随实际人均收入的上升而上升,但是直到实际人均收入显著超过 80 年代后期的水平之前,人均消费量仍然会低于 1990 年的水平。即使饲料的生产效率没有任何改进,前苏联的饲料使用量也将远远低于 80 年代末期的水平。私有化带来的预期的饲料生产效率的提高,只会增加用来出口的粮食和用来出口的畜产品。

弃低产田、干旱地区夏季休耕增加以及缺少燃料、种子和肥料等要素投入。粮食播种面积下降幅度最大的国家是哈萨克斯坦，下降了 25%，该国的土地是前苏联各共和国单产水平最低的土地。1990 年以来，哈萨克斯坦的总播种面积也显著下降，而俄罗斯和乌克兰的总播种面积基本没有变化，这可能是因为在这些共和国里没有播种粮食的土地播种了其他农作物(OECD, 1996, p.198)。不过，这样的结论是从本来就有些不太可靠的数据得来的，所以可能不太准确。1991 年以前，区域间的粮食价格差别反映不出运输成本和营销成本。事实上，哈萨克斯坦的粮食价格比乌克兰高，虽然前者更接近国家粮食市场的中心。现在由于农产品价格正接近于实际的运输成本，哈萨克斯坦和西西伯利亚地区的粮食生产很可能会减少，甚至完全消失。由于这些地区都属于低产区，指产量相对于种子的比率不高，所以整个前苏联的粮食产量的下降比例会比单纯考虑这些地区时小得多。

我曾经估计过，如果前苏联地区真的实现私有化和自由化，那么其粮食的净贸易额将达到每年 7 500 到 8 000 万吨(Johnson, 1993)。因为饲料用粮食需求量的下降，净贸易额已经发生了很大变化，变化幅度在 50% 以上。

八、农业组织

前面的讨论假定会出现一个能够有效地使用地区内人力和自然资源的农业组织。但这样的组织至今还没有出现。大部分农产品的生产是由两种极端形式的农业生产组织来完成，一种是由国有和集体农场演化而来的大农场，另一种是由农村和城市居民从事的私人家庭农场。[①] 独立的私人家庭农场只占农业总产量的很少一部分，也许只有 5%。但对于土豆、水果和蔬菜等一些重要的农产品而言，家庭小块土地生产的产量占总产量的 75%，甚或更多(OECD, 1996, p.203)。在俄罗斯、乌克兰和哈萨克斯坦的

① 俄罗斯和乌克兰给很多城市居民分配庭院式地块，是其粮食供给能够维持在合理水平上的一个重要因素。农村家庭耕作的土地面积和城市的庭院式地块的面积，在俄罗斯占到了总播种面积的将近 7%，在乌克兰大约占 15%(OECD, 1996, p.99, p.198)。

奶类和肉类产品中，家庭小块土地生产的产量占40%（OECD，1996，p. 203）。从长期来看，随着劳动实际所得的增加，这种结构分布是难以持续的。

为什么没有出现更多的私人家庭农场呢？一种可能的解释是，由于农业的调整速度太慢而缺乏获利能力和实际收入的全面下降，已经阻碍了家庭农场的发展，并且阻碍了原有大农场的重组。如果该地区的政府不再对大规模农业生产单位提供直接的补贴，不再通过提供没人准备偿还的贷款进行间接补贴，并允许个人从大农场中撤回他们所贡献的土地和其他财产，那么，随着农业利润率的回升，出现更多私人家庭农场的情况迟早会成为事实。

当然，私人家庭农场之所以没有大量出现还有其他原因。其一，前苏联未曾有过私人农场的传统；其二，集体和国有农场的工人技能高度专业化，很少有人具备家庭农场生产活动所需的一般经验，也缺乏管理经验；其三，人们对于维持现有农场的兴趣比对农场进行管理的兴趣更大。在建立地方政府组织以接管大农场的众多职能，如建造学校、募集养老基金以及其他一些福利和社会管理方面，有大量工作亟待完成。农村人口中有相当一部分是老龄人口，他们通常是依赖农场来获取收入，得到低价食物、卫生保健、个人交通活动以及日常生活中其他方面的扶助。如果大农场分解为以家庭为主的私人生产单位，那么肯定会有一个如何满足老龄化人口上述需要的问题，特别是那些无力经营自己农场的人们的需要的问题。

我的观点是，前面的两个原因尽管是现实的，但是它们并不构成未来农业的阻碍因素。在20年代的大部分时间里苏联曾经有过私人农场，而且其绩效完全可以与后来的集体和国有农庄相媲美。大部分有劳动能力的农业人口有较高的教育水平，如果给他们提供广泛的服务和帮助，他们将学会解决家庭农场的管理问题。但是，老龄化农业人口对现有农场的依赖的确构成了一个重要的问题。为了避免向家庭农场转轨对他们造成大的损害，必须对这个问题加以重视。有一种观点认为，农村人口不能适应家庭农场的要求。我认为这种观点低估了农民的能力，没有任何根据。经验表明，任何地方的农民只要有合理、适宜的政策环境,他们都能够成功,而且也的确成功了。

大农业生产单位能够继续存在下去吗?我这里所指的大农业生产单位,不是就农业生产单位所经营的土地数量,而是就工人的数量而言。人数少,比如不超过4个人或5个人,但是掌握几百公顷土地的农场可能会出现。世界范围内的经验表明,一个农场拥有大量雇员(比如100个甚或更多)的情况很少见,一般存在于特定的种植业,或存在于采用计件工资制,且招聘、解雇都不受限制的农场中。大的牲畜饲养单位在美国已经出现,但是它们雇佣员工相对较少,资本密集程度相对较高,而且依赖于发达的基础设施,而东欧在未来几十年里可能还难以建设这样的基础设施。美国资本密集型的粮食生产方法所产生的规模经济,可能在雇佣规模在不到两个全职农业工人时就不复存在了。①

九、农村社区的结构

在发达的市场经济中,农业在给农村社区提供就业机会方面只扮演着次要的角色。为了提高农业劳动力的报酬,就必然会有资本和其他投入品对劳动的替代,从而使农业提供的就业机会过少,难以维持农村社区的存在。兼业农户的数量必须增加,它们中一个或更多的家庭成员或者在农村社区从事非农活动,或者经常往返城市而从事非农活动。如果农村人口得不到这样的就业机会,人口密度就会很小,从而难以提供使农村生活富有吸引力所需要的基础设施。在许多工业化经济中,这样的就业机会是把农村收入水平提升到和城市收入水平大致相同的主要因素。

前苏联遗留下来的一个遗憾是,农村社区的非农就业机会数量十分有

① 在过去半个世纪里,工业化国家专业化农场的平均规模显著扩大,主要可归因于增加农业劳动力实际工资所要求的要素比例的变化。农业劳动力的高回报要求农业生产率全面进步,还要求增加资本数量,以购置土地和新增工人的投入品。二战以来,农业工人人均产出增长率比非农部门高,农业全要素生产率的增长幅度也高于其他部门(Johnson,1997)。

限。为农村社区创造非农就业机会所进行的努力也收效甚微。原因是多方面的,例如所建立的企业类型不合适,农村基础设施(特别是道路和通讯)状况恶劣,以及激励结构不合理等。对那些人口密度相对较低的农村地区而言,吸引非农就业是非常困难的。中国农村改革成功的一个重要原因是大部分农村地区人口密度高。在人口密度高的情况下,可以相对容易地为农产品和快速增长的小工业企业的发展提供市场。

十、结论

前苏联要使农业生产效率得到提高,要使农业在世界经济中获得竞争力,还有很长的路要走。为了促进市场经济发展,相当数量的政策需要做出调整。前苏联的自由化还没有全面展开,在私有化能够为土地交易和信贷市场奠定基础之前,还需要做出艰苦的努力。土地的买卖和大农场土地的分割,还受到过多的限制,但它们却是建立家庭农场或较小的合作组织所必需的前提条件。由于地方政府经常干预商业贸易,全国性的市场很难形成。有限的全国性道路网络和质量低下的农村道路,也构成了将农村地区融入国民经济的一个障碍。

除了上述提到的情况之外,农业和农村地区还需要大量的投资,以便建设一个现代化的、富有生产效率的农业,并使要素投入部门和加工部门变成有国际竞争力的部门。在经济以相对快的、可持续的速度增长,农业利润率水平提高到足以支撑高的投资率之前,大量投资的实现过程将是缓慢的。

尽管前景暗淡,但是如果能够很快地实施正确的、合理的政策,那么,就有理由对前苏联农业和农村生活的未来持乐观态度。大量教育素质良好的农村人口一旦释放出自己的能量,将迸发出高度的创造力和生产力。在未来的10年里,乡村将走上前程似锦的道路,在这条道路上,农村的人力和自然资源久已积蓄的潜力可能第一次得到完全实现。我们期望如此的前景,没有人愿意看到相反的景象。

参考文献

Johnson, D. Gale and Karen Brooks, *Prospects for Soviet Agriculture in the 1980s* (Bloomington: Indiana University Press).

Johnson, D. Gale, 1981, "Food and Agriculture of the Centrally Planned Economies: Implications for the World Food System", in *Essays in Contemporary Economic Problems*. Edited by William Fellner (Washington: American Enterprise Institute).

Johnson, D. Gale, 1993, "Trade Effects of Dismantling the Socialized Agriculture of the Former Soviet Union", *Comparative Economic Studies*, Vol.35, No.4, pp.21-31.

Johnson, D. Gale, 1995, "The Limited But Essential Role of Government in Agriculture and Rural Life", in G. H. Peters and Douglas D. Hedley, editors, *Agricultural Competitiveness: Market Forces and Policy Choices*. Proceedings, Twenty-Second International Conference of Agricultural Economists, August 1994 (Aldershoot: Dartmouth Publishing Company Limited).

Johnson, D. Gale, 1997, "Agriculture and the Wealth of Nations", *American Economic Review*, Vol.87, No.2, pp.1-12.

Kornai, Janos, 1992, *The Socialist System: The Political Economy of Communis* (Princeton: Princeton University Press).

Organization for Economic Co-operation and Development (OECD), 1991, *The Soviet Agro-Food System and Agricultural Trade* (Paris: OECD).

Organization for Economic Co-operation and Development (OECD), 1996, *Agricultural Policies, markets and trade in Transition Economies: Monitoring and Evaluation* 1996 (Paris: OECD).

Schroedeer, Gertrude E., 1979, "The Soviet Economy on a Treadmill of 'Reforms'", in *Soviet Economy in a Time of Change*, Joint Economic Committee, U. S. Congress, 96th Congress, 1st Session. Joint Economic Committee Print, Volume 1. Washington. Joint Economic Committee Print, Volume 1 (Washington: Government Printing Office).

Shend, Jaclyn Y., 1993, *Agricultural Statistics of the Former USSR Republics and the Baltic States*, Economic Research Service, United states Department of Agriculture, Statistical Bulletin 863 (Washington, D. C.: USDA).

Smith, Adam, 1937, *An Inquiry Into the Nature and Causes of the Wealth of Nations*. London, W.Strahan and T.Cadell.1776; reprinted (New York: Modern Library).

United States Department of Agriculture (USDA), 1996, *Former USSR: Situation and Outlook Series*. Economic Research Serice, WRS-96-1 (May).

World Bank, 1992, *Food and Agricultural Policy Reforms in the Former USSR: An Agenda for the Transition* (Washington: World Bank).

经济增长与农业：两者如何相互促进[*]

本文将不在一般层次上讨论经济增长与农业的相互关系，而是重点讨论中欧目前体制转轨时期经济增长和农业的相互关系。保加利亚和其他中欧、东欧国家的农业在大约40年前就曾经有过一次体制转轨，该转轨过程的一些方面与本文主题有关，将被简要地述及。然而，本文着重分析的是，在当前的经济转轨过程中，在转轨的目的是为了纠正先前一次转轨的不良后果的情况下，经济增长和农业如何相互影响。正如匈牙利经济学家科尔奈所说的那样，转轨的目标不是对存在于40年代末到80年代末的经济和政治体制进行改革，而是要替换这些体制。

无论是改革还是替换现存的经济和政治体制，都是一个极其困难、极其复杂的过程。与两年前相比，这一点现在变得更加明朗了。回顾一下主要工业化国家对农业政策所做的改革或者更替，我们就不会对此感到惊奇。这些农业方面的政策有的成效甚微，有的已经被证明是失败的，因为它们没有达到其信誓旦旦的目标，如加强食物安全，减缓农业就业的下降速度，以及提高和稳定农业劳动和农业管理活动的报酬等等。不仅未能实现其目标，这些政策还导致了国际市场农产品价格的显著下降，从而给发展中国家以及其他低成本农产品的出口国造成了很大的损失。根据几项研究，在80年代后期，工业化国家的这些政策导致国际市场农产品价格下降幅度约为15%－25%（Anderson，1987；Roningen and Dixit，1990）。在本文的后半部

---

* 原文题为“Economic Growth and Agriculture：How One Contributes to the Other”，是为1991年10月24－26日在保加利亚的索非亚召开的“农业可持续发展研讨会”准备，会议由美国国家科学院和保加利亚国家学院共同举办。编者对部分章节作了删节。

分,我还将说明,工业化国家的这些政策构成了中欧农业经济发展的重要障碍。

在中欧各国,由于整个经济的转轨成效甚微,特别是农业转轨进展不大,这就提出了两个难以回答但是十分重要的问题,即如何发展农业和农业在未来几年里将起到什么作用。本文将讨论三个主要议题:第一,在一个高效率和持续增长的经济中农业的适当定位;第二,从社会化农业的成功转轨中可以汲取的经验;第三,在经济转轨过程中及转轨之后,实现高效率的、可持续发展的农业所要具备的条件。

一、经济增长和农业的作用

在一个实际人均收入正在增长的经济体中,农业能够做出什么样的贡献呢?与此相关的问题是,国民经济其他部门应该如何协调才能使农业部门对经济的贡献最大呢?对这两个问题的回答,非常重要,它们决定了一个国家是否能够完全地、有效地利用其投入农业活动中的劳动力资源和自然资源。

传统的新古典主义经济学认为,如果农业能够以合理的价格,提供有保证且不断增长的食物供给,那么它将有力地促进经济增长。在大多数国家,只有当农业资源的生产率持续地增长,而不是偶尔一两次增长时,才能做到在合理价格水平上满足日益增加的食物需求。之所以要求生产率持续增长,有两个原因:第一,当一国的全部或大部分可耕地被开垦后,投入土地的要素的边际报酬将递减,因此需要通过提高生产率来弥补边际报酬递减所带来的损失;第二,只有提高农业生产率,才可以将劳动力从农业向工业和服务业等部门转移。在人均收入水平较低的时候,农业是提供就业渠道的主要部门,随着经济发展,劳动力必然要从农业向工业和服务业部门转移。这是因为,随着经济的增长,社会对后两个部门产品需求的增长,要比对农产品需求的增长更快。

如果将经济增长简单地定义为实际人均收入的增长,那么,就像刚才所说的,伴随着经济增长,对农产品需求的增长要相对慢于对非农产品需求的增长,这也是农业相对重要性下降的必要条件之一。其他的必要条件业已提及,即农业资源的生产率要有显著的提高。如果农业与非农业生产率增长之比值,大于对农产品和非农产品的需求收入弹性之比值,农业在国民收入和就业中所占的份额就会下降。举例来说,如果农产品需求的收入弹性是0.5,工业和服务业需求的收入弹性是1.5;如果非农业部门中的资源生产率年增长幅度不到农业资源生产率年增长幅度的3倍,那么对农业资源的需求的增长速度,就会比对非农业资源的需求的增长速度更慢。

农业和非农业产品需求增长方面的差异,触发或者说引致了资源从农业向国民经济其他部门的转移。如果转移未曾发生或者进行得非常缓慢,其结果将是农民家庭收入增长慢于非农业家庭收入的增长。这里有一个一般的规律,即当人均收入低于3 000美元(按1990年的美元价格计算)时,农村地区的人均收入就明显低于城市地区的人均收入。此时,确保农业资源(尤其是劳动力资源)顺利地向国民经济其他部门的转移至关重要。也就是说,每年应该有相当规模的劳动力转移,才可以避免城乡收入差距进一步拉大。只有这样,才有望随时间推移,城乡收入差距逐步缩小。

应当指出的是,在大多数工业化市场经济国家,城乡收入差距持续了大约一个世纪之后,直到20多年前才开始缩小。收入差距之所以持续这么久,部分原因在于政府政策对农村地区的歧视,特别是在提供教育和医疗服务方面的歧视。

在任何国家,只要人均收入超过某个水平,劳动力就会非常快地从农业向国民经济其他部门转移。无论对工业化市场经济国家,还是对中东欧的非市场化经济国家,这一点都是成立的。表1的数据印证了这一点,表中的数据说明的是25年间农业劳动力占全部就业比例的变化情况。政府能够减缓农业劳动力的转移吗?答案是肯定的,但是其后果可能并不如意。减缓转移的一个途径是减缓经济的总体增长速度,这样就可以减少导致农业就业下降的因素。如果实际人均收入下降,那么农业在总就业中所占的份额还会增加,正如日本二战结束后的情形,中欧的一些国家现在也有可能发生这种情况。减缓劳动力转移的另一个途径是,设置各种障碍限制人口由农村向城市转移,如故意使城市地区住房短缺,以及像中国那样通过法律手段严格限制人口的迁移。

表 1 1987 年农业就业占全国总就业的比重和 1985 年人均收入估计值

	农业劳动力(1987 年,%)	人均收入(1985 年,$)
苏 联	20.0	5 546
保 加 利 亚	20.0	4 516
捷克斯洛伐克	12.0	6 558
德意志民主共和国	10.2	7 721
匈 牙 利	18.4	4 481
波 兰	29.1	3 808
智 利	14.3	4 194
巴 西	27.6	3 924
葡 萄 牙	19.9	4 723
意 大 利	9.3	10 804
法 国	6.7	11 883
美 国	2.8	16 604

资料来源:非中央计划经济国家的劳动力数据来自“粮农组织”(FAO)《1988 年生产年鉴》(*Production Yearbook* 1988)中表 3 关于非中央计划经济国家的经济活动的数据。中央计划经济国家(除苏联以外)的劳动力数据来自于南希·J.考克兰(Nancy J. Cochrane)和迈尔斯·J.莱姆波特(Miles J. Lambert)的文章“20 世纪 80 年代东欧农业改革面临的压力”(*Eastern European Agriculture Pressures for Reform in the* 1980s),载于国会联合经济委员会(Joint Economic Committee)所著《东欧经济改革面临的压力》(*Pressures for Reform in East European Economies*),华盛顿:美国政府印刷办公室出版,1989 年版,第 256 页。苏联的劳动力资料来自尼古拉斯·亚历山德拉托斯(Nikos Alexandratos)的《东欧农业:政策问题和选择》(*European Agriculture: Policy Issues and Options*),伦敦:贝尔卡南(Belkanen)出版社,1990 年版,第 30-31 页。人均收入资料来自罗伯特·萨默斯(Robert Summers)和艾伦·海斯顿(Alan Heston)的“宾夕法尼亚世界表(第 5 部分):1950-1987 国际比较的扩展”(*The Penn World Table* (*Mark* 5): *An Expanded Set of International Comparisons*, 1950-1987),国民经济研究局 1990 年 4 月 12-14 日在科罗拉多州维尔市(Vail)举办的“经济增长会议”论文。

关于农业与经济发展相互关系的问题,比新古典经济学更新的一个观点认为,农业应当是工业发展所需资本的一个来源。从农业中获取资本可以用两个办法:一是直接索取,即由政府直接向农民索取土地的地租;二是间接索取，即通过压低农产品价格的办法维持工业部门的低工资，进而将产生的大量利润用于维持高的投资率。

斯大林时期的经济政策的确从农业向工业转移了数量巨大的资本和劳动力。30年代苏联把农产品价格一直保持在一个很低的水平上，实际价格由于通货膨胀的原因还下降了。然而，正如我在另外一篇文章所指出的那样(Johnson，1990b)，实际得到执行的政策(如强制集体化和压低农产品价格)，其效果与别的政策措施(如继续执行新经济政策时期的农业政策)相比，反而可能减少了可用于发展工业的资本和劳动力的数量。例如，强制的农业集体化导致了将近一半的牲畜被屠宰，农产品的价格过低削弱了农民生产的积极性。因为农业现代化意味着农业生产率的提高(即产出与投入的比率随时间的增加而增加)，而农业集体化并没有导致农业生产率的提高，因此农业的集体化并没有实现农业的现代化。1928-1937年，苏联的农业生产率下降了13%-26%，并非增加了10%(每年1%)。①

维德金(Wadekin，1982)已经有力地说明，自从中欧国家的集体化于1960年基本完成之后，中欧国家就再也无力从农业向国民经济其他部门转移资源了。他发现到60年代末，大多数中欧国家农业投资占全国总投资的份额，已经超过了农业净产出占全国总产出的份额(p.109，p.112)；保加利亚和罗马尼亚是例外，他们的投资份额和产出份额大致相等。另外，他还指出，1960年以来，农业部门与其他部门的净劳动生产率水平之比，远远低于农业工人工资与非农业工人的工资之比(p.111，p.176)。以保加利亚为例，在80年代早期到中期，农业劳动生产率是其他生产部门的58%，而农业工资则为其他部门的86%。这说明集体化及相关的政策并没有为工业化做出贡献。如果工业化是实行集体化的初衷，那么这个目标没有实现。

① 我已经就苏联劳动力从农村向城市转移的问题，给出过这样的观点(Johnson，1990b)：“‘苏联的农业集体化是否对1930年代的工业化做出了贡献?’对于这个问题，我的回答是否定的。如果当初奉行了更为合理的农业政策，那么，就不会导致人力和物质资本的巨大损失，农业就有可能对国民收入有更大的贡献，就有可能给城市充分地供应食物，出口量也会更大。‘斯大林的政策是否从农村向城市部门，包括工业部门转移了资源?’我对这个问题的回答是肯定的。但是对第二个问题的肯定答案，与对第一个问题的否定答案，并不构成矛盾。”

高效率、快速的经济发展所要求的,不仅仅是资本从一个部门向另一个部门的转移,而且需要一个鼓励储蓄的政策环境。如果把全国的储蓄率由15%提高到25%,则这个变化对于经济增长的贡献,要远大于从农业部门榨取任何数量的资源所做的贡献。能够提高储蓄率的因素包括:存在高回报率的投资机会,并且储蓄机构能把投资回报尽量多地交还给每个储户。经验告诉我们,如果储蓄机构向储户支付正的实际利率,那么就有助于增加一国的储蓄。

二、社会主义延缓农业部门的收缩了吗?

与一些人的观点相反,笔者认为农业的相对收缩与经济体制的性质毫无关联。农业活动无论是由集体来组织,还是由家庭农场来组织,区别并不大。如果经济增长了,农业就业所占的份额和农业收入所占的份额,都趋于下降。虽然由于兼业农业在收入水平高的市场经济国家广为盛行,对农业就业的精确度量已经变得日趋困难,但从表1的数据,我们仍然可以看出,农业占全国就业的比例,与实际人均收入呈高度负相关。请注意,我们在表中把苏联、中欧和市场经济国家区分对待。

直到最近,我都一直以为,中央计划经济国家中农业就业的相对份额,要比其他国家在同等收入水平下所应该达到的份额更高一些。遗憾的是,这些国家的收入统计数据绝大部分都有水分,高于实际水平。研究这些国家经济的人(尤其是生活在这些国家里的研究者)直到80年代时才开始认识到这个问题。因此,用农业就业占全国总就业的份额排序,也许可以更好地表示各国在收入上的排序,而直接用这些国家提供的,或是西方专家估计的收入水平进行排序,反而会不准确。到了80年代末,对苏联和一些中欧国家的人均收入出现了五花八门的猜测数字,对东德的人均收入估计尤其离谱。《经济学家》(1990年3月10日,第71页)报道,80年代末,对于东德年人均GDP的估计数字,最低为4 000美元,最高则达到13 000美元;对于苏联人均GDP的估计数字,最低为不足2 000美元,最高达9 000美元。

由于这些国家的数据大多质量低劣,很可能永远也不会确切地知道,比起同等收入水平的市场经济国家,它们的农业就业的相对份额是否过高。

有两个因素可能导致中欧国家的农业就业水平高于具有同样人均收入的市场经济国家。一是从大多数衡量农业生产率的指标来看,诸如每公顷的粮食产量、每头奶牛的产奶量等,中欧国家要低于其他国家。二是中欧国家实施了很高程度的消费者食物价格补贴。如果供给在有补贴的价格水平上与需求相等,那么这就意味着,农产品产量可能大于在没有补贴的市场经济条件下应有的水平。否则会有两种情形,或者进口量大于市场经济条件下应有的水平,或者出口量小于市场经济条件下应有的水平。随后取消食物补贴的经验,证实了上述观点。在食物价格补贴的情况下,农业要素生产率低下,辅之以低价刺激引起的较高的食物消费,应该能够导致中央计划经济国家比市场经济国家有较高水平的农业就业。这也许已经发生,但是由于就业数据和人均收入统计数据的偏差,这两组国家之间的差距(关于农业就业份额方面)是否大到能被检验出来的水平,仍然不得而知。

三、能从中国学到什么?

中欧和苏联现在仍在为如何改革农业苦思冥想,而中国已在10年前就已经开始了根本性的改革。中国的经验之所以值得学习,并非因为其基本的资源和经济条件与中欧可以直接可比,而是因为中国的经验表明,通过体制改革、提高农产品的实际价格,以及取消对个体经济活动的种种束缚,农业能够获得巨大的成就。中国的经验也表明,农业改革是一个复杂的过程,需要从旧的意识形态中解脱出来。

中国的农业改革发生在1979-1983年约5年的时间里。刚开始时,政策的变化是小规模的,他们将农产品的订购价格提高了20%-25%,超过订购指标的部分实行加价收购,减少了农业税收,取消了对集市贸易的大部分限制,减少了国家征购任务,把自留地交还给农民,并且把自留地的面积从耕地面积的6%增大到15%(Johnson,1990a,p.27)。

以上这些改革措施是1978年12月得到批准的，而其他两项重大的改革是后来才发生的：一项是在18个月之后，另一项是在4年之后。第一项是允许实行各种形式的责任制。在此之前，中国农业和其他社会主义国家的农业一样，个人对生产的贡献与个人报酬之间的联系在很大程度上被割裂，从而使生产受到了很大的影响。改革的初期，在人民公社体制下，政府允许试验各种责任制，从而把个人、家庭或者生产小组的生产效率与报酬挂钩，即在完成国家订购任务、交给公社一定数额后，剩下的都归个人或生产小组。这种责任制在许多方面，与80年代早期苏联为了拯救农业而实行的“合同生产队”的做法类似，但是，在地方官僚的抵制下，合同生产队在苏联并没有能够发挥应有的作用。

中国第二项重大的改革是废除人民公社制度。随着家庭联产承包责任制的巨大成功，人们很快明白人民公社作为经济制度已经是多余的了。到1984年底，几乎所有的人民公社都被废除了，仅在靠近少数几个大城市的地区，还保留集体农业，这些地区公社的大部分收入主要来自于工业企业。废除人民公社制度后，中国的农业几乎全部由农户分散经营，农户的数量将近2亿，每个农户的平均规模为0.5公顷农田。① 这个以小规模家庭经营为基础的体制现在养活着10多亿人口，远远超过了社会主义体制下大规模生产所能取得的成绩。如果中国的农业存在规模经济的话，那么很显然，要得到规模经济的好处，需要的远不止大块土地。

责任制之所以成效卓著，一个重要的原因是取消了对农户家庭和乡村基层政府经济活动的大部分限制。此前的十多年间，政府不许农民直接向城市居民出售产品。在更长的时间以前，被马克思主义者称为“投机倒把”的活动，即个人自发进行的买卖活动，其他各种形式的“非劳动收入”（例如

① 值得注意的是，当土地分给农户时，农户选择了分散在多处的小地块，而不是一大块土地。一个家庭平均有8-9块地。之所以这样做，一是为了降低与土质相关的风险，二是为了在从家里到田间的行走距离方面以及气候对不同土质的产量影响方面，求得农户间大致的平等。这很有趣，因为农业计划者通常是反对地块分散的。或许我们应该努力去理解，为什么2亿个农户选择如此“落后”的做法。

雇工等),都是不允许的。另外,在那个时期,个人不能够拥有生产工具,因而不能拥有卡车和拖拉机。随着改革的逐渐深入,所谓的"投机倒把"成为合法活动,对雇工的限制也被逐渐取消,加之允许私人拥有卡车和拖拉机,农产品购销体制得到了根本性的改观。这使得农民不再受制于效率低下的、实行买方垄断的政府农产品购销机构,在满足了国家征购任务后,农民可以在自由市场上出售其农产品。

政府还放开了许多农产品的价格。尽管地方政府能够实施价格控制,他们偶尔也做过,但是一般而言,除了粮食和植物油的价格外,其他大部分食品的价格现在都由市场供需决定。由于这项改革,北方主要城市冬季食物的供给发生了翻天覆地的变化。直到 80 年代中期,北京的一个四口之家,在 10 月或 11 月的时候需要购买 200 千克或者更多的大白菜,一直吃到第二年春末,在此期间没有别的蔬菜。冬天不仅吃不到其他蔬菜,水果也很少。取消价格控制后,北方农民修建了许多塑料大棚,在晚秋和早春的时候生产出大量的蔬菜以供应市场。同样地,由于取消了价格控制,南方的水果和蔬菜在整个冬季都可以源源不断地运往北方的城市。北京冬季食物供给状况的改观,不是政府命令使然,而是大幅度降低(如果还没有彻底根除的话)政府干预的结果。

我们简单地看看中国改革的成果。从农业生产来看,在 1979-1984 年间,农业产量平均每年增长 7.7%,此后每年保持了 4% 的增长速度。[①]

在人民公社制度期间(1958-1978),农业产量增加了 60%;改革以来实现同样幅度的增长,仅仅用了改革之前 1/3 的时间(1979-1985)(SYOC, 1990, p.49)。根据薛暮桥(Xue, 1981, p.176)的研究,农业人口的实际收入

① 农产品产量的增长很大程度上是由于在家庭联产承包责任制下,劳动力和土地的利用效率与人民公社制度相比大大提高。1978-1989 年,尽管购入的化肥、电力、杀虫剂以及种子等投入品的价值提高了 48%,但是投入品的价值与产出品的价值之比,却由 1978 年的 9.2% 下降到 1989 年的 6.9%(Wen, 1991),这表明产出增加的原因主要不是购买的投入品的增加。在责任制下,投入品的结构发生了一个重要的变化,尽管化肥的使用量自 1982 年以来一直在增加,但是杀虫剂的使用量到 1989 年却下降了 60%,原因是在责任制下农民购买杀虫剂需要自己花钱,而在人民公社制度下,管理者却在花别人的钱。

在50年代中期到70年代末期并没有增长；而1978到1987年间农户的实际人均收入翻了一番(Johnson,1990a,p.70)。这些变化使普通的中国老百姓得到了巨大的实惠。1978年粮食消费稍稍低于1957年的水平,到1989年消费增加了24%。肉类和家禽制品人均消费量1957年为6.7千克,1978年为8.9千克,1989年则达到19.0千克(SYOC,1990,p.276)。农村家庭的居住面积在1978-1987年间增加了一倍,从人均8.1平方米增加到16.0平方米(SYOC,1988,p.709)。

与农业变革和食品营销体制的变化同样惊人的是农村地区非农就业机会的扩张。1978年农村地区非农就业机会有3 150万个,1989年则为8 500万个,增加量达到5 350万个(SYOC,1990)。这个增量是个什么概念呢?它大约相当于80年代末期保加利亚、捷克斯洛伐克、德意志民主共和国、匈牙利、波兰和罗马尼亚的就业量总和。

70年代中期以前,非农活动在人民公社内即使不是被明令禁止的话,也是不受提倡的,私营的非农活动则受到更多的限制。1978年以后非农就业的大量扩张(其中大部分发生在1984年之后),是取消各种限制和禁令的结果,并非中央政府鼓励和支持的结果。在某些行业中,中央政府对这种自发的活动是持敌视态度的,借口是乡镇企业与大型国有企业争夺原材料。在1988-1990年间,为了抑制通货膨胀,政府曾在电力、信贷以及一些原材料的供给方面大力压制乡镇工业。尽管如此,乡镇工业还是比国有工业的增长快得多,目前已经占到全国工业产值的1/4。

我并不想给读者留下这样的印象,即乡镇工业主要是一大帮私人企业家凭借其自有的劳动、资本以及管理资源取得的。私人企业家固然重要,但是许多乡镇企业是地方政府所有和经营的,主要是村和乡镇级政府。目前,在中国的农村地区,有大约100多万个集体经济组织,在创建和经营它们的过程中,体现出了很多的企业家精神和管理才能。在这些集体经济组织中,几乎所有的资本都来自于当地;而管理人才则主要来自乡村政府单位。这些人在公社时期也曾经担任领导,是容易理解的。人民公社之所以不成功,主要问题并不是出在地方行政管理的水平上,而是出在指导人民公社的意识形态上,尤其是在每一个生产单位内都强调平均主义,禁止任何形式的个体生产活动。[①]

中国农村改革并非完美无缺,其中有几个缺陷值得一提。其一是土地所有权没有给予或出售给农户家庭,而只是把土地使用权分派给农户,农户并不清楚他们使用某个地块的权限有多长。大多数地方根据人口变化情况,每三年重新分配一次土地。在有些省份,在政府的主持下,采取了合并农户地块的行动,由原来的每户 8-9 块,缩小到每户 2-3 块。由于这些和其他一些因素的影响,农民虽然收入增加了很多,但是却很少进行提高农业生产率的投资活动,相反把增加的收入大多用于建房,农户在 10 年内共建了 1 亿间住房,这是因为住房被认为是比较安全的投资,被政府没收的风险最小。中国农村改革的另一个缺陷是,在废除人民公社时,没有及时把公社的政府职能转移给其他机构。其后果之一是灌溉系统没有得到很好的维修。当时,应该成立新的机构,比如水资源管理机构来负担起管理、维护水坝和灌渠的责任,同时赋予他们收取水费的权力。人们不能指望由若干个农户组成的小组能够担负起管理和维护灌溉系统的职责,除非能够通过法律程序,把这种控制权指派给水资源的使用者或有能力有效管理灌溉系统的机构。中国没有建立起这种法律程序,因而灌溉系统的维护遭到忽视也就在所难免。有人把这些看作是家庭责任制失败的例证,实则不然,失败的是政府而不是市场。政府始终没有对农民讲明白,在人民公社制度下,学校、医疗、治安、道路等地方服务的支出是通过对农户收入的隐形收费实现的。这就造成农村税收遭到抵制,许多基层政府没钱提供公共服务的局面。

我之所以强调中国经验,并非因为中欧国家可以直接照搬这些经验,而是为了阐明几点:(1)制度是重要的;(2)政策是重要的。或许还有相关的

① 尽管在同一个生产或核算单位内部贯彻平均主义原则,中国的整体收入差距却并没有缩小,城乡收入差距也没有缩小。当公社或大队包含的生产队不止一个时,公社或大队内部也存在较大的收入差距。限制农村地区内以及城乡之间的人口流动,使过去已有的收入差距持续下去(Johnson,1990,p.20-23)。即使在同一个村,也不存在使社员能够在不同的生产队之间流动的机制。如果一个家庭所在的生产队土地和管理资源有限,那么就注定了这个家庭的收入会相对低于同村其他人均土地多、管理能力强的生产队中家庭的收入。

另外两点：(3)适当的制度和政策应当相互配合，缺一不可；(4)没有必要苛求所有的事都尽善尽美，也毋需使得制度和政策的方方面面都完全一致。尽善尽美固然更好，不过稍有欠缺仍然可以取得很大的进步。换句话说，人们不应该由于追求完美而却步不前。

四、农业持续高效率的条件

我曾经多次对保加利亚和其他中欧国家提出过建议，说明在目前的经济和政治体制转轨结束之际，要使农业富有效率，应该具备哪些条件。我认为，高效农业的标准有以下几个方面：农村人口的收入水平与国民经济其他部门的劳动者收入大致相当；农业资源的生产率不断提高，从而在能够保证劳动力向国民经济其他部门转移的同时，农业产品的实际价格保持不变或趋于下降。我还强调过，在农村地区提供非农就业机会，可以大大促进收入目标的实现和劳动力转移的顺利进行。

要想发展高效的农业，农业的投入品和产出品的营销体系必须是有效率的、开放的和竞争的，投入品的生产部门有积极性并且有能力使用最适宜的技术进行生产。社会主义经济中的农业长期以来一直受到农机、肥料、杀虫剂和种子等投入品生产部门效率低下的困扰。我们应该加快这些行业的私有化进程，并且使这些行业参与到国际竞争的行列之中。

尽管产权问题(包括清晰地界定私有产权)是难以解决的，但是产权问题的解决却是转轨成功的关键。历史将会证明，社会主义经济在过去20年里经济绩效渐趋恶化的主要原因之一，就在于人为地使产权模糊化。模糊的产权是官僚专制赖以维系的根基。如果产权被很好地界定，官僚专制就会受到很大的约束。这里使用的产权概念含义比较宽泛，包括物质财产和金融工具的收益分配权，以及一个人劳动所得的收益权。经常被忽略的一个问题是，在社会主义经济中不仅物质资产被社会化或国有化，而且很大部分的人力资本(即劳动力)也在被征用之列。而且，社会主义经济不能向劳动者保证，他们的报酬同他们的生产效率挂钩，这也是社会主义经济很多缺乏积极性问题的根源所在。

对与农业的可持续发展直接相关的问题，出于以下的原因，我在本文中着墨不多。我相信，当对土地拥有确定产权的家庭农场成为农业组织的主要形式时，一定会产生某些正面影响。如果家庭农场拥有土地，而且可以自由买卖土地，那么土壤退化将使土地所有者自己蒙受损失，因此他有积极性对之加以预防。所以，土壤退化的程度在土地产权私有的条件下，比在社会主义的产权或公共产权的条件下会轻得多。中国的经验说明，一些外部性问题（比如过量使用杀虫剂等）在家庭农场的组织方式中也可以减轻。当牲畜分散到各个家庭饲养时，与集中饲养的情形相比，粪肥处理和排放对环境的影响应该会更小。

这并不是说单单依靠私有产权和市场，就能实现农业的可持续增长和低负外部性水平。在以后的若干年内，比较谨慎的作法是去研究提高农业生产率所需要的条件，并花时间去研究什么样的负外部性会持续存在。我们不应该把时间完全花在理论的等待和研究评估上，还应该去设计出激励机制，以便更好地影响人们面对市场力量所作出的决策。例如，我们知道土壤退化会降低土地价值，并且土地所有者在防治土壤退化时，会把劳动投入量控制在私人边际成本与私人边际收益相等的地方。但是，土壤退化通常有社会成本，或外部成本，而且私人一般在做出决策时不会自觉地把社会成本或外部成本的因素考虑在内，因为他们不会为此而得到成本补偿。当然，政府能够对私有产权施加限制，以实现社会目标，事实上也这样做了。但是，我认为，为了达到一定的目标，政府首先应该有一个权衡，即采用激励措施和补偿措施呢，还是采用强制性限制措施。有的时候，激励措施和补偿措施的社会成本比强制性限制措施的成本要小。即使政府决定采用强制性限制措施时，也应该选择那种能达到预定目标的，使私人成本与社会成本之和最小的那种措施。

参考文献

Johnson, D. Gale, 1990a, *The People's Republic of China: 1978–1990.* Country Studies, No.

4, San Francisco: I.C.S. Press.

Johnson, D. Gale, 1990b, "Historical Experience of East European and Soviet Agriculture: Did Agriculture Contribute to Industrialization?", Office of Agricultural Economics Research, The University of Chicago, Paper No.90.12, October 3, 1990.

Johnson, D. Gale, 1971, 1991, *World Agriculture in Disarray*, second edition, London: Macmillan Press.

People's Republic of China, State Statistical Bureau, *China Statistical Yearbook*, English Edition, 1988 and 1990 editions.

Roningen, Vernon O. and Praveen M. Dixit, 1989, *How Level is the Playing Field? An Economic Analysis of Agricultural Policy Reforms in Industrial market Economies*, Economic Research Services, U.S. Department of Agriculture, Foreign Agricultural Economic Report No.239.

Wadekin, Karl-Eugen, 1982, *Agrarian Policies in Communist Europe: A Critical Introduction*, Totowa, New Jersey: Allanheld, Osman Co.

Wen, Guanzhong James, 1989, "The Current Land Tenure System and Its Impact on Long Term Performance of Farming Sector: The Case of Modern China", Department of Economics, The University of Chicago, unpublished Ph.D. dissertation.

Xue Muqiao, 1981, *China's Socialist Economy*, Beijing: Foreign Languages Press.

再论农业在经济发展中的作用*

摘要：马尔萨斯(Malthus)和李嘉图(Ricardo)都认为，农业是阻碍经济增长的重要因素，而穆勒(Mill)和马歇尔(Marshall)则认为，土地边际报酬递减所带来的负面影响可以被消除掉。穆勒指出，文明的进步(比如修建道路以降低产品到市场的运输成本)和政策的改进(比如废除阻碍国际贸易的《谷物法》(Corn Laws))①可以视为农业投入的增加。马歇尔指出，在很长的时间内，人口增长可以扩大生产组织规模，促进知识增长，因而抵消边际报酬递减所带来的影响。柯林·克拉克(Colin Clark)认为农业对经济增长有重要的推动作用，而二元经济模型则把农业看作经济增长的累赘，普雷维什(Prebisch)对农业的看法也很悲观。遗憾的是，二元经济模型的某些推论和普雷维什的悲观思想主导了发展中国家的政策制定，否则农业对经济增长的贡献本来可以更大。发展中国家曾经普遍地对农业征税以支持进口替代政策，这种做法阻碍了而不是促进了经济增长。农业可以为经济发展做出重要贡献，但是要将这些贡献变为现实，农业必须得到应有的重视。所有国家的政府都不愿承认农业是一个不断萎缩的行业，不愿制定政策以帮助农民适应对农业劳动力需求的不断下降，这是一个严重的错误。

---

* 原文题为“Role of Agriculture in Economic Development Revisited”，载于《农业经济学》(*Agricultural Economics*)，1993年第8期，第421-434页。

① 《谷物法》的主要内容是保护地主阶级利益，限制谷物进口。几经交锋，该法于19世纪上半叶被废除。——译者注

农业在经济发展中起什么作用？在过去的两个世纪里，人们对这个问题的看法经历了重大的变化。19 世纪初，两位当时最伟大的经济学家马尔萨斯和李嘉图，都认为农业是阻碍经济发展的重要因素。他们认为，由于土地资源供给有限，以及使用在土地上的劳动力和资本（边际）报酬的递减，人类福利的改进必将受到限制，即使制造业的劳动生产率不断提高也无济于事。土地资源缺乏和边际报酬递减，被认为是发达国家的基本国情，比如英国。而在当时，又有一些国家，比如美国，有着广阔的未开垦的土地，或者虽然已被开垦但是耕种还很不充分的土地，这些国家在价格不上涨甚至下降的情况下仍然可以扩大粮食生产。与这些国家通商，实现粮食的自由贸易，被认为是能够使英国摆脱农业对经济增长的束缚的唯一的可行手段。当时许多著名的经济学家之所以强烈支持废除英国的《谷物法》，在很大程度上是出于这个考虑。

现在看来，李嘉图和马尔萨斯对农业过于悲观了，但是这不难理解，因为在 19 世纪初，农业生产技术确实还处于很低下的状况。19 世纪中叶，约翰·斯图亚特·穆勒（John Stuart Mill）在其著作中提出，经济增长（即人均实际收入上升）可以与农业发展并行不悖，共同阻止粮食实际价格的上升（1920，p.183）。他还讲到了文明的进步对土地边际报酬递减规律的抵消作用（p.183），这听起来很像现代的观点。他指出，农业知识、技能的进步和科学发明，可以增加土地的产出，或者降低单位产出消耗的劳动。但是，文明进步的作用远不止这些，他指出，通讯和交通运输方式的改进所带来的积极作用："好路就等于好农具"（p.184），换句话说，减少将产品运送到市场（或将投入品运到农田）的成本，就等于减少必需的农业投入。穆勒进一步指出，如果非农领域的劳动生产率有显著提高，那么即使食物价格上涨了，真实消费水平仍然可以增加，因为当非农产品（如衣服和居住）变得便宜以后，可以完全抵消食物价格上升对消费的抑制作用，甚至可能增加消费水平。最后，他指出，政策的改进，比如说减税、废除《谷物法》或"取消任何其他妨碍商品在成本最低的地方进行生产的限制，都可以大大增加生产"（p.186）。遗憾的是，政策制定者们对这些重要的见解置若罔闻。

阿尔弗雷德·马歇尔(Alfred Marshall)在他的《经济学原理》(*Principles of Economics*)中,并没有过多地提及农业和经济发展之间的关系,但是有两点值得一提。与当前一些学术圈子流行的观点相反,他认为,即使农业耕作存在边际报酬递减,“人口的增长也有可能带来生活水平更快的提高”(1936,p.166)。何以见得呢?他说:“新土地的开垦,火车和汽轮交通工具运输成本的降低,组织结构的改进和知识的增长,可以在很长一段时间内抑制人口增长对生活水平提高的压力”(p.166)。但是,他并不认为人口增长对生活水平提高的促进效应会永远不受节制。“……黑暗的到来只是被延迟,但是它的确被延迟了。”

他的第二个观点来自经验的观察,即在农业“……报酬递减和递增的倾向交错发生,很难说哪个起主导作用,有时递增的倾向强一些,有时递减的倾向强一些”(p.670)。这个结论在一个世纪后的今天仍然站得住脚。有一项研究仔细计算了1900年到1982年农产品的价格,结果显示,在此期间,谷物的真实价格年均下降0.8%,所有食物的价格年均下降0.3%,所有农产品的价格年均下降0.8%(Diakosavvas and Scandizzo,1991, pp.244-245)。

速水(Hayami)和拉坦(Ruttan)(1971,1985,chapter 2)对李嘉图模型以及各种关于农业和经济发展关系的阶段理论,作了一个很好的综述,其中发展阶段理论包括了从弗利德里希·李斯特(Friedrich List)、卡尔·马克思到尤金·罗斯托(Eugene Rostow)的理论。根据发展阶段理论,当经济发展进入新阶段时,各个变量和参数会发生显著的变化。但是,速水和拉坦得出结论说,无论从经验上或者从理论上看,从以农业为主的经济到以工业为主的经济的转型过程中,各个阶段之间并没有清晰的界定,即这个转型过程是一个连续的调整和变化过程,并不存在人为的间断点或拐点。这并不是说这个调整是以常速进行的,或是不存在中断的,而是说当一个经济从以农业为主向以工业为主进行转变时,变化是通过产品和要素市场发生的,这些市场决定了农业与整体经济之间的关系。

一、两部门模型

从某种角度看,五六十年代的两部门经济模型标志着一种理论上的倒退。在此之前,人们已经在李嘉图关于经济发展中农业作用的模型的基础上,做了若干新古典修正,这些修正包括:强调农业中生产力的改进对边际报酬递减的抵消作用,并且承认食物需求的低收入弹性——即恩格尔(Engle)法则——不仅是引起农业在国民经济中的相对重要性下降的主要因素,而且会阻止长时间内食物真实价格的上升。在两部门经济模型的理论发展中,柯林 · 克拉克对经济增长理论的巨大贡献,以及费雪(G. B. Fisher)关于经济增长引致结构变化的重要见解似乎都被搁置一旁了。假如这些见解得到重视的话,那么在早期两部门经济模型中,就不会出现那些非常不切实际的和无关紧要的东西,而可能被一些更有预见力的理论所取代,从而指导出一些能够促进农业和经济发展的政策。理论并非无足轻重,而是十分重要,如果以前对此还有疑问的话,六七十年代发展中国家农业和发展政策制定的经历便已经证明了这一点。但遗憾的是,经常是那些从浅薄的分析中得出的错误理论得到采用,而不是那些后来被证明更有道理的思想。

从50年代到60年代早期,至少是在T.W.舒尔茨(T. W. Schultz)《改造传统农业》(*Transforming Traditional Agriculture*, 1964)发表之前,两部门经济模型主导了经济和政策思维。遗憾的是,这个模型被理解为,农业在发展中国家的经济增长中起负面或者无足轻重的作用,而这种解释或许是,或许不是两部门经济模型早期重要的贡献者(Lewis, 1954;Fei and Ranis, 1964)的本意。由于这种解释被广大发展中国家用于指导政策的制订,因此农业在经济增长中便被赋予了极其低下的地位,致使大多数发展中国家农民的利益受到损害,从而阻碍了整体经济的发展。在二元经济模型中有一个结论,更严格地讲是一个假设,即农业劳动力的边际产出在很大的就业区间内为零。这个假设支持了一种看法,即认为农业对经济增长的主要贡献就是为工业增长、城市化提供成本为零的劳动力。农业向工业提供的劳动力成本之所以为零,是由于当劳动力离开农业时,农业产出并未下降,并且由于劳动力离开农村到城市居住,农村粮食消费相应减少,从而出现剩余,该剩余可以被政府拿过来投资于城市。如果再接受另外一个假设,即农产品供给的价格弹性很低,甚至接近于零,那么上述结论便可进一步延伸——不断地剥削农业,通过压低农产品价格来压低工资,以使工业部门维持较低的劳动成本。

另一个关于农业对经济发展造成负面影响的经济学说来自普雷维什(1959)。他提出一个观点,即从长期趋势来看农业的真实价格是下降的,因此,发展中国家不应该将有限的资源投入到农业中去。这个观点为进口替代政策提供了另外一个学术上的依据,这种政策的核心是用牺牲农业的办法发展工业。前面提到,在20世纪,国际市场上农产品真实价格的总趋势是下降的,但是真实价格的下降并不意味着农业投资的回报降低,也不意味着农业中的真实工资就一定低于其他部门的工资。其实,生产率的提高完全可以抵消谷类以及其他粮食作物真实价格下降对要素报酬所带来的影响。事实上,这些影响在世界上大部分国家已经被完全抵消了,不仅如此,我们还看到了农业中资本和劳动回报的上升。随着人均收入的上升,在要素市场运行良好的国家,农业劳动力的真实报酬也得以不断提高。

从两部门经济模型得到的结论,与关于农产品真实价格变化趋势的悲观看法相结合,共同为进口替代政策提供了依据。这种政策的目标是建设一个制造业部门,以作为经济增长的源泉,而且认为农业不能够胜任这项任务。我们现在已经看到,采用这种政策的国家成绩平平。从实际经验看,在进出口相对开放的国家,经济增长速度远远高于那些严格控制进口的国家,而且由于控制进口,这些国家的出口也受到了相应的抑制,许多经验研究都表明这是一个不争的事实(Krueger, 1980;Alam, 1991; Dollar, 1992;Levine and Renelt, 1992)。这些研究补充和支持了以前的许多研究结果。以前的研究表明出口增长和GNP增长之间存在着正向的相关关系。但是,在出口增长是否引起GNP增长的问题上曾经有过争议,因为出口增长也有可能是

GNP 增长带来的,二者可能互为因果。进口替代政策的支持者忽略了,也可能是没有理解这样一个事实,即对进口征关税等同于对出口征税(Clements and Sjaastad, 1984)。因此,进口替代政策的结果只能是低增长,不仅进口增长速度低,出口也同样。既然进口替代政策并没有促进经济的快速增长,那么我们可以得出结论:进口(或者是进出口贸易总额)与 GNP 增长是正向关系。

比起两部门经济模型,柯林·克拉克的经济增长与农业在其中的作用的模型有着不可比拟的优越性。假如政策制定者早就采用了该理论,那就可以更好地造福于发展中国家及这些国家的农民。在克拉克模型中,当真实收入上升时,从一个农业劳动力占支配地位的经济向以工业、服务业为主的经济的转变,是很容易理解的:由于农业生产力的提高,再由于农产品的收入需求弹性小于 1,而且该弹性随着收入的上升而不断下降,所以劳动力得以从农业部门转移到其他部门(这些部门的生产力也可能在提高),同时保证农产品的供给满足需求的增长,即使在真实价格不变甚至下降时,也能达到这一点。随着经济增长,劳动力之所以向非农部门转移,是因为不同部门之间的劳动报酬出现差异时,人们自然会调整劳动力的分配(Clark, 1951, chapter 5)。同时,克拉克在他对经济发展的分析中,也没有忽略储蓄和资本积累的作用(chapter 6)。克拉克的模型来源于新古典的以个体分析为基础的经济模型,因此比稍早一些出现的两部门经济模型更好地经受住了时间和事实的考验。

二、农产品价格和收入政策

大量的事实表明,发展中国家和发达国家的政策制定者们都普遍错误地理解了农业在经济发展中的作用,以及要素市场和产品市场的运作方式。最近几十年来的一个基本事实是,人均真实收入和农业的保护程度之间存在着一种反向关系(Miller, 1986; Binswanger and Scandizza, 1983)。换句话说,给定其他因素,一个国家的人均收入越低,对农产品征税越高;人均真实收入越高，对农业的补贴程度越高。

表 1　18 个国家对农业的直接和间接课税(1960-1984)　(单位:%)

国家	时期	间接税(负保护)	保护工业引致的间接税	直接税	总税率
税赋最重的国家	1960-1984	28.6	25.7	23.0	51.6
象牙海岸	1960-1984	23.3	23.2	25.7	49.0
加纳	1958-1976	32.6	32.4	26.9	59.5
赞比亚	1966-1984	29.9	21.4	16.4	46.3
税赋中等的国家	1960-1986	24.2	32.8	12.0	36.4
阿根廷	1960-1984	21.3	39.5	17.8	39.1
哥伦比亚	1960-1983	25.2	37.8	4.8	30.0
多米尼加	1966-1985	21.3	20.8	18.6	39.9
埃及	1964-1984	19.6	27.5	24.8	44.4
摩洛哥	1963-1984	17.4	13.4	15.0	32.4
巴基斯坦	1960-1986	33.1	44.9	6.4	39.5
菲律宾	1960-1986	23.3	33.0	4.1	27.4
斯里兰卡	1960-1984	31.1	40.1	9.0	40.1
泰国	1962-1984	15.0	13.9	25.1	40.1
土耳其	1961-1983	37.1	57.4	-5.3	31.8
税赋较轻的国家	1960-1983	15.7	22.9	0.2	15.8
巴西	1969-1983	18.4	21.4	-10.1	8.3
智利	1960-1983	20.4	37.4	1.2	21.6
马来西亚	1960-1983	8.2	9.9	9.4	17.6
进行保护的国家	1960-1984	13.6	13.9	-24.0	-10.4
韩国	1960-1984	25.8	26.7	-39.0	-13.2
葡萄牙	1960-1984	1.3	1.0	-9.0	-7.7
样本均值		22.5	27.9	7.9	30.3

资料来源:Schiff and Valdés (1992a, p.6)。

世界银行曾经在安·克瑞格、莫瑞斯·斯契夫和阿尔伯托·韦尔德兹(Anne O. Krueger, Maurice Schiff and Alberto Valdés)的主持下进行了一项研究,收集了 18 个国家从 1960 年到 80 年代中期对农业歧视程度的数据(Schiff and Valdés, 1992b)。这项研究不仅度量了对农业负保护(包括直接的和间接的负保护)的程度,它还提供了对产出影响的估计。一些重要的结果列在表 1 中。

很显然,在表 1 所描述的直接和间接负保护的政策环境中,除了两个国家以外,在其他所有国家中,农业对经济增长所能够做的贡献都受到了不小的限制。只有两个国家(韩国和葡萄牙)的农业保护是正的,其他 16 个国家都是负保护。在负保护率最高的三个国家中,根据上述研究的估计,负保护 20 年来对农业产出的累计影响,从数据的最后一年来看,使产出大约减少了 23%。也就是说,如果没有负保护,在 20 年之末,农业产出本可以多出 23%。对于负名义保护率为中等水平(36%)的十个国家而言,产出损失平均为 16%。负保护率为 16% 的那三个国家,产出损失估计为 6%。

可以想象,对农业进行负保护是为某个或是某一组目标服务。很显然,这个目标不是收入分配均等化(Schiff and Valdés,1992a),因为虽然城市的穷人可以从廉价的食物中获益,但是农村的穷人无论在绝对量还是相对量上都远远多于城市,因此这个政策造成的从低收入的农村向高收入的城市的财富转移是巨额的。然而,向发展中国家进行粮食援助的发达国家对此却一直熟视无睹,并且他们的援助实际上是推动了这种转移。如何解释援助国的这种行为是政治经济学中的一个未解之谜。

如果存在任何对农业进行负保护堂而皇之的理由,那么它一定是:把资源转移到政府和城市居民手里能够促进国民经济增长。我们暂不对因果关系进行分析,先从这 18 个国家的经验来看,歧视农业是否提高了 GNP 的增长率呢?从农业剥削而来的资源是否被用到了生产力更高的地方?答案显然是否定的。把 1965-1984 年间的人均真实 GNP 增长率为因变量,把农业名义保护率各年的平均值作为自变量,做一个简单的回归,我们发现回归系数在 1% 的水平上显著为负,并且 R^2 比较高,为 0.57。回归结果表明,对于负保护率在中等水平(平均为 36%)的那 10 个国家而言,人均 GDP 年增长率很有可能被压低了大约 2.5 个百分点。考虑到刚才提到的关于贸易自由程度(或者开放程度)和经济增长之间关系的研究,这个结果应该不足为奇。如果一个国家对农产品施加高的负保护率,那么可想而知,它在各个经济部门中也实行了内向型的政策。表2概括了以上的分析所用的数据。

表2 价格干预率和GDP增长率(按不同税收程度分组,1960-1985)

(单位:%)

国家类别	名义保护率		年均GDP增长率
	间接	总值	
课税最重国	-28.6	-51.6	3.3
课税中等国	-24.4	-36.4	5.1
课税较轻国	-15.7	-15.8	5.3
农业保护国	-13.6	10.4	6.5

资料来源:Schiff and Valdés (1992a, p.11)。

众所周知,工业国对农业一直进行补贴,60年代以来尤其如此(Johnson, 1973, 1991; Tyers and Anderson, 1992)。欧洲经济共同体、日本和美国所采取的补贴农业的政策,对国际市场农产品的价格起了很大的压抑作用。前面提到的世界银行的研究,在估计保护率时,并未把由于工业化国家的补贴政策而对国际市场价格产生的扭曲反映进去。因此,在发展中国家,农业所受到的实际的歧视要比已有的估计严重得多:如果一个发展中国家生产了任何温带农产品,那么即使它的名义保护率为零,这个国家的农业也会由于发达国家的政策而遭受损失。

三、农业对经济增长的贡献

我相信,现在人们已经再次认识到,如果有适当的政策和环境,农业就可以为经济增长做出许多贡献。这些贡献包括:(1)释放劳动力给非农部门;(2)以不变或者更低的价格提供更多的粮食和纤维产品;(3)将农产品剩余出口,作为外汇的重要来源换取国内无法生产的商品和技术服务;(4)将农业产生的积累投资在农村或者城市的非农活动中。

所有这些现实的或是潜在的贡献,都要求人均农业产出保持连续的增长。没有生产力的持续提高,在一个农业和农业劳动力都占主要地位的经济中,实现非农产业迅速发展是极其困难的。正是通过农业生产力的这种转变,农业和其他部门间的内在联系才变得明显。正是通过穆勒所说的"文明进步",农业所用资源的生产力才有可能显著增长。实现这个进步需要许多种要素,包括知识、科技、道路、通讯、市场、制造业投入、修理服务业以及人的技能。

四、作为一个衰落行业的农业

前面提到,农业对经济增长的贡献之一是,将劳动力转移到非农部门。这个转移对于农村人口经济福利的改善是至关重要的,但是政府的政策普遍都没有接受这一事实。相反,政府一般把农业人口的减少当作政策失败的标志。假如劳动力转移的速度慢于农业劳动力的供给或是需求变更的速度,则农村家庭的收入增长将会比其他部门慢。在农业劳动力比例高的经济中(比如农业劳动力占 1/4 以上),农村人均收入明显低于城市。因此,劳动力的转移必须保持适当的速度,不仅要把农村地区每年由于人口自然增长所产生的额外的劳动力转移到非农业,还需要进一步减少农业中的就业,以消除同等人力资本条件下劳动力人均报酬的不平等。

对于农业相对重要性的下降,以及经济增长必然带来农业劳动力转移这个事实,工业化国家里的政策制订者们一直不愿意接受,现在仍然如此。他们(如欧洲经济共同体)制定了一些农产品价格和收入政策,目的是要阻止农业就业水平的下降,减缓劳动力从农村转移到城市的速度。事实表明,这些政策都不成功,没有达到预定目标。从所有主要的工业化国家过去 30 年的数据来看,农业的保护水平和农业就业水平下降的速度之间没有任何负的相关关系(Johnson, 1991, chapter 11)。实际上,自 1960 年以来,保护水平较高的国家(如日本和欧共体的成员国)农业就业水平的下降速度比保护水平最低的几个国家(如澳大利亚、加拿大、新西兰和美国)要快得多。

很少有政府采取积极的措施促进农村地区的调整,以满足经济增长的需要。这种调整是不可避免的,然而政府至今还不愿意承认这个事实,不愿意承担起责任,以降低这种调整加到农民及农村其他人口上的成本。接受农业就业人口必然下降这一事实,并不意味着一定要让农村人口短期内大量进入城市,尽管这并非不可能。在很多时候,使调整成本最小的办法是,改善在农村经营非农产业的环境,因为这样可以向那些不愿意把人力资本用在农业中的那些人提供就业机会。

怎样改造农村地区才能为创造非农就业机会提供条件?最基本的是,要为农村提供必要的基础设施——道路、学校、通讯、医疗设施、市场、充足的电力供应等。如果这些事情都办到了,那么农村地区就会变得更有吸引力,无论是对农村居民来说,还是对那些想在农村进行投资的人来说,都是如此,而投资对于创造非农就业机会是必不可少的。学校是关键。如果等到农业作为一个就业途径已经变得相对无足轻重时,农村学校的质量和数量才赶上城里,那么这样的农村政策将后患无穷。

可以预计,前苏联从中央计划经济向市场经济的转变,将是个十分困难的过程。之所以如此,原因之一就是他们的农村基础设施无论从哪方面看都很落后,无论是道路、学校还是医疗、通讯,都是如此。由于长期以来忽视农村基础设施建设,当经济发展了以后,劳动力需要从农业转移到其他经济部门时,将困难重重。要使农村地区适合于发展非农产业,而不只是其他与农业直接相关的经济活动,还要花很长时间。

据我所知,没有任何国家的农业部认为兼业农业值得大力鼓励和支持,这反映了政策制定者们在农业调整问题上的短视。对兼业农业的忽视,表现在几乎所有政府的农业部参与的活动中,包括科研、科技推广、信贷、成人教育、农村技术教育等。然而,所有市场经济国家或地区的经历表明,当经济增长时,农业人口所做的调整,在很大程度上是通过从事兼业农业完成的,即一个家庭或一个人同时在农业和非农部门工作。在美国这样商业化程度很高的国家,近些年里,农村家庭中超过60%的收入来自于非农产业,只有不到1/4的农场属于全职农场(定义为家庭收入中有1/2以上来自于农业)。在日本、中国台湾省和德国,兼业农的比例就更大了。对于数以百万计的农户而言,他们喜欢住在自己乡间的家里,无论住宅呈零散分布或是集中于村庄里都一样。但是只有当农村居民找到非农工作,并且可以在工作之余兼顾农活,他们才能够享受这种生活。在工业化国家,住在农村的大部分人得以分享经济增长带来的收入提高,这就是兼业农的好处所在。假如农村地区不能够提供大量的非农就业机会,那么就不可能有兼业农业的发展,也就不会有多少人愿意留在农村,如果有很多人滞留在农村,那他们的收入肯定很低。假如兼业农业不可能发展,那么剩下的途径就只能是大量向城市移民,或是在农村聚积大量的穷人。

五、农业组织形式的另类选择

现在,中欧和东欧国家正试图决定如何调整农业的组织形式。我希望,新的组织形式的目标是,为经济增长和农业人口的福利改善做出最大的贡献。波兰在社会主义时期的经验表明,仅有土地的私有化本身还不足以提高农业的生产效率。我在以下几个段落中想表达这样一种简单的意思:要想提高农业的效率,仅仅决定农业生产的组织方式是远远不够的。政策的整体设计必须是适宜经济发展的,这就要求在基础设施的建设上不歧视农村地区,为农村提供运行有效的生产要素的供应和产品营销体系,为农村提供充足的农药、机械、石油产品和电力等农业生产要素,允许农村的各种团体在适当的约束下,在如何处理外部性(externality)问题上做符合自己最佳利益的选择,更不应该为了城市消费者或政府财政的利益干预农产品价格。

农业资源的组织方式是当前经济转型或转轨的重要问题。可供选择的方式是多种多样的,从维系大型农村组织(如合伙股份企业)到创建小的合作式家庭农场,不一而足。农村土地所有制的安排不仅是一个政治问题,它更是一个经济问题。在适当的政策、法律和制度安排下,各种不同的土地契约安排(tenure arrangements,指农民或农民团体得到土地使用权的合同条款)都可以是有效率的。该契约安排可以是所有权、使用权或是各种各样的租约安排,租金可以是用现金或实物支付的固定租金或分成租金。

在美国,任何土地契约安排都可能存在,但是最常见的组织形式是家庭农场。在家庭农场中,最普遍的是部分所有权制,即经营农场的家庭拥有一部分土地,再租用一部分土地。对于中欧和东欧国家,重要的是不要让过去的阴影重返——不能再把土地租赁变为非法,也不要再加上各式各样苛刻的条件使土地租赁变得无利可图。要使土地的租赁促进农业资源的有效利用,那么土地的租赁市场就必须形成竞争,而不应该允许地方当局在农田租赁上行使垄断权力。政府垄断租赁市场的方式或者是规定由政府设定租金,或者是政府决定谁有权承租土地,而不是根据合情合理的标准,比如谁过去支付租金更足额、准时等。我之所以强调这一点,是因为前苏联的一些加盟共和国可能要在很长时间以后才会允许农田的私有制。在此之前,要想让家庭或小规模的合作农场经营下去,就必须明确农场经营者耕种农田的条件,把人为的不确定性减少到最低限度。如果在土地的所有者和经营者之间发生分歧,应该有独立的机构出面解决这些分歧。这些程序当前基本上都不存在,因为这些国家的法律体系并不独立于行政体系。

中国 1978 年以来在农业和农村改革方面的成就表明,并不一定要等到所有的体制都十全十美以后,农村居民才能对经济发展做出重要贡献。根据中国的经验,只要政府逐步放松对农村人口经济行为的限制,允许市场形成和发展壮大,则农村的人们会比在过去旧的公社体制下更勤奋更有效地工作。但是,压制农村居民创造力的不仅仅是改革前农村的组织形式,许多束缚农村人口经济行为的条条框框也起到了重要的作用。在改革初期,几乎所有个体或私营非农经济活动都受到禁止,如直接向城市出售产品,从事手工业生产或简单的制造业,或是以盈利为目的的商业活动;个人不允许拥有生产工具,如卡车、拖拉机等。当这些限制在 80 年代早期被逐步取消后,各式各样的农村生产活动都得到蓬勃发展。在 1979-1984 年间,农业生产以空前的年均 7% 的速度增长,农村工业的产出增长速度远远高于城市里享受政府大量补贴的大型国有企业。

中国的农民现在基本上可以按照自己的意愿安排生产,虽然还是有一些政府订购任务的压力，要求他们向国家出售一定数量的农产品，如粮食、油菜籽、棉花等。土地的所有权不属于农户，土地调整时有发生，以致他们没有把握明年是否还可以继续耕种今年耕种的土地。尽管如此，农业生产仍然取得了令人惊叹的成就。诚然，有证据表明，中国的农业存在着对保持和提高土地生产力投资不足的问题。这是可想而知的，因为在长期经营权不稳定的前提下，人们没有积极性进行长期投资。中国还有一些既可以增产又可以提高资源使用效率的改革尚未进行，但是尽管有这些缺憾，农民真实收入仍然得到了提高，农业生产和农村居民非农就业都高速增长，这些都是很了不起的成就。

六、结论

回顾农业在经济增长中的作用这一主题，我们清楚地看到，穆勒和马歇尔都在此问题上有过许多精辟的见解，但是在二战以来的几十年间，这些思想在发展中国家制定农业政策时都被忽视了。然而，没有理解这些早期思想精华的远不只是政策制订者们，许多经济学家在研究经济发展中农业的作用时，也没有能够继承历史的精华，而是采取了一种不同的，在我看来浅薄得多的分析思路。柯林·克拉克曾经做过大量的实证研究，但是其研究结果也未能被这些经济学家的模型所吸纳，这些理论模型为剥削农业和农民提供了依据，虽然这不一定是模型创立者的初衷。

当重新思考近些年来与经济发展中的农业作用这个主题相关的思想和政策时，我感到有一个很重要的事实常常被人们忘却，这就是：农民和我们其他人一样聪明。如果有人认为可以长期剥削农民而不用为此付出代价的话，那他就大错特错了，承受其后果的不仅仅是农民，而是我们所有人。

参考文献

Alam, M. S., 1991, "Trade Orientation and Macroeconomic Performance in LDCs: An Empirical Study", *Economic Development and Cultural Change*, 39: 839-848.

Binswanger, H. P. and Scandizzo, P. L, 1983, *Patterns of Agricultural Protection*. Rep. ARU (Agriculture and Rural Development Department, Research Unit, Report) No.15, World Bank, Washington, DC.

Clark, C., 1951, *The Conditions of Economic Progress*, London: Macmillan.

Clements, K.W. and Sjaastad, L.A., 1983, *How Protection Taxes Exporters*, Thames Essay 44, Trade Policy Centre, London.

Diakosavvas, D. and Scandizzo, P. L., 1991, "Trends in the Terms of Trade of Primary Commodities, 1900-1982", *Economic Development and Cultural Change*, 39: 231-264.

Dollar, D., 1992, "Outward-Oriented Developing Economies Really Do Grow More Rapidly: Evidence from 95 LDCs", *Economic Development and Cultural Change*, 40: 523-544.

Fei, J. C. H and Ranis, G. M., 1964, *Development of a Labor Surplus Economy*. Irwin, Homewood, IL.

Hayami, Y. and Ruttan, V.W., 1985, *Agricultural Development: An International Perspective* (Revised and Expanded Edition). Baltimore, MD: Johns Hopkins Press.

Johnson, D.G., 1973, 1991, *World Agriculture in Disarray*, 1st edition (1973), revised edition (1991). London: Macmillan.

Jorgenson, D.W., 1961, "The Development of a Dual Economy", *Economic Journal*, 71: 309-334.

Krueger, A.O., 1980, "Trade Policy as an Input to Development", *American Economic Review*, 70: 288-292.

Levine, R. and Renelt, D., 1992, "A Sensitivity Analysis of Cross-Country Growth Regressions", *American Economic Review*, 82: 942-963.

Marshall, A., 1936, *Principles of Economics* (8th Edition). London: Macmillan.

Mill, J.S., 1920, *Principles of Political Economy*. London: Longman S. Green.

Miller, T. C., 1986, *Explaining Agricultural Price Policy Across Countries and Across Commodities Using a Model of Competition Between Interest Groups*. Ph. D. dissertation, Department of Economics, University of Chicago, IL.

Prebisch, P., 1959, "Commercial Policy in the Underdeveloped Countries", *American Economic Review*, 49: 251-273.

Schiff, M. and Valdés, A., 1992, *The Plundering of Agriculture in Developing Countries*, World Bank, Washington, DC.

Schiff, M. and Valdés, A., 1993, *A Comparative Study of the Political Economy of Agricultural Pricing Policies*. 4. Synthesis: The Economics of Agricultural Price Intervention in Developing Countries, World Bank, Washington, DC.

Schultz, T. W., 1964, *Transforming Traditional Agriculture*. New Haven, CT: Yale

University Press(Reprint: University of Chicago Press, 1973).

Tyers, R. and Anderson, K., 1992, *Disarray in World Food Markets: A Quantitative Assessment*. Cambridge, UK: Cambridge University Press.

政府在农业和农村生活中有限而必不可少的作用*

能被邀请在第七届埃姆赫斯特纪念讲座(Elmhirst Memorial Lecture)上发表演说,我感到非常荣幸。我的老师、同事和朋友西奥多·舒尔茨(Theodore W. Schultz)是这一系列讲座的首次讲演者,我非常高兴能够同他和其他杰出的学者在同一个讲台上讲演。

在许多国家,政府在农村社会中的作用,近年来已经发生了很大的变化,并且这种变化还仍在继续。其中,中国在减少政府干预方面的成效最为显著。中欧和东欧正在发生的变革也给人留下深刻的印象。但其进程却相对混乱,缺乏明确的指导思想,因而其潜在结果也具有很大的不确定性。不过有一点是可以肯定的,那就是,不论具体的政策选择是怎么样的,政府将来对农业生产和市场决策的干预都会大大减少。但是,政府在某些方面仍然具有非常重要的作用,遗憾的是,这种作用在中国却受到了某种程度的忽视。

与东欧转轨经济国家和中国不同,北美和西欧的政府在农业中所起的作用仍然和20年前相似。不过情况正在发生改变,尤以新西兰的变化最为明显。推动该种变化的有两种力量。首先,从单边的情况(各国内部)来看,人们逐渐认识到工业化国家对农产品的价格支持和补贴政策给纳税人

---

* 原文题为"The Limited but Essential Role of Government in Agriculture and Rural Life",是为1994年8月24日国际农业经济学协会在津巴布韦首都哈拉雷举行的埃姆赫斯特纪念讲座准备的。文章发表于G.H.Peters和Douglas D.Hedley主编:《农业竞争力:市场力量与政策选择》(*Market Competitiveness:Market Forces and Policy Choices*),达特茅斯出版有限公司(Dartmouth Publishing Company Limited),1995年,第8-22页。

带来的负担过于沉重,无法继续维持下去,因此需要进行改革。其次,从多边的情况(国与国之间的相互制约)来看,为了取得工业品市场和服务市场的进一步开放,那么就必须减少农业保护。凯尔恩斯小组(The Cairns Group)明确地告知我们,如果工业化国家要参与关税与贸易总协定(GATT)的谈判,它们就必须削减对农业的保护。

由此可见,现在正是重新考虑政府在农业和农村生活中的作用的一个契机。由于世界上大多数国家都有过类似的经历(对农业进行干预),我们希望能够从中学到一些东西,来具体地分析政府在农业和农村中的作用。

一、个人学术经历的回顾

自从我发表第一篇学术论文,至今恰好有五十周年了,那篇文章的主题就是我今天演讲内容的基础。那篇论文的题目是"价格政策对农业收入和资源问题的影响"(Johnson,1944)。其中一个主要的观点是,如果价格政策被用于帮助人们形成准确的价格预期,而不是提高农产品价格的平均水平,那么价格政策就能够改善农业资源的使用效率。众所周知,当预期价格较高时,农民会使用过多的资源,当预期价格较低时,资源会出现闲置,因此如果存在一个准确的价格预期,那么就可以改善资源的配置状况。另外,减少农产品价格的不确定性,还可以消除对农业获取资金的限制,因此也是有益的。大萧条在我的记忆中依然历历在目,我相信对获取信贷的限制是造成当时农业资源使用效率低下的一个主要原因。将劳动力和资本在经济其他部门中的报酬率与它们在农业中的报酬率相比,我们可以清楚地看出,美国的农业使用了太多的劳动力,投入了太少的资本,其中的原因之一就在于对农业的信贷支持不足。①

那篇文章的另外一个主要观点是,价格政策在调整农业内部的收入分

---

① 无论我1944年的观点是否正确,有一点却是相当清楚的:在今天的工业国家,生产大部分农产品的商业化农业企业得到了资本和信贷市场良好的服务。他们可以在许多的金融工具进行选择以减少风险,这对于把信贷成本保持在一个合理的水平是需要的,也是必不可少的。

配,缩小农业与非农业家庭的收入差距等方面,所起的作用并不是很大。当把价格抬高到均衡价格之上时,只会增加农业中的收入不平等,而对缩小农业和非农业劳动力报酬之间的差距只起微乎其微的作用或者根本就没有作用。

那篇文章还指出,造成农业劳动力收入和报酬低下的原因有三个。第一,农业中存在过剩的劳动力资源,降低了劳动力的边际产出;第二,农村地区对人力资本(营养、健康和教育)的投入水平较低;第三,在农业资源流向非农业部门的过程中,存在着过高的成本和壁垒,从而阻碍了对农业剩余的劳动力资源进行必要的调整。这些原因对于今天发展中国家农村劳动力收入较低的状况,仍然有很强的解释力。价格政策并不能显著增加人力资本投资水平或者降低流动成本(Johnson,1944)。如果农民要对经济增长做出最大的贡献,要全面地分享经济增长的好处,那么发展中国家的政府就必须在上述方面有所作为。

讲到这里,也许有人会以为我是自由主义者,其实不是这样。自由主义(*laissez faire*)这个概念经常被滥用(Viner,1960)。本文的主张是,应该找出那些市场不能发挥作用而政府却能有所作为的领域,在这些领域,如果政府采取了合适的政策,农村人口的福利会得到改进。遗憾的是,许多发展中国家都存在这样一种倾向,即"把一切交给市场"(包括研究领域和教育领域),忽视政府在提供公共物品方面的作用。当然了,有一点需要特别注意,政府对产品市场和要素市场的干预,不能以损害农村人口的利益为代价,发展中国家的政府往往做不到这一点(Schiff and Valdés,1992)。

我在1944年的文章里提出的关于价格政策对农村收入水平和收入分配影响的论点,是否经受住了时间的检验呢?在过去的半个世纪中,价格政策在解决农业收入问题上的确只起到了有限的作用,在这一点上,事实与我的料想完全一致。工业化国家价格政策的实际经验表明,期货价格的概念在政策的操作中是无法把握的,我在后来也接受了这一点(Johnson,1951)。然而,没有一个政府相信,价格支持政策的作用应该是提供对均衡价格的最佳预测。

在期货价格方面,我的另外一个建议是,在实施期货价格中所隐含着的价格保障时,应该注意使用其他有效的措施而不是单单依靠对市场价格的干预。当市场价格低于期货价格约10%时,应该给农民额外的支付(Johnson,1947)。这种支付现在被称为“补偿支付”(deficiency payments),美国和欧共体都将之用于降低过高的支持价格对生产、消费和国际贸易方面带来的负面影响。[①] 我还建议把仓储与期货价格一并使用,但是在决定仓储量时,其目标是尽可能地接近在没有资本约束下,民间市场中应有的库存量。换句话说,目标应该是,在考虑到生产者和消费者共同利益的前提下,最大化储存商品的期望价值。

二、我们从以前的经历中学到了什么?

1. 新近的研究

由于众多经济学家的研究成本,人们对于政府对农业投入和产出市场的干预规律的认识得到了很大扩展。对发展中国家价格干预的大概形式,以及1980年以前发达国家和发展中国家在价格干预上的对比,较早就有一些共同的认识(Schultz,1978)。宾斯旺格和斯坎蒂佐首先对农业保护模式进行了系统的实证研究(Binswanger and Scandizzo, 1983),随后的研究,特别是噶德纳(Gardner, 1987)、安德森和速水(Anderson and Hayami, 1986)、米勒(Miller, 1991)和斯温南(Swinnen, 1994)的研究,把政府对农业干预的研究纳入了清晰的理论框架,并扩展了早期的实证研究。

米勒(Miller,1991)通过实证研究发现了几个规律,这些规律与国民经

① 与通过改变市场价格实现价格目标相比,补偿支付,如在美国实行的那样,可以用多种方式限制其数额,所以更有优势。付款数额可以根据某个过去的产出水平或者某个固定的配额来决定,而且实际上也越来越这样做。其优势为,这种支付成为一种收入的转移支付,与当前的产量没有关系,因此不会影响生产决策。欧盟粮食部门现在使用的“补偿金”与此类似。补偿支付也可以用于影响生产决策,在1973年以前,英国政府一直根据“保障价格”与农民实际得到的市场价格之间的差额,对农民进行补偿。除非补偿支付真正实现了与生产脱钩(这种情况现在为少数),那么即使国内价格与国际市场价格相同,它也具有隐性出口补贴的作用。

济及农业的重要特点有关，也与政府对市场的干预有关。政府对市场的干预以名义保护系数来表示，它度量的是某种产品的离岸价格和国内生产者所得之间的差异，既可以是正值也可以是负值。在上述规律中，最重要的一条是，名义保护水平和下列各项之间存在显著的负相关：

(1) 农业劳动力的比重；

(2) 人均可耕地的数量；

(3) 该种农产品出口比重(进口记做负出口)；

(4) 由小型农户生产的该产品比重；

(5) 该产品属于热带饮料。

名义保护水平和一个国家农业劳动力比重之间之所以存在反向关系，是因为在名义保护水平和实际人均国民收入之间存在显著的正向关系。众所周知，农业劳动力比重和实际人均国民收入之间存在紧密的负向关系。这个关系，对每个国家的不同时期，给定某个时期的不同国家，都是成立的。当人均收入大约是 2 000 美元(1980 年美元)时，东亚实现了从负保护到正保护的转变。对任何特定的国家来说，人均收入在什么水平时保护变成正的，取决于影响保护的其他因素，如人均可耕地数量、自给自足的程度等等。

使用名义保护率存在着明显的缺陷。休赫(Schuh，1968，1974)证明，高估的汇率和对制造业部门的保护会对农业造成相当坏的影响，但是这些影响在名义保护率中却得不到反映。卡夫勒和芒德拉克(Cavallo and Mundlak，1982)在他们的开创性研究中，从经验上估计了全部经济政策(宏观经济政策、贸易政策和汇率政策)对阿根廷农业发展的破坏性影响。

世界银行曾经在安·克瑞格、莫瑞斯·斯契夫和阿尔伯托·韦尔德兹的主持下进行了一项研究(Krueger，1992；Schiff and Valdés，1993)，该研究扩展了我们关于发展中国家的政府政策对农业影响的实证知识。通过对 18 个发展中国家的分析，该项研究明确地指出，在绝大多数的情况下(18 个国家中的 16 个)，农民被征税，而且农产品出口与进口相比被征收了更重的税。

世界银行的研究是非常重要的，因为它系统地一致地估计了各种政策(如宏观经济政策、汇率政策、工业保护政策以及影响农业的部门政策等)

对农业生产绩效和农民收入的影响。农业政策制订者经常意识不到,对工业产品的保护,对汇率的高估,相当于变相地对农业征税,而且在大多数情况下,这些措施比一些直接干预(如出口税、价格上限和国家收购等)对农业造成的伤害还要严重。就18个国家平均而言,直接价格干预的负效应相当于农业产值的8%,而间接税收(即对工业产品的保护,对汇率的高估)造成的负效应相当于农业产值的22.5%,直接和间接干预带来的负效应总和,相当于农业产值的30%(Schiff and Valdés,1992)。这意味着,与自由贸易和均衡汇率情况下农民应有的收入相比,他们的实际收入减少了30%。许多发展中国家对农业的直接保护是正的——在官方汇率下国内价格高于世界市场价格——但是同时考虑到间接措施的话,总的保护就变成了负的,而且非常显著。斯契夫和韦尔德兹总结道(Schiff and Valdés,1992,p.7):"平均而言,直接和间接干预的净效果是从农业转移出巨额的收入,在1960-1984年间,该数量占农业国内生产总值的比重每年都在46%左右"。

很显然,这么高的间接税税率影响了农业产出的增长。直接和间接干预的总负效应最大(-52%)的三个国家,20年内产出下降了36%;总负效应次之(-36%)的十个国家,农业产出减少了24%;而总负效应最低(-14%)的三个国家,农业产出下降了14%(Schiff and Valdés,1993)。

当然,有充分的证据表明发达国家也对其农产品提供了很高的名义保护率(Webb et al,1990;OECD,1987,1993),并且保护水平从50年代中期以来急剧上升(Johnson,1991)。

与自由贸易的情况相比,工业化国家的农业保护增加了农产品出口,减少了农产品进口,压低了国际市场农产品价格,增加了国际市场的不稳定性,限制了发展中国家农民的市场机会(Tyers and Anderson,1992)。在大多数工业化国家,高昂的农产品市场价格增加了农业产出,抑制了国内农产品消费,由此造成的过剩的农产品通过出口补贴进行处理,而不考虑对国际市场的影响。我敢断言,美国或欧共体从未因为会影响到不实施出口补贴的低成本生产国的出口收入而限制其出口补贴的数量。

大多数OECD成员国往往优先考虑国内生产者和消费者的价格稳定,

然而,它们追求国内价格的稳定性增加了国际市场价格的不稳定(Johnson,1991;Tyers and Anderson,1992),没有一个国家认识到这一点或对此表示关注。有的国家通过控制进出口来保持国内价格的稳定,迫使其他国家吸收需求和供给的变化,从而给其他国家的经济造成了很大的不稳定。事实上,富国实现国内价格稳定,是以增加那些国民经济依赖进出口的发展中国家的价格不稳定性为代价的。斯契夫和韦尔德兹(Schiff and Valdés,1992)注意到,许多发展中国家也实行稳定消费者和生产者价格的政策,因此也会造成国际价格的不稳定。

2. 政府干预在发展中国家和发达国家的不同作用

发展中国家和发达国家政府价格干预的大量证据清楚地说明,发展中国家的政府剥削了农民(通常是为了少数城镇居民的利益);相反,发达国家的政府却正在试图帮助农民。于是我们看到如下荒唐之事:在发展中国家,农民相对贫穷,城镇收入比农村收入高出许多,农村人口却被课以重税;在工业化国家,农民相对富裕,却是施舍的接受者,尽管他们不将之称为施舍。这其是咄咄怪事。

进口替代政策的支持者以及优先发展工业的观点认为,发展中国家对农业征税是正确的(Johnson,1993)。20 世纪五六十年代,几乎所有的发展中国家都实行进口替代政策,它们期望在对农业造成很小的负面影响甚至没有影响的情况下,能够把实物资源和金融资源从农业转移到制造业等生产率更高的部门。如果这种观点是正确的,那么农业税率和经济发展之间就应该存在一种正向关系,而世界银行的研究清楚地表明,实际情况并非如此。1960-1985 年,农业税率和国内生产总值之间存在很强的负相关关系。对农业提供适度保护的国家,其增长速度几乎是高度征税国家的两倍(Schiff and Valdés,1992),普通国家和适度征税的国家比重税国的 GDP 增长速度分别快 55% 和 61%。通过政府干预把资源从农业部门转移到工业部门以提高经济增长率的举措,即使在理论上是可行的,在实践中发展中国家的政府也没有能够找到与此相应的政策组合。

即使确实存在一种可以增进福利的市场干预手段,也不能认为选择该种市场干预是应该的。过去的经历(其中大多数是损害农民利益的)说明市场干预可能会给我们带来许多负面后果。即使在发达国家,其对农业的正保护所带来的利益并没有转移到农业劳动力、农业资本和农业管理者上,即没有给农民(土地业主除外)带来多少好处(Johnson,1944,1991)。然而在发展中国家,农民却因为农业的负保护而受到伤害。为什么会有这种差别呢?这是因为在发展中国家和发达国家,农业劳动力、农业管理者和农业资本(而非土地)的供给状况是不同的。随着经济增长,土地以外的农业资源投入的供给弹性会增加。在低收入国家,农村就业占国民就业比重很大,农村劳动力和管理者的供给弹性相对较低,农业资本在很大程度上依靠自给自足。此时,所有的资源都要分担农产品价格降低所造成的收入损失,而不仅仅是土地。因此,发展中国家对农业征税造成的全部或大部分收入损失不会由土地业主承担,劳动力和资本也会蒙受损失。

为什么劳动力、管理者和资本的供给弹性会随着经济的增长而增加呢?实际人均收入的增长和农业重要性的相对下降是和很多因素相联系的,这些因素促进了资源在农业和国民经济其他部门之间的转移。他们包括:农村地区教育水平的提高、通讯条件的改善(电话、收音机、电视)、个人运输成本的大幅度降低(改良的公路、公共汽车、卡车、轿车)以及城镇和农村地区的非农就业所占份额的增加。农业劳动力和管理者的供给弹性随着实际人均收入的增长而增加的证据是,随着农业劳动力比重的下降,农村和城镇地区人力资本报酬的差异逐渐缩小。

发达国家农业政策制订者的一个错误预期是,对农业的正保护会减缓人口从农村向城市的迁移。从20世纪50年代中期到80年代中期,西欧和日本虽然对农业采取了很高的保护措施,但是农村劳动力的减少速度并没有因此比其他采取低保护政策的工业国更慢。农村劳动力减少速度最慢的是北美、澳大利亚和新西兰(Johnson,1991)。我并不想论证高保护率和劳动力从农业迅速流出之间一定存在着因果关系,尽管已故的皮埃尔·拉蒂诺斯(Pierre Lardinois,前欧共体农业委员会委员)用一个比较合理的事实证明了这种联系。①

我只是认为很高的名义保护率并没有减少,更不用说阻止劳动力从农业流出。历史清楚地表明,无论保护率是高还是低,农业的劳动力就业都将持续下降。因为高保护率不足以显著地增加投入到农业中的劳动和管理者的报酬。世界各地的政策制订者都没有认识到,一旦农业和经济的其他部分实现良好整合,那么它的劳动供给弹性就会增大,而且,农村劳动力的报酬主要是由劳动供给因素而非需求因素决定的。农业产出的价格只能影响对农业劳动的需求,而不会影响农业劳动的供给。如果你纵览 OECD 国家的情况,就会发现,各国在农业和非农业实际劳动生产率之间的差异要远大于可比较的劳动收入之间的差异。

为什么政策制订者希望减缓劳动力从农业向其他行业转移的速度呢?一个可能的理由是:过于迅速的转移会破坏农村社区的活力。然而,充足的证据表明,在农业就业和农村人口之间并不存在确定的关系。1965 年,中国台湾省有 46% 的劳动力从事农业;而到了 1990 年,这个比例只有 13%。但是,1990 年农村家庭的数量几乎和 1965 年相同。在中、高收入国家,农村社区的命运不再依靠农业,而是依靠农村社区作为生活和工作之地的吸引力。这种吸引力取决于农村地区的基础设施是否能在多样性、数量和质量方面做到与城镇相同。

3. 信贷

政府对信贷市场的干预和对产品市场的干预一样普遍。在所有的农村社区中,有三类人被认为是贪得无厌的——地主、商人、银行业者(包括放

① 在 80 年代中期的私下讨论中,皮埃尔·拉蒂诺斯(Pierre Lardinois)指出,大商业化农场主从共同农业政策保证的稳定的农产品高价格中获得的好处远多于小农户和兼职农民,稳定而高昂的农产品价格使商业化农场能够以优惠的条件获得贷款。假定大型农场经营者的生产力高于小农场,或者存在规模经济,大农场就会发现扩张有利可图,并且可以比家庭农场出更高的价格购买到任何可以得到的土地进行规模扩张。1970 到 1990 年间,欧共体九国 50 公顷以上的农场数量的变化,以及全部农地增加的比例,和他的预测是一致的,尽管其他因素也是重要的。休赫(Schuh 1974)在更早的研究中为同样的结果提供了分析基础,但是我相信拉蒂诺斯的结论是以他对欧共体农业的观察为基础的,包括他作为农业委员的经验。

贷者)——这三类人基本上都要受到政府管制,或者面对政府在相关领域进行补贴而对它们造成的影响。

农民长期以来一直相信,银行业者和其他放贷者对他们的生活掌握极大的权力。但是当政府直接提供补贴贷款时,这种权力转移到了官僚的手中。如果这种补贴贷款通过私人信贷机构提供,那么私人经办人员的权力就增加了。当信贷交易中存在利润空间时,一个人能否得到贷款在很大程度上是由预期利润的多少决定的。但是当贷款受到补贴,不能偿还贷款或利息造成的损失由政府承担时,需求将会超过供给,关于哪个人应得到贷款的决策就会变得武断了。事实表明,在相当多的情况下,更大和更富有的农场主会从补贴贷款中获益。①

4. 其他要素投入补贴

要素投入补贴也许是增加能够提高生产率的新技术采用率的一种有效方法。对一种或几种与新技术相关的要素投入(比如化肥、杀虫剂或种子)进行补贴,能够提高新技术的盈利概率,同时降低风险。因此,鼓励尽早和迅速采用能够盈利的新技术,将会获得净福利的增加。要素投入补贴将会减少农民获取知识的成本。

这种观点和为保护幼稚产业而征收关税和实施补贴的观点异曲同工。其理由为:对与新技术相关的要素投入进行补贴或者对幼稚产业进行关税保护,能够取得社会福利的净增加。然而,该政策也有风险,经验表明,补贴或关税在获得社会福利净增加之后仍将长期持续下去,幼稚产业从未成熟,新技术的应用也从未真正地扩展开来。并且,在这两种情况下,都会产生既得利益者。比如,在对农业进行要素投入补贴的情况下,投入品的生产者就会受益很大(Krueger,1992)。

---

① 对农村信贷补贴的一个重要的分析(Von Pischke et al.,1983,p.10)做出了以下评论:“证据表明,使利率保持较低水平的政府政策,对穷人有歧视。廉价的贷款实行配给制,获得贷款至少部分是由政治因素决定的,从而为贪污腐败、任人唯亲、徇私舞弊提供了机会。挑选出来的相对富裕的和有权力的个人或家庭更易于得到优惠贷款的好处,弱势阶层获得贷款变得更加困难。”

5. 理顺价格

近几年来有大量关于“理顺价格”重要性的争论。有的研究得出一种似是而非的结论，即因为农业产出的短期供给弹性相当低，所以农业产出的增长更多地依赖于生产率的变化和诸如化肥等投入的供给，而不是实际的产品价格(Narain，1976)。且不说化肥的供给本身就与价格是否被理顺密切相关，而且世界银行的研究清楚地表明，如果在当今价格扭曲十分严重的情形下，如果不理顺价格对农业生产增长的负面影响将是巨大的，可以持续二十年。如果价格扭曲到相当程度(正如许多发展中国家那样)，它就会通过破坏激励机制而影响到其他所有方面——教育、研究、农业要素供给等等。显然，一个有生产力的农业需要的远不止是“理顺价格”，政府也应该在相关方面有所作为，这正是我下面要讨论的。

三、需要政府有作为之处

在考虑政府的恰当角色时，我们需要认识到，具有成为有效率的分析家、管理人员和公务员所必需的人力资本的人才是极端缺乏的，特别是在发展中国家。这种人力资本必须有效地利用，而且应该用在能够产生最高边际社会产出的地方。从20世纪60年代到80年代，发展中国家经常把稀缺的人力管理技能和分析能力大比例地配置在准国营单位(parastatals)以及其他形式的市场干预和市场控制上，这种做法究竟造成了多大程度的损失，至今没有得到确切估量。

1. 公共产品的提供

很久以来人们就认识到，一个国家的资源要得到有效地利用，许多非常重要的物品和服务需要由政府提供。这些物品和服务是竞争性市场根本无法提供的，或者提供的数量少于最优的数量。这些物品包括消费不具有排他性的公共物品，如法律和秩序的维护、民权的保护、国防、公园、农业研究和某些形式的信息传播(如广播和电视)等等;一些能够实现消费排他性的特殊物品和服务,比如公路,通常也被视为公共物品。一般的观点认为,对所有的公路收费会急剧减少公路对国民福利的净贡献,因此收费公路只能是公路建设中的一种特殊情况,不能普遍采用。

2. 竞争性市场未必是最优的

还有另外一类物品和服务,政府通常也发挥主要作用,或者是作为规划者或者供给者。这些物品和服务,或者因为规模的限制,竞争性市场不能提供足够的数量;或者因为仅被部分人口使用,而没有达到社会最优的使用数量。后者是提供初等和中等义务教育的根据,如果家庭必须支付全部或者大部分的教育成本,那么,一般来说,贫困家庭在教育上的投资将少于富有家庭,从而导致收入、政治和社会上更大的不平等。全民医疗保健的情况也是类似的。

因为第一个埃姆赫斯特讲座演讲者西奥多·W.舒尔茨(Schultz,1964)的开拓性工作,人力资本投资在经济增长中的重要作用越来越受到人们的关注。普及初等和中等教育进行的人力资本投资,不仅会对经济增长做出重大贡献,而且也会抑制随着经济增长而加剧的不平等现象。在这方面,中国台湾省和韩国为发展中国家提供了重要的经验。他们很早就对普及初等和中等教育给予了充分重视,因此,不仅获得了经济的快速增长,而且避免了不平等现象的进一步恶化。

3. 基础设施的建设

农村基础设施的建设没有像在城镇地区那样得到关注和重视,社会主义国家的状况尤其如此。对公路建设的忽视,造成了许多农村因为现有公路路况不佳,常年或一年中的大部分时间无法通行卡车、公共汽车或摩托车。在未来几十年内,前苏联对公路建设的忽视,还将继续影响许多农村地区的经济活力。中国同样忽视农村公路建设。在农村地区,政府希望当地农民通过税、费和出义务工的形式直接为公路建设出力,而在城市,公路和街道建设的资金却来自从全国筹集的预算基金。

4. 对研究的支持

近来,发展中国家之间的粮食生产增长率出现了很大的差异,这在相当大的程度上是由农业研究这种公共物品提供上的差异造成的。充足的证据表明,投资于农业研究有很高的回报率(Evenson et al,1979),它的投资回报远高于那些“光环性”或“业绩性”的农村投资,如大坝和灌溉项目。发展中国家在支持农业研究方面做得并不是很差,过去30年,特别是前20年,农村研究支出的增长率足以令人满意。但是取得高回报的空间仍然很大,未来的投资可以适度做些调整。遗憾的是,近来发展中国家和发达国家对农业研究的支持力度开始下降,这引起了相关人士的密切关注。

5. 信息

市场信息对于市场的有效运行是非常必要的。在发展中国家和转轨国家中,此类信息不可能由市场制度充分地提供,而且政府几乎没有采取任何措施来系统地提供市场信息,转轨国家尤其如此。市场越是分割,越不完全,那么关于价格地域差异的信息就越有价值。现在随着无线电通讯的普及,市场信息的传播既廉价又迅速,主要的成本在于信息的获得,但是这个成本相对于它对有效市场的发展所做的贡献而言,是比较低的。

6. 制度

我曾经指出,政府如果希望农民从他们的人力资源和物质资源中得到最大化的收入,就必须提供适当数量的公共产品以补充由竞争性市场提供的产品和服务。政府也必须采取积极的竞争政策(包括国际贸易自由化的政策),或者在竞争政策不足时通过规制手段,有效地限制垄断。改革前的欧洲社会主义国家和中国,农业部门低效率运行的一个主要原因是农场面临着各个方面的垄断。社会主义经济的实践明确表明,垄断是生产率的敌人,不论垄断者是私有的还是公有的。事实上,公有垄断组织比最强的私人垄断都更有势力,破坏性也更大。至少,私人垄断组织以赚取利润为动机,这就把其剥削数量限制在对其有利的范围内;而公共垄断组织的行为似乎没有类似的限制。

产权的清晰界定和实施在为高效农业创造激励方面,发挥着主要的作用。没有明确的产权,对农业的投资量就会少于最优的投资量。尽管我相信农地的私有制要优于公有制,但无论在哪种情况下,土地使用权的清晰界定和实施都是必要的。既定的权利必须是有保障的,不受政府和私人实体的武断行为的干扰。

如果有外部性存在,产权不必也不应该是绝对的。例如,如果从我的农田里排放出的废物损害了你的农田,你要求我补偿损失或者把排放量减少到可接受的水平是合理的。因为时间既不允许我们继续探索取得合适的环保水平所需要的对产权的限制,也不允许我们继续探索市场激励在其中能够起到的重要作用。

7. 困难重重的改革

对于任何一项市场干预最强有力的反对理由也许是,这种干预是非常难以消除的,即使环境已经发生了根本变化,最初的基本原理已经不再适用时也是如此。美国现在的农业价格政策,是在大萧条时期为了减轻农民的实际经济贫困而提出的。60 年已过,基本政策框架依然如故,尽管现在农村家庭的收入已经等于甚至超过了城镇家庭的收入。当然,相对收入的变化不是价格政策的结果,而是由于全国劳动力市场的一体化和资本市场的一体化。

8. 农业方面的调整

政府的干预体现在多个方面,但有一个领域,政府却无所作为,那就是农业调整方面。经济增长时,政府很少(如果有的话)采取政策或者措施降低农业的调整成本。通常的做法是或者对这个问题视而不见,或者试图通过保护政策阻止调整的发生。后者最多只是延缓了调整,而不能阻挡调整。

农业是一个正在衰落的行业,这是无法逃避的事实。

发展中国家的政府应该从工业国农业政策的失败中吸取教训。政府行为的一个主要作用应该是,帮助农业和农村人口做出调整,以适应农业就业机会的减少。这意味着政府干预的重点应从产品市场转移到要素市场(尤其是劳动力市场)。农民福利的增加更加依赖于劳动力市场而不是产品市场,可是政府却没有采取适合于劳动力市场的行动,例如信息和教育方面的行动。正如前文所提到的,政府最大的失误是对农村教育的忽视。

大量的证据表明,当得到更多的教育时,劳动力迁移的成本会显著降低。从长期来看,只有使农村和城镇人口具有同等的教育水平,才能消除城乡的收入差别;只有当农村和城镇地区之间劳动力(和资本)的转移相对自由且成本较低时,农村人口才会充分享受到经济增长的好处。有的人担心协助农业调整会使农村人口淹没城市,其实这种担心是多余的。如果通过投资于农村的基础设施(学校、公路、电力、通讯),使农村变成有吸引力的生活和工作场所,就不必担心人口会涌向城市。

四、结论

政府有制定法律、制度和规制的职能,市场则配置和分配资源。如何界定政府与市场之间的关系,是政策分析者和制定者最为重要的任务。在发展中国家,政府不但对市场进行有害的干预,而且更为经常的是,他们没有采取行动有效地促进农业生产,改善农村生活质量,其实后者才是政府应当履行的职责。目前,在世界范围内,与农业相关的政策大多导致了资源的低效率使用:工业国的农业产出过多且价格过高,相反大多数发展中国家的农业生产却由于歧视政策而受到负面影响。我们希望政府以后能够让市场充分地、有效地发挥作用,并且运用政府的资源去从事那些市场无法有效完成的重要活动,以便降低经济增长中农业的调整成本,并逐步消除城乡生活在质量方面和多样化方面的主要差距。

参考文献

Anderson, K. and Hayami, Y., with others, 1986, *The Political Economy of Agriculture Protection*: *East Asia in International Perspective*, London and Sydney: Allen & Unwin.

Binswanger, H. And Scandizzo, P.L., 1983, *Patterns of Agriculture Proctection*, Agricultural Research Unit Report 15, Washington, D. C: World Bank.

Cavallo, D. and Mundlak, Y., 1982, *Agriculture and Economic Growth in an Open Economy*: *The Case of Argentina*, Washington, D. C: International Food Policy Research Institute, Research Report 36.

Evenson, R., Waggoner, P. E. and Ruttan, V. W., 1979, "Economic Benefits from Research", *Science*, 205, 1101-1107.

Gardner, B. L., 1987, "Causes of US Farm Commodity Programs", *Journal of Political Economy*, 95, 2.

Johnson, D.Gale, 1944, "Contribution of Price Policy to the Income and Resource Problems in Agriculture", *Journal of Farm Economics*, XXVI(4).

Johnson, D. Gale, 1947, *Forward Prices for Agriculture*, Chicago: University of Chicago Press.

Johnson, D.Gale, 1951, "The Role of Support Prices in a Full-Employment Economy", *The Canadian Journal of Economics and Political Science*, XVII(3).

Johnson, D.Gale, 1991, *World Agriculture in Disarray*, second edition, London: Macmillan.

Johnson, D. Gale, 1993, "Role of Agriculture in Economic Development Revisited", *Agricultural Economics*, 8(4).

Krueger, Anne O., 1992, "A Synthesis of the Political Economy in Developing Countries", Vol.5 of *The Political Economy of Agricultural Pricing Policy*, *A World Bank Comparative Study*, Baltimore: Johns Hopkins University Press.

Miller, T. C., 1991, "Explaining Differences in Agricultural Price Policy with a Model of Political Interest Group Competition", *Journal of Policy Modelling*, 13(4).

Narain, D., 1976, *Growth of Productivity in Indian Agriculture*, Occasional Paper No. 93, Ithaca: Department of Agricultural Economics, Cornel University.

Organization for Economic Co-operation and Development, 1987, *National Policies and Agricultural Trade* (Paris: OECD).

Organization for Economic Co-operation and Development, 1993, *Agricultural Policied, Markets and Trade*: *Monitoring and Outlook* (Paris: OECD).

Schiff, M. and Valdés, A., 1992, *The Plundering of Agriculture in Developing Countries* (Washington, DC: World Bank).

Schiff, M. and Valdés, A., 1993, "The Economics of Agricultural Price Intervention in

Deceloping Countries", Vol. 4 of *The Political Economy of Agricultural Pricing Policy, A World Bank Comparative Study*(Baltimore: Johns Hopkins University Press).

Schuh, G. Edward, 1974, "Exchange Rate and U. S. Agriculture", *American Journal of Agricultural Economics*, 56(1).

Schultz, T. W., 1964, *Transforming Traditional Agriculture*, New Haven: Yale University Press; reprinted Chicago: University of Chicago Press.

Schultz, T. W., 1978, *Distortions of Agricultural Incentives*, Bloomington: Indiana University Press.

Swinnen, J. F. M., 1994, "A Positive Theory of Agricultural Protection", *American Journal of Agricultural Economics*, 76(1).

Tyers, R. and Anderson, K., 1992, *Dissarray in World Food Markets: A Quantitative Assessment* Cambridge: Cambridge University Press.

Viner, J., 1960, "The Intellectual History of Laissez Faire", *Journal of Law and Economics*, III(1).

Von Pischke, J. D., Adams, D. W. and Donald, G. , 1983, *Rural Financial Markets in Developing Countries*, Baltimore: Johns Hopkins University Press.

Webb, Alan J., Lopez, M. and Penn, R., 1990, *Estimates of Producer and Consumer Subsidy Equivalents: Government Intervention in Agriculture*, Statistical Bulletin 803, Washington, DC: Economic Research Service, US Department of Agriculture.

农业与国民财富*

现在世界上只有一半的劳动力从事农业生产。美国独立战争时期，大约有 90% 的美国劳动力从事农业，现在只有 3% 了。今天工业化国家的巨大财富，以及过去半个多世纪发展中国家人民福利的显著改善，都与这个变化密不可分，而农民在这一转变中起到了至关重要的作用。

然而，不管农民在创造国民财富中的作用多么重要，仅有农民自己是不够的，为此做出杰出贡献的还有其他很多人，包括那些发明和制造农业机械的人，培育新种子的人，发现植物所需养分的人，学会从空气中提取氮的人，发展了运输和通讯系统使农业日益与其他部门连为一体的人，将教育引入各级乡村社区的人。不过，这些人的努力都需要以农业生产率的提高作为前提条件，而历史上农业生产率的提高基本上依靠农民自己的努力，这种局面直到近代才有所变化。实际上，正是因为农民生产的粮食超过了他们自己的消费需要，产生了剩余，城市的出现才成为可能，资源才能从农业中释放出来用于支持人们研究自然，探究其奥秘。工业革命的发生依赖两个重大的农业进步，一是劳动生产率的迅速提高，这使劳动力可以从农业中游离出来用于生产其他产品，另一个是同时发生的粮食产量的增长，以养活增长的人口。在工业革命期间，发达国家人口的增长快于以往任何

* 原文题为"Agriculture and the Wealth of Nations"，载于《美国经济评论》，1997 年 5 月，第 87 卷，第 2 期，第 1-11 页。我非常感谢加里·贝克(Gary Becker)，罗伯特·福格尔(Robert Fogel)，罗伯特·E.卢卡斯(Robert E. Lucas)，大卫·盖伦森(David Galenson)，耶尔·芒德拉克(Yair Mundlak)，舍文·罗森(Sherwin Rosen)，拉里·加斯塔德(Larry Sjaastad)，南希·思托克伊(Nancy Stokey)，莱斯特·泰尔瑟(Lester Telser)，乔治·托里(George Tolley)的有益的评论和讨论。我还非常感激六十年来我的老师、同事兼朋友西奥多·W.舒尔茨(Theodore W. Schultz)。我还很感激 William Francis ImMasche 基金会的资助。

时期。

一、亚当·斯密对我的教益

在标题中用"国民财富"这个词,是因为本文在很大程度上得益于亚当·斯密的思想。首先,我用这个词表达的内涵与他一样,指一国的生产能力,正如斯密所说:"每个国家的劳动力都是财富之源,它为人们提供日常消费的必需品,且方便人们的生活"(Smith,1937,p.lvii)。其次,斯密可以称得上是第一位增长理论家。他的著作的全名是《国民财富的性质和起源的研究》(*An Inquiry into the Nature and Causes of the Wealth of Nations*),书中大部分内容讨论的是政策问题。他之所以是一位增长理论家,是因为他认为一国的经济增长在很大程度上由政府执行的国内和国际政策所决定。这一观点过去一直为新古典增长理论所忽视,直到最近才被重新挖掘出来。斯密还试图解释政策为什么会如此重要:"在劳动力队伍的技巧、熟练程度和判断力方面处于先进地位的国家,都在指导劳动力的行为或使用方向时遵循了互不相同的政策;这些政策的效果也大相径庭。"(Smith,1937 ,p.lix)他还认识到,人力资本的数量,或者可获得的技术,远比储蓄率更能决定国民财富的多寡。

最后,斯密特别认识到了农业进步对国民财富或经济增长的影响。他指出,当99%的劳动力被用来生产粮食时,就不会有多少剩余可以用于其他形式的消费:"但是随着土地的开垦和改良,当一个家庭的劳动力可以为两个家庭提供食物时,社会中只用一半的劳动力就可以为整个社会提供粮食。这样,另一半劳动力中至少一大部分就可以生产其他东西,或是满足人类其他的需求和愿望"(Smith,1937,p.63)。在这段话中,斯密指出了农业生产率的提高和国民财富之间紧密的关系。他认为,农业生产率和国民经济一般的或者总体的生产率之间,并不仅仅是存在相关关系,而且生产率的提高是国民财富增长的必要条件。①

我并没有说农业生产率的提高不仅是经济增长的必要条件，而且是充分条件，也没有说农业生产率增长的源泉全部或大部分来自于农村地区。许多增长的动力来自人本身，这在几个世纪以前尤其如此。我希望读者能够认识到的是，当激励机制没有受到政府的严重扭曲时，农民对新的挑战和机遇有着惊人的反应能力。

斯密正确地指出，在低收入水平下，一个经济中大部分劳动力都需要用来生产粮食。尽管他讲的用于生产衣物和住房的劳动力的比重可能有点过小（1%），但是在一些低收入国家，现在或直到最近还有 80% 或更高比例的劳动力从事粮食和纺织品的生产。在很大程度上，农业劳动力比率的高低是衡量一个国家人均真实收入水平的一个很好的指标。

二、农业：一个并不久远的发明

在发明农业以前，人们获取食物的方法有捕鱼，狩猎，从野生的树、灌木和各种植物上采集浆果等。人类第一次开垦土地、种植作物、收割粮食的具体日期无从知晓，但是从考古的记录中可以知道，农业是人类历史中比较晚的时期才发明的，大约是在 100 万年前（Paul Bairoch，1988，p.93）。当时，世界人口可能只有 400 万（Michael Kremer，1993，p.683）。从那以后，农业和粮食生产得到了突飞猛进的发展。人类能够发展到今天，靠的是亿万农民，他们在那些创造了知识，发明了节约劳动、增加产出的投入品的人的帮助和支持下，解决了无数的难题，克服了无数的困难。纵观人类历史，直至今日，农民在利用他们所能得到的资源和知识方面，都是相当有效率的。

科学知识，无论是基础性的还是应用性的，在农业上的应用都是近代的事情，从 19 世纪中叶才开始。在此之前的几个世纪中，农业的进步主要来

① 农业生产率的提高，对于整个世界经济的增长是一个必要条件，但是对于某一个地区和国家来说并不如此，因为可以进行粮食贸易。然而，用粮食与其他商品进行贸易需要一个条件，即某些地区的农民生产出的粮食超过自己和其他粮食消费者所需要的粮食。

自农民的生产实践。[1] 在为近代以来世界粮食供给的迅速增加而感到骄傲的时候,我们不应该贬低以前的进步。在科学和工业部门生产的投入要素为农业做出重大贡献以前,世界人口在1815年左右就已经达到了10亿,养活这些人口靠的就是节约劳动和增加产出的知识与要素投入。尽管那时的10亿人口食物供给远不如现在发展中国家能够提供的食物充足,但是,我们必须承认,在缺乏机械动力(那时主要动力来自于人力),没有化肥,没有化学方法去控制害虫、疾病、杂草的条件下,能够提供那么多粮食,确实是一项很了不起的成就。从10世纪到14世纪,世界人口仅增长了1/3,但是在随后的4个世纪里,世界人口增长了160%,尽管人均生活水平并没有多大提高。而在本世纪,世界人口从16亿增至60亿或更多,同时人们生活水平在许多方面,无论用什么标准衡量,都有显著的提高。

三、农业处于支配地位的时期

当农民家庭可以生产出超过他们所消费的粮食时,城镇的出现便成为可能。巴洛赫(Bairoch,1988,p.287)估计,1800年在发达国家中,大约80%的劳动力从事农业,当时城市人口(共5 000多个城市)大约为全部人口的11%(Biaroch, 1988,p.290)。[2]

在欧洲大陆,19世纪初农业人口的比例一直保持在80%以上。对于全欧洲来说,除去俄国和英国,1800年大约10%-13%的人口住在5 000个或更多个城镇里(Bairoch,1998,p.215)。那时俄国只有5%-7%的人口被视

① "1840年以前的农业技术进步大都来自于个人的行为。这些人包括富于创造性的农民、铁匠、土地的拥有者等。他们没有接受过多少正式的科研训练,当遇到实际的生产问题时,或者想要提高产量时,就开展一些研究活动。这种来自非正规科研系统的技术进步大多是机械方面的进步,而不是生物方面的"(Wallace E. Huffman and Robert E. Evenson, 1993, p.15)。

一般认为,在正规机构里通过实验方法进行的农业科研开始于Justus von Liebig在农业化学方面的工作,其标志是1840年发表的《有机化学与农业和生理学的关系》(*Organic Chemistry in Relation to Agriculture and Phisiology*)(Huffman and Evenson,1993)。

② 农村人口不仅仅包括农民,还包括商人、工匠、政府官员和神职人员,在工业革命初期还包括开办家庭作坊和小企业的人们。非农业人口大约占农村人口的15%-20%。

为城镇人口,而一个世纪后,根据1897年俄国的人口普查,也只有13%的人口属于城镇人口(Adna F. Weber,1899,p.106)。

美国第一次人口普查(1790年,编著注)的结果显示,95%的人口是农业人口,直到1830年,城市人口才超过10%(Bureau of the Census,1960,p.14)。在亚洲大陆,农业人口比重的下降是更晚的事情,在20世纪初,有85%或更多的人口是农业人口。印度1891年的人口普查显示城市人口比重不到10%(Weber,1899,p.124)。中国1949年的人口普查显示89%的人口是农村人口(SSB,1984,p.82)。日本1890年只有13%的人口居住在1万多个城镇里(Weber,1899,p.129)。

然而,在工业化程度比较高的欧洲国家,1840年的农业人口比重远远低于所有发达国家的平均水平,英国为30%,荷兰为44%,法国近60%(E. A. Wrigley,1891)。这些国家当时正在向城市和工业主导型经济转变,特别是英国和荷兰。但需要指出的是,即使只有50%的人口从事农业,一个农村家庭也只能为他自己和另一个家庭提供食物,而现在美国的一个农业家庭可以为自己和其他30个家庭提供充足的食物。

四、农业占支配地位时期的生活条件

自从农业出现,直到1800年或者更晚的时间,农业一直在欧洲和世界其他地方的经济活动中起主导作用。我们暂且把1800年视为向非农业人口提供的食物开始增加、迅速城镇化成为可能的时间,那么当时人们的生活是什么样子呢?

18世纪末英格兰和法国的人均卡路里摄入量大大少于1965年大多数发展中国家的水平。法国18世纪90年代每日人均卡路里摄入量估计为1 753千卡(Robert Fogel,1994a,p.5),1965年世界上只有卢旺达一个国家低于这个水平(World Bank,1980)。法国的人均摄入量在1803年到1812年间增至1 846千卡,1965年世界上只有9个国家低于这一水平。英国的卡路里摄入量要高一些,在1790年是2 060千卡,但是即便如此,英格兰和法国绝大多数人口可以获得的食物只能够支持有限的体力劳动，导致劳动者身材矮小和体格消瘦，欧洲其他国家的情况更糟(Fogel, 1994b, pp. 33-36)。[①]

直到19世纪中叶，西欧还经常闹饥荒。1846年爱尔兰的大饥荒是最为人们所知的，但是在其后的两年里，澳大利亚也发生了一次大饥荒(Weber 1899, p.96)。法国1847年经历了一次饥荒或是严重的粮食短缺(Cornelius Wolford, 1878, p.446)。俄国在19世纪也遭遇了源于天灾而非政策原因的饥荒。我在这里虽然较多着墨于欧洲近代发生的饥荒，但并不是想说饥荒是该时期死亡率高的主要原因，当时死亡率高的主要原因是人口整体层次上的营养不良(Fogel, 1994b, p.4)。然而，持续发生的饥荒表明，直到近代，甚至在经济最发达的国家里，粮食供给仍然是多么紧张。

福利的改善可以由预期寿命的延长来反映，也可以反映在婴儿和儿童死亡率的降低上。在有记载的人类历史上，直到1650年，死亡率和预期寿命都基本保持了稳定不变，预期寿命大致不到25岁(Donald Bogue, 1969, p.556)，婴儿死亡率大约为30%。从16世纪中叶至18世纪，英国的人口死亡率一直在上升，直到19世纪早期，才降到1550年的25‰以下(Fogel, 1994a, figure 1)。法国的人口死亡率在18世纪中叶超过了35‰(Fogel, 1994a, figure 1)。这样高的死亡率说明在出生时的预期寿命仅为25-35年。六个欧洲国家和马萨诸塞州的数据显示，1840年在高收入国家中人的预期寿命只有41岁(Bogue, 1969, p.567)。

北京在1800年是世界上唯一一个人口达到百万的城市(Tertius Chandler, 1987, p.485)。城市人丁不旺的原因很容易理解，因为那时城市不过是疾病蔓延和瘟疫盛行之地。从19世纪初到19世纪末的1890年，维也纳的人口死亡率从60‰降至23‰(Weber, 1899, p.356)。19世纪后期25年间，伦敦的死亡率从50‰降至25‰，同时预期寿命从25岁增至37岁

① 福格尔分析了18世纪英国人的营养状况，他得出结论说："以现在的标准衡量，即使那些当时中上等收入的人也身材矮小、体格消瘦，他们在青年和中年时期，比现在的人更多地受到慢性疾病的折磨，他们的寿命比现在的人短30年"(1994b, pp.33-34)。

(Weber,1899,pp.355-356)。据此推算,在19世纪之初,欧洲大城市的预期寿命很可能还不如此前1500年古罗马时代的高,甚至还可能稍低一些。在整个19世纪,许多城市都是卫生条件极差的居住地。在巴黎,直至1890年,预期寿命还只有28岁(Weber, 1899,pp.346-347),而在19世纪末英格兰和法国的农村,人们的预期寿命比在城市高10多岁。

在18世纪期间,发达国家的婴儿死亡率大约为250‰,甚至更高。瑞典由于还是以农村为主,并且不受热带疾病的困扰,其婴儿死亡率在200‰以上,在1750年到1800年之间的一些年份超过了250‰(Bogue, 1969,p.562),直到1850年,其婴儿死亡率才降到150‰以下,在20世纪初进而降到100‰。韦伯的一段文字现在读起来简直让人不寒而栗,他说,在1896-1890年,"维也纳和其他城市的婴儿死亡率比较低,维也纳是206‰,53个城市平均是227‰,整个国家是243‰-260‰"(Weber,1899,p.356)。当然,说婴儿死亡率比较低是把维也纳与农村地区相比较而言的,但是很难想象,在208‰的婴儿死亡率被认为是低水平的时候,生活是何等艰难。在1890年纽约市的婴儿死亡率为264‰,而农村地区为121‰,前者是后者的两倍(Weber, 1899,p.346)。19世纪末法国5岁以下儿童的死亡率为451‰。

18和19世纪这么高的婴儿死亡率是由许多因素造成的,福格尔(Fogel,1994a,1994b)令人信服地提出营养不良是主要原因。在19世纪期间,虽然婴儿死亡率有所下降,但是下降的幅度与20世纪相比,则显得微不足道。从瑞典来看(瑞典的数据最准确),整个19世纪人均预期寿命增长了13岁,而仅在随后的30年里,预期寿命就又增长了13岁(Nathan Keyfitz and Wilhelm Flieger, 1968,p.37)。在19世纪期间,带来死亡率降低的有许多因素,除了营养状况改善外,还包括对天花的免疫,对黑死病传播的控制,以及对于水源在传播霍乱、伤寒和痢疾等疾病中的作用的认识。在19世纪中早期,由于霍乱流行,城市引进了供水和排水系统,这项措施不下于一场"城市卫生革命"(William H. McNeill, 1976)。卫生设施和干净的供水除了控制或者消灭了霍乱和伤寒等疾病以外,还有许多其他利于健康之处,比如减少了痢疾和其他通过水或不卫生的环境传染的疾病，这些病比霍乱和伤寒更容易发生，也更有危害性，特别是对儿童来说。①

我的本意不是要说在 19 世纪中，在引起婴儿死亡率下降的各项因素中，营养状况的改善比认识疾病的起因和改善水质及卫生条件远为重要。很明显，各种因素是相得益彰的。如果只是某个因素单独发生作用，则预期寿命的增加和工作能力的提高可能要小得多。在今天的一些发展中国家，人们经常生痢疾和其他一些肠胃病，许多吃掉的食物都被浪费掉了，致使食物的利用率很低，这与 19 世纪发达国家的情况一样。当我们说世界上仍有数亿人营养不良的时候，我们并不是说他们的食物摄入量太少，而是由于诸如痢疾这种疾病的影响，摄入的食物没有被很好吸收。

我之所以要强调 18、19 世纪预期寿命提高不多，婴儿死亡率很高和城市生活条件很恶劣，主要是为了说明当农业在世界经济活动中占主导地位时，人们的生活条件如何恶劣，另一个原因是为下面的讨论作一个铺垫，以说明自 19 世纪初以来农业和人们福利的变化如何巨大。城市中生活的改善和农业生产力的提高，在很大程度上其来源是同样的，这就是发明创造和科学进步。我下面将要说的是，只有农业生产力的提高，致使粮食生产增加，以及农业中必需的劳动投入减少，才使得工业革命成为可能；工业革命一旦发生，它又反过来在近两个世纪里，促进了农业生产力进一步迅速地提高。

五、农业生产力的提高

伊斯特 · 玻瑟拉普（Ester Boserup，1965）令人信服地说明，在几乎全部有记录的人类历史中，劳动力在农业生产中是最稀缺的资源；长期以来，农

① McNeill（1976，p.275）形象地描述了城市卫生系统的改善所带来的影响：“到 1900 年，在城市出现了 5 000 年之后，城市第一次可以不靠从农村的移民，而是通过自身人口的繁衍得以维持人口不变，甚至增加人口。这在历史悠久的人口统计中是一个根本性的改变。直到 19 世纪，各个城市还像水坑一样，不能自我维持，必须依靠不断从较有活力的农村移民来保持住人口的规模。”

业进步是靠寻找节省劳动力而不是节省土地的办法所推动的。在欧洲，直到进入 20 世纪以后的一段时间里，土地并不是限制农业生产的重要因素。在几百年间，人们度量单位产量时并不是像现在这样用土地单位产出，而是用产量与种子施用量之比来度量的（B. H. Slicher Van Bath，1963）。这不难理解。在西欧，产出与种子的比例一直保持在 3∶1 或 4∶1 的水平，直至 18 世纪中期才有所提高，在英国和荷兰这个比例更高一些，而当时世界上其他地方的比率通常为 6∶1 或 7∶1。①

前面说过，1800 年世界上只有一个城市（北京）人口达到 100 万，而一个世纪后人口达到百万的城市就增加到 16 个。在 19 世纪，欧洲迅速城市化，尤其是英国。1800 年英国的城市人口为总人口的 19%，到了 1900 年猛增为 68%。欧洲大陆城市人口的比重 1800 年只有 11%，而 1900 年增加到 33%（Bairoch，1988，p.290）。19 世纪欧洲人口增长了 1 倍以上（Kremer，1993，p.714），这使得在那一个世纪中增加的人口，超过以往全部人口增长的总和。城市化之所以得到快速进展，是由于工业化急需大量劳动力，而农业不仅为城市就业释放了数以百万计的工人，同时粮食产量增加了 1 倍多，使粮食产出的增加高于以往任何时候，这是个伟大的成就。

农业生产力的极大提高，使 19 世纪发达国家得以快速城市化，人口大量增加。农业生产力和产出的增长不止发生在欧洲，也发生在世界其他地方，这使得其他地方可以向欧洲大陆出口粮食。以美国为例，在 19 世纪期间，生产 1 吨小麦所用的劳动力下降了 70%，生产 1 吨玉米所用的劳动力下降了 60%（Martin R. Cooper et al.，1947，p.3）。欧洲的情况也类似，在法国，平均每人每天生产的小麦从 1800 年到 1892 年增长了 1 倍以上（George P. Grantham，1991，p.349）。

英国劳动生产力的增长幅度更大，其标志是农业劳动力的比重从 1880

① Jean Gimpel（1977，p.44）指出，与 13 世纪末、14 世纪初相比，在后来的几个世纪里产出与种子的比率没有显著上升："直到 18 世纪的工业革命，粮食的产出才显著地高于 13-14 世纪时的产量。在农业技术上超过中世纪花了将近 500 年。"在 18 世纪以前，粮食产量的增长大都来自于开垦新土地，或是缩短休耕期、增加农田的使用强度。

年的36%降至1900-1910年期间的8.5%(Grantham,1991,p.341)。虽然20世纪初英国进口的粮食大约占其产量的一半,但在上述同时期内,其人口却增长了几乎两倍(Bairoch, 1988,p.290)。

对于小麦、大麦、稻米这样的谷物,农忙时节收割是最需要劳动力的。在最近的几百年间,收割都是极为劳动密集型的工作,需要在很短时间内完成,以防粮食因天气不好而遭受损失。节约收割劳动力的技术很晚才出现。从14世纪甚至更早,直到19世纪初,收割所使用的劳动力似乎并未减少(Slicher var Bath,1963,p.184)。原因很简单,人们收割谷物的工具一直都是镰刀,直到19世纪中期,美国还在用它。人们同时使用的收割工具还有长柄镰刀或附有围框的大镰刀。后来镰刀很快被各种形式的收割机所取代,随后是收割捆扎机,到了20世纪就成了联合收割机。收割捆扎机在19世纪中叶才流行起来的,在那之前,每一捆谷物都是用手工扎起来的,这样十分耗费时间,而使用收割捆扎机可以节省大量时间。如果使用镰刀,一个人在一天可以收割1/3英亩农田,而有了收割捆扎机,用一个人和两匹马每天就可以收割8-18英亩,节省了90%以上的劳动力投入(Yujiro Hayami and Vernon Ruttan, 1985,pp.80-81)。①

西欧粮食产量的大幅度增加,在现代科学得到应用之前的很长时间就开始了。两个世纪以前,粮食生产的增加大多依靠对现有土地资源更充分的利用,而不是靠耕地上亩产的提高。玻瑟拉普(Boserup,1965)描述了在工业化发生以前的几个世纪里,欧洲农民如何应对人口增长导致粮食需求增加的情况。在农耕时代的大部分时期,农民实行了各种各样的轮作方法,每年都让很多土地休耕,以恢复土地肥力。当土地被重新起用时,人们就把土地上长出的杂草和灌木砍倒,再放火焚烧。这种方法在欧洲用了几千年,

① 1996年6月我访问中国西安时,看到在一片麦田里同时使用着几千年来几乎所有的收割技术。在那片地里,人们使用的有镰刀、长柄镰刀、收割捆扎机和联合收割机。那片麦田很广阔,但是由于家庭联产承包责任制,它被分为许许多多的小块由不同的农户耕种,每块地大约有半英亩,但肯定不到一英亩。因此,所有这些收割技术都可以及时完成收割。按照中国当前的农村劳动力报酬水平,使用这四种不同的收割技术,要想达到同样的劳动力的报酬,收割过程中麦子的损失量恐怕也是差别不大的。

现在非洲的部分地区仍然在使用。随着人口的增加和对粮食需求的增长，土地休耕的时间逐渐缩短，在西欧则完全停止了休耕。随着每年一熟的作物占据主导地位，人们随后便开始使用其他补充土壤中氮含量的方法，比如施用人畜粪肥、泥灰或石灰、种植豆类植物等。由于采用了这些措施，在化学肥料引入农业之前，每公顷粮食产出已经有了一定的增长，尽管增长的速度很慢。

欧洲粮食供给得以增加的另外一个因素是从美洲引入了一些作物。土豆的引入尤其重要，因为它使用一定的劳动力和土地所能生产的热量远高于所有谷物。玉米的引入也很重要，因为它的产出和种子施用量的比例很高，比起其他作物有很大的优势，因此玉米在南部欧洲甚至成了主要的粮食品种。

由于以上这些农作方式的改进，使欧洲的粮食产量比中世纪时代有了显著增长，而这些创新是在没有得到现代科技的帮助下实现的。英国农业产量的增长大约在 1725 年以后开始，当时工业革命初见端倪（Mark Overton and Bruce M. S. Campbell, 1991, p.39）。在 19 世纪上半叶，英国农业产出年均增长 0.8% 左右，劳动生产率年均增长约 0.5%，这使得城市化和人口迅速增长成为可能（Overton and Campbell, 1991, p.44）。

19 世纪节约劳动力的革命只是一个开端，这其实是个不起眼的开端。到 20 世纪 80 年代，美国生产一吨小麦或玉米所需的劳动力只有 1800 年的 1% - 2%，生产一包棉花所需劳动力只相当于那时的 1%（Cooper, 1947; U.S.Department of Agriculture, 1988）。自从 19 世纪以来，发生了大规模的资本和知识对农业劳动力的替代。虽然这里给出的只是美国的数据，但是在其他发达国家，同期内取得的对农业劳动力的节约幅度与美国相差无几。

在 19 世纪的美国，由于农业耕作方法的改进节省了大量劳动力，因此耕地面积得到了持续的扩张，从事农业的劳动力有所减少，但是土地单位面积的粮食产量几乎没什么增长（Cooper, 1947, p.3）。然而，虽然土地的生产力没有提高，但是每个农民生产的粮食和制衣纤维所能供养的人数（包括农民自己),从 1820 年的 1.25 人增至 1900 年的 3 人(Cooper,1947,p.5)。

美国土地单位产出停滞不前的状况一直持续到 20 世纪 40 年代(Cooper,1947;Johnson and Robert Gustafson, 1962,p.8)。[①] 由科技进步带来的土地生产力的革命是最近才发生的事,它开始于 30 年代,以杂交玉米的诞生为标志,在后来的几十年里,高粱、小麦、稻米和棉花的土地单产也发生了大幅度的提高。

经过长期的停滞以后,美国玉米土地单产在最近 60 年里增长了 250% 以上。土地单产的革命性变化不仅仅发生在美国,在 20 世纪期间,西欧土地单产的增加不亚于美国,英国、法国和意大利小麦单产增长了 2 倍以上。以英国为例,小麦单位面积产量从 1909－1913 年期间的 2.1 吨/公顷增至 1992－1993 年的 7 吨/公顷,而增加的主要部分是 1950 年以后取得的(P. Lamartine Yates, 1960,p.197;European Committee,1995a,T/168)。现在,英国又一次成为粮食出口国,这与本世纪初 2/3 的谷物需要进口的情形构成了强烈的对照(Yates,1960,p.238)。然而,对世界人民福利的改善更为重要的是亚洲粮食单产的大幅度提高。在亚洲,现在的单产水平几乎是 1948－1952 年时的 3 倍,从 1 095 千克/公顷增至现在近 3 000 千克/公顷(Food and Agricultural Organization, 1970, 1993)。粮食单产之所以能够在过去的 60 年中增长 2 倍,这要归功于现代生物、化学科学在农业上的应用。科技的进步使发达国家和发展中国家同样受益,如前面提到的,这两组国家粮食单产的增加幅度大体相同。[②]

为了避免引起混淆,我再做些说明。土地和劳动生产力的巨大增长,并不是通过改变边际报酬递减的规律来实现的,这个规律现在仍然成立,和李嘉图对此抱以忧虑的那个时代没什么两样。生产力的提高是通过把生产可

① 由于在这段时期耕作的农田从湿润、高产的东部转移到比较干燥、低产的大平原地区,从可比地区看单产有所增长,但是,小麦和玉米单产的增长非常小,肯定不到 10%。

② 速水(Hayami)和拉坦(Ruttan)(1985 年附录 B)估计了从 1880 年到 1980 年美国、日本、丹麦、法国和英国农业产出的增长,平均每个男性农民的产出和每公顷粮食产量。将 1880 年的水平定为 100,1980 年除美国以外其他几个国家的各项数字的算术平均如下:农业产出为 421;平均每个男性农民的产出为 1 304;每公顷粮食产出为 415。美国的这三个数字分别为 434、2 110 和 236。

能性曲线不断向外推移来实现的。最近几十年与李嘉图那时相比,不同的是可以改变生产函数,以使要素比例能够发生大的变动,同时增加劳动和土地的真实边际产出,这种增加不是一点点,而是许多。

六、发展中国家

工业化国家在19世纪期间所实现的营养状况的改善和预期寿命的延长,发展中国家在20世纪后半期,用更短的时间实现了。在世界银行定义的低收入国家里,预期寿命从1950年的35岁增至1994年的56岁(不包括中国和印度,两国居民的预期寿命在1994年分别为69岁和62岁)。在发展中国家,人均卡路里供给从1961-1963年的1 940千卡增至1988-1990年的2 473千卡,增长幅度达27%(Food and Agricultural Organization, 1993)。在不到30年的时间里能够取得这么大的变化,是一个很了不起的成就。从人均卡路里增长的绝对量来看,这个时期的增长量超过了以往任何时期,而同期发展中国家人口增幅远远高于发达国家以往任何时期的增长。

七、农民和经济人

有些人认为,贫穷的农民因循守旧,不讲究效率;发达国家和发展中国家粮食产出和生产力之间之所以存在巨大差别,归咎于发展中国家农民落后的思想观念。我的同事西奥多·W.舒尔茨(Schultz, 1964)是第一位系统地批判这种观点的人。他指出,与任何地方的农民一样,发展中国家的农民也追求效率,他们对经济激励也做出一样的反应,之所以存在生产力的差距,是由于他们面临的技术约束不同。他的观点发表后在不长的时间内就得到了证实,因为在大多数发展中国家,土地和劳动生产率得到了迅速提高,这并不是因为农民变了,而是因为他们的机会更多了,他们面临的约束被放松了。

舒尔茨的著作《改造传统农业》,对于许多接受传统观点的政府来说是一个很好的告诫。根据传统观点,农业中存在剩余劳动力,如果把这些剩余劳动力撤离农业,农业可以不受损失,或者损失甚微;农村的剩余劳动力可以转移出来用于工业生产,只有工业才是经济增长的发动机。纵观所有发展中国家,所有政府一直都是用出口课税、半国营化(parastatals)、价格控制和保护农业要素投入的生产部门来剥削农业。这种剥削一直延续到80年代中期才受到摒弃。剥削农业政策的失败,充分证明了斯密观点的正确性:农业不应受到歧视。

世界银行的安·克瑞格(Anne Krueger)、莫瑞斯·斯契夫(Maurice Schiff)和阿尔伯托·韦尔德兹(Alberto Valdés)研究了18个发展中国家对农业进行保护(基本上是负保护)所带来的后果,研究的结果十分有说服力。在有些国家中,农业税赋非常高:有3个国家的名义保护率为-52%,这意味着农民得到的价格不及农产品离岸价格的一半(Schiff and Valdés, 1992,p.71)。另有10个国家的保护率为-36%,还有3个为-16%,还有两个国家有稍微为正的保护,为10%。对农业从重课税的国家实现快速经济增长了吗?很显然没有。在1960-1985年间,税赋水平高的国家人均GDP为零增长,中等税赋国家的增长为2.65%,税赋轻的较高一点的为2.8%,而两个对农业实行正保护的国家经济增长最高,为4.7%(该计算使用的GDP增长数据来自Schiff and Valdés,1992,p.77,人口增长的数据来自世界银行的估计)。显然,对农业高税赋的政策并未给这些国家带来任何好处。

阿根廷在1930-1984年间实行了对农业高度课税的政策,耶尔·芒德拉克等(Yair Mundlak et al.,1989,p.121)研究了此项政策对阿根廷经济的影响,结果有力地支持了世界银行的观点,即歧视农业对经济增长有显著的负面影响。根据模拟结果,由于实行了歧视农业的扭曲进出口价格的政策和其他宏观经济政策,阿根廷的真实收入比起实行贸易开放的情形减少了40%。这个模拟的结果有可能低估了负面影响的大小,因为在进行模拟时,贸易开放情形下的经济增长率设定为与同一时期与澳大利亚实际的增长率大致相同,这个增长率低于加拿大的实际增长率,而阿根廷的自然资源可能优于这两个国家,其潜在的增长率可能会更高。

农业在促进经济增长中的作用,还可以从生产力的变化的数据中看出。一般地讲,在工业化国家里,农业劳动生产率的增长要比其他任何经济部门高。如果从战后到 1980 年间的时期看,这个事实尤其明显。从 1967-1968 年到 1983-1984 年,观察 18 个工业化国家中能够得到以不变价格估算的 GDP 增长率数据的其中 17 个国家,我们可以看到,农业部门劳动生产率的增长超过所有其他部门。农业生产率的年增长率的算术平均为4.3%,高于其他部门的 2.6%(Johnson, 1991,p.57)。

可能有人会说,农业部门劳动生产率的巨大提高,只是表明其他要素投入大量地替代了劳动力。这能够解释劳动生产率提高的一部分,但并不是全部。现代农业的确是资本密集型的。在美国,农业部门的资本-劳动比是工业部门的 6 倍(Johnson, 1991,p.65)。即使把土地从资本中扣除,农民的劳均资本还是比制造业工人多。同时,从全要素生产率的数据可以看出,农民在使用资本时是非常有效率的,他们在使用劳动力时也是如此。

在最近的 25 年里,OECD 国家农业部门全要素生产率的增长要高于工业部门。它们之间的差距并不小,一项研究表明,从 1960 年到 1990 年,农业部门全要素生产率增长约为 2.7%,而工业部门只有 1.5%(Will Martin and Devashish Mitra,1993,p.15)。

亿万独立经营的农民,当新的和更好的机会出现,使他们能够节约资源时,他们踊跃地抓住了机会,结果使农业部门生产力的提高比工业部门还快,这难道不是令人惊叹的成就吗?诚然,科研帮助了农民,而科研经费中有相当一部分来自政府,非农部门也通过提供生产要素帮助了农民,基础设施如道路、通讯等的改善使农民受益,在工业化国家里农民还受益于程度不菲的保护政策,但是,尽管如此,农民的贡献也是功不可没的。

八、结论

自从第二次世界大战以来,人们经常担心世界的粮食是否会出现供不应求的局面。事实表明,这种担心不仅是多余的,而且相反的情形已经出现。即便如此,仍然存在这样一种看法,即人口的增长最终将超过世界食物的供给能力。该看法来自一个很特别的经济增长模型,在这个模型中,自然资源、资本存量、储蓄率和外生的技术变化举足轻重,而人口、需求增长和生产力提高之间的关系则完全被忽视了。除此以外,许多新古典增长理论忽视了政策在影响经济增长中所起的重要作用,忽视了斯密两个世纪前就谆谆告诫我们的道理。无视政策在经济中的作用是不可思议的,因为在1950-1990年间,计划经济国家和市场经济国家之间的绩效差别是尽人皆知的,70年代末中国经济改革后,其经济增长率的惊人变化也是有目共睹的。

在停笔前,我要做三个彼此相关的评论。第一,世界上经济增长迅速的时期也是人口增长迅速的时期。我并不想论证两个变量孰因孰果,克莱默(Kremer,1993)曾做了一个很有说服力的研究,表明人口增长引致生产力提高,进而带来经济增长。但是,无论如何,人口的快速增长并没有阻碍人均产出量的增长。

综观人类历史,人口年均增长率在大部分的时间里都低于0.2%,直到18世纪中叶才超过0.5%(Kremer,1993)。从1800年到1950年,发达国家的人口增长率高于发展中国家,人均真实收入的增长率也高于发展中国家。但是1950年以后,发展中国家的人口增长率和人均收入增长率都达到有史以来的最高水平。从1820年到1950年,在11个亚洲国家中,人均真实GDP只增长了25%,而它们的人口增长率也很低,尚未达到0.5%(Angus Maddison, 1995)。但是从1950年到1992年,这些国家的人均真实收入增长了5倍,而人口年均增长将近3%。中国和印度真实人均GDP从1820-1950年增长不到15%,但是在1950年至1992年期间,印度的人均GDP翻了一番多,而人口增长率几乎增加了4倍。

第二,由于农业生产力的提高,加上恩格尔(Engle)消费定律的作用,在发达国家和发展中国家,食物开支的比例都大幅度下降。在美国,1955年每户居民开支大约有23%用于食物(U. S. Department of Agriculture,1988)。

在西欧,食物开支的比例最低为瑞士的 27%,最高为希腊的 45%(U. S. Department of Agriculture,1972,table 110)。

1992 年,美国消费者只将 8% 的开支用于食物。在西欧诸国中,这个比例最低为英国的 12%,最高为爱尔兰的 21%,平均大约为 16%。在不多年以前,发展中国家的消费者仍然将 80% 甚至更多的开支用于食物,1976 年的印尼就是如此(World Bank,1980,p.61)。直到 1992 年,四个发展中国家(印度、菲律宾、苏丹和塞拉利昂)的家庭仍然将 50% -67% 的支出用于食物(U. S. Department of Agriculture, 1994,table 100)。

第三,显而易见,自然资源在工业化国家的国民经济中已经成为一个不重要的因素。在这些国家中,食物开支(包括餐馆消费的食品)占总消费开支的比例不到 5%,农业的 GDP 占总 GDP 的比重在西欧工业化国家和美国不超过 3%。假如土地的贡献占农业 GDP 的一半(这是比较高的估计),则农地在工业化国家的资源中所占的比例不超过 1.5%。在美国,农业增加值在消费者食物支出中占 16%(Howard Elitzak, 1994)。如果土地的贡献占农业增加值的一半的话,那么其贡献还不到消费者食物支出(包括餐馆消费)的 8%。

在发展中国家,土地在所有资源中占的比重还很大,但是,毫无疑问,随着食物消费支出比重的下降,这一比重也将不断下降,其下降的速度取决于经济增长的速度。然而奇怪的是,虽然土地资源在食物消费中已经无足轻重,但是,当人们对未来粮食供给表示忧虑的时候,他们总是拿土地资源有限作为根据。对于发展中国家而言,限制粮食生产增长的最主要因素有如下几个:知识和科研,价格合理的非农要素投入是否容易获得,以及左右人们生产积极性的政府政策。如果政策有利于向农民提供知识、科研和非农生产要素,并且不在贸易和宏观经济政策上歧视农业,那么剩下的事情就可以放心地交给农民去办了。

参考文献

Bairoch, Paul, 1988, *Cities and Economic Development: From the Dawn of History to the*

Present, Chicago: University of Chicago Press.

Bogue, Donald, 1969, *Principles of Demography*, New York: Wiley.

Boserup, Ester, 1965, *The Conditions of Agricultural Growth: The Economics of Agrarian Change Under Population Pressure*, Chicago: Aline.

Chandler, Tertius, 1987, *Four Thousand Years of Urban Growth*, second edition Lewiston, ME: Edward Mellen Press.

Cooper, Martin R., Barton, Glen T. and Brodell, Albert P., 1947, *Progress of Farm Mechanization*, U. S. Department of Agriculture, Miscellaneous Publication No. 630. Washington, D.C: U.S. Department of Agriculture.

Elitzak, Howard, 1994, "Food Marketing Costs Rose Modestly in 1933", *Food Review*, September-October, 17(3), pp.17-42.

European Commission, 1995, *Agricultural Situation in the European Union: 1994 Report*, Luxembourg: Office of Official Publications of the European Communities.

Fogel, Robert, 1994a, "Economic Growth, Population Theory and Physiology: The Bearing of Long-Term Processes on the Making of Economic Policy", *American Economic Review*, June, 84(3), pp.369-395.

Fogel, Robert, 1994b, "The Relevance of Malthus for the Study of Mortality Today: Long-Run Influences on Health, Mortality, Labor Force Participation and Population Growth", National Bureau of Economic Research (Cambridge, MA) Historical Paper No.54.

Food and Agricultural Organization, 1970, 1992, 1993, *Production Yearbook*. Rome: Food and Agricultural Organization.

Gimpel, Jean, 1977, *The Medieval Machine: The Industrial Revolution of the Middle Ages*, New York: Holt, Rinehart and Winston.

Grantham, George, 1991, "The Growth of Labour Productivity in the Production of Wheat in the Cinq Grosses Fermes of France, 1750-1929", in Bruce M. S. Campbell and Mark Overton, eds., *Land, Labour and Livestock: Historical Studies in European Agricultural Productivity*, Manchester ,U.K.: Manchester University Press, pp.341-363.

Hayami, Yujiro, and Ruttan, Vernon W., 1985, *Agricultural Development: An International Perspective, Rev. Ed.*, Baltimore MD: Johns Hopkins University Press.

Huffman, Wallace and Evenson, Robert, 1993, *Science for Agriculture: A Long-term Perspective*, Ames: Iowa State University Press.

Johnson, D. Gale, 1991, *World Agriculture in Disarray*, second edition, London: Macmillan.

Johnson, D. Gale and Gustafson, Robert L., 1962, *Grain Yields and the American Food Supply*, Chicago: University of Chicago Press.

Keyfitz, Nathan and Flieger, Wilhelm, 1968, *World Population: An Analysis of Vital Data*, Chicago: University of Chicago Press.

Kremer, Michael, 1993, "Population Growth and Technological Change: One Million B.C. to 1990", *Quarterly Journal of Economics*, August, 108 (3), pp.681-716.

McNeill, William H., 1976, *Plagues and People*, Garden City, NY: Anchor Press/Doubleday.

Maddison, Angus, 1995, *Monitoring the World Economy*, Paris: Organization for Economic Cooperation and Development.

Martin, Will and Mitra, Devashish, 1993, *Technical Progress in Agriculture and Manufacturing*, Mimeo, World Bank.

Mundlak, Yair, Domingo Cavallo and Roberto Domenech, 1989, *Agriculture and Economic Growth in Argentina*, 1913-1984, Research Report No.76. Washington, D.C.: International Food Policy Research Institute.

Overton, Mark and Campbell, Bruce M. S., 1991, "Productivity Change in European Agricultural Development", In Bruce M. S. Campbell and Mark Overton, eds., *Land, Labour and Livestock: Historical Studies in European Agricultural Productivity*, Manchester, U.K.: Manchester University Press, pp.1-50.

Schiff, Maurice and Valdes, Alberto, 1992, *A Synthesis of the Economies in the Developing Countries*, Vol. 4, *The Political Economy of Agricultural Pricing Policy*. Baltimore, MD: Johns Hopkins University Press.

Schultz, Theodore W., 1964, *Transforming Traditional Agriculture*, New Haven, CT: Yale University Press.

Slicher van Bath, B. H. , 1963, *The Agrarian History of Western Europe*. London: Arnold.

Smith, Adam, 1937, *An Inquiry into the Nature and Causes of the Wealth of Nations*. London: W. Strahan and T.Cadell, 1776; reprinted New York: Modern Library.

State Statistical Bureau (SSB), 1984, *Statistical Yearbook of China*, 1976, Hong Kong: Economic Information Agency.

U.S. Department of Agriculture, Economic Research Service, 1972, *Food Consumption Prices and Expenditures*, 1972, Supplement to Agricultural, Economic Report No. 138. Washington, DC: Department of Agriculture.

U.S. Department of Agriculture, 1988, *Agricultural Statistics: 1988*. Washington, DC: U.S. Government Printing Office.

U.S. Department of Agriculture, 1994, *Food Consumption Prices and Expenditures*, 1994 Supplement to Agricultural Economic Report No.138. Washington, DC: U.S. Department of Agriculture.

Vallin, Jacques, 1991, "Mortality in Europe from 1720 to 1914: Long-Term Trends and Changes in Patterns by Age and Sex", in Roger Schofield, David Reher, and Alain Bideau, eds., *The Decline of Mortality in Europe*, Oxford: Oxford University Press.

Weber, Adna Ferrin, 1899, *The Growth of Cities in the Nineteenth Century: A Study in Statistics*, New York: Macmillan.

Wolford, Cornelius, 1878, "The Famines of the World: Past and Present", *Journal of the Royal Statistical Society*, September, 48(3), pp.433-526.

World Bank, 1980, 1996, *World Development Report*, New York: Oxford University Press.

Wrigley, E. A. People, 1981, *Cities and Wealth: The Transformation of Traditional Society*, Cambridge, MA: Harvard University Press.

Yates, P. Lamartine, 1960, *Food, Land and Manpower in Western Europe*, London: Macmillan.